알기쉬운

행정학

허원구 · 최인규 공저

도서출판 진 영 사

알기쉬운 **행정학**

허원구 · 최인규 공저

2013년 2월 3일 초판 인쇄
2013년 2월 5일 초판 발행
2015년 8월 31일 개정판 2쇄 발행

발행인 박 진 영

발행처 도서출판 진영사
인천광역시 부평구 부평동 134-16
전화 : 032)505-4207
팩스 : 032)505-4206
E-mail : 0183734207@hanmail.net
등록 : 122-91-77317

ISBN 978-89-6541-099-7 93350
값 24,000원

머 리 말

알기쉬운 행정학은 그 동안 저자가 펴낸 대학교재와 수업자료 및 수험서 등에서 편찬되어 온 자료들을 정리하여 2013년판을 내놓게 되었다.

행정학을 처음 대하는 사람들은 먼저 행정학 용어와 범위에 대해 어렵다고 한다. 그 이유는 행정학의 학문적 특성이 종합학문으로서 주변학문과 상호관련되어 범위가 광범위 할 뿐만아니라 행정학 이론이 어렵기 때문이다. 즉, 경제학, 경영학, 통계학, 사회학, 사회심리학, 정치학, 헌법학 등 인접학문의 이해가 필요하다는 것이다.

따라서, 행정학을 좀 더 쉽게 이해하기 위해서는 먼저 행정학의 개설서를 숙독하고 각론적인 부분들인 정책 · 조직관리 · 인사 · 재무행정 등을 숙독한 후 객관식 문제서로 이를 정리함으로써 행정학의 전반에 대한 이해가 용이하다고 본다.

알기쉬운 행정학은 행정학을 이해하는데 기본적인 논리적 사고의 틀을 제공하고 체계적인 이해를 도모하고자 노력하였다. 따라서 알기쉬운 행정학은 9급 공무원시험을 준비하는 수험생은 물론 국가 · 지방 7급공무원 · 군무원 · 공기업 나아가 행정고시 등을 준비하는 수험생에게도 큰 도움이 될 수 있을 것이라고 확신하는 바이다.

이 책의 특징적 내용을 간략하게 정리하면 아래와 같다.

최근의 행정학 시험은 출제범위가 넓어지고 그 깊이를 더해가고 있다. 또한 새로운 이론들이 시험에 등장할 뿐만 아니라, 최근에 제·개정된 법령이나 제도들이 출제되기도 한다. 알기쉬운 행정학은 이러한 출제경향에 맞추어 다음과 같은 것들을 염두에 두고 집필하였다.

첫째, 행정학을 처음 입문하는 행정학도와 비전공자도 이해할 수 있도록 하였다.

기존의 대학교재나 수험서 및 이론서들은 난해한 용어 및 압축요약식이 많아서 처음 행정학을 접하는 행정학도 및 비전공자들이 이해하는데 많은 어려움이 있었던 것이 사실이다. 본 교재는 필수적 내용들을 상세한 설명과 함께 서술함으로써 행정학 입문자나 비전공자들도 큰 어려움 없이 이해할 수 있도록 하였다.

둘째, 최신이론 및 법령·제도를 충실히 반영하였다.

최근 자주 출제되고 있는 신제도론, 신공공관리론, 거버넌스 및 뉴거버넌스론, 신공공서비스론, 네트워크모형, 비용편익분석, 현상학적 접근방법, 포스트모더니즘 행정이론 등에 관한 자세한 설명으로 이해력을 높였다.

셋째, 최근의 기출문제를 정확한 해설과 함께 소개하였으며, 내용에 대한 이해도를 높이기 위해서 도표 및 설명중심으로 정리하였다.

마지막으로, 본 교재에서는 국가직, 지방직 시험을 비롯한 최근의 기출문제를 엄선하여 각 장별로 소개하고 있다.

본서는 수험생들에게 행정학에 대한 전반적인 이해와 응용을 돕기 위해 행정학에 대해서 쉽게 접근할 수 있는 교재의 제공이라는 사명감에서 편찬하게 되었으며, 부지불식간(不知不識間)의 오류나 부족한 점은 독자들의 넓은 아량에 맡긴다. 마지막으로 이 책이 행정학 공부에 뜻을 둔 수험생 여러분의 학문에 기여함으로써 승진 및 합격의 영광을 누리는데 도움이 되기를 충심으로 기원합니다. 이 책이 출간되기까지 어려운 경제여건 가운데도 불구하고 출판을 흔쾌히 수락하여 주신 진영사 박진영 사장님과 편집부 직원 여러분에게 고마운 마음을 전한다.

태전동산 연구실에서

2013년 2월

저자 씀

목 차

제1부 행정학의 기초이해

제2부 행정학의 분야별 이해

제3부 행정미래

제 1 부

행정학의 기초이해

제 1 장

행정의 의의

제1절 행정과 행정학의 개념

1. 행정의 개념

개념이란 "현상(現象)의 지각(知覺)을 통해서 얻어진 관념(觀念)"이다. 행정에 대하여 학자들은 각자의 경험·지식·주관에 따라서 행정현상을 달리 지적하기 때문에 행정의 개념에 대한 정의도 상이하다. 그러나 행정을 일반적으로 광의의 개념과 협의의 개념으로 구분할 수 있다. 먼저 광의의 행정은 조직·집단의 종류나 목적 및 가치를 배제하고 협동적 행동을 중요시하여 공·사 행정을 포함하는 개념이다. 예를 들면 교육행정, 경찰행정, 국방행정, 병원행정, 교회행정, 공공단체, 기업체, 민간단체 등 모든 조직활동에서 발견된다.

반면에, 협의의 행정은 행정에 목적과 가치를 부여하여 공행정을 중요시 하며 공·사 행정을 이원적으로 분리하여 파악하는 개념이다. 종합해보면 행정이란 정치권력(공권력)을 배경으로 하여 공익목적을 달성하기 위한 공공정책을 형성하며 이를 합리적으로 집행하고 구체화하는 과정이다.

〈그림 1-1〉 행정학의 개념정의

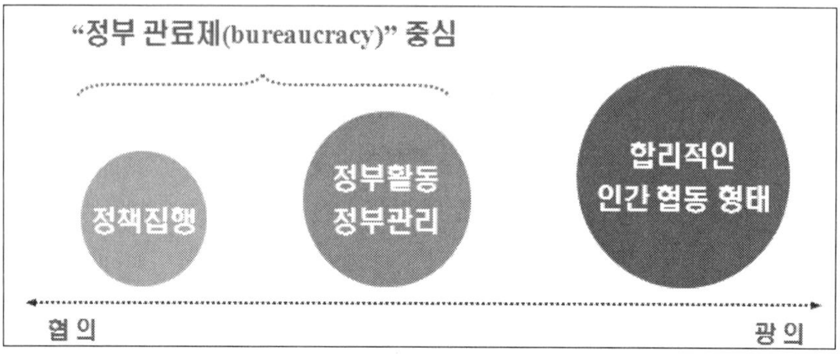

공공행정이 이와 같이 '공공목적을 달성하기 위한 두 사람 이상의 합리적 협동행위'로 규정되는 가운데, 거기에는 크게 목적과 수단의 두 부분이 있다. '공공목적을 달성하기 위한'이 목적부분이고, '두 사람 이상의 합리적 협동행위'가 수단부분에 해당한다. 여기에서 목적부분인 '공공목적을 달성하기 위한'은 공공성으로, 수단부분인 '두 사람 이상의 합리적 협동행위'는 합리성으로 요약될 수 있다. 따라서 행정은 공공성과 합리성[1])을 그 핵심적 징표로 한다고 할 수 있다(최창호 · 하미승, 2007: 25).

2. 행정학의 개념

일반적으로 현대 행정학의 기원은 미국의 윌슨(W. Wilson)이 1887년에 발표한 『행정의 연구(The Study of Administration)』라는 논문에 두고 있다. 즉, 행정학(Public Administration)은 사회과학의 한 분과 학문으로 사회현상 중 행정현상을 대상으로 연구하는 학문이다. 일반적으로 행정학의 개념은 행정법학적 행정개념과 행정학적 행정개념으로 다음과 같이 나누어 설명할 수 있다.

---

1) 공공성(the public)이란 공익성(public interest)을 그 본질로 한다. 그러나 공익성이 무엇인가를 파악하는 것은 대단히 어려운 문제이다. 공익을 추구하는 대표적인 집단이 일반적으로 정부이기 때문에, 공공행정은 흔히 현실적으로 정부행정을 의미한다고 하겠다. 공공행정은 이와 같은 공공성을 가지고 있음으로써 경영(사행정)과 구별되는 성격을 가진다.

합리성(rationality)이란 '최소의 비용과 노력으로써 최대로 목적달성을 기하는 것'을 의미하며, 그것은 능률성과 합목적성을 종합한 의미이다. 행정이 이와 같이 합리성을 가짐으로써 정치와 구별되는 성격을 가진다(최창호 · 하미승, 2007: 26).

1) 행정법학적 행정개념

권력분립이론에 기초를 둔 개념으로서 현대행정의 기능적 측면을 설명하지 못한다.

(1) 삼권분립 공제설

행정을 입법, 사법 기능을 제외한 나머지의 국가기능으로 보았다(J. Hatschek, W. Jellinek).

(2) 국가목적 실현설

행정은 법의 범위 내에서 국가목적(공익)을 구체적으로 실현하는 과정으로 보았다.(O. Mayer).

(3) 법함수설

행정은 일반적인 법규범을 개별화 하고 구체화 하는 일체의 국가작용으로 본다.(H. Kelsen, A. Merkl).

2) 행정학적 행정개념

(1) 행정관리설(1880년대-1930년대): 행정학의 성립과 기술적 행정학

① 행정이란 이미 수립한 법이나 정책의 구체화와 관리 및 집행만 하는 소극적 성격을 지닌 것으로 목적실현을 위한 사람과 물자에 대한 관리기술(管理技術)로 보는 관점이다[기술적(技術的) 행정학, 행정=경영(공·사행정 일원론)].

② 정치·행정 이원론(politics-administration dichotomy): 정책결정 기능을 담당하는 정치와 집행하는 행정은 명백히 구분된다는 초기 행정학의 관점이다.

③ 과학적 관리와 원리접근을 중시하며 행정의 능률성(efficiency)을 강조하였다.

④ Willson(1887)은 "행정의 연구(The Study of Administration)"에서 '행정은 정치 밖의 사무영역' 이라며 행정의 독자성을 주장하였다. White(1926)는 「

행정학 입문(An Introduction to the Study of Public Administration)」에서 '행정이란 사람과 물자의 관리'라고 주장하였다. Gulick은 POSDCoRB[2]라 하여 최고관리자 혹은 행정의 7대 기능을 강조하였다.

(2) 통치(정치)기능설(1930년대-1940년대): 행정국가의 확대 · 강화와 기능적 행정학

① 1930년대 경제대공황을 계기로 나타난 행정국가하의 행정 개념으로서 행정을 사회문제(시장실패)를 처방하기 위한 가치판단 기능으로 파악하는 입장이다.

② 기능적(技能的) 행정학: 정치와 행정을 구분하지 않고, 행정을 정책결정과 집행기능을 동시에 수행하는 정치과정의 일부로 보았다(정치 · 행정 일원론, 공 · 사행정 이원론).

③ 정치와 행정의 연계, 사회적 능률(social efficiency) 및 행정의가치지향성 · 기술성(처방성)을 중시하였다.

④ Dimock은 '통치는 정책형성과 정책집행으로 구성되며 이들은 배타적이 아니다' 라며 권력기능으로서의 행정의 성격을 강조하였다. Appleby(1949)는 「정책과 행정(Policy and Administration)」에서 '행정은 정책형성' 이라고 인식하였다.

(3) 행정행태설(1940년대-1960년대): 행정학의 과학화

① 행정은 공동목표를 달성하기 위한 구성원들의 합리적이고 집단적인 협동행동에 초점을 두고, 가치가 배제된 사실중심의 합리적인 의사결정과정에 입각하였으며, H.A. Simon 등 행태론자들이 외면적으로 표출된 행태(behavior)에 대한 과학적 연구에 초점을 두었다.

② 자연과학적인 논리적 실증주의에 입각하여 가치와 사실을 분리하여 행정연구의 과학화와 사회심리학적 접근, 종합적 능률을 중시하였다(정치 · 행정 새이원론, 공 · 사행정 새일원론).

---

2) 기획(Planning), 조직(Organizing), 인사(Staffing), 지시(Directing), 조정(Coordinating), 보고(Reporting), 예산(Budgeting)

(4) 발전기능설(1960년대): 국가발전을 주도하는 행정

① 행정은 사회를 바람직한 방향으로 변화시키고 발전을 유도하는 통치기능이라고 보는 관점이다

② 행정이란 '국가발전의 목표를 설정하고, 정책결정 및 기획에 준거하여 이를 수립 · 집행하는 과정'으로 보았다

③ 1960년대 발전행정론을 토대로 개발도상국에서 강조된 입장이다. 국가발전을 위한 행정의 적극적인 사회변동기능(계획적 변동)을 강조하였다[공무원=변동의 주체(change agent), 행정우위론적 정치 · 행정 새일원론, 공 · 사행정 새이원론].

(5) 정책화기능설(1970년대): 사회문제해결자로서의 행정기능

① 1960년대말 격동기의 미국사회를 배경으로 나타난 입장으로 행정의 핵심을 '사회문제 해결을 위한 공공정책의 형성 및 집행과정'으로 보고 행정의 정책지향성 및 가치지향성을 강조하였다.

② 행태론이 가치를 배제한 나머지 사회문제를 해결하지 못하는 나약한 이론이라고 비판하면서 행태론에 반기를 들었던 후기행태주의나 정책과학 등 신행정론의 입장이다.

③ 가치에 대한 인식면에서는 통치기능설과 유사하나, 정책결정과정에서의 갈등상태 해결에 역점을 두고 가치배분의 사회적 형평성을 중시하는 점에서 통치기능설과 구별된다(김중규, 2011: 20).

(6) 신공공관리설(new public management, 1980년대): 정부기능의 축소

① 행정국가 현상에 의한 정부실패를 치유하기 위해 정부기능의 축소를 강조하는 1980-1990년대 신자유주의와 신공공관리론의 견해를 가지고 있다.

② 계층제 중심의 운영에 관리주의적 기법(민간경영기법)과 시장주의적 요소(가격, 경쟁, 유인)을 중시하며, 민영화 · 민간위탁을 통한 정부부문의 재구조화, 공공서비스를 계약하는 경쟁의 도입, 성과평가와 측정을 통한

능률향상을 수단으로 활용한다.

③ 행정과 경영은 유사하다는 측면에서 공·사행정 새일원론적 성격이 강하다(정치·행정 새이원론).

(7) 뉴거버넌스설(new governance, 1990년대): 참여의 강조

① 1990년대 들어 "다양한 주체간의 신뢰(trust)와 협조를 근간으로 하는 서비스연계망(공동체)에 의한 행정"을 중시하는 뉴거버넌스(new governance)가 대두되었다(정치·행정 새일원론, 공·사행정 새이원론).

② 정부에 대한 요구는 증대되는 상황에서 정부재정은 약화(부실)되어 정부 혼자서는 사회문제 해결에 한계를 느끼게 되었는바, 정부-시장-시민사회가 신뢰와 협동을 기초로 네트워크 방식에 의한 문제해결의 필요성이 증대하였다(권기헌, 2011: 74).

3) 행정학의 연구영역과 학설의 변천

행정학이란 학문은 비교적 최근에 발달하였고 그 연구 대상인 행정현상 자체가 복합적인 성격과 다면성을 지니기 때문에 종합학문적 성격을 가지고 있으며, 따라서 경영학·사회학·심리학·정치학 등 인접학문으로부터 이론과 지식을 받아들여 연구에 이용한다(신현기 외, 2008: 62-63). 즉 행정학은 정치, 경제, 사회, 문화 등 다른 사회현상과 밀접한 연관이 있는 종합과학이기 때문에 앞서 언급한 바와 같이 한 마디로 개념을 정의하기가 쉽지 않다.[3)]

3) 행정에 대해 한 문장 또는 한 절로 정의를 내리는 것은 지적인 자극이나 각성보다는 지적인 마비라는 즉각적인 효과가 있을 뿐이다(Waldo). 행정이란 용어는 결정의 집행으로부터 정책의 창안에 이르기까지 최소한 15개의 상이한 의미를 갖고 있다(Dunsire). 행정의 개념 정의가 어려운 이유는 행정의 한계가 불분명하며, 행정의 내용이 계속 확대되고 있기 때문이다(Nigro).

〈그림 1-2〉 행정학의 개념도

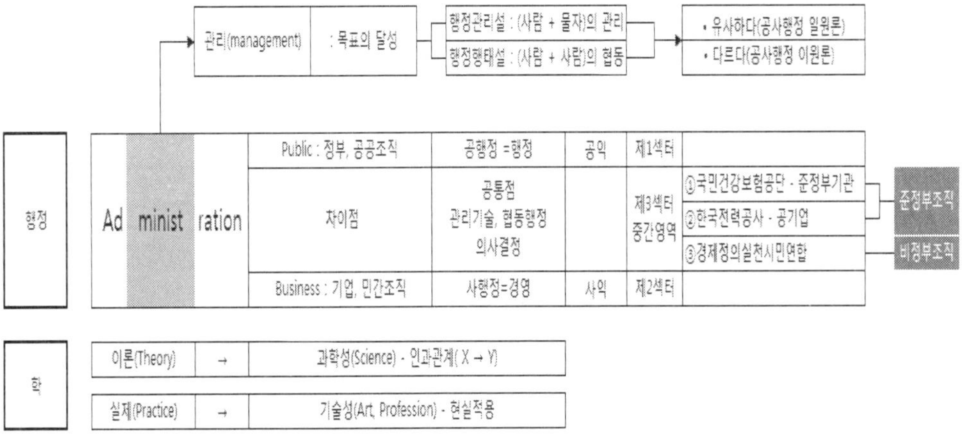

다음은 행정학적 행정개념의 변천에 관하여 정리하였다.

〈그림 1-3〉 행정학적 행정개념의 변천과정

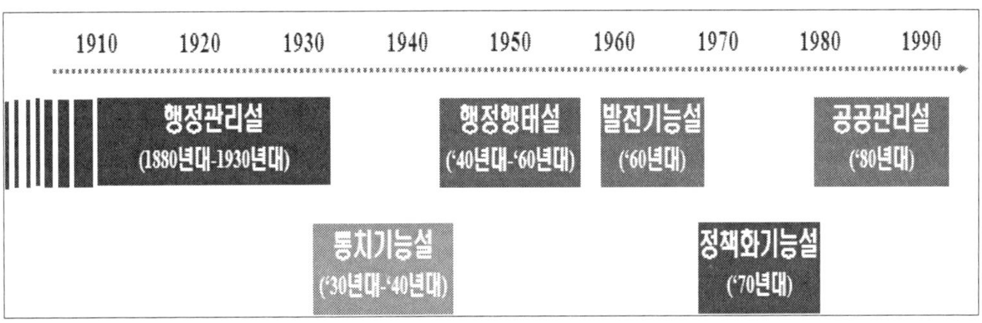

제 2 절 정치와 행정

1. 정치와 행정의 의의

정치는 국민의 의사가 종합되어 형성되는 과정이며, 행정은 국민의 의사가 구체적으로 집행되는 과정이다. 즉 정치란 국가의사에 관한 정책을 형성하며 의회가 주체가 되는 가치판단의 활동이고, 행정은 의회에 의해 형성·결정된 정책을 집행하는 행위로서 정부관료제가 그 주체가 된다. 정치는 행정보다 우위에 있는 것이며, 행정은 수단적 성격을 띠게 된다. 따라서, 정치와 행정의 관계는 상호 순환적 관계를 형성하고 있다. 정치는 대표성·당파성·지도성·공개성 등이 요구되는 한편, 행정은 합리성·중립성·익명성 등이 요구된다. 그러나 이와 같은 논리는 전통적인 행정형태에 근거한 논리이고, 오늘날에 있어서 행정과 정치의 영역을 정확하게 구분하기는 어렵다.

오늘날 정치와 행정은 상호 밀접하게 관련되어 있고 모든 행정은 정치적 환경 속에서 정치체제를 유지하고 정치권력의 뒷받침을 받으며, 행정인은 정치적 역할을 수행하고 가치를 선택하며 정책결정에 큰 영향력을 미치고 있다. 현실적으로 행정은 정치가 결정한 목적을 달성하는 중립적·몰가치적 수단이 아니라, 목적 그 자체를 창출하는 주도적 역할을 맡고 있다.

2. 정치·행정 이원론

윌슨(W.Wilson)은 『행정의 연구』(The Study of Administration, 1887)에서 정치와 행정의 분리를 주장하였다. 정치와 행정은 분명히 구별되며 행정을 경영과 같은 것으로 보고 있다. 이를 기술적 행정학이라고도 하며 초기 행정학의 입장이다.

정치와 행정의 구별에 앞서 행정인과 정치인의 분류가 선행되어야 할 것이다. 행정인은 공정한 절차에 따라 공개자격시험을 거쳐 선발되어 공무원으로 근무하는 사람이라 말할 수 있으며, 정치인은 선거에 의해 선출되거나 정무직 공무원이라고 규정하는 것이 타당할 것이다(정우열 외, 2007:29). 따라서 정치는 정책결정 또는 입법기능으로서 목적적 차원의 과정이며, 행정은 정책집행 · 관리 · 기술수행의 수단적 차원의 과정이다. 즉 정치는 민주성을 확보하는 과정이며, 행정은 능률성 또는 효율성을 확보하는 과정이다.

테일러(F.W. Taylor)의 과학적 관리론을 기초로 하여 행정의 기술성 · 수단성을 강조하여 정치와 행정을 명백히 구분하는 입장을 정치 · 행정 이원론이라 한다. 19세기 말 엽관제도의 폐단을 극복하고 행정의 정체성을 관리기술에서 찾는 정치 · 행정 이원론은 당시의 시대적 환경에서는 많은 공감대를 형성할 수 있었다.

※ 요점정리
1) 1887년(윌슨의 행정의 연구)~ 20C초
2) 정치·행정 이원론(윌슨이 정치와 행정을 구분)
┌ 정치: 정책결정, 입법기능(목적적 차원)
└ 행정: 정책집행, 관리·기술 수행(수단적 차원)
※정치와 행정의 개념을 엄격히 분리한
3) 기술적 행정학:
테일러의 과학적관리론을 기초로 행정의 기술성, 수단성을 강조
4) 내 용
① 관리현상 ② 기계적 능률관 ③ 공·사행정일원론
5) 대표자: W.Wilson, F.Goodnow, W.Willoughby, L.D.White

3. 정치 · 행정 일원론

1940년대를 시점으로 정치 · 행정이원론이 비판을 받으면서 정치와 행정이 밀접한 관계에 있다는 정치 · 행정일원론이 제기되었다. 경제공황극복을 위한 루즈벨트(F.D. Rosevelt)대통령의 뉴딜(New Deal)정책의 성공을 계기로 행정의 정치적 기능이 강화되었다 따라서, 행정부는 정치적 기능과 분리될 수 없음을 인식하게 되었다. 이론적으로 정치와 행정이 분리가능하나 행정이 이미 수립된 정책을 구체화하는 과정에서도 가치를 완전히 배제할 수는 없다는 것이다. 행정도 정책결정과 위임입법의 기능을 수행하며 정치기능성과 적극적 역할을 강조하는 기능적 행정학이라고 파악한다.

정치 · 행정일원론이 대두된 원인은 ① 행정의 전문성 증대, ② 교통 · 통신의 발달로 인한 빠른 정책결정의 요청, ③ 입법부의 대응력 부족 등 을 들 수 있다(정우열 외, 2007).

※ 요점정리
1) 1930년대
2) (1) 정치·행정 일원론: 경제공황극복을 위한 루즈벨트 대통령의 뉴딜정책의 성공을 계기로 행정의 정치적 기능강화
   (2) 행정도 정책결정과 위임입법의 기능을 수행
3) 기능적 행정학: 행정의 정치기능성, 적극적 역할강조
4) 내 용
   (1) 정책형성
   (2) 사회적 능률관
   (3) 공·사행정 이원론
   (4) 민주성
5) 대표자: M.E.Dimock, P.H.Appleby 등

4. 정치 · 행정 새 이원론

1940년대 이후부터 행태론적 행정학을 주장한 사이몬(S.A. Simon)이 초기 정치 · 행정이원론과 구별되는 정치 · 행정 새 이원론을 제기하였다. 초기 정치 · 행정이원론과 다른 점은 행정의 과학화를 위해서 가치판단(정치영역)적인 것과 사실판단(행정영역)적인 것으로 구분하였으며, 경험적 검증이 가능한 사실적인 것만 행정의 대상으로 국한하려는 논리실증주의를 강조한다.

※ 요점정리
1) 1940년대 중반
2) 정치 · 행정 새이원론: 행정의 과학화를 위해 행태론에 의해 가치판단(정치영역)적인 것과 사실판단(행정영역)적인 것으로 구분.
3) 내 용: 행정은 가치적인 것보다 경험적 검증이 가능한 사실적인 것만 대상으로 할 것을 주장.
   (1) 행정= 집단적·협동적 의사결정과정
   (2) 사실문제를 다룸
   (3) 논리실증주의
   (4) 엄격한 과학화(가치중립)
4) 대표자: S.A.Simon, C.I.Barnard, D.Waldo 등

5. 정치·행정 새 일원론

1960년대 들어 발전행정론이 대두되면서 전통적인 정치우위론을 뒤집고 행정우위론을 내세워 행정의 발전목표 달성을 위한 계획적 변동과 변동대응능력을 주장하면서 정치·행정 새 일원론을 주장하게 되었다. 정치·행정 새 일원론의 주장 이유는 발전도상국의 국가발전사업을 추진하는 데 있어서 행정관료조직이 가장 효율적이며, 행정의 독립변수, 행정인의 책임성과 능력, 효과성, 발전지향적·적극적 행정인의 강조와 효과성을 중시하는 측면이다.

※ 요점정리

1) 1960년대
2) 정치·행정 새일원론: 행정우위론을 내세워 행정의 발전목표의 달성을 위한 계획적 변동 및 변동대응능력을 중시
3) 내 용
   (1) 행정우위론
   (2) 행정의 독립변수 강조
   (3) 행정인의 책임성 및 능력 강조
   (4) 발전지향적·적극적 행정인 강조
   (5) 효과성 중시
4) 대표자: M.J.Esman, E.W.Weidner, Heady
   Simon은 공·사행정의 차이는 본질적인 것이 아니라 양적인 차이에 불과하다고 함. Caiden은 공·사행정의 관계는 애매모호하다고 하며 명확한 구분이 곤란하다고 함

〈표 1-1〉 정치와 행정 간의 변화과정

구분	정치 · 행정 이원론	정치 · 행정 일원론	새이원론	새일원론
성립배경	엽관주의의 폐해극복 과학적관리론의 영향	세계대전 및 경제공황	행정의 과학화	후진국의 신속한 발전을 위해
이론	행정관리설 기술적 행정학	통치기능설 기능적 행정학	행태론	발전행정론 신행정론
학자	W.Wilson, Gulick Urwick, White	Appleby, Finer Dimock	Simon	Weidner, Esnman Heady

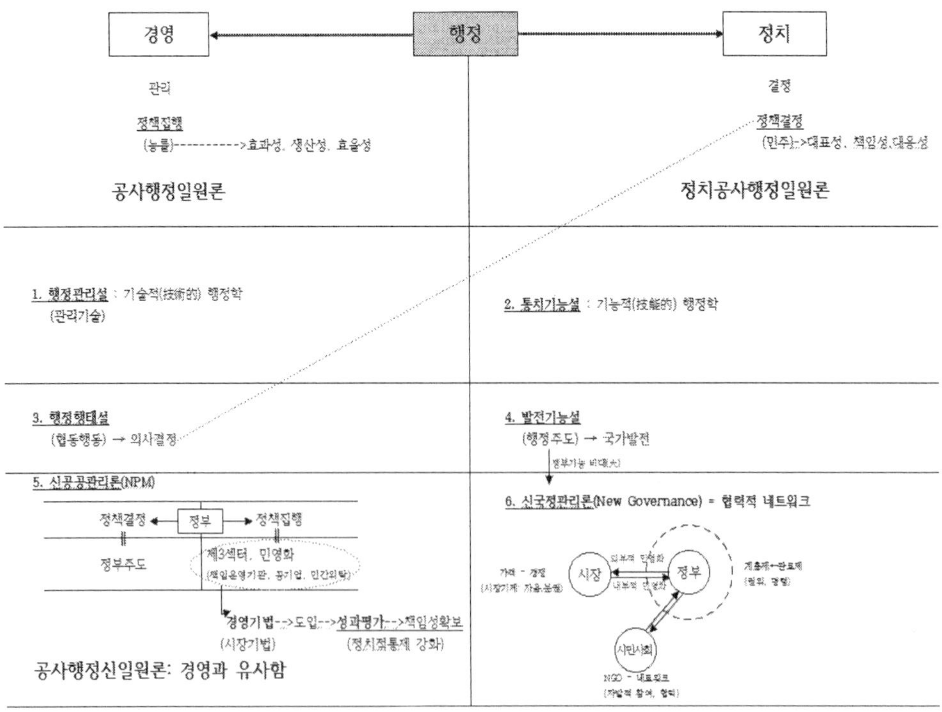

제3절 행정과 경영

1. 행정과 경영

공행정(public administration)은 "국가 또는 지방자치단체에서 공익의 실현을 위하여 목표를 설정하고, 정책결정과정을 통하여 이를 구체적으로 집행하는 정부활동"이라 한다. 그리고, 사행정(business administration)은 "사인 또는 민간기업체가 이윤추구를 위하여 행하는 기업활동"을 말한다. 오늘날 공행정과 사행정 즉, 행정과 경영의 동질성 여부에 관하여는 많은 논의가 제기되고 있으나, 행정은 공공성(공익)을 도모하는 면과 합리성을 증진해야 하는 양면을 동시에 가지고 있기 때문에, 행정과 경영 간에는 유사성과 차이성이 공존한다(최창호 · 하미승, 2007: 27).

2. 행정과 경영의 유사점(공 · 사행정 일원론적 입장)

1) 목표달성의 수단

목표의 성격은 다르지만 목표를 달성하기 위한 수단이라는 점은 유사하다. 즉, 목표의 성격(행정: 공익추구, 경영: 사익추구)은 다르지만 목표를 달성하기 위한 수단이란 점에서는 유사하다.

2) 관료제적 성격

계층제, 전문화, 분업체계 등 순기능과 형식주의, 획일주의, 할거주의 등 관료제적 역기능의 성격이 공 · 사조직에 보편적으로 존재한다. 즉, 행정과 경영은 모두 계층제적 구조, 분업과 조정 등을 가지고 있으며, 관료제의 순기능과 아울러 병리적인 측면도 내포하고 있다.

3) 관리기술

양자 모두 목표달성을 위해 인적·물적자원을 효율적으로 활용하기 위한 기획, 조직, 예산, 권한위임, 통제 등의 관리기술적 특성을 지닌다. 즉 행정과 경영의 조직방법, 계획 및 통제방법, 리더십, 커뮤니케이션, 인사방법, 사무관리방법 등의 관리·기술면이 유사하다(최창호·하미승, 2007: 27-28).

4) 협동성(협동행위)

공동목표 달성을 위한 합리적이고 집단적인 구성원간의 협동행위이다. 즉, 행정과 경영은 모두 협동적인 인간의 노력을 그 공통의 요소로 한다. 일반적으로 협동행위란 자발적인 것이지만 강제적·비자발적인 경우도 있다.

5) 봉사성

정부는 국민에게, 기업은 소비자에게 봉사하는 것이다. 즉 각자의 대상은 다르나 (행정은 국민, 경영은 소비자) 각각의 대상에 따른 봉사활동이라는 점에서 유사하다.

6) 합리적 의사결정

행정과 경영을 막론하고 조직의 목표를 효율적으로 달성하기 위하여 많은 대안 중에서 최선의 것을 선택하는 행위를 한다.

7) 개방체제

마지막으로 행정이든 경영이든 개방체제로서 외부환경과의 유기적인 상호의존 작용관계를 유지하여야 한다는 점에서 유사하다.

3. 행정과 경영의 차이점 (공·사행정 이원론적 입장)

행정(공행정)은 목적적 측면에서 경영(사행정)과 많은 차이를 갖는다.

1) 목적

행정은 공익 추구를 경영은 이윤의 극대화를 추구한다. 다시 말하면, 행정은 공익성을 본질로 하는데 비하여, 경영은 이윤성을 본질로 한다. 행정은 국가의 생존과 경제 및 사회발전에 대한 책임을 진다. 또한, 정의와 형평 등의 사회가치에 대한 많은 관심을 기울인다. 따라서 행정의 경영화를 논의할 때에는 목적의 차이를 제약 조건으로 분명히 인식해야 한다. 예로서 정부가 수익사업을 수행할 때에는 공익을 해치지 않는 범위 내에서 수행해야 한다. 그런데 경우에 따라서는 행정도 사익을 추구할 수 있고, 기업에 대해서도 공익을 위한 사회적 책임이 강조되는 등 목적의 차이는 상대적이다.

2) 능률의 측정

행정은 기계적능률 측정이 곤란하고 성과를 계량화할 수 없는 경우가 많으나, 경영은 기계적능률을 추구하므로 그 측정이 용이하다.

3) 법적규제

행정은 공공성을 기반으로 하기 때문에 그 행위 및 책임이 법률에 상세히 규정되며, 직접적인 법적 규제를 받게 되지만. 경영은 회사 자체의 정관이나 규칙에 의하여 운영되며, 운영상의 재량성과 자율성이 높다. 즉, 행정은 경영보다 엄격한 법적규제를 받는다. 행정에서는 정부조직의 신설·폐지, 공무원의 정원·권리·의무·책임 등이 법치행정의 요청에 따라 모두 법령에 의하여 정해지는 데 비하여, 경영에서는 기구개편, 정원조정, 직원의 정원·보수·책임 등이 그 정관이나 규칙에 의하여 행해진다.

4) 정치성

행정은 다양한 이해 당사자의 영향 및 통제를 받는다. 경영은 정치로부터의 분리가 원칙이다. 즉, 행정은 본질적으로 정치성을 내포하므로 국민·의회·정당·이익단체 등으로부터 감독 및 비판·통제를 받는 데 비하여, 경영은 특히 정부기관과 직접적인 거래가 있거나 그 사업이 정부의 규제대상이 되는 경우를 제외하고는 정치집단의 비판이나 감독을 받지 않는다.

5) 독립성(독점성)

행정은 공공서비스 제공에 있어서 경쟁자가 없는 독점성을(행정서비스의 질 저하 우려)지니며, 경영은 고객에 대한 경쟁성(고객 지향적 제품 서비스)이 강하고 생산성과 봉사성이 높다.

6) 평등성

공공재는 누구에게나 평등하게 서비스가 제공(비배제성, 비경합성)되어야 하며, 경영은 고객들간의 차별을 용인한다. 즉, 행정에 있어서는 모든 국민에 대하여 법률 앞에 평등이라는 원칙이 지배하는 데 비하여, 경영에 있어서는 고객에 따라 대우와 취급을 달리할 수 있다.

7) 주체

행정은 주체가 정부 또는 지방자치단체이나, 경영은 민간기업체이다.

8) 공공성 · 윤리성 · 책임성의 유무

행정은 공공성이나 윤리성과 함께 높은 책임성이 요구되나, 경영은 그러하지 않다.

9) 공개성의 유무

행정의 활동은 인사 · 조직 · 예산 · 운영 등이 공개되어야 하지만, 경영은 경우에 따라서는 기업의 이익을 저해할 수 있기 때문에 철저하게 비밀이 보장되어야 한다. 상대적으로 비밀에 속하는 업무나 활동이 많다.

10) 권력수단의 유무

행정은 강제적 권력(규제정책, 강제집행)을 지니는데 반하여, 경영은 공리적(功利的) · 경제적권력이 주된 통제수단이다.

11) 긴급성

행정은 경영에 비해서 상대적으로 긴급성을 더 요하게 된다.

〈표 1-2〉 행정과 경영의 차이점과 유사점

구분		행정	경영
차이점	주체	국가 및 공공단체	기업체
	객체	국민	고객
	목적	공익추구	영리추구
	평가척도	비능률척도	능률척도
	권력	일방성	쌍방성
	정치적 성격	정치적 성격이 강함	공리적
	평등성	평등대우	차등대우
	자율성	상대적 자율성	상대적 획일성과 일관성
	독점성·경쟁성	강한 독점성·비경쟁성	높은 경쟁성
	공개성	공개	비공개
	능률측정	계량화 곤란	계량화 용이
유사점		• 공동목표 존재 • 관료제적 성격(법규성 · 계층제 · 비정의성 등) • 목적 달성을 위한 수단 • 의사결정방식	
오늘날의 양자관계		• Simon : 양자의 차이는 본질적이라기 보다는 양적 정도상의 차이 • Caiden : 공·사행정의 구별은 애매 모호 • Etzioni의 제3부분(third sector) : 공 · 사행정이 혼합된 영역	

4. 행정과 경영의 상호관계

행정과 경영은 결국 전자는 정부(government)를, 후자는 시장(market)을 메커니즘으로 하여 운영되는데, 양자는 각자의 실패성, 즉 시장의 실패와 정부의 실패의 경험에 비추어 상호 보완적이고 협조적인 관계에 있지 않으면 안 된다. 시장의 메커니즘이란 ㉠ 등가의 원리 ㉡ 수익자·부담자 일치의 원리를 기초로 하는 데 비하여, 정부의 메커니즘은 ㉠ 편익배분행의 원리 ㉡ 수익자·부담자 분리의 원리를 기초로 하고 있어, 전자에서는 이른바 무임승차자(free riders)를 허용하지 않는 데 비하여 후자에서는 그 허용을 중요 내용으로 하는 것이다.

시장의 실패(market failure)는 각종 재화와 서비스가 일반적으로는 완전경쟁시장을 통하여 시장가격에 따라 공급되어야 하는 데도 전력·수도 등 일부 특정 재화나 서비스가 시장이 아닌 정부기능에 의하여 조달되지 않을 수 없는 등에서 그 예를 찾을 수 있고, 반면에 정부의 실패(government failure)는 이러한 시장의 실패를 해결하기 위한 정부의 활동이 예기치 못한 각종의 사회적 부작용을 수반하는 등에서 그 예를 찾아볼 수 있다.

따라서 행정과 경영은 각각의 실패가 보완되도록 상호 협조하여 적절히 조화되어야 하는 것이다. 현실적으로 정부와 기업이 상호 협조하여 문제를 보다 효율적으로 해결하는 예를 우리는 많이 볼 수 있다(최창호·하미승, 2007: 29).

제 4 절 정부와 행정

1. 정부의 개념

일반적으로 정부의 개념은 광의(廣義)와 협의(俠義)의 두 가지 형태로 나눌 수 있다. 넓은 의미의 정부는 입법부, 사법부, 행정부를 모두 포함한 의미로서, 정부를 국가 통치기구 혹은 국가 권력구조의 형태로 사용하는 개념이다. 반면에 좁은 의미의 정부는 입법부와 사법부에 대한 행정부를 의미하며, 정부를 행정부의 조직·작용의 형태로 본다(김철수, 1992: 331).

광의의 정부형태는 입법부, 사법부, 행정부의 삼권분립 구조를 이루며, 이러한 권력분립의 원리가 헌법의 권력구조에 어떻게 적용되느냐에 따라 여러가지 정부형태로 나눌 수 있다. 일반적으로 권력집중형 전제주의와 권력분립형 입헌주의로 나눌 수 있으며, 입헌주의 정부 형태는 다시 대통령제와 의원내각제 등으로 구분할 수 있다. 반면, 협의의 정부형태는 입법부와 사법부를 제외한 행정부만을 의미한다. 우리나라 헌법 제66조 4항에 의하면 "행정권은 대통령을 수반으로 하는 정부에 속한다."고 명시되어 있다. 따라서 협의의 정부는 행정권의 주체이며, 국가 목적을 달성하기 위해 행정권을 행사하는 정부관료제 조직을 의미한다(이종수·윤영진, 2008: 32).

따라서 정부라는 의미는 광의로는 국가를, 협의로는 입법부나 사법부에 대한 행정부를 의미한다.

2. 정부의 구조

정부의 구조는 그 기능과 권력이 기구들 사이에 분배되는 방법에 따라 여러 가지로 구분할 수 있으며, 각각의 구조들은 그 특징을 달리한다. 여기에서는 행정부만을 지칭하는지 혹은 입법부, 사법부를 포함하는지에 따라 광의·협의로 구분하는 방식과 중앙정부·지방정부로 구분하는 방식, 공공서비스 공급주체에 따라 구분하는 방식 등으로 대별하고자 한다.

1) 광의 · 협의의 정부

첫째, 광의의 정부는 국가 통치기구를 의미하며, 입법부, 사법부, 행정부의 삼권분립의 구조를 이룬다. 우리나라의 입법부는 국회이며 단원제 형태이다. 행정부에는 15부 2처 18청(2008년 6월 기준)의 정부기구가 있다. 사법부는 대법원, 고등법원, 지방법원과 특허법원, 가정법원, 행정법원이 있고, 헌법기관으로서 헌법재판소와 선거관리위원회가 있다.

둘째, 협의의 정부는 입법부와 사법부를 제외한 행정부만을 지칭한다. 행정부의 조직구조는 헌법기관과 비 헌법기관으로 나눌 수 있다. 헌법기관은 설립근거가 헌법에, 비 헌법기관을 법률의 제정 또는 개정에 근거한다.

우선 헌법기관에는 대통령, 국무총리, 감사원과 국무회의, 국가안전보장회의, 민주평화통일자문회의 등이 있다. 비헌법기관은 정부조직법 또는 개별법에서 규정되는데, 대통령 직속기관으로 대통령실, 국가정보원, 방송통신위원회, 민주평화통일자문회의 사무처, 국가교육과학기술자문화의가 있고, 국무총리 직속기관으로 국무총리실과 특임장관, 공정거래위원회, 금융위원회, 국민권익위원회와 5처가 있다.

중앙행정기관은 정부조직법과 다른 법률에 특별한 규정이 있는 경우를 제외하고는 부(部) · 처(處) 및 청(廳)으로 구성된다. 행정 각부(2014년 11월 19일 기준)는 15부로서 기획재정부(국세청, 관세청, 조달청, 통계청), 미래창조과학부, 외교부, 통일부, 법무부(검찰청), 국방부(병무청, 방위사업청), 행정자치부(경찰청), 문화체육관광부(문화재청), 농림수산식품부(농촌진흥청, 산림청), 지식경제부(중소기업청, 특허청), 보건복지부(식품의약품안전처), 환경부(기상청), 노동부, 여성가족부, 국토교통부(행정중심복합도시건설청)가 있다. 5처에는 법제처와 국가보훈처, 식품의약품안전처, 국민안전처, 인사혁신처가 있다. 그리고 부(部)의 산하에 18개의 청이 있다.

행정 각부의 장은 국무위원이어야 하며, 국무총리의 제청으로 대통령이 임명한다. 행정 각부의 장은 소관 사무의 결정 및 집행권을 가지며, 부령을 제정 공포하는 권한 등을 가진다(이종수 · 윤영진, 2008: 37-39).

〈그림 1-4〉 정부조직 기구도 : 17부 5처 16청 / 2원 5실 6위원회

(2014년 11월 19일 기준)

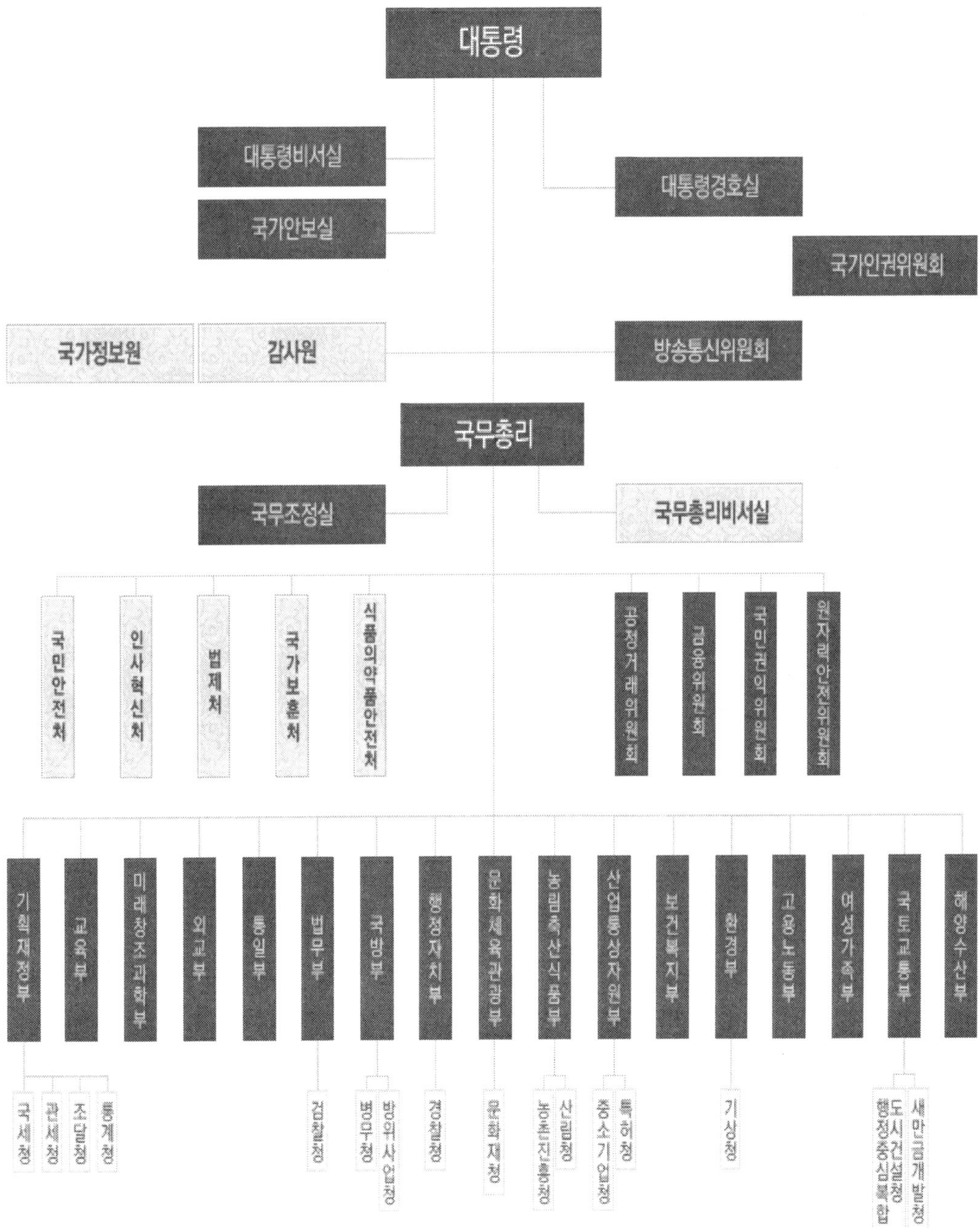

2) 중앙정부와 지방정부

정부는 관할 범위에 따라 중앙정부와 지방정부로 구분된다. 중앙정부와 지방정부의 관계는 정책결정권의 분산정도에 따라 중앙집권적 형태와 지방분권적 형태로 나뉜다. 우리나라는 1991년 지방의회가 구성되고 1995년 지방자치단체의 장을 주민이 직접 선출함으로서 풀뿌리민주주의를 실현할 수 있는 지방자치제가 시행되었다.

우리나라 지방정부의 계층구조는 광역자치단체와 기초자치단체의 2층제로 되어 있다. 광역자치단체에는 특별시·광역시와 도 그리고 제주특별자치도가 있으며, 기초자치단체에는 시·군·자치구가 있다. 또한 지방자치단체는 집행기관(지방자치단체의 장)과 의결기관(지방의회)으로 구성되어 있으며, 권력분립주의 원칙에 입각하여 기관대립형을 택하고 있다(이종수·윤영진, 2008: 40).

3) 공공서비스의 공급 주체

공공서비스는 정부가 국민들에게 공급하는 유·무형의 생산물을 의미한다. 일반적으로 행정권의 주체는 정부이지만 공공서비스를 공급하는 공공기관은 다양하다. 이는 국가의 역할이 점차 확대되면서 전통적으로 가족과 지역사회가 담당했던 부분까지 점차 사회적인 대응이 요구되고 있으며(이종수··윤영진, 2008: 591), 뉴 거버넌스 개념이 등장하면서 공공서비스의 독점적 공급자로 여겨졌던 전통적인 정부의 역할이 변화하게 되었다.

공공부문(제1섹터)은 정부부문과 준정부부문(공공기관)으로 구성되며, 정부부문에는 정부부처 외에 정부기업이 있다. 정부기업은 기업 형태로 운영하는 정부사업, 즉 정부 형태의 공기업을 말한다. 구체적으로는 기업예산회계법의 적용을 받는 우편사업·우체국예금사업·양곡관리사업·조달사업 그리고 기업형 책임운영기관[4] 사업을 말한다. 그 다음으로 준정부부문(제3섹터)에는 2007년부터 발효된 '공공기관의 운영에 관한 법률'에 의한 공공기관이 있다. 공공기관은 공기업, 준정부기관, 기타 공공기관으로 구분되며, 공기업은 시장형 공기업과 준시장형 공기업으로, 준정부기관은 기금관리형 준정부기관과 위탁집행형 준정부기관으로 구분된다.

---

4) 책임운영기관은 2000년도부터 도입되었고 '책임운영기관의 설치·운영에 관한 법률' 제30조 제1항에서는 기업형 기관의 사업을 정부기업으로 규정하고 있음

〈표 1-3〉 공공서비스 공급 방식의 유형

		주체	
		공공 부문	민간부문
수단	권력	일반행정 정부의 기본 업무	민간위탁 안정적 서비스 공급
수단	시장	공적 책임이 강한 경우 책임경영	시장 탄력적 공급 민영화

민간부문(제2섹터)에 의한 공공서비스 공급의 확대는 시민사회의 발전과 뉴 거버넌스 개념의 등장으로 가속화되고 있다. 민간부문은 크게 영리부문과 비영리부문으로 나눌 수 있는데, 첫째, 비영리부문은 최근 활발하게 정책결정에 참여하거나 공공서비스를 직접 공급하는 시민단체와 법인을 대표적인 예로 들 수 있으며, 공공서비스와 관련된 자발적 조직도 여기에 해당한다. 또한 자원봉사자로서 서비스 공급에 참여하거나 협력하는 경우에도 시민을 공공서비스의 주체로 포함시킬 수 있다. 비영리부문의 공공서비스 공급자들은 공익성을 지향한다는 점에서 공통점을 가지며 이들을 준자발적 비정부기구라고 부른다. 둘째, 영리부문의 기업으로 기업은 본래 이윤 추구를 목적으로 하나, 정부기능의 민간위탁과 외부 발주, 민간자본 유치사업에 참여하는 기업은 공공서비스의 공급주체에 포함하기도 한다(이종수 · 윤영진, 2008: 41-42).

3. 정부의 역할과 기능

정부의 역할과 기능은 크게 거시적 관점과 미시적 관점에 따라 구분할 수 있다.

첫째, 정부의 기능을 넓은 의미로 이해할 때는 국가와 민간시장의 관계에서 보며, 정부의 역할을 시장에 포함시킨다. 일반적으로 시장은 공급자와 수요자 간에 자발적으로 가격을 형성하는 사회적 관계를 의미한다. 시장은 완전경쟁을 이룰 때 최적의 자원배분이 이루어지고 민간부문의 이익과 공공부문의 이익이 조화를 이룬다. 그러나 시장은 비인격적이며 도덕과는 무관한 반면, 정부는 목적이나 특성에 있어서 윤리적이고 공공적인 선택을 해야 할 의무가 있다. 따라서 정부는 민간부문의 치열한 경쟁관계를 규제하고 조장하고 지원하는 기능을 수행하며, 공정한 게임이 이루어지도록 정부는 규칙 제정과 심판을 맡는다.

이러한 정부의 역할은 이념적 성격과 시대적 위상에 따라 변화하는데, 정부의 역할을 규제자와 지원자의 관점에서 본다면 네 가지 유형(자유방임주의형, 중상주의형, 가부장주의형, 입법주의형)[5]으로 구분할 수 있다. 정부의 기능도 아래와 같이 변화하였다.

〈그림 1-5〉 정부의 기능의 시대적 변화

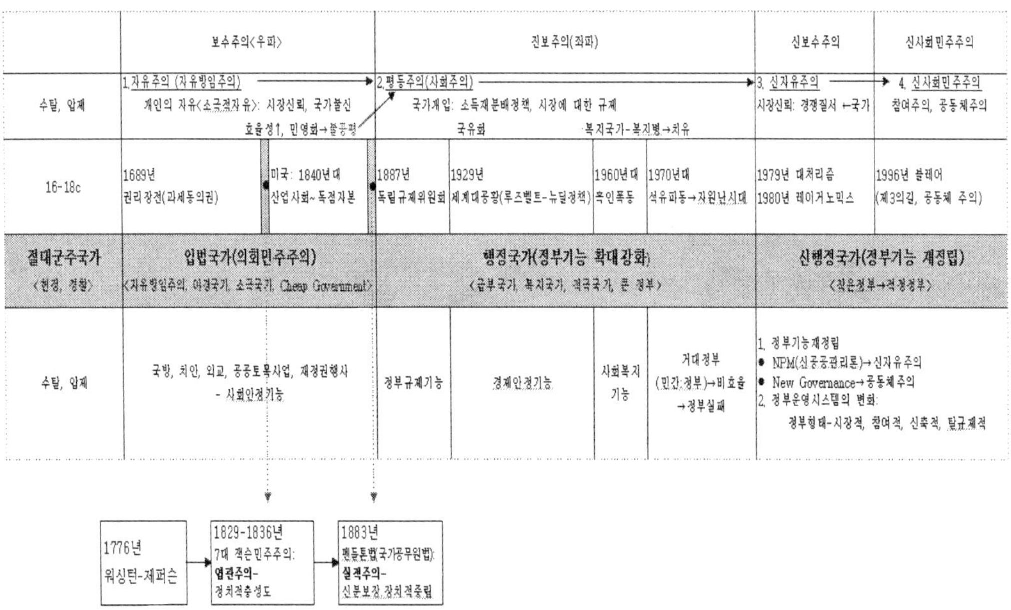

---

5) 자유방임주의형(laisser-faire type)은 정부의 시장에 대한 규제와 지원이 거의 없는 경우이며, 이 때 정부의 역할은 규칙 제정자에 국한된다.
중상주의형(mercantilist type)은 정부의 규제는 거의 없는 상태에서 정부의 강력한 지원이 있는 경우로 여기서 정부의 주된 역할은 지원자로서의 역할이다.
가부장주의형(patriarchalism type)은 정부의 규제와 지원을 동시에 강력하게 하는 경우를 말하면, 정부는 지원자와 규제자의 역할을 동시에 수행한다.
입법주의형(legislative type)은 정부의 지원은 약한 대신에 강력한 정부의 규제를 받는 경우이며, 정부는 규제자로서의 역할을 수행한다(윤기찬 외 2008: 32-33).

둘째, 미시적 관점에서의 정부의 기능은 구체적으로 정부가 '하는 일'을 말하며, 정부가 제도상 또는 사실상 담당하는 행정사무를 의미한다. 좁은 의미의 정부 기능은 다음과 같다. 그 밖에 정부의 부수적 기능에는 인사행정, 예산 및 회계, 조달 및 시설관리통제 및 감사, 법률 및 소송상의 기능 등이 있으며, 이러한 기능들은 직접적으로 국민을 대상으로 하는 것이 아니라 공무원 및 행정을 위해 존재하는 활동들이다(이종수 · 윤영진, 2008: 44).

1) 사회질서 유지기능

국가는 법과 질서의 유지가 제1차적 기능이다. 민주주의 국가의 질서는 지배나 통제를 위한 것이 아니고 국민의 공동 복지를 실현하기 위한 것이다. 이러한 기능을 담당하는 정부기관은 행정자치부, 법무부, 국가정보원 등이다.

2) 국방 및 외교기능

국민의 생명과 재산을 보호하고 외국과의 외교관계를 유지하는 기능으로서 국민의 주권적 기능이다. 이러한 기능을 담당하는 정부기관은 국방부, 외교부, 통일부, 국가안전보장회의 등이다.

3) 경제관리기능

제반 경제정책을 통하여 기업 및 소비자의 경제활동을 보장해주고 보다 나은 경제적 삶을 영위하도록 지원해주는 기능을 한다. 원조의 제공(보조금, 기술제공 등), 국민경제의 규제, 공익사업의 운영, 국민경제에 대한 기획과 안정화 정책이 여기에 속한다. 이러한 기능을 담당하는 정부기관은 농림수산식품부, 지식경제부, 국토교통부, 기획재정부 등이다.

4) 사회복지기능

국민의 사회적 요구를 충족시켜 주는 기능으로서 여성, 약자, 소외계층을 대상으로 하는 기능이다. 이러한 기능을 담당하는 정부기관에는 보건복지부, 환경부, 고용노동부, 여성가족부, 국가보훈처 등이 있다.

5) 교육 및 문화기능

국민들의 교육, 문화 및 예술활동을 지원하고 청소년 문제를 주관하는 기능으로 이러한 기능을 담당하는 정부기관은 교육과학기술부, 문화체육관광부 등이다(정우열 외, 2006: 41).

객관식 문제

01 **다음 중 행정의 개념이 올바르게 정의된 것은?** (2003입시기출)

① 인간의 경제와 관련된 내용이다.
② 공익을 추구하기 위한 정부 또는 공공조직의 기능과 역할이다.
③ 정부관료제를 중심으로 정부조직과 공무원 그리고 시민을 통제한다.
④ 공공정책의 결정과정과 집행을 주민에게 맡기는 것이다.

02 **정치행정이원론이 강조되는 이유와 거리가 먼 것은?**

① 행정기능의 확대 · 강화로 행정의 정책적 기능의 수행이 요청되었다.
② 엽관주의의 팽배로 행정의 부패와 비능률이 야기되었다.
③ 민간부문에서 개발된 관리기법을 도입할 수 있었다.
④ 미국행정학의 관심사는 행정의 능률적인 합리화였다.

03 **정치행정일원론과 관련이 없는 것은?**

① 행정의 목표와 수단의 분리 불가의 관점.
② 행정국가화의 촉진과 행정의 기능 확장.
③ 행정봉사의 고객중심주의 및 자기책임주의.
④ 민주적인 정부보다 능률적인 행정의 구현.

04 **행정과 경영의 유사성에 대한 설명으로 옳지 않은 것은?** (2008 국가직7급)

① 인적 · 물적 자원을 동원하며 기획, 조직화, 통제방법, 관리기법, 사무자동화 등 제반 관리기술을 활용한다.
② 엄격한 법적 규제를 받으므로 환경 변화에 따른 조직의 대응 능력이나 인력의 충원과정에서 탄력성이 떨어진다.
③ 관료제의 순기능적 측면과 아울러 역기능적인 측면도 내포하고 있다.
④ 조직 내 의사결정과정에서 가능한 한 많은 대안 중에서 최선의 대안을 선택·결정하고자 하는 협동 행위가 나타난다.

05 정부의 역할과 기능에 대한 설명으로 옳지 않은 것은?
① 사회질서 유지기능
② 사회복지기능
③ 교육 및 문화기능
④ 경제활동기능

정답

01. ② 02. ① 03. ④ 04. ② 05. ④

연구문제

01 정치 · 행정 이원론과 정치 · 행정 일원론에 대해 비교하여 설명하시오.

02 정부의 역할과 기능에 대하여 설명하시오.

03 공공서비스 공급 방식의 유형에 대하여 서술하시오.

제 2 장

행정학의 발달

제1절 행정학의 학문적 성격

1. 행정학의 독자성과 정체성

행정학은 인간과 인간의 관계를 중심으로 개인, 집단, 사회, 국가 단위에서 발생하는 제반현상을 연구하는 사회과학의 한 분과학문이며 그 성격은 응용 사회과학이다. 그렇기 때문에 사회과학으로서 행정학은 다음과 같은 독자성과 정체성의 성격을 가지고 있다.

1) 행정학의 독자성

행정학은 다른 학문에 비해 수용된 이론이 많은 것이 사실이지만, 나름대로의 축적된 지식을 갖고 있으며, 연구 대상 또는 연구 주제가 다른 학문과 분명히 구별되므로 종합학문으로서의 하나의 분과 학문으로 성립하는 데는 문제가 없다..

2) 행정학의 정체성

행정학이 종합학문적 성격을 지니게 되고 인접 학문으로부터 많은 이론과 지식을 받아들여 행정현상을 연구하여 왔다. 행정 현상의 연구에 있어서 다른 학문으로 부터 많은 지식들을 이용하게 됨에 따라서 행정학의 정체성에 대한 논란이 지속적으로 제기되어 오고 있다. 앞으로도 행정학은 끊임없는 자기 정체성의 위기에 직면하게 될 것으로 예상된다.

2. 행정학의 과학성과 기술성

행정학의 학문적 발전과 사회문제 처방 등 실천적 필요성을 위해서는 과학성(객관적 진단)과 기술성(타당한 처방)의 조화가 필요하다.

1) 과학성(science)

과학성은 검증에 의해 증명된 원칙의 체계화된 지식을 중시한다. 행정학의 초창기 발전과정에서 행정학을 관리로서 접근하던 시기에 과학성이 강조되었다. 즉, 행정학은 과학적인 방법(scientific method)을 동원하여 어떠한 현상(자연 혹은 사회 현상)을 기술, 설명, 분석, 예측함으로 현상의 인과적 관계를 객관화하고 현실에 적용하고자 하는 것이다. 테일러(Taylor)의 과학적 관리법, 귤릭(Gulick)이나 어윅(Urwick)의 행정원리접근법 등이 이에 해당된다(이원희, 2007: 151-152).

2) 기술성(art · professional)

기술성(技術性)은 어떤 목표를 달성하기 위한 지식 적용상의 숙련된 기법(technique) 또는 묘기(skill)로서 이는 how라는 방법을 중시한다. 기술성에 입각한 행정은 실용성, 실천성, 처방성, 명령성을 중시하며, 문제의 해결을 위한 기법을 중시한다. 1930년대 경제공황을 극복하는 과정에서 행정은 당장 현실적인 경제위기를 극복해야 하는 실천성을 중요시하게 되었고, 이에 어떻게 하면 현실의 문제를 해결할 것인가 하는 기술성이 강조되었다.

〈표 2-1〉 행정학의 과학성과 기술성의 비교

성격	정체성	접근법	해당이론 및 학파
과학성 (인과성)	높다	실증적 접근방법	정치·행정이원론 (과학적 관리론, 생태론, 비교행정론)
기술성 (처방성)	낮다	규범적 접근방법	정치·행정일원론 (통치기능론, 발전행정론, 신행정론, 정책과학)

3. 행정학의 종합적 성격

1) 통합적 응용사회과학

사회과학이란 사회현상, 즉 인간 공동체 내의 현상들 중에서 사회생활의 경제적 측면, 정치적 측면, 행정적 측면, 법적 측면, 사회적 측면 등을 다루는 것이다. 특히, 행정학은 정부 관료제를 중심으로 한 행정현상을 연구하고 정치학·경제학·사회학 등 여러 학문의 지식을 기초로 하여 행정학이라는 하나의 학문체계를 구축하고 있으며, 전문직업인인 행정가를 양성하는 것을 주요한 목표의 하나로 삼고 있다(이종수·윤영진, 2008: 134).

2) 학문 상호간의 연계성

현대에 와서는 대부분의 학문이 학문 상호간의 연계성을 가지고 있고, 행정학도 그 예외는 아니어서 행정학의 종합학문적 성격이 강조되고 있다. 정치학에서는 기본적인 행정의 이념, 환경, 과정 등에 대한 지혜를 얻어 오고, 경영학에서는 관리의 기법 혹은 방법에 관한 지혜를 빌려 오며, 법학에서는 행정의 제도와 규칙에 대한 지혜를 응용하고 있다. 이밖에도 행정학은 심리학, 사회학, 경제학, 문화인류학, 역사학 등의 이론적 토대를 많이 공유하고 있다(강용기 외, 2005: 107).

제 2 절 행정학의 발달과정

행정에 대한 연구의 기원은 16세기 중엽부터 18세기말의 독일의 관방학에서 시작되었으며, 그 이후 미국을 중심으로 전개된 행정학이 학문적으로 인정받은 것은 제1차 세계대전 이후 대학에 행정학과가 개설된 때를 그 기준으로 해야 한다. 그러나 공공행정문제라 할 수 있는 공공의 문제는 인간이 집단생활을 하면서부터 시작되었다고 할 수 있다. 이후 행정학은 행정현상을 이해(understanding)하고 개선(improvement)에 도움이 되는 이론(theory)으로 발전되었다.

1. 관방학과 슈타인 행정학

관방학(Kameralwissenschaft, Kameralismus, Cameralism)은 16세기 중엽부터 18세기 말에 이르는 동안 독일과 오스트리아에서 발달한 정책학이며 절대군주 국가시대의 행복촉진주의적 복지국가관을 사상적 배경으로 하였다. 정치적으로는 경찰국가체제하의 절대주의적 지배과정 속에서 이루어진 것이며, 사회적으로는 영국의 중상주의나 프랑스의 중농주의에 대응하는 독립적 변형이었다. 관방학의 근본사상은 전기관방학 (16-17세기)과 후기관방학 (18-19세기)으로 구분된다.

1) 관방학의 내용

(1) 관방학과의 설치

3세기에 걸쳐 계속된 관방학은 빌헬름(F.Wilhelm) 1세가 1727년 할레(Halle)대학과 프랑크푸르트(Frankfurt an der Oder)대학에 관방학의 강좌를 개설한 것을 기준으로 하여 전기와 후기(Justi의 경찰학)로 나눈다. 전기관방학은 공공복지 사상의 기초를 신학(왕권신수설)에서 구하였고, 왕실재정과 국가재정이 미분화 되었으며, 왕실재정이 사가계(私家計)였다. 반면에 후기관방학은 공공복지 사상의 기초를 계몽사상에서 구하였고, 재정학 경제정책과 구별되는 독자적인 경찰학의 체계를 수립하였다.

(2) 국가(경영)학적 학문의 성격:

관방관리들에게 국가 통치에 필요한 행정기술과 지식 제공의 목적인 전기관방학은 공공복지의 사상적 기초를 신학에서 찾았다. 그리고, 절대군주제 유지를 위한 정치·경제·사회 등 모든 제반 문제를 대상으로 하였다. 왕실재정과 국가재정을 구별하지 않았으며, 사가계적·사경제적 이론을 포함한 재정학, 경제정책과 혼재되고 있었다. 따라서, 농업, 임업, 재정학, 경제학, 경찰학 등이 미분화 상태로 혼재되고 있었으며, 특히 재정학적 성격이 강하였다.

(3) 유스티(Justi)의 경찰학

유스티로 대표되는 후기관방학의 특색은 공공복지의 사상적 기초가 계몽사상의 압도적 영향을 받았다는 것과 경제정책이나 재정학과 구별된 독자적인 경찰학의 체계를 수립하고자 했던 점이다. 유스티는 『경찰학원리』(Grundsatze der Polizeiwissenschaft, 1756)에서 국가이념을 통일적 계기로 삼는 광의의 관방학을 경찰학, 경제학, 협의의 관방학, 기타로 체계를 세우고 경찰학은 모든 국가자재의 유지 및 증식을 연구하는 것이라고 하였다.

〈표 2-2〉 전기관방학과 후기관방학의 특징

전기관방학	후기관방학
(할레대학과 프랑크푸르트대학에 관방학 강좌개설)	
• 1727년 이전 • 사상적 기초 : 신학 • 학자 : Osse, Jackendorf • 국가권력 미분화 • 황실재정=사가계 • 경제학, 재정학, 정치학 미구분 • 중세적 행복관	• 1727년 이후 • 사상적 기초: 자연법사상(I. Kant) • 학자 : J. H. G. Justi – 경제학·재정학과 구별되는 경찰학 수립 (경찰 : 국가목적을 실현하기 위한 일련의 행동)
• 공통점 : 절대군주를 위한 통치술, 전제군주국가 성립에 기여, 독자적인 학문체계의 미확립(정치와 행정의 미분화)	

2) 관방학의 비판

(1) 경찰국가에의 봉사적 성격

관방학은 절대군주를 위한 통치술의 연구라는 범위를 넘지 못했으며, 군대와 관료제에 의하여 강제된 기계적인 권력장치로서의 경찰국가에 봉사하는 것에 지나지 않았다.

(2) 정치와 행정의 미분화

관방학은 권력주체와 별개의 독자적인 경험적 혹은 과학적 법칙을 가진 것이 아니며 통치술이라기보다 오히려 마술과 긴밀하게 결합된 것이었다. 절대군주제하의 행정은 정치와의 관계에 있어서 미분화의 상태에 있었고, 어디까지나 정치의 시녀로 간주되었을 뿐이었다.

(3) 슈타인 행정학

19세기 초 관방학과 전통적인 공법학의 입장을 비판,수정하여 행정학의 독자적인 체계의 수립을 시도한 슈타인(Lorenz von Stein)은 관방학의 근본개념이었던 경찰학을 헌정(Verfassung)과 행정(Verwaltung)으로 이원화 하였다.

① 슈타인 행정학의 내용

유스티(Justi)의 경찰개념을 헌정과 행정으로 이원화 하여 헌정은 정책결정의 단계로, 행정은 정책집행의 단계로 파악하였다. 특히 헌정과 행정의 상대적 우위를 주장하는 이중적 관계를 설정하여 행정의 독자성을 내세웠다. 슈타인은 헌정과 관련시키면서 철학적·사회학적·심리학적 방법에 의하여 행정의 적극적 개념을 구성하였다.

㉠ 헌정(Verfassung): 가치적인 정책결정으로 국가의사 형성 활동이며, 국가라는 유기체를 구성하는 개인이 국가의사의 결정에 참여하는 국가적 권리로 여겼다.

㉡ 행정(Verwaltung): 사실적인 집행기능으로서 국가 의사실현 활동이며 국가의 여러 기관에서 수행하는 국가 활동이다. 즉, 행정은 국가가 모든 개인의 향상을 촉진시킬 임무를 수행하기 위한 국가의 행정 및 활동수단이라고 보았다.

㉢ 행정을 헌정의 이중관계 : 슈타인은 헌정과 행정의 대립관계에 관하여 헌정이 행정에 대하여 절대적 우위를 차지하고 있다고 보는 공법학의 입장과는 달리 양자간에 서로 우위를 차지하고 있다는 이중관계를 설정하였다. 행정에 대한 헌정의 우위를 내세우면서 행정이 시민의 참여에 의하여 형성되는 국가의사를 구체적으로 수행한다고 규정한 법치행정원리의 형식성을 비판하고, 이와 같은 외견적 헌정이 실현됨으로써 일어나는 사회적 모순을 보충시킨다는 의미에서 행정을 헌정보다 우위에 두는 다른 관계를 주장하였다.

㉣ 행정의 5대 기능(영역): 외교(외무), 군사(군무), 사법(법무), 내무, 경제(재무) 등을 중시 하였다. 즉, 슈타인은 이러한 국가생활을 외무행정, 군무행정, 재무행정, 법무행정, 내무행정이라는 다섯 가지의 영역으로 구분하는 행정체계를 세웠다.

〈표 2-3〉 헌정과 행정

헌정(국가의사의 결정 : 정책결정)	행정(국가의사의 집행 : 정책집행)
국가라는 유기체를 구성하는 개인이 국가의사의 결정에 참여하는 국가적 권리	국가가 모든 개인의 향상을 촉진시킬 임무를 수행하기 위한 국가의 행정·활동 수단
정책결정기능	정책집행기능
	범위 : 안정적인 일(내무, 법무, 군무, 외무, 재무)
비판 : 절대군주를 위한 정치적 시녀(행정이 정치에 예속됨)에 불과하여 학문체계가 구성되어 있지 못함	

② 슈타인 행정학의 평가

㉠ 행정학에 대한 기여

슈타인은 독자적인 이론을 제창하였으나, 그의 행정학은 실질적으로 그의 죽음과 더불어 망각되고 발전을 보지 못했다. 슈타인의 체계적 사색과 기초적 관념은 새로운 시대의 각광을 받고 등장한 행정법학의 발전에 이바지하였다. 그러나 슈타인의 이론은 관방학과 동일시할 수 없으며 오히려 현대행정학의 참다운 선구적 지위를 차지하고 있다고 말할 수 있다.

㉡ 슈타인 행정학의 쇠퇴원인

첫째, 슈타인이 행정의 문제를 이른바 보수주의적 사회개량주의의 입장에서 고찰한 데 대하여 성립기의 행정법학은 시민적 법치국가사상에 입각하여 행정의 법적 적합성의 검증에 주력하였다는 것이다. 즉 이념국가의 개념과 현실국가의 개념이라는 이원적 혼합 위에 성립되어 있는 슈타인의 행정학설은 법치국가적 자유주의시대의 정치적 성격에 부합되지 않았다.

둘째, 북독일연방의 성립(1866)과 독일제국주의 건설(1871)에 따라 헌법을 비롯하여 각종의 행정법규가 제정되고 행정재판소의 설치에 의하여 행정판례가 출현함으로써 학자들은 필연적으로 공법의 해석이론(解釋理論)에 전념하게 되었다. 현실에 대한 역사적·정치적 고려는 법사실의 해석과는 관련성이 없다고 단정하고 순수하게 형식이론적인 입장에서 하는 공법학의 연구가 급속도로 전개되었다(정우열 외, 2007:55-56).

2. 행정학 성립에 영향을 준 사상적 기초

1) Hamiltonianism(Hamilton 사상): 연방주의(Federalism)

미국 초대 재무성장관 해밀턴(Hamilton)은 능동적이고 능률적인 행정과 국가기능의 확대를 강조하였다. 해밀턴은 중앙집권화, 정부의 능동적 적극적 역할에 의한 능률적인 행정을 최선으로 보았다(능률적인 행정 개념 사상의 원형).

2) Jeffersonianism(Jefferson 사상): 자유주의(Liberalism)

미국 3대 대통령 제퍼슨(Jefferson)은 연방주의에 반대하여 지방분권화를 통한 민주주의의 실현과 지방분권주의를 제창하였다. 제퍼슨은 최소의 행정이 최선의 행정, 국가 이익보다는 국민의 이익을 위한 다양한 절차와 민주적 행정을 주장하였다(개인적 자유의 극대화, 권력분산 사상의 기초).

3) Madisonianism(Madison 사상): 다원주의(Pluralism)

제4대 대통령 매디슨(Madison)은 다양한 이익집단의 요구에 대한 조정을 위해 견제와 균형을 중시하는 다원주의 모형을 제시하였다.

4) Jacksonianism(Jackson 사상): 민주주의(Democracy)

제7대 대통령 잭슨(Jackson)은 공직에 대한 기회균등, 공직순환제(공직경질제, rotation in office)를 통한 민주주의의 실현을 역설하였다. 잭슨은 공직순환제에 의하여 민주주의를 실현하고자 하는 엽관주의(spoils system) 사상을 강조하였다.

5) Wilsonianism(Wilson 사상): 능률주의 · 중립주의

19세기말 엽관주의 폐해 등 행정의 역기능, 비능률, 낭비 극복을 시민적 요청과 내부 반성 및 개혁을 기반으로 하였다. 1883년 정치행정의 분리와 실적주의(merit system) 확립을 위한 Pendleton Act 제정, 1906년 뉴욕시정조사연구소설립, 1910년 절약과능률에관한대통령위원회결성 이다. 그의 사상과 영향으로 행정은 정치영역과 구분되는 전문적 · 기술적인 관리영역으로 정립되면서 행정학이 비로소 독자적인 학문으로 태동하였다.

6) 실적주의(merit system)와 Pendleton Act

실적주의는 개인의 능력이나 실적을 임용기준으로 삼는 인사행정제도이며, Pendleton Act는 실적주의 기초를 확립한 최초의 연방공무원법(1883년 제정)으로 독립적 · 초당적 인사위원회의 설치, 공개경쟁 채용시험을 통해 임용된다는 것이다. 그리고, 공무원의 정치활동 금지, 제대 군인에 대한 특혜를 부여하기도 하였다.

3. 미국행정학의 발달

1) 정치 · 행정 일원론과 Wilson의 이원론: 현대행정학의 출발

미국 행정학의 발달 배경에는 청교도와 합리주의, 개척자들의 실용주의 정신의 영향을 들 수 있다. 또한 A.Hamilton의 "연방주의"와 T.Jefferson 의 시민의 자유를 최대한 보장하는 민주주의 사상의 전개를 들 수 있다. 미국 행정학의 기원은 1887년 윌슨(W. Wilson)이 발표한 「행정의 연구」(The Study of Administration, 1887)라는 논문에서 찾을 수 있다. 윌슨은 처음으로 행정의 중요성을 인식하고 행정을 독립된 연구의 대상으로 확정하는 이론적 기초를 마련하였다. 이 논문은 행정의 제문제에 관하여 지금까지도 중요한 의의가 있는 통찰력과 사색이 함축되어 있는 논문이기도 하다.

윌슨의 논문발표와 공무원제도의 개혁 등을 바탕으로 미국 행정학은 20세기 초에 그 기초를 확립하였으며, 1910년대에 이르러 하나의 학문으로 자리잡게 되었다. 이 시기의 중심적인 이론은 정치·행정이원론, 과학적 연구, 행정원리, 능률에 관한 것이었다.

윌슨이 행정의 체계적인 연구를 창조하였다고 한다면, '행정학의 아버지'로서는 굿노우(Goodnow) 교수를 들 수 있다. 그의 『정치와 행정』(Politics and Administration, 1900)은 행정학의 가장 빛나는 고전으로서 주로 비교행정법의 책이었으며, 그 속에서 미국정부제도의 전반적인 개혁을 부르짖고 있다. 『정치와 행정』에서 굿노우는 정치·행정이원론을 체계화하였다. 그는 행정은 정치로부터 분리되어야 할 뿐만 아니라 정책결정 일반으로부터 분리해야 한다고 주장하였다. 또 미국에서의 정치의 압력이 너무 강하여 능률적인 행정의 집행에 막대한 지장이 있다고 보았다. 비정치적인 행정의 기능은 정치 못지않게 중요하며, 정치란 병폐와 부정이 개재하고 있으므로 보다 강력한 행정권이 행정부를 지도감독하여야 된다고 말하였다. 이와 같은 정치·행정이원론은 제2차 세계대전 말까지 계속된 미국 행정학의 전통이다(정우열외 , 2007,57-58).

2) 패러다임 1: 정치·행정 이원론(1900-1926)

미국 행정학은 엽관제를 극복하고 효율적인 행정을 구축하기 위한 실천적인 정치개혁으로부터 출발했으나, 과학적 관리법 및 고전적 조직이론과 접목되면서 독자적인 학문영역을 구축하였다. 1920년대에서 1930년대에 걸쳐 능률에 기초한 관리를 주장하는 '관리과학'으로 특징되는 정통 행정학은 정치행정 분리론으로 집약되는 당시의 행정이론과 고전조직이론이 합류하여 행정관리론으로 개화(이 시기의 미국 행정학은 경영학과 유사)되었다(정우열외, 2007: 58).

3) 패러다임 2 : 정치 · 행정 일원론(1927-1937)

1929~1933년의 대공황과 제2차 세계대전으로 비롯된 사회 전반의 큰 변화는 행정국가화의 추세를 본격화시켰다. 경제공황 극복을 위한 루즈벨트(F.D. Rosevelt)대통령의 "NEW DEAL"정책의 성공을 계기로 행정의 정치적 기능이 강화 되었다. 계획경제적인 측면뿐만 아니라 노동 및 사회보장 등의 문제에 대한 정부의 역할이 증대되고 행정의 범위도 정책결정과 위임입법의 기능까지도 수행하도록 확대되었다. 이처럼 변화된 행정의 기능과 성격은 정치 · 행정이원론으로는 설명될 수 없게 되어 정치 · 행정일원론이 재등장하게 되었다.

가우스(J.M. Gaus)와 애플비(P. Appleby) 등으로 대표되는 정치 · 행정 일원론은 정치와 행정의 관계를 행정이 정치보다 우위에 있다는 기능적 행정학으로서 정치기능성과 적극적 역할을 강조하였다. 즉 정치와 행정의 관계를 연속과정으로 파악하고 공 · 사 행정이원론, 민주성, 사회적 능률관을 중요시 하였다.

4) 패러다임 3 : 정치학으로서의 행정학(1950-1970)

행정학과 정치학간의 개념적 관련성을 재확립하는 시기라고 할 수 있다. 행정학이 소재(locus)로서의 정부관료제에 대한 새로운 정의를 내렸으나. 행정학의 초점(focus)이 상실되었다. 즉 행정학의 정체성위기(identity crisis)가 도래되었다. Waldo.(1965)는 "Administrative State Revisited"에서 행정의 전문직업적 성격을 강조하였으며, 이후 사례연구(case study)로 발전되었으며, 비교행정론 및 발전행정론이 등장하는 계기가 되었다.

5) 패러다임 4: 관리론으로서의 행정학(1956-1970)

기업과 정부를 포함하는 모든 관리자들에게 유용한 단일의 행정과학(administrative science)이 존재하였다고 보았다. 학문의 초점(focus)를 제시하였으며, 그리고 소재(locus)의 불명확성으로 인해 행정학의 정체성 및 독창성이 상실되었다. 이후 신행정론을 대두시킬 계기를 제공하였다.

6) 패러다임 5: 행정학으로서의 행정학(1970-)

종합학문적 성격지향 연구의 초점(focus)과 소재(locus)를 명확히 하면서 행정학의 독자성을 추구하는 패러다임을 확립시키고자 노력하였다.

〈그림 2-1〉 미국 행정학의 발달과 이론의 변천 개관

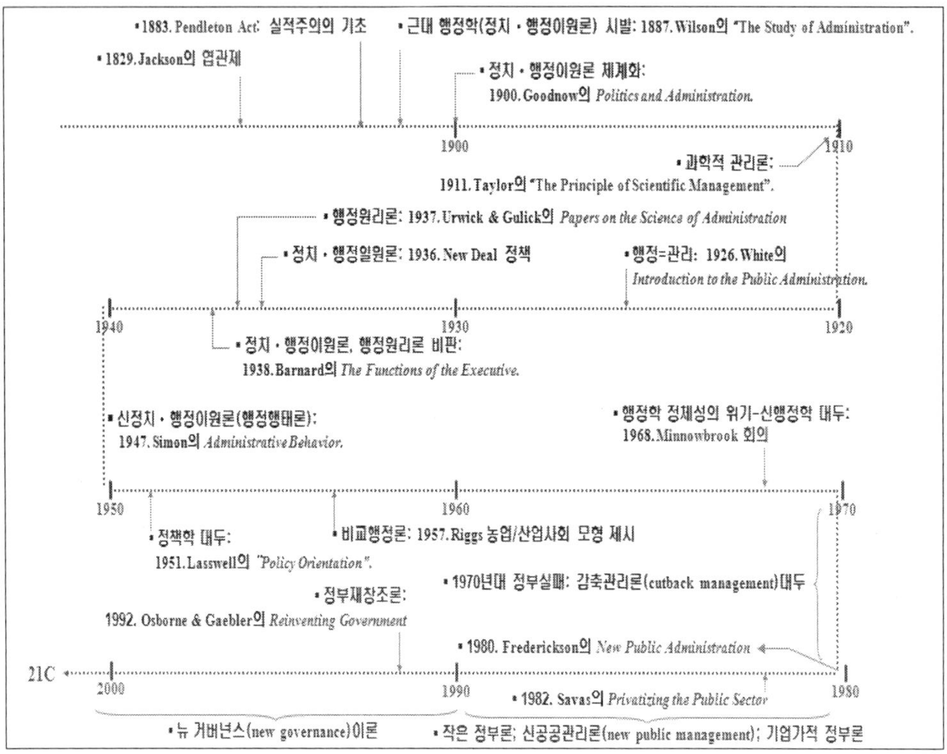

4. 행정행태론

정치 · 행정이원론에 대한 비판으로 정치 · 행정일원론이 다시 등장하면서, 원리접근법에 대한 근본적인 반성도 점차 나타나기 시작하였다. 행정행태설은 행정인의 의사결정 형태를 중요시하는 사회심리학적 개념으로서 행정을 협동적 집단 행동으로서 파악한다. 따라서 행정학의 연구도 행정의 과학화를 위해 행태론에 의해 가치판단(정치영역)적인 것과 사실판단(행정영역)적인 것으로 구분되는 정치 · 행정 새 이원론의

입장이다.

행정은 가치적인 것보다 경험적인 검증이 가능한 사실적인 것만을 연구대상으로 할 것을 주장한다. 1940년대 중반의 행정행태론의 내용은 첫째, 행정을 집단적·협동적 의사결정 과정으로 본다 둘째, 논리적으로 검증이 가능한 사실문제를 대상으로 한다. 셋째, 경험적 과정을 거쳐서 검증된 이론에 기초한 엄격한 과학화(가치중립)이다.

5. 비교행정론

1) 비교행정의 의의와 발달요인

(1) 비교행정의 의의

비교행정이란 "각국 행정의 특수성을 형성시키고 있는 역사적·정치적·사회적 조건을 규명하고, 각국의 여러 가지 환경적 요인의 변동 상황을 비교·고찰하며 각국에 공통적으로 적용될 수 있는 행정이론의 도출과 행정의 과학적인 원칙을 확립하고자 하는 이론" 이다.

(2) 비교행정의 발달요인

① 행정학이론의 과학화 및 일반화된 행정이론의 개발

미국의 학자들은 그 동안 발전시켜 온 행정이론이 상당한 정도의 과학성과 보편성을 지니고 있어 어디서나 적용되는 것으로 생각하였으나, 신생국의 행정에 실제로 적용해 본 결과 예상과 크게 다르다는 것을 인식하게 되었다. 첫째, 행정의 연구대상을 제도면에 중점을 두면서 전통적 방법을 비판하고 보편적인 이론을 개발하는 것이다.

둘째, 각국의 행정에 대한 비교연구를 통해서 행정의 과학성을 높이는 것이다.

② 비교정치론의 배경

미국의 비교행정 연구회(CAG)의 활동과 비교정치론(비교방법 및 개념)의 영향이다. 비교정치의 연구는 비교행정의 연구에 큰 영향을 미쳤다. 제2차 세계대전 후 비교정치론(Comparative Politics)은 종래의 제도적 접근방법을 지양하고 기능적인 접근방법으로 방법론의 전환을 이룩하였다. 미 · 소 냉전체제 전개 하에서 미국이 후진국을 대상으로 한 기술원조제공과 행정문제에 대한 학자들의 현실 참여이다.

③ 신생국 원조계획과 학자들의 참여

제2차 세계대전 이후 미 · 소 냉전체제 전개하에서 미국이 신생국에 대한 경제 · 군사 · 기술원조계획에 의한 경험과 여기에 행정문제에 대하여 학자들이 참여하여 외국행정을 경험하게 된 사실이 비교행정의 연구를 촉진시켰다.

④ 유럽학자들의 학문적 배경

국가간 정부와 행정의 비교에 대한 중요성을 인식한 유럽학자들의 영향이다.

⑤ 비교행정연구회(CAG)의 활동

비교행정연구회는 포드재단의 재정적 지원을 받아 연구세미나, 학술회의 등을 통하여 비교행정연구에 커다란 공헌을 하였으며, 『비교행정저널』 이라는 정기간행물까지 발행하고 있다.

(2) 비교행정의 접근방법

① F. W. Riggs의 비교행정 접근법

첫째, 규범적 접근방법(이념 가치 또는 보다 나은 유형을 밝히는 연구방법)에서 경험적 접근방법 (경험 사실 그대로의 대상을 인식하는 연구방법)이다.

둘째, 개별적 접근방법(특정국가, 특정문화 ,특정사례를 연구)에서 일반법칙적 접근방법(일반법칙 · 형태의 규칙성에 관한 변수간의 관계를 연구하는 방법)이다.

셋째, 비생태적 접근방법(환경요인을 무시하는 연구방법)에서 생태론적 접근방법(행정현상과 환경요인을 고려하는 연구방법)이다.

② F. Heady의 비교행정 접근법

전통적 접근방법을 수정한 것으로서, 주로 조직이나 제도에 중점을 두어 비교론적으로 서술하는 데 그친다.

첫째, 수정된 전통적 접근방법(서구 선진국가의 행정비교) : 전통적 접근 방법의 수정으로서 다양한 각국의 행정체제를 비교 · 연구하는 방법이다.

둘째, 발전지향적 접근방법(발전목표 달성) : 발전행정을 별개의 연구대상으로 하는 연구방법이다.

셋째, 일반체제 접근방법 : 특정한 부문의 행정을 하나의 체제로 보고 행정의 모든 측면을 연구·분석하는 방법이다.

넷째, 중범위이론적(中範圍理論的)접근방법(특정범위의 설정) : 연구대상과 범위를 좁혀서 집중적으로 연구하는 방법이다.

③ K. M. Henderson의 비교행정 접근법

첫째, 관료제적 접근방법(다양한 행정체제) : 관료제에 초점을 맞추는 연구방법이다.

둘째, 투입·산출체제 접근방법 : 투입과 산출을 분석하여 비교하려는 연구방법이다.

셋째, 구성요소 접근방법 : 행정체제의 구성요소인 조직, 행정위원회, 예산제도, 행정책임 등에 관하여 비교하는 연구방법이다.

리그스는 구조·기능적 분석에 입각하여 사회의 둔화 정도에 따라 융합사회, 분화사회로 나누고 그 중간단계로서 프리즘적 사회라는 이론모형을 구성하여 이론을 전개하고 있다. 후진국 및 신생국의 행정행태를 개방체제적 관점에서 고찰하여 그들 후진국·신생국의 행정행태의 특성 형성에 관련되는 사회·문화적 환경요인을 규명하여 주었다. 일반체제모형의 정립으로 비교행정론의 발전에 가장 큰 기여를 하였으며, 행정의 종합과학적 연구를 촉진하였고, 발전행정론의 대두에 교량역할을 하였다.

(3) 체제유형

① Riggs의 모형

첫째, 전통사회(농업사회: Agraria Society): 자급자족적 경제체제의 사회이다. 둘째, 전이사회(轉移社會)[過渡社會: Transitia Society] : 전통적요인과 현대적요인이 혼재된 사회이다. 셋째, 근대사회(산업사회: Industria Society)로 분류 : 복잡한 시장제도 중심의 상호 의존적인 사회이다.

② Heady의 모형

선진국과 발전도상국으로 구분하면서 1969년에 펴낸 그의 저서에서 후진국의 정치체제를 다음과 같이 분류하였다. 선진국은 첫째, 고전적 행정체제(프랑스), 둘째, 시민문화 행정체제(영국, 미국), 셋째, 근대화도상 행정체제(일본), 넷째, 공산주의 행정체제(소련)등 이며, 후진국은 첫째, 전통적 전제체제(사우디아라비아):세습적 신분을 강조하는 전통에 권력기반을(사우디아라비아 · 모로코 등)둠, 둘째, 관료 elite체제: 전통적 엘리트에 의한 영향력(태국 · 인도네시아 등), 셋째, 다두제적(多頭制的) 경쟁체제(말레이지아): 서구(西歐)와 미국의 모형에 가장 가까운 정치체제(이스라엘 · 터키 등), 넷째, 지배정당적 준경쟁체제: 하나의 정당이 실질적인 정치권력을 독점(인도 · 멕시코), 다섯째, 지배정당적 동원체제 : 지배정당만이 유일한 합법정당(이집트, 가나 등), 여섯째, 공산주의 · 전체주의체제 :마르크스 · 레닌주의의 이데올로기를 지향(쿠바 · 북한 등)한다.

(4) 비교행정론의 비판

1950년대는 비교행정의 시대라고 할 만큼 비교연구가 널리 행해졌다. 비교행정의 배경이 신생국의 발전을 유도하는 데 있었으나, 실제로는 신생국 행정체계의 특징을 분석하는 측면으로 학문적 관심이 기울어졌고, 신생국의 발전을 위한 실제적 방법을 제시하는 데에도 소홀하였다. 비교행정론은 첫째, 정태적 균형이론이다. 둘째, 발전의 변수로서 엘리트의 역할을 무시했다. 셋째, 신생국에 대한 이데올로기의 과소평가이다. 넷째, 환경에 대한 지나친 강조이다.

6. 발전행정론

1) 발전행정의 의의

발전행정이란 “하나의 행정체계가 국가발전의 목표를 달성하기 위하여 계속적으로 발생하는 새로운 변화에 대처하는 능력을 증진시키는 양적 · 질적성장을 동시에 내포하는 가치지향적 · 목표지향적인 적극적 개념”이다.

1960년대에 들어서 비교행정론의 한계를 극복하기 위한 새로운 이론으로서 발전행정론이 대두되었다. 발전행정론은 비교행정 연구가 실용적 목적을 벗어나 비실용적 이론화에 집착하였던 한계를 극복하기 위한 이론이다. 정태적균형 이론으로서 발전의 변수로서 후진국의 엘리트의 역할을 무시하였다. 또한 환경에 대한 지나친 강조나 신생국에 대한 이데올로기의 과소평가이다.

(1) 발전행정의 개념

발전이란 양적 성장과 질적 변화를 포괄하는 개념이며, 상대적 · 비교적 · 가변적이다. 발전은 변화대응의 능력을 점진해나가며, 사회분화이며 계획된 변화 및 자율성의 증진이다. 따라서, 발전행정은 적극적 개념과 소극적 개념으로 나눌 수 있는데, 적극적 개념은 발전행정이 '국가발전사업의 관리'와 '행정자체의 발전'을 포함하는 개념이라고 본다. 이러한 적극적 개념이 일반적인 견해이다. 또한 소극적 개념은 발전행정이 전체 사회체제의 변화의 산물이라고 본다. 행정발전의 개념은 '국가발전사업의 관리'와 '행정자체의 발전'을 포함하되 후자에 보다 중점을 두는 개념이다. 따라서 발전행정과 행정발전의 개념은 비중의 정도 차이에 불과한 것이다. 국가발전의 개념은 정치 · 경제 · 사회 · 심리 · 행정 등 각 분야의 발전을 포괄하는 개념이다(정우열 외, 2006: 62).

(2) 발전행정론의 성립배경

발전행정론은 행정체제의 종속변수적 측면. 즉, 환경에 대한 지나친 강조에 대한 반발로서 대두하게 된다. 발전행정론은 후진국의 발전에 대한 시급한 입장을 배려하여 등장하며, 미국의 대외원조계획과의 관련하에 성립 · 발전되었다. 발전행정론의 발달배경으로는 첫째, 발전행정론은 E.W.Weidner, M.J.Esman등이 주장한 이론으로서 통치 기능설과 기본적 입장을 같이 한다. 둘째, 행정이념으로서 효과성을 최고로 강조한다. 셋째, 행정을 정치사회의 발전목표를 적극적으로 달성하기 위한 발전정책 · 발전계획의 형성 · 집행으로 파악한다. 넷째, 행정을 사회체제의 하위체제로 보고 행정체제의 발전을 통하여 국가사회의 발전을 유도 · 촉진시키는 전략을 취한다. 다섯째, 행정인을 가장 중요한 독립변수를 인정하여, 변화지향적 · 쇄신지향적인 가치관을 중시하였다. 여섯째, 집권화를 지양하고 참여를 중시하였다.

발전(發展)과의 유사개념은 다음과 같다.

① 근대화(近代化): 역사상 일정시대(19세기를 의미)에 한정된 발전의 개념이다.
② 서구화(西歐化): 일정지역에 한정된 발전의 개념이다.
③ 공업화(工業化): 산업의 비중에 따른 경제분야에 한정된 개념이다.
④ 쇄신(刷新) : 새로운 아이디어나 절차의 창안을 의미한다.
⑤ 개혁(改革) : 현재상태 보다도 나은 상태로 의도적으로 변화시키는 것이다.
⑥ 혁신(革新) : 묵은 조직을 바꿔 새롭게 함.

2) 발전행정론의 특징

발전행정론은 행정을 국가발전의 목표 · 정책의 수립 및 집행과정으로 파악하며, 행정인의 정책결정능력의 향상을 중요시함으로써 정치 · 행정일원론의 입장을 취한다. 이는 행정이 정치를 주도하는 행정우위론의 입장이다. 발전행정론의 특징은 다음과 같다.

첫째, 발전행정론은 M.J Esman , E. Weidner 등이 주장한 이론으로서 통치 기능설과 기본적 입장을 같이한다. 둘째, 행정이념으로서 효과성을 최고로 강조한다. 셋째, 행정을 정치사회의 발전목표를 적극적으로 달성하기 위한 발전정책 발전계획의 형성 · 집행으로 파악한다. 넷째, 행정을 사회체제의 하위체제로 보고 행정체제의 발전을 통하여 국가사회의 발전을 유도 · 촉진 시키는 전략을 취한다.

다섯째, 행정인을 가장 중요한 독립변수로 인정하여 변화지향적 · 쇄신지향적인 가치관을 중시하였다. 여섯째, 집권화를 지양하고 참여를 중시하였다.

〈표 2-4〉 비교행정과 발전행정의 비교

구분	비교행정	발전행정
행정이념	• 1950년대의 패러다임, 보편성, 일반성, 합법성, 능률성, 민주성	• 1960년대의 패러다임, 특정성, 전문성, 능률성, 민주성이외에 효과성, 생산성 강조
합목적성	• 정태성(static), 체제의 특징 중시	• 동태적(dynamic), 목표지향적
방법론적 가치관	• 기능주의(functionalism), 체제의 특징 중시	• 실용주의(pragmatism), 체제의 능력 중시
변수로서의 행정	• 종속변수로서의 행정, 발전에 대한 비관주의	• 독립변수로서의 행정, 성장에 대한 낙관주의
이론의 성향	• 균형이론	• 변동이론, 불균형이론
분석지침	• 체제분석(SA), 경제적 합리성	• 체제분석+정책분석(PA), 정치적 합리성
사회변동과 행정	• 전이적변화(transitional change)의 행정(선→후진국)	• 계획적 변화(planned change)의 행정
행정행태	• 행정인의 자격으로서 지식·정보의 양 만을 중시	• 행정인의 자격으로서 지식·정보외에 쇄신, 성취지향성을 요구
과학성	• 개도국의 행정현실을 왜(why) 이렇게 낙후되었는가하는 진단차원, 과학성 추구, 공간적차원의 분석(국가간 비교)	• 어떻게(How)이를 극복할 것인가? 하는 처방차원, 기술성 추구, 시간적차원의 분석(변화유도)

3) 발전행정의 접근방법 (W. F. Ilchman의 분류)

(1) 행정체제적 접근방법: 행정체제를 통한 국가발전을 주도하고자 하는 접근방법이다.

① 균형적 접근방법

㉠ H. A. Emmerich, P. H. Appleby, 등이 주장하였다.

㉡ 행정체제 전반에 걸쳐 전면적 · 균형적 발전을 이룩하는 방법이다.

② 불균형적 접근방법

㉠ H. A. Hansen은 기획제도를 A. Waterston은 공사제도(公私制度)를 강조한다.

㉡ 행정에 있어서 주요부문을 집중적으로 발전시킨 후 그것을 기반으로 전체발전을 추진하는 방법이다.

(2) 사회체제적 접근방법: 하나의 사회는 정치체제·사회체제·경제체제 등 상호의존적인 하위체제로 구성되어 있으며 행정체제는 다른 하위체제와 밀접한 상호의존관계를 맺고 있다고 보는 접근 방법이다.

① 균형적 접근방법

㉠ F.W. Riggs, E.W. Eisenstadt 등이 주장하였다.

㉡ 전체사회체제내의 하위체제들(정치 · 경제 사회체제)의 균형적 발전을 동시에 추진하는 방법이다.

② 불균형적 접근방법

㉠ E. Weidner, M.J. Esman등의 주장하였다.

㉡ 전체사회체제 내에서 행정의 독자성을 강조하여 적극적 · 능동적인 행정을 통하여 타 분야의 발전을 도모하려는 접근방법이다.

4) 발전행정론의 비판

1960년대 이후의 발전행정론의 대두는 발전도상국의 경제발전과 사회발전 및 국민형성을 위한 동태적인 이론을 발전시키고, 실천적인 정책과 발전전략을 개발하는 데 많은 공헌을 하였다. 한편, 발전행정론의 비판으로서는 다음과 같다.

첫째, 발전개념의 불명확화 이다. 예를 들면 양적 변화의 성장이나 근대화,서구화, 쇄신 등과의 구분이다.

둘째, 발전모형과 발전전략을 모색함에 있어서 자국의 사회문화 및 기타 여러가지 상황적 여건을 고려해야 한다.

셋째, 국가발전을 행정이 주도하게 되므로 행정관료제의 비대화와 독주를 초래할 우려가 많다.

넷째, 발전목표의 달성이 지나치게 강조됨으로써 외형적인 산출·목표수치의 달성에만 주력하게 되어 행정의 형식화 및 정책형성에 있어서 참여·투입이나 과정을 경시하게 된다.

7. 신행정론

신행정론(new public administration)은 1960년대 말부터 기존 행정이론에 불만을 품고 미국의 소장학자들, 특히 1968년 D.Waldo주도하에 열린 미노브룩(Minnowbrook)회의에 참여하였던 미국의 젊은 학자들을 중심으로 하여 주장되었던 이론이다. 이러한 신행정운동은 월남전의 충격, 소수민족문제의 확산, 신·구세대간의 갈등 등 격동기의 미국사회를 배경으로 전개되었다.

신행정론은 "행정의 대외성, 효과성, 목표의 달성도, 시민참여, 사회 정의 또는 사회적 형평을 강조하는 행정이론" 이다.

1) 이론적 내용

(1) 사회적 형평성

종래에 있어서 정부기관으로부터 받게 되는 행정서비스의 차이는 특정 행정기관에 대한 특정 집단의 접근능력에 의하여 좌우되고, 보다 강력한 집단이 보다 큰 혜택을 입었기 때문에 가치중립성은 불평등을 더욱 촉진시켜 왔다고 보는 것이다. 따라서 효과성(목표달성)과 능률성을 바탕으로 하는 사회적 형평성을 강조한다.

(2) 적극적 행정인의 중요성

행정인은 소속기관의 공공정책이 소망스럽지 못하다고 판단되는경우 이에 도전하고 변동에 대응하고 사업계획의 집행에 있어서도 문제해결성을 강조하는 사회형평성을 강조한다.

(3) 시민참여와 민주행정의 강조

관료는 자신의 가치 · 동기 · 공공정책의 관계를 이해하고 시민을 감독대상으로 보지않고 시민을 참여시켜 시민의 요구와 표명되지 않은 욕구 까지도 적극적 · 직접적으로 도모해야한다. 이를 위해서는 행정 조직도 관리조직 보다는 수익자위주의 민주조직이 되어야 한다.

(4) 가치지향성의 강조

가치추구의 일차적 책임자는 개인 자신에 있으나 개인스스로 가치추구에 능력이 모자라는 때는 정책담당자들은 국민들이 원하는 가치를 스스로 파악하여 정책화 하려는 노력이 중요하다. 따라서 행정이론은 현실문제의 해결에 중점을 두는 사회적 관계성(social relevance)을 가져야 한다고 강조한다.

(5) 새로운 조직형태의 모색

복잡한 현대 공공관료제가 시민들에게 만족할 만한 서비스를 충족시켜 주지 못했기 때문에 대응성을 주장하면서 분권화와 참여의 확대를 지향하는 비계층적 조직개편이 주장되고 있다. 반계층제적 · 비관료제적 조직모형으로 다원적 권위, 프로젝트조직(project team), 상황적 적응성, 조직간의 이동성, 수익자의 참여 등을 특징으로 하는 연합모형이 제창되었다.

(6) 배분적 정의의 실현과 인본주의 접근

행정인은 불평등을 제거하기 위하여 부유층이나 특정집단 대신 사회적·경제적·정치적으로 불리한 입장에 있는 소수파를 위하여 보다 나은 행정서비스를 제공함으로서 인본주의를 실현할 수 있다.

2) 문제점

(1) 신행정론의 문제점

첫째, 행정전문가의 존재를 경시하고 지나치게 비전문가적 접근방법에 의존하였다.

둘째, 관료의 가치지향적 행동이 지나치게 강조될때 정치적 불안이 조성되고 행정의 통일성과 능률성이 저해될 우려가 있다.

셋째, 수익자집단이 행정에 적극적으로 참여하여 특수이익을 추구하는 경우에 행정기관의 목표와 대립될 때는 그 해결이 곤란하다.

넷째, 사회적 형평성의 개념이 모호하여 어떤 사람에 대한 사회형평은 다른 사람에 대하여는 사회적 불평등이 될 수도 있다.

다섯째, 후진국의 경우에는 신행정론에서의 시민참여가 많은 제한을 받는다.

〈표 2-5〉 행태론과 신행정론의 비교

구분	행태론	신행정론
학자	H.A. Simon	H. G. Frederickson F. Marini, M. M. Harmon
주의	행태주의(Behavioralism)	후기행태주의(Post Behavioralism)
인식론	객관주의(경험에 의한 인식)	주관주의(직관에 의한 인식)
접근법	사회심리적(과학주의적)접근법	현상학적 접근법
실증성	실증주의(Positivism)	후기실증주의(반실증주의, Anti-positivism)
가치성	가치중립주의	가치주의
이념	이론의 과학성과 규칙성	적실성(適實性)과 사회적 형평성, 처방성

8. 신보수주의 : 1980년대

1970년대 후반에 스태그플레이션(stagflation)을 경험한 후, 1980년대에는 정부기능의 축소가 주장되었다. 1979년 영국 보수당의 대처수상, 1980년 미국 공화당의 레이건 대통령, 1983년 서독 기독교민주당의 콜 수상 등이 신보수주의를 제창하였다. 이에 작은 정부론, 민영화, 규제완화, 복지정책의 축소를 주장하는 신보수주의가 지배적인 이념이 되었다(이원희, 2007: 141).

9. 행정의 생산성 제고를 위한 행정개혁 : 1990년대

1990년대는 단순히 감축관리가 아니라, 행정의 생산성을 제고하기 위한 정부기능의 재조정을 위한 행정개혁이 유행하였다. 이에 권력적 행정관을 극복하고, 행정이 제공하는 공공서비스의 질을 개선해야 한다는 신자유주의, TQM(Total Quality Management, 총체적 품질관리), Governance(거버넌스, 국정운영), NPM(New Public Management, 신공공관리론)의 경향이 지배하였다(이원희, 2007: 142).

첫째, 신자유주의란 특정한 형태의 사회를 지향하는 현실적 운동 내지는 정치 이데올로기를 반영하는 측면이 강하다. 또한 자유주의 부활이라는 단순한 개념으로 사용되기도 한다(김균, 2000). 일반적으로 신자유주의는 '시장에의 자유로운 경쟁을 통해 최선의 결과를 낳을 수 있다는 논리에 바탕을 둔 이념과 정책'들을 말한다.

신자유주의의 모태가 되는 것은 자유주의라고 할 수 있지만 17-18세기의 고전적 자유주의가 시장의 안정성과 효율성을 강조하고 정부의 시장 간섭에 반대했다면, 신자유주의는 대공황으로 표출된 시장의 실패를 치유하는 과정에서 국가의 적극적인 시장 개입을 추구해 온 복지국가의 공격을 타깃으로 삼는다는 점에서 등장배경에 차이가 있다. 신자유주의는 기본적으로 고전적 자유주의의 기본 원리를 따르고 있으나 시장 근본주의와 보수주의의 두 축의 모습이 결합되어 나타나고 있다는 점에서 일단 1970년대 후반의 영·미식 사회형태를 반영한다고 할 수 있다. 기든스(A. Giddens)는 영미식의 사회주의 사회를 통해 신자유주의의 특징을 다음과 같이 말하고 있다(정도영, 2001).

① 신자유주의 사회는 시장주의 사회이다. 이 사회는 시장원리를 사회 구성원리로 지향하여 시장질서를 이상적 사회질서모형으로 삼는다.
② 신자유주의는 보수주의와 결합되어 있다. 19세기 자유주의가 상대적으로 진보적이었음에 비해, 20세기 신자유주의가 보수주의와 결합되어 있음은 매우 독특한 현상이다.

둘째, 총체적 품질관리(TQM)은 기업경영의 모든 부문의 효율성과 탄력성이 향상되도록 시도하며 모든 부서, 모든 활동, 모든 구성원들을 조직화하고 참여시키는 방법이다. 또한 모든 구성원의 지속적 개선활동을 통하여 가장 저렴한 비용으로 고객의 요구와 기대를 충족시키기 위해 노력한다.

TQM은 품질관리(QM)를 전사적으로 접근(Total Approach)한다는 개념과 TQ(Total Quality) 또는 Big Q.(Big Quality)의 경영개념으로 나눌 수 있다. TA개념에서는 우수한 품질의 제품이나 서비스를 생산하기 위해서는 생산현장 뿐만 아니라 전략, 기술, 마케팅, 제조, 구매 등 기업의 모든 부문이 참여하여 총체적으로 노력하여야 한다는 의미가 내포된다. TQ는 전통적인 산출물(제품이나 서비스)의 품질은 물론, 이를 달성하기 위한 업무(프로세스) 및 투입자원의 질까지도 관리한다는 의미를 지니며 나아가서는 협의의 품질뿐만 아니라 원가나 납기와 같은 경쟁요소도 포함하는 종합가치로서의 품질을 관리한다는 의미를 지닌다.

종합적으로 TQM은 고객중심의 품질, 전사적 노력, 종업원에 대한 권한부여, 그리고 지속적 개선 등을 핵심구성요소로 하는 경영혁신 기법이다. 즉 최고경영자의 장기적 헌신과 리더십을 바탕으로 끊임없는 교육훈련과 참여의식에 의해 능력이 개발된 조직구성원이 합리적 관리방식과 과학적 품질관리기법을 활용하여 조직 내의 모든 절차를 표준화하고 지속적으로 개선함으로써 고객만족을 달성하며 궁극적으로 조직의 지속적 성장을 추구하는 경영시스템인 것이다(강수아, 2008).

셋째, 거버넌스라는 개념은 정부의 역할, 운영체제 또는 사회문제 해결방식 등의 변화를 의미한다. 우리나라에서는 거버넌스를 '국정관리, 국정관리체계, 통치양식, 국가경영, 협력적 통치, 협치(協治)' 등으로 다양하게 번역하여 사용함으로써 거버넌스에 대한 학문적 합의가 이루어지고 있지 않고 있다. 일본에서는 '공치(共治)' 또는 '지방협치(地方協治)'로, 중국에서는 '망치(網治)' 일종의 네트워크체제로 사용하는 경우가 적지 않다. 한자어로 번역하자면 협치(協治), 공치(共治)와 유사하지만 '치(治)'란 의미가 다분히 과거 중앙집권적 체제의 권위주의적이며 관료적인 성격이 강하기 때문에 적절하지 않다. 따라서 거버넌스에 대한 적합한 용어로는 '함께 다스림' 또는 '더불어 다스림'으로 번역함이 원어의 의미에 가장 적합한 표현이라고 할 수 있다. 즉 어떤 문제를 해결하거나 정책을 결정하는데 과거와 같이 정부가 일방적이거나 정부주도적으로 결정하고 문제를 해결하는 것이 아니라 어떠한 문제나 정책에 대해 이해관계를 공유하는 모든 집단이나 관계자들이 함께 참여하고 결정하여 문제를 해결해 나가는 것이라 볼 수 있다(김석준 외, 2002: 246).

넷째, 신공공관리(NPM)의 개념은 매우 포괄적이고 다의적이어서 하나의 통일된 정의가 존재하지 않는다. 그러나 여러 학자들이 공통적으로 언급하는 사항으로는 경제이론에 기초하여 행정(administration)보다는 관리(management)를 중시하여 정부기능의 축소, 공기업의 민영화, 계약의 확대, 예산제도 개혁, 경쟁촉진, 인사제도의 변화 등이 있다. 즉 행정의 능률성 증대와 성과를 제고하기 위하여 공공행정에 기업관리적 요소와 시장원리를 도입하는 것이 주된 내용이라 할 수 있다(지원욱, 2003: 17-18).

이러한 NPM의 궁극적인 목적은 서비스 공급-생산 서비스의 종류와 생산자 결정과 관련하여 선거직 관료의 선호보다 공공서비스 생산자와 소비자간 시장적 교환관계인 공공선택방식을 형성한다는 것이다. 따라서 비용, 효율성, 수요 그리고 전문적 관리 등이 NPM의 핵심적 개념이 된다(강창현, 2001: 41).

10. 새로운 이념의 실험

사회주의 국가가 붕괴된 이후, 유럽에서는 1990년대 후반의 선거에서 노동당이나 사회당 출신이 집권하였다. 그러나 선거를 통해 당선된 노동당(영국의 블레어)이나 사회당(독일의 슈레더)이 보수당의 정책을 표방하는 제3의 길이 나타났다.

한편 그동안 사회의 질서를 유지하는 기구로써 국가의 간섭이나 시장의 보이지 않는 손을 강조했으나, 이제는 보이던 보이지 않던 '손'이 아닌 주민참여라는 '공동체 운동'으로 사회를 유지하려는 정책적 대안을 제시한다.

제 3 절 행정학의 접근방법

행정학의 접근방법은 행정현상을 연구하는데 어떠한 기본 입장을 취할 것이며, 또한 어떤 시각에서 관심이 되는 대상을 분석할 것인가에 관련된 것이다. 접근방법이란 "행정학에서 연구할 문제와 검토할 자료를 선택하는 기준"을 뜻한다.

1. 전통적 접근방법

1) 역사적 접근방법

역사적 접근방법을 통한 연구는 흔히 현대의 정치·행정적 사건들을 자세하게 묘사하는 일종의 사례연구 형식을 띠는 경우가 많다. 이 접근방법은 "과거의 사건을 찾아내어 그것을 체계적으로 기술하거나 사건과의 상호관계를 규명하는 접근방식"이다(고대 사회의 공공사업, 중세의 교회조직 등).

2) 법적 접근방법 (제도론적 접근방법)

법률적·제도론적 접근방법은 "행정학 연구의 초기 접근방법들 중의 하나이며 제정법을 대상으로 정부조직 인사, 예산관리 등을 연구하는 접근 방법"이다(정부조직구조를 알기위해서는 정부조직법의 분석이 필요함).

3) 구조적 접근방법

구조적 접근방법은 "생산성 향상을 위한 행정조직의 수직적·수평적 구조와 인간관리를 분석하는 접근방법"이다.

2. 사회심리학적 접근방법

사회심리학적 접근방법은 "행정을 행정인의 주체적이고도 집단적인 행동행위로 보고 행정집단의 심리적 구조를 통하여 행정 행태를 연구하는 접근방법"이다.

3. 행태론적 접근방법

행태론적 접근방법은 인간관계론에서 발전된 이론으로서 인간행태의 과학적·체계적 연구를 의미한다. 행태론적 접근방법이란 "행정에 내재하는 인간적요인에 초점을 두고 행정현상을 분석하는 이론"이다. 행태론적 접근방법에서 말하는 행태는 "관료의 행정유형, 의식구조, 가치관, 동기, 태도 등을 규명하려는 행정이론" 이다.

반면, 후기행태주의에서 말하는 행위(action)라는 개념은 행태주의에 대한 비판으로 등장한 개념으로서 행위 주체의 책임을 강조하고 능동적·사회적 본성을 가진 사람들의 가치 있는 행동을 중시한다(위계점·이원희, 2007: 206).

4. 생태론적 접근방법(1950년대)

1) 의의

생태(生態)란 "유기체와 환경과의 상호관계를 뜻하는 것으로 행정을 하나의 유기체로 보고 행정을 환경과의 상호작용관계"로 보았다.

행정의 환경이란 행정에 영향을 미치는 일체의 외부조건의 총체를 의미한다. 행정생태론은 "행정을 유기체로 파악하면서 환경적 측면을 강조"하면서, 행정이 환경으로부터 영향을 받는 관계를 규명하는 이론이다. 대표적 학자는 J.M. Gaus, F. Riggs 등 이다.

2) J. M. Gaus의 생태론

1947년 『행정에 관한 성찰』이 생태론적 연구의 기원이 되었다.

행정에 영향을 미치는 환경적 요인은 다음과 같다.

첫째, 주민(People): 행정의 대상이 되는 시간, 장소, 연령에 따른 주민의 분포구조의 변화가 행정에 영향을 미친다.

둘째, 장소(Place): 행정이 처한 장소의 위치, 지가문제, 재산에 대한 납세기준의 문제 등이 행정에 영향을 미친다.

셋째, 물리적 기술(Physical technology): 장비, 교통, 통신, 도구등 물리적 기술상의 변화(자동차의 발달; 공해방지정책, 고속도로의 건설)등이 행정에 영향을 미친다.

넷째, 사회적 기술(Social technology): 사회의 제도, 풍속, 과학적관리법, 인간관계론 등이 영향을 미친다.

다섯째, 욕구와 이념(Wishes Ideas): 국민의 생명과 보호에 대한 욕구가 행정에 영향을 미친다.

여섯째, 재난(災難)[Catastrophe]: 천재지변 · 재난 등이 행정에 영향을 미친다.

일곱째, 인물 · 개성(Personality): 특정인의 인격, 가치관, 태도, 신념 등이 행정에 영향을 미친다.

3) Riggs의 생태론

1961년 『행정의 생태』에서 행정의 비교연구 모형으로 농업사회와 산업사회의 유형을 제시하면서 생태론적 접근방법을 적용할 것을 강조하였다. Riggs는 사회의 분화정도에 따라 사회이원론(社會二元論)을 주장하였다.

〈표 2-6〉 Riggs의 사회이분법

사회유형	사회체제모형	행정체제모형	공중
농업사회	융합 · 미분화사회	안방모형	자유사상가
전이사회	프리즘(이질혼합, 왜곡, 변질) · 과도기 · 굴절사회	사랑방모형(Sala)	지식인-신분상의 계급(신분적 차별+권력과 야합)
산업사회	분화사회	사무실(관청)모형	지성인-계층적

〈표 2-7〉 행정에 영향을 미치는 환경적 요인

환경적 요인	농업사회(Agraria Society)	산업사회(Industria Society)
경제적 요인	자급자족의 폐쇄체제	상호의존적 개방체제
정치적 요인	권력근거: 천명	권력근거: 국민
사회구조적요인	폐쇄적 · 제1차집단 중심 (혈연적 · 지연적 공동사회)	개방적 · 제2차집단 중심 목적적 · 기능적 이익사회
의사전달적요인	유동성 · 동화성이 낮음	유동성 · 동화성이 높음 (의사전달의 원활)
이념적 요인	일반행정가 중심 (육감 · 직관에 의한 인식방법)	전문행정가 중심 (과학적 · 합리적 인식방법)

4) 전이사회[轉移社會](프리즘적 사회)의 특징

Riggs는 융합적 사회와 분화적 사회의 중간에 프리즘적 사회(Sala 모형)라는 이론모형을 설정하였다. 전이사회의 특징은 다음과 같다.

첫째, 이질혼합성(heterogeneity): 전통적요소와 현대적요소가 혼합되어 있다.

둘째, 기능의 중복(overlapping): 분화된 기능과 미분화된 기능이 공존 · 중첩되어 있다.

셋째, 형식주의(formalism): 공식적 행동규범과 실제 행동사이에 불일치가 많다.

넷째, 연고우선주의(nepotism): 공무집행에 있어서 가족관계 · 친족관계를 토대로 불공정하게 수행된다.

다섯째, 다분파성과 파벌도당(poly-communalism and clects): 다수의 적대적 공동체(씨족적 · 종파적 · 지역적)에 의한 대립 · 투쟁이 만연된다.

여섯째, 가격의 부정가성(bazzar-canteen): 시장경제의 가격메카니즘이 사용되고 있으나 전통사회의 보답성(지위 · 권력)과 의리성(지역 · 집단)이 중첩되어 다른 가격이 형성되는 현상이다.

일곱째, 다규범주의(poly-normativism): 전통적 규범과 서구적 규범의 혼재로 의견일치가 잘되지 않는다.

여덟째, 권한 · 통제의 불균형(gap between authority and control): 권한과 책임이 불

일치하여 형식적 권한과 실질적 통제권의 불일치가 발생한다.

아홉째, 의존증후군(dependence syndrome): 프리즘적 사회의 권력자가 권력을 이용하여 생산자로부터 재화를 수탈하여 이들에 의존하는 현상이다.

열번째, 신분·계약의 혼합관계(status-contract nexus): 공식적으로는 계약이 법적권리의무의 기초가 되고 있으나 실제적으로는 개인적 신분이나 지위가 강하게 작용한다.

열한번째, 가치의 응집: 사회가치 또는 권력가치가 소수 엘리트에 독점된다.

5) 생태론의 비판

첫째, 생태론은 정태적·균형적 이론으로 사회변동을 설명할 수 없다.

둘째, 행정이 환경적 요인에 따라 좌우되는 것으로 보고 있으므로 신생국의 발전에 대하여 비관적이다.

셋째, 국가발전에 대한 독립변수로서 쇄신적 elite의 인간적 요인을 과소평가 하였다.

넷째, 행정발전에 있어서의 새로운 사상·제도의 도입에 대한 Ideology의 역할을 과소평가 하였다.

5. 체제론적 접근방법

1) 의의

체제(體制)란 "복수의 구성요소가 상호의존성을 가지면서 환경과 끊임없는 영향을 주고 받는 실체 내지 전체" 를 의미한다.

2) 체제(體制)의 특징

첫째, 체제의 각 구성요소는 전체 체제속의 하위체제로 인식한다

둘째, 목표달성을 위한 자원·정보·에너지를 지닌다

셋째, 각 하위체제는 다른 하위체제와 구별되는 경계를 가진다.

〈그림 2-2〉 체제론의 과정

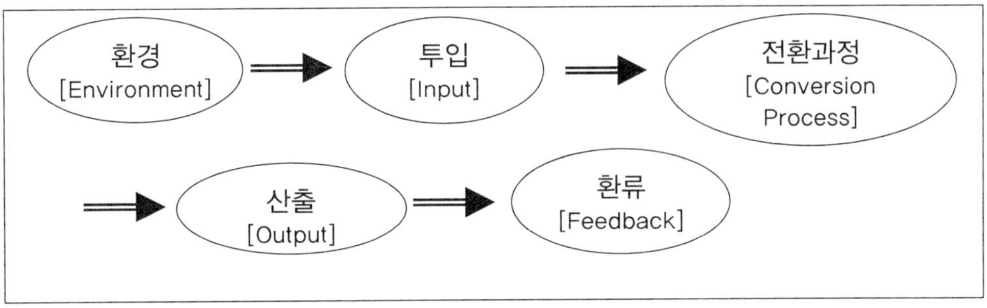

3) 체제론적 접근방법의 비판

첫째, 체제론은 정태적 · 현상유지적 성격을 띠게 되어 정치 · 사회의 변동을 설명할 수 없다.

둘째, 특수한 인물의 성격, 리더십등을 과소평가하기 쉽다.

셋째, 체제의 자기유지기능 또는 사회체제내의 조화적 관계를 강조함으로써 보수적인 편견이 내재한다

넷째, 후진국 · 개발도상국가들은 그 적용이 곤란하다.

6. 공공선택론적 접근방법

공공선택론은 사회적 선택 혹은 집단적 선택이라고도 불리우며, 이 접근방법은 시장의 범주 밖에서 일어나는 결정행위를 경제학적으로 접근하고 연구하는 것이다. 공공선택론은 인간은 철저하게 자기이익을 추구하는데 있어서 합리적이라는 전제하에서 정치나 행정영역에서 일어나는 결정행위를 경제학적으로 분석 · 파악한다. 또한 방법론적 개인주의와 경제적 합리성을 기본가정으로 하여 공공재와 공공서비스의 효율적인 공급을 가져오기 위한 실증적이고 규범적인 설명을 제공하고, 행정의 분권화와 탄력성 및 대응성을 제고시킴으로써 민주행정의 실현과 자원배분의 효율성을 달성할 수 있게 하였다는 점에서 그 유용성이 인정된다. 그러나 공공선택론은 경제적 합리성을 지나치게 강조함으로써 인간의 비합리적 측면과 경험 등을 제외시킨 결과, 이론적 명제의 타당성을 크게 저해할 수 있다는 비판을 받는다(박해룡 외, 2006: 78-79).

7. 현상학적(現象學的) 접근방법

1) 의의

현상학(現象學)이란 "현상에 대한 개개인의 지각으로부터 그의 행태가 나온다고 주장하는 철학적·심리학적 접근방법"이다. 대표적인 학자는 E. Husserl, M. Harmon[6] 등 이다.

현상학적 접근방법은 종래 실증주의적이고 계량주의적인 접근방법인 행태주의가 인간 행태의 외면만을 보고 성급한 판단을 내리는 것을 중지하고, 될 수 있는 한 객관적으로 그것을 기술하고 종합·분석해서 현상의 본래적 의도와 그 의미까지도 이해하고 파악하려는 입장이다. 현상학의 기본적 사고를 쉽게 이해하기 위해서는 우리가 잘 알고 있는 '청개구리 이야기'를 예로 들어 설명할 수 있다. 어미 청개구리가 남긴 유언의 의미를 제대로 이해하기 위해서는 그것을 겉으로 표현한 그대로 성급하게 판단할 것이 아니고, 그 표현의 밑바닥에 깔린 근본적 의미를 이해해야 하는 것과 같다(김두식 외, 2006: 115).

2) 내용

첫째, 존재론: 실재론(전통적 행정학)에서 ⇒ 유명론(현상학)에 입각한다.

둘째, 인식론: 논리적 실증주의(전통적 방법론)에서 ⇒ 반실증주의(현상학)에 근거한다.

셋째. 연구방법론은 일반법칙적 연구(전통적 방법론)에서 ⇒ 개별문제 중심적 연구(현상학)에 치중한다.

넷째, 설명양식은 원인, 체제의 기능, 목표에 대한 설명에서 ⇒ 행위자의 동기(현상학)에 관심을 둔다.

다섯째, 동기부여의 원천: 전통적 방법론(자기이익, 체제의 종속)에서 현상학적 방법론(사랑, 상호간의 성취욕구)등에 의해 동기화 된다.

여섯째, 감정이입은 자신을 타인의 입장에서 관찰할 수 있는 능력을 중시한다.

---

6) 하몬의 '행위이론'에서 인간의 행위에는 표출된 행위와 별도로 의도된 행위가 있기 때문에 표출된 행위를 대상으로 인간행동을 분석하고 판단하는 실증주의는 오류를 범할 수 있다고 함.

〈표 2-8〉 객관적 접근과 주관적 접근법의 차이

구분		객관주의	주관주의
대표적 학설		행태론	신행정론
차원	존재론적 차원	실재론(實在論)	유명론(唯名論)
	인식론적 차원	실증주의	반실증주의
	인간 본성적 차원	결정론적 입장	자발론적 입장
	방법론적 차원	일반 법칙적 방법 추구	사례중심, 문제중심적 연구

3) 평가

현상학적 접근방법은 종래의 객관주의, 논리실증주의에서 파악하지 못한 인간의 관념, 의식, 동기 등의 의미와 기능성을 적절하게 다루고 이해하였다. 그리고 조직문제의 파악에 있어서 폭넓은 철학적 사고방식과 준거의 틀을 제공하였다.

8. 신제도주의적 접근방법

1960년대와 1970년대 사회과학연구의 중심개념이 집단이었고, 1980년대에는 국가에 대한 논의가 활발했다면, 최근에는 제도(institution)가 사회과학연구의 중심개념으로 등장하고 있다. 최근 제도를 중심으로 정치 · 경제 · 사회현상을 설명하고자 하는 학문적 흐름을 신제도주의라 한다(조현석 외, 2006: 203). 구제도론(1980년대)이 공식적 · 법령, 정부조직 측면에 대한 기술에 치우쳤던 반면, 신제도론(1980년대 이후)은 제도를 공유규범 · 규칙까지 포함하는 개념으로 이해한다(신용한, 2012: 129).

신제도주의적 접근방법 역시 인간을 주어진 상황에서 이익의 극대화를 추구하는 합리적 행위자로 상정하여 행정활동의 결과는 여기에 참여하는 인간들의 상호작용의 형태에 따라서 결정된다고 본다. 그러나 상호작용의 형태는 다시금 행위자들의 특성과 그들이 처한 행위 상황에 의하여 영향을 받는 것으로 이해한다는 점에서 차이가 있다(이목훈 외, 2002: 63).

〈표 2-9〉 행정학의 접근방법과 이론 1

연대	이 론	이론의 맥락(脈絡)	주 요 학 자
전통적 방법	제도적 접근법	공식적인 제도나 절차 연구	
1911년	과학적관리론	내부관리 작용	Taylor
1924년	인간관계론	내부관리 작용	Mayo
1946년	행태론	의사결정, 행태에 대한 과학적 연구	Simon
1950년대	생태론	환경 고려, 행정은 종속변수	Gaus, Riggs
	체제론	다양한 변수를 고려	Easton
	비교행정	생태론의 연장, 선진국 우월주의	Gaus, Riggs
1960년대	발전행정	국가주도형 발전, 행정=발전의 견인차	Esman
1960년대 1970년대	후기행태주의	가치, 적실성(현실적합성), 실천성	Waldo, Easton
	신행정학	사회적 형평성	Waldo, Easton
	현상학	간(間)주관성=상호주관성	Harmon
	행동이론	실천성	Harmon
1980년대	공공선택이론	개인의 선택	Ostrom
	신제도론	구제도론(공식적·법령, 정부조직 등)과 행태주의 극복	Ostrom

〈그림 2-3〉 행정학의 접근방법과 이론 2

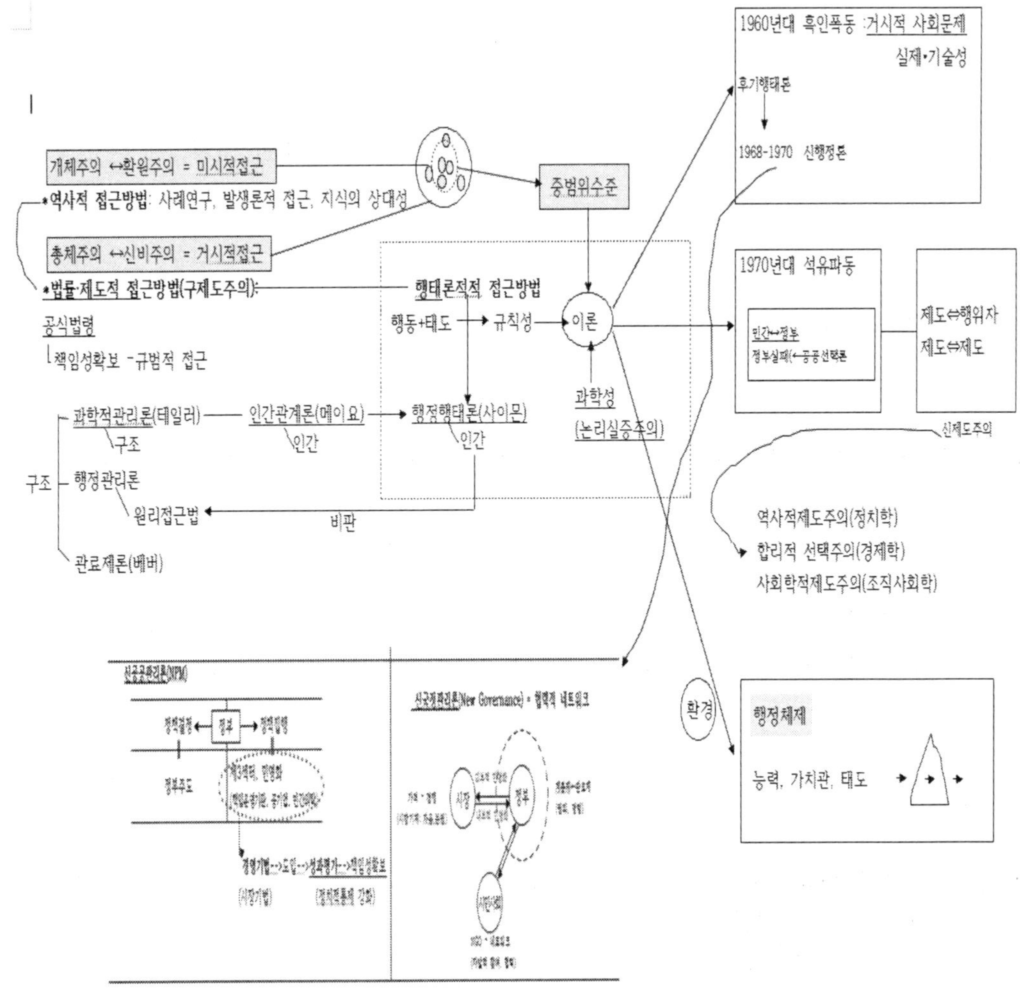

객관식 문제

01 **행정학의 주요 접근방법 중에서 행태주의적 접근방법에 대한 설명으로 틀린 것은?**

① 행정학의 정체성 확립
② 조직 및 조직구성원들의 행태연구
③ 논리실증주의적 접근
④ 의사결정의 측면 중시

02 **행정학의 접근방법 중 현상학적 접근방법에 관한 설명으로 옳지 않은 것은?** (2009기출)

① 조직 내외의 인간들은 자신 또는 다른 사람의 행위에 의미를 부여함으로써 조직을 설계한다.
② 행정현실을 이해하는 데 과학적 방법보다 해석학적 방법을 선호한다.
③ 조직을 인간의 의도적인 행위에 의해 구성되는 가치함축적인 행위의 집합물로 이해한다.
④ 인간행위의 가치는 행위 자체보다 그 행위가 산출한 결과에 있다.

03 **신공공관리론(new public management)에서 추구하는 관점이나 지향성에 대한 설명으로 옳은 것은?** (2008기출)

① 상명하복식의 관료적 조직을 선호한다.
② 공익을 법률로 표현된 정치적 결정으로 보고 있다.
③ 정책목표의 달성기제로 개인이나 기업 및 비영리기구 등을 활용할 것을 권장한다.
④ 정부의 역할로 정책의 집행을 강조하는 소위 노젓기를 중시한다.

04 신행정학에 대한 설명으로 옳지 않은 것은? (2011기출)

① 왈도(Waldo), 마리니(Marini), 프레드릭슨(Frederickson)등이 주도하였다.
② 기업식 정부운영을 주장하면서 신자유주의적 행정개혁에 앞장섰다.
③ 행태주의의 한계를 지적하면서 가치문제와 처방적 연구를 강조하였다.
④ 고객인 국민의 요구를 중시하는 행정을 강조하고 시민참여의 확대를 주장하였다.

05 다음 중 공공선택론적 접근방법에 관한 설명 중 가장 옳지 않은 것은? (2009기출)

① 정부는 공공재의 생산자이며, 시민들은 공공재의 소비자라고 규정한다.
② 시민의 편익을 극대화할 수 있는 서비스의 공급과 생산은 공공부문의 시장경제화를 통해 가능하다.
③ 공공서비스를 공급하는 전통적인 관료제는 시민의 요구에 민감하게 반응하는 제도적 장치이다.
④ 방법론적 개인(개체)주의의 입장에 따라 분석단위는 개인이다.

정답

01. ① 02. ④ 03. ③ 04. ② 05. ③

연구문제

01 공공선택론적 접근방법에 대하여 설명하시오.

02 현상학적 접근방법에 대하여 설명하시오.

03 신공공관리론(new public management)에서 추구하는 관점이나 지향성에 대하여 설명하시오.

04 신행정의 특징과 문제점에 대하여 논하시오.

제 3 장

행정의 이념과 현대행정

제1절 행정이념

행정이념이란 "행정이 지향하는 최고의 가치·방향·이상·규범 및 지도정신"이다. 행정이념은 정치이념 내지 정치철학과 불가분의 관계를 지닌다. 본질적 가치로는 공익·정의·자유·평등·질서·인간의 존엄성을 들 수 있고, 비본질적·수단적 가치로는 능률성·효과성·중립성 등이 있다.

특정국가의 정치이념은 역사적·경험적·문화적 산물이나 최고관리층의 리더십이나 신념에 의해서 영향을 받는다. 행정이념의 기능은 첫째, 행정의 방향지침을 제시한다. 둘째, 이념 상호간의 우선순위를 정립한다. 셋째, 사회변동에 대한 대응능력을 강화한다. 넷째, 행정목표를 최대한으로 달성한다.

행정가치는 '무엇을 위한 행정인가?'의 논의에서 무엇에 해당하는 것으로 행정활동에서 직면하게 되는 의사결정과정에서의 합리적인 가치판단 기준으로 작용하는 것을 말한다. 즉, 행정가치는 행정을 통해 이루고자 하는 궁극적 가치이며, 이 범주에는 정의, 공익, 복지, 형평, 자유, 평등 등의 개념을 포함시킬 수 있다. 일반적으로 제시되는 행정가치 개념으로는 합리성, 능률성과 효과성, 민주성, 책임성, 합법성, 투명성 등이 있다(이종수·윤영진, 2008: 175). 행정가치는 본질적 행정가치와 수단적 또는 비본질적 행정가치로 크게 두가지로 나누어 설명하고 있다. 본질적(intrinsic) 가치는 가치 자체가 목적이 되는 가치로 결과에 상관없이 만족을 줄 수 있는 가치이다. 비본질적(extrinsic)·수단적(instrumental) 가치는 궁극적 목적 실현을 가능하게 하는 가치로 정의 할 수 있다.

1. 본질적 행정가치

1) 공익

(1) 공익(public interest) 개념의 대두배경 및 다양성

① 공익개념의 대두배경: 정치·행정 일원론적 시각으로 행정인의 재량권 확대, 신행정학의 대두 및 행정인의 윤리적 준거 기준의 필요성 등 현대 행정의 특징과 밀접한 관계를 가지고 있다.

② 공익개념의 다양성: 사회일반의 이익, 불특정 다수인의 결정, 사회 구성원의 평균적 이익이다. 즉, "일반성을 가진 불특정 다수인의 이익"이다.

(2) 공익의 주요기능

① 행정인의 윤리적·규범적 기준을 제시하였으며, 책임성 확보, 정책결정 및 프로그램 평가기준이 되었다.

② 집단이익의 조정과정에서 잠재적 이익이나 조직화 되지 않은 이익까지 고려하도록 하는 기능으로서 소외집단 또는 소수집단을 보호하였다.

③ 다원적 사회에서의 공존체제를 구축하였으며, 다양한 이해관계의 세력들과 조정·타협을 통하여 갈등을 해소한다.

④ 국가가 개인들에게 요구하는 행위에 대한 정당성을 확보하였으며, 국민의 호응과 지지기반을 얻었다.

〈그림 3-1〉 행정의 합리적 가치판단기준

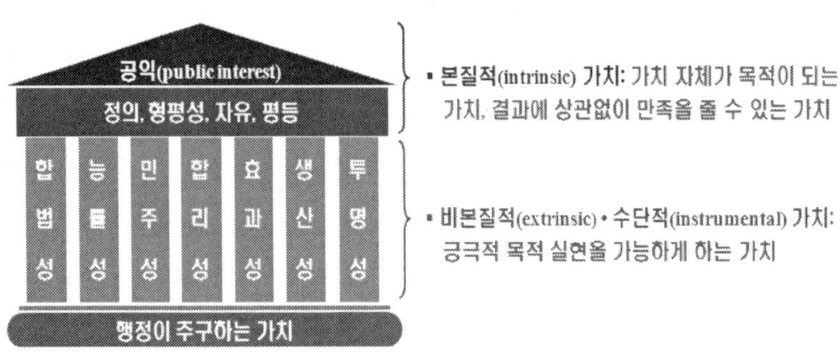

(3) 공익에 관한 주요 학설

공익(公益)은 행정이 추구해야 할 본질적 가치로서 행정행위의 주요한 규범적 기준이다. 공익개념은 공익을 보는 접근시각에 따라 실체설, 과정설, 합의설, 공동체 이익설, 공공재설 등이 있다.

① 실체설(적극설): 공익을 사익(私益)을 초월한 실체적 · 규범적 · 도덕적 개념으로 파악하며, 공익과 사익과의 갈등이란 있을 수 없다고 본다. 실체설에서 인식하는 공익 개념의 구체적인 내용은 논자에 따라 자연법, 정의, 형평, 복지, 인간 존중, 공동사회의 기본적 가치 등 다양하다. 그런데 그 공통적 특징은 공익은 사익의 단순한 총합이 아니고 사익과는 구별되는 적극적 개념이라고 보고 공익의 존재성을 인정하고 있다는 점이다.

② 과정설(소극설): 사익을 초월한 별도의 공익이란 존재할 수 없으며, 공익이란 사익의 총합이거나 사익 간의 타협 또는 집단 간 상호작용의 산물이라고 본다. 현실주의적이고 개인주의적인 공익 개념을 주장하는 과정설은 공익이 실질적으로 과정 · 제도 · 절차적 국면을 통해 형성되며, 여러 사회집단이 대립 · 투쟁 · 협상 · 타협을 벌이는 과정에서 결과적으로 다수 이익에 일치되는 것이 도출된다고 인식한다(이종수 · 윤영진, 2008: 175-176).

③ 합의설: 특수한 개별 집단의 이익보다 광범위한 다수의 이익 을 추구하는 것이다(소수이익희생가능).

④ 공동체 이익설: 사회 전체로서의 권익과 인격을 추구하고 실현하는 것을 말한다.

⑤ 공공재설: 공공재(비경합적 · 비배제적 특성을 지닌 재화)를 생산하는 것을 말한다.

〈표 3-1〉 공익의 주요학설 비교

규범설 (실체설, 적극설, 집단주의설, 절대설)	과정설 (타협설, 소극설, 개인주의설, 상대설)
• 공익 : 사회가 추구하는 궁극적 가치 • 공익은 사익과 구분되는 독자적인 실체 • 선험적 공익관 • 전체주의 : 전체의 이름으로 부분 희생가능 • Plato, Rawls, Kant(정언명법), Russo(일반의지)	• 공익 : 정책결정과정의 결과적 산출 • 사익과 구분되는 공익은 없음 • 경험적 공익관 • 민주주의 • Harmon
절충설 : 사익의 집합이 아닌 공익인성(실체설) + 사익과 관련시켜 이해(과정설)	

2) 정의

정의(正義, justice)란 '옳음(righteousness)'과 '공정(公正, just)'의 의미를 지니는 가치, 동등한 사람이 똑같은 배당을 받는 것이며 평등(equal)을 의미하는 것(Aristoteles)이다.[7)]

행정에 있어서 정의란 행정과정에서 마땅히 이루어져야 할 옳은 이치와 순리라고 할 수 있다. 이익은 그 이익을 받을 마땅한 권리를 가진 자에게 주어져야 한다. 옳은 일을 한 자는 마땅히 보상을 받아야 하고, 잘못된 일을 저지른 자에게는 그에 상응하는 처벌이 주어짐으로써 개인의 존엄한 인권과 권익은 보장되어야 한다. 행정의 권한은 정당한 행정의 주체에게 주어져야 하고, 행정의 혜택은 그런 혜택을 받을 정당한 권리를 가진 자에게 제공되어야 한다(최창호 · 하미승, 2007: 79).

---

7) **J. Rawls의 정의론:** Rawls의 정의는 크게 두 가지 측면을 가지고 있는데, 하나는 인간의 기본적 자유에 대하여 모든 국민이 동등한 권리를 누려야 한다는 것이고, 다른 하나는 사회적 및 경제적 가치들의 분배에 과한 원리로서 정당성을 인정받을 수 있는 불평등의 기준을 밝히는 원칙이다.

① 제1원칙(평등한 자유의 원칙 : Principle of Equal Liberty) : 모든 사람은 다른 사람의 유사한 자유와 상충되지 않는 한도 내에서 가능한 한 최대의 동등(평등)한 자유를 가져야 하며, 기본적 권리가 모든 사람에게 절대적으로 평등하게 부여되어야 한다는 것이다.

② 제2원칙(기회평등·차등원칙 : Difference Principle) : 사회적·경제적으로 인정될 수 있는 정당한 불평등은 다음과 같은 조건을 충족시켜야 하는데, ㉠ 불평등의 모체가 되는 직위와 직무는 모든 사람에게 평등하게 공개되어야 하며(기회균등의 원칙), ㉡ 불평등이 최소수혜자에게 최대의 이익이 되도록 사회적·경제적 불평등이 조정되어야 한다(차등의 원칙)는 것이다.

3) 자유와 평등

(1) 자유(自由, freedom)

자유란 일반적으로 제약과 간섭이 없는 상태(absence of restraints)이다. 베를린(I. Berlin)은 자유의 의미를 두 가지로 구분하는데, '간섭과 제약이 없는 상태'를 소극적 자유라 하고, 이와 대비되는 '무엇을 할 수 있는 자유'를 적극적 자유라고 했다(Flathman,1973:262). 자유는 자기 지향적이며 자기 중심적인 개념으로서 사회성(sociabilite)의 한계가 있다. 즉 자유는 남의 권리 및 자유와 상충되지 않는 범위 내에서 행사되고 보장되어야 한다.

(2) 평등(平等, equality)

평등은 일반적으로 똑같은 원칙에 따르거나, 같은 처지에 있는 사람을 똑같이 대접하는 것을 의미한다.

① 절대적 평등: 인간의 존엄성, 인간으로서의 가치 등에 바탕을 둔 평등을 말한다.

② 상대적 평등: 각 개인의 잠재적 · 후천적 능력과 기여도 및 필요의 상이성에 바탕을 둔 평등이라 할 수 있다. 즉, 정당한 근거에 기반한 불평등이며, 비례의 평등(equality of proportion)은 형평의 원리와 같은 의미라고 한다.

③ 정치 및 행정과 관련된 평등: 정치 및 행정과 관련하여 평등이라는 개념은 어떤 개인이나 집단이 다른 개인이나 집단과 비교하여 권력과 부 그리고 명예나 기회 등 이른바 사회적 가치의 배분에서 얼마나 평등한 대우를 받고 있느냐 하는 문제와 연결된다(이종수 · 윤영진, 2008: 181). 행정에 있어서의 평등이란 행정의 주체와 객체로서의 인간에게 기회와 권익이 동등하게 부여되어야 한다는 것을 의미한다. 행정권한을 수행할 수 있는 기회, 행정과정에 참여할 수 있는 권리, 공직자가 될 수 있는 기회 등이 균등하게 주어지는 것을 의미한다(최창호 · 하미승, 2007: 80).

4) 사회적 형평성(社會的 衡平性, social equity)

행정은 대내적으로나 대외적으로나 모든 면에서 공평(公平)하여야 한다는 이념. 행정의 이념으로서 사회적 형평성은 1970년대에 접어들어 미국의 신행정론 주창자들에 의하여 강조되기 시작하였다.

신행정론(new public administration)에서는 사회적 형평과 공익(公益)의 의미를 철학자 롤스(J. Rawls)의 「정의론(正義論)」[1971] 중 특히 '정의의 원칙'에 따라 규정하려고 하는데, 이를 간단히 말하면 다음과 같다. 즉, 모든 사람은 평등하게 가장 광범한 기본적 자유를 누려야 한다는 것과, 공리설(功利說)과는 달리 다수인을 위한 소수인의 희생을 용인(容認)하지 않고 누구에게나 유리하다는 한계 내에서만 불평등은 용인할 수 있다는 내용이다.

이와 같이 신행정론에서 강조하는 사회적 형평성은 자원(資源)이나 지위(地位)의 공평한 배분과 관련된 개념으로서, 이는 사회적 약자를 보호하는 것을 그 출발점으로 삼는다. 따라서 자원의 배분은 사회적·경제적·정치적으로 불리한 입장에 있는 사람들에게 우선적으로 혜택을 줌으로써 사회 정의(正義)를 실현할 수 있다는 관점이다(이종수, 2009).

2. 비본질적·수단적 행정가치

1) 능률성과 효과성

(1) 능률성

과학적 관리론의 영향을 받은 경제적 개념으로서 능률성이란 "투입에 대한 산출의 비율"을 말한다. 행정의 능률성은 최소의 비용과 노력으로 산출을 극대화시키는 것이며, 제한된 자원으로 행정 목표를 최대로 성취할 수 있는 대안을 선택하는 것을 의미한다. 능률성의 측정은 첫째, 생산측정대 사용자원의 측정. 둘째, 극대생산량 대 극소자원. 셋째, 편익 대 비용 혹은 산출량 대 투입량. 넷째, 성취의 극대화 이다. 또한 능률성은 일반적으로 크게 기계적 능률성과 사회적능률성으로 구분된다.

① 기계적(mechanical) 능률성(대차대조표적 능률): 공·사행정일원론(정치·행정이원론)하의 능률지상주의적 사고로서 능률을 목적에 대한 수단의 비율로 간주할 때 목적을 절대적·고정적으로 보는 능률관이다.

② 사회적(social) 능률성: 정치·행정일원론, 인간관계론, 기능적 행정학의 능률관으로서 목적을 상대적·보편적으로 보면서 사회적 효용성·인간적 측면의 중시·다원적 이익이 통합·조정을 중요시 한다.

〈표 3-2〉 기계적 능률성과 사회적 능률성의 구분

구 분	기계적 능률성 (mechanical efficiency)	사회적 능률성 (social efficiency)
행정이론	과학적관리론(1880), 관료제이론	인간관계론, 통치기능설(1930-1940)
유사개념	대차대조표적·수치적·금전적·물리적·양적·단기적·몰가치적·객관적·사실적	인간적·상대적·장기적·발전적·질적·가치적·합목적적, 대내적 민주성
대두요인	과학적관리론의 영향	과학적관리의 한계 및 인간의 기계화 반대
비 판	인간적 가치 무시	능률 본질의 애매화, 자원낭비의 변명 구실
학 자	Gulick(능률과 절약이 행정의 기본적인 善)	Mayo, E. Dimock, M. E.

(2) 효과성

효과성이란 "행정목표의 달성정도"를 의미한다. 능률성이 구조적인 단일목표의 달성비율인데 반해, 효과성은 기능적인 최종목표의 달성 비율이다. 즉 능률성은 행정과정에 관련된 양적 개념인데 비해 효과성은 목표뿐만 아니라 사회적 기대 수준도 평가하는 질적 개념이다.

2) 민주성

행정의 민주성은 행정과정을 통하여 국민의사가 존중·반영되고 국민에게 책임을 지는 봉사하는 책임행정이다. 현대행정의 이념은 국민에게 봉사할 민주행정에서 찾아야 한다. 민주성의 확보방안으로서는 2가지가 있다. 첫째, 대내적 방안으로서는 행정의 분권화 및 권한위임의 촉진, 행정구제제도의 확립, 행정인의 능력발전, 행정윤리의 확립, 공무원의 민주적 행정행태의 확립 등이 있다. 둘째, 대외적 방안으로서는 관민협동체제의 확립, 공개행정 및 행정의 시민참여, 관료제의 대표성 확보, 행정의 공익추구, 사회적 능률의 강조, 행정기구의 민주화, 책임행정과 행정통제의 강화 등이 있다.

3) 책임성

정부의 역할이 강화되고 공무원의 재량권이 확대됨에 따라 행정기관과 공무원은 국민을 위한 책임있는 행정을 하는 것이 더욱 중요해졌다. 일반적으로 행정책임은 행정관료가 도덕적·법률적 규범에 따라 행동해야 하는 의무를 말한다.

4) 투명성

오늘날 중요시되고 있는 이념 중의 하나는 행정의 투명성이다. 행정이 투명하지 못하면 부정부패의 온상이 된다. 부정부패는 그 국가의 공공부문을 마비시키고 사회적 비용을 높이는 암적인 존재이다(김두식 외, 2006: 128).

5) 합리성

합리성(rationality)은 어떤 행위가 궁극적 목표 달성의 최적 수단이 되느냐의 여부를 가리는 개념이다. 사이먼(S.A. Simon)은 합리성의 개념을 실질적 합리성과 절차적 합리성으로 나누었고, 실질적 합리성은 목표에 비추어 적합한 행동이 선택되는 정도를 의미하고, 절차적 합리성은 결정과정이 이성적인 사유에 따라 이루어졌을 때 존재한다고 보았다(이종수·윤영진, 2008: 183).

〈표 3-3〉 합리성과 관련된 학설

학 자	구 분	내 용
Mannheim, K.	실질적 (substantial)	- 지적 통찰력을 나타내는 이성적인 사고작용을 바탕으로 특정 황의 여러 가지 사건이나 요소간 상호관계를 밝히는 것
	기능적 (functional)	- 정해진 목표달성에 대한 순기능적 행위를 하는 것(수단적 적합성) cf.) Weber의 형식적(formal) 합리성
Simon, H. A.	내용적 (substantive)	- 목표 성취에 기여하는 행위(경제학적 개념)
	절차적 (procedural)	- 의식적인 사유 과정 의미(심리학적 개념)
Diesing, P.	기술적 (technical)	- 목표 성취를 위해 적합한 수단을 찾는 것 (목표-수단의 계층구조)
	경제적 (economic)	- 비용과 효과를 측정 • 비교하여 목표를 선택 • 평가하는 과정
	사회적(social)	- 사회체제 구성 요소간의 조화로운 통합성 (integration)
	법적(legal)	- 규칙 및 선례에 대한 적합성, 규범적 측면의 갈등 해결 역할
	정치적(political)	- 보다 나은 정책을 추진할 수 있는 정책결정구조의 합리성

6) 합법성

행정의 합법성(合法性)이란 행정이 법에 의하여 적합하게 집행되어야 한다는 것이다. 행정의 합법성은 입법국가시대의 산물로서 가장 오래된 이념으로 법치행정의 요청에 의한 것이다. 그러나 현대 행정에서 합법성이 지나치게 강조되면 행정 본래의 목표를 왜곡할 가능성이 있으며, 공무원 재량권의 확대로 법령을 자의적으로 해석, 적용하는 것에 대해서는 법치행정을 저해할 우려가 있다.

〈표 3-4〉 합법성의 장·단점

장점	단점
• 행정의 안정화 • 행정의 자의성 배제 - 투명성 제고 • 미래에 대한 예측가능성을 높여줌	• 법규만능주의, 형식주의 유발 • 행정편의주의

7) 가외성(加外性)

(1) 개념

능률성 개념의 관점에서 본다면 중첩(overlap)이나 반복(duplication)을 통한 가외성의 확보는 비능률적으로 인식된다. 그러나 중첩이나 반복이 없는 최소 구성단위로 이루어진 조직체는 오류 발생의 가능성이 큰 허약 체제라는 인식이 점차 높아지게 되면서 여벌성 혹은 가외성(redundancy)의 개념이 등장하였다. ↔ 능률성

(2) 정당화의 근거와 구성요소

① 근　　거 : 불확실성의 시대, 협상의 사회, 신경구조성, 체제성(전체성)이다.

② 구성요소 : 중첩성(서로 배타적이지 않도록 혼합적으로 수행), 중복성(동일한 기능이 여러기관에서 수행), 동등잠재력(비상시를 대비한 보조기관 준비)으로 구성된다.

(3) 가외성이 반영된 현상

가외성 원칙에 근거한 제도로는 권력분립, 견제와 균형, 연방주의, 계선과 참모, 3심제도, 양원제 등이 있다.

(4) 가외성의 효용

가외성의 효용은 첫째, 오류의 발생가능성을 예방함으로써 조직의 신뢰성과 안전성을 증진시킬 수 있다. 둘째, 위험사태에 대한 적응성을 높일 수 있고, 셋째, 여럿이 그 일을 상의하고 토론하는 상호작용 속에서 창조성과 개혁성 및 다양성을 높일 수

있다. 넷째, 정보의 채널이 여러 개 있으므로 정보의 정확성을 확보할 수 있다. 다섯째, 수용범위의 한계극복에 기여할 수 있으며, 여섯째, 독점이 저지되므로 목표전환 현상이 완화될 수 있다.

(5) 가외성의 한계

조직내의 기능의 중복현상은 비용·효과상의 문제와 경제성의 제약을 가져오며, 기능의 충돌과 마찰로 인한 운영상의 책임한계의 불분명과 갈등대립이 초래될 가능성이 있다.

8) 형평성

1970년대 신 행정학에서 주장한 이념이다. 즉 정책결정과 이에 따른 이익과 복지의 배분에 있어서 소외계층을 배려함으로서 사회의 불균형으로 인한 불안·혼란·법의 부재현상 등을 예방하자는 것이다. 형평성(衡平性, equity)의 개념은 일반적으로 공정성(fairness)혹은 사회정의(social justice)의 개념과 거의 같은 의미로 쓰이며 동일한 것은 동일하게(수평적 공평) 서로 다른 것은 다르게(수직적 공평) 취급하고 있다.

홀바흐(d`holbach)는 형평은 각자의 재능과 업적에 따라 대우하는 것을 의미한다고 하면서 정의가 곧 형평이라고 주장한다. 그는 기계적 평등은 사회정의에 어긋날 뿐만 아니라 사회 공동선과 양립하지 않는다고 주장하면서 차별과 계급의 기원이 오직 개인의 덕성, 능력 또는 사회공익에의 기여 등에 있으며, 그결과 발생하는 불평등은 당연하다고 주장한다(C.Perlmal, 1963:17-29).

〈표 3-5〉 행정이념의 변천

이 념	개 념	대 두 시 기
합법성	법률에 적합한 행정(법치행정), 의회기능 및 정치 우위	19c초 법치국가, 관료제이론
능률성	산출/투입, 최소 비용과 노력으로 최대의 산출 추구	19c말 행정관리설(이원론)
민주성	대외적으로 국민을, 대내적으로 공무원의 인간적 가치 존중	1930년대 통치기능설(일원론)
합리성	수단이 목표달성에 기여한 정도(목표에 대한 수단적합성)	1950년대 행정행태론(새이원론)
효과성	목표달성도, 질적개념	1960년대 발전행정론(새일원론)
사회적 형평성	소외계층에 대한 행정	1970년대 신행정론(새일원론)
생산성	능률성(양적측면) + 효과성(질적측면)	1980년대 신공공관리론(새이원론)
신뢰성	정부에 대한 믿음, 사회적 자본	1990년대 뉴거버넌스(새일원론)

3. 행정이념간의 관계

행정의 가치들은 상호 보완적인 관계에 있기도 하며, 정책환경이나 정책집행자, 국민들의 선호 등에 따라 갈등이 발생할 수 있는 가능성을 내포하기도 하다. 갈등이 발생했을 시, 이러한 갈등을 해소하고 우선시되는 가치를 선택하기 위한 방안들이 다방면으로 모색되고 있다.

행정이념은 국가나 시대에 따라서 상대적으로 더 강조되는 가치나 이념이 있다. 따라서 행정이념 간의 충돌이나 우선순위 문제가 대두되기 때문에 동일한 비중을 가질수는 없다.

그러나 행정이념들은 우열을 가리기 어려울 정도로 정책결정이나 집행과정에서 모두 중요한 역할을 담당하기 때문에 행정이념 간에 우선순위를 선정하는 것은 매우 어려운 문제이다.

1) 행정이념 간의 갈등

행정의 능률성을 중심으로 행정이념 간의 갈등은 다음과 같다.

(1) 능률성과 민주성의 관계

민주성을 강조될 때에는 능률성이 희생되며 능률성은 강조할 때에는 민주성이 유보되어야 할 때도 있다. 한국 행정의 역사에서 일례를 찾아보면, 군사정권시기에는 경제발전을 위해 무엇보다 능률성을 강조하면서 정권연장에 도움이 되지 못하는 민주성에는 무관심하였다. 즉 능률을 강조하면서 정권의 안정과 장기집권을 도모하였으며, 반면 행정에 민주화가 이루어져 권력이 분산되고 정치·행정에 국민들이 참여하는 것에 매력을 가지지 않았다(강용기 외, 2005: 93).

(2) 사회적 형평성과 능률성의 관계

사회적 형평성을 강조하면 배분적 정의가 중요시되며, 반면에 능률성을 강조하면 경제적 합리성이 중요시된다.

(3) 능률성과 합법성의 관계

합법성을 지나치게 강조하면 정책집행에 경직성을 띠게 되며, 능률성을 강조할 경우 융통성 있는 행정을 구현할 수 있다.

(4) 능률성과 효과성의 관계

능률성을 강조할 경우에는 양적인 면을 중시하게 되나, 효과성을 강조할 경우에는 우선적으로 목표를 중시하게 된다.

결과적으로 정부와 공공부문은 모든 행정가치를 강조하고 있으나, 기계적 능률을 중시하는 시대에는 능률성이, 사회적 능률을 강조하는 현대에는 형평성이 더 중요하게 고려된다(강용기 외, 2005: 90), 행정의 주기능이 안정, 질서유지라면 합법성이 중시되고, 경제발전이라면 효과성이, 정치발전이라면 민주성이 강조되는 것이다. 행정이념의 갈등문제는 특정한 시대 정신과 사회 여건에 적합하게 가치를 부여하는 것이 바람직 하다.

2) 가치 간의 갈등해소방안

정책결정이나 정책집행과정에 참여하는 구성원들 각자의 욕구 수준과 추구하는 가치의 종류가 다르기 때문에 가치갈등의 문제해결은 쉽지 않다. 다만 바람직한 가치판단 기준들에 대한 지식에 기초하여 이들 기준들 간의 서열이나 상대적 우열 내지 비중을 가릴 수 있는 궁극적 척도를 제시할 수 있다(강용기 외, 2005: 91). 즉 의사결정 과정에서 가치갈등 문제에 직면하여 최종적 판단을 내리기 위한 방법에는 일원론, 서열법, 가중치법 등 세 가지 방법이 있다.

(1) 일원론

가치판단을 둘러싸고 상호 대립되는 두 개의 판단 기준이 있을 때, 그 중 한 쪽의 원리에만 기초해서 가치를 인정하고, 바람직하다고 여기는 그 가치를 선택하는 방식으로 가치 갈등을 해소하는 방법이다. 이는 두 개의 가치판단 기준 간에 갈등이 존재한다고 애당초 인정하지 않는 것이다(이종수 · 윤영진, 2008: 191).

(2) 서열법

정치경제적 발전 수준, 상충되는 가치의 중요성, 사회적 분위기, 적용시기의 적절성 등을 고려하여 우선순위를 평가한 후 서열이 높은 가치를 선정함으로써 가치 갈등을 극복하는 방식이다(강용기 외, 2005: 92).

(3) 가중치법

일원론을 부정하고 쌍방의 가치판단 기준들을 인정한다는 점에서 서열법과 유사하지만, 두 기준 사이의 차이를 질적 서열이 아닌 상대적인 차이로 구분하는 점이 다르다. 즉 가중치법이란 경합하는 가치판단 기준들의 의의와 중요도에 따라 가중치를 부여하는 방식으로 갈등을 해결하는 방식을 말한다(이종수 · 윤영진, 2008: 192).

제 2 절 현대행정

현대행정이란 "19세기 영국과 미국 등의 정치사에서 볼 수 있는 입법국가시대에 대응하여 20세기 행정의 기능과 권한이 크게 확대 · 강화된 행정국가시대의 행정"을 의미한다. 국가성격의 변천과정을 보면 18세기 근대국가를 절대국가 · 통치국가라 하며, 19세기 근대국가를 입법국가 · 야경국가라고, 20세기 현대국가를 행정국가 · 복지국가라 한다.

1. 현대국가의 성격

서양의 선진국들은 대체적으로 18세기 이전의 절대국가로부터 19세기의 자유방임국가를 거쳐 20세기 이후의 복지국가에 이르기까지 다음과 같은 변천과정을 거쳐 왔으며, 반면, 신생국들의 경우에는 전통적으로 줄곧 절대군주국에 있다가 외국의 식민지로 전락하여 역시 권력적인 통치에 시달리면서 현대를 맞은 것이기 때문에 자유방임국가의 과정을 거치지 아니하고 절대국가에서 곧바로 현대국가로 발전하였다고 볼 수 있다. 여기서 말하는 현대국가란 복지국가이며, 행정국가의 성격을 갖는다.

〈표 3-6〉 국가성격의 변천과정

시대	18세기 이전	19세기	20세기	21세기
국가성격	절대국가 경찰국가 통치국가	자유국가 방임국가 입법국가	복지국가 직능국가 행정국가	신(탈)행정 국가

1) 복지국가

산업혁명과 이에 따르는 급진적인 자본주의의 발전 및 도시화는 국가로 하여금 적극적으로 빈민대책, 실업대책, 노 · 사조정, 사회보장 등 복지정책을 강구하게 하였고, 이와 같은 국민복지의 향상을 위하여 적극적 기능을 수행하는 국가를 복지국가 또는 봉사국가라고 한다.

2) 행정국가

(1) 의의

행정국가란 1930년대 이후 행정기능의 확대 · 강화에 따라 행정기관이 정책집행기능과 정책결정기능까지 담당하게 된 국가이다. 또한 행정국가는 정부활동의 주요 목적을 국민의 복지향상에 두는 복지국가의 개념이라고도 할 수 있다.

(2) 성립배경

첫째, 1929년 세계대공황과 이의 극복을 위한 뉴딜정책의 성공(행정권의 강화), 둘째, 과학 · 기술의 발달로 인한 행정의 전문화, 셋째, 인구의 증가와 도시화, 넷째, 의회주의의 위기와 위임입법의 확대, 다섯째, 행정수요의 급증, 여섯째, 복지국가의 지향, 일곱째, 국제관계의 긴밀화에 의한 정부역할의 증대현상이다.

(3) 문제점

첫째, 국민의 피동화(被動化)란 이익설정의 근원이 국가에 있다고 보기 때문에 국민의 자발성이 감퇴한다. 둘째, 행정권이 집중화됨으로써 민의의 반영, 국민의 자유권이 제약 받는다. 셋째, 신중앙집권화 · 광역행정 등에 의하여 지방자치의 위협을 받는다. 넷째, 관료제의 특권 집단화(관료주의화)의 증대이다.

3) 행정권 강화의 내용

첫째, 위임입법의 증대, 둘째, 행정부의 우위성, 셋째, 행정부의 자유재량권의 확대, 넷째, 정책결정과정의 확대, 다섯째, 행정위원회의 발달 등 이다.

2. 현대행정의 특징

1) 양적 특징

첫째, 행정기능의 확대와 업무량의 증대이다. 그 원인으로는 산업혁명이후의 기술의 발달, 인구증가, 사회보장, 노사문제, 도시문제 등이 있다.

둘째, 행정기구의 증대는 행정기능과 업무량의 증대이다.

셋째, 공무원수의 증가는 행정기구의 증대에 따라 공무원 수도 증대하는 것이다. 공무원의 수는 업무의 증가와 관계없이 증가한다. 이를 「파킨슨의 법칙」(Parkinson's Law)이라 한다. (상관은 자신의 지위향상을 위해 부하의 수를 늘리기를 원한다. 이에는 ① 부하배증의 법칙과 ② 업무배증의 법칙이 있다.

넷째, 예산·재정규모의 팽창은 공무원과 행정기구의 증대에 수반된 것이다.

다섯째, 공기업의 증대는 공공성과 기업성의 조화를 목적으로 한 것이다. 여섯째, 막료기관의 수적 증대는 행정업무의 전문성 증대의 영향이다.

2) 질적 특징

첫째, 행정의 전문화 및 기술화는 사회구조의 분화, 복잡화에 대처하기 위함이다.

둘째, 정책결정과 기획의 중시는 행정국가화에 따른 것이다.

셋째, 행정조사와 행정통계의 적극적 활용으로는 합리적인 정책결정과 기획을 위하여 과학적인 조사활동과 통계활동이 요구된다.

넷째, 행정책임과 행정통제의 중시는 행정국가화로 행정권의 확대·강화로 인한 행정부패와 권력남용을 견제하기 위함이다.

다섯째, 행정의 광역화현상으로는 교통·통신의 발달에 따라서 행정권·생활권·경제권 등이 광역적 행정수요로 변화되었다.

여섯째, 합리적·종합적 예산의 추구로는 LIBS, PPBS, MBO, ZBB 등을 활용한다.

일곱째, 신중앙집권화의 경향으로는 교통통신의 발달로 인하여 선진국의 경우는 지방자치를 바탕으로 한 민주성과 능률성의 조화를 위해서 신중앙집권화 상이 나타났다.

여덟째, 조직의 동태화는 급변하는 행정환경에 대처키 위함이다(Project team, task force).

① 프로젝트 팀(Project team): 특정사업을 추진하거나 문제를 해결하기 위하여 전문가나 관계요원으로 구성되는 임시적·동태적조직이며 단시일내에 과업을 강력히 추진할 수 있고 문제해결에 적합한 조직이다.

② 태스크 포스(task force): 특별한 임무를 수행하기 위해 편성되는 임시조직인 전문가 조직이다. 이는 대규모 조직의 업무내용이 변경될 수 없고 정규부서 소속을 일시적으로 이탈한다.

3. 시장실패와 정부실패

시장은 자유로운 교환관계를 상징하고, 정부는 계층제적 권력을 상징한다. 19C 자유방임의 결과 경제대공황이 발생하면서 시장실패가 발생하였고, 이를 해결하기 위한 정부개입의 필요성이 대두되면서 거대정부가 출현, 그 후 1970년대 석유파동(oil shock)를 계기로 정부실패가 심화되면서, 정부기능을 시장에 맡기고자 규제를 완화하려는 풍조가 각광을 받기 시작하였다.

1) 시장실패

전통적으로 자본주의체제하에서 자원배분기능을 담당하는 제도적 장치인 시장과 정부는 상호 대체(代替)적인 관계인 것으로 인식되어 왔다. 시장과 정부의 이러한 상호 대체적 역할분담관계를 설명하고 있는 것이 바로 시장실패와 정부실패 이론이다.

완전경쟁조건이 충족될 경우 가격이라는 '보이지 않는 손'(invisible hand)에 의한 조정을 통해 효율적인 자원배분을 달성할 수 있다. 그러나 완전경쟁시장은 그 전제조건의 비현실성과 불완전성으로 인해 실패할 수 있다. 시장기구를 통해 자원배분의 효율성을 달성할 수 없는 경우가 발생할 경우, 이를 시장실패라 한다. 시장실패를 야기하는 요인으로는 공공재의 존재, 외부효과의 발생, 자연독점, 불완전한 경쟁, 정보의 비대칭성 등이 제시되고 있다(정우열 외, 2006:86). 이러한 요인들에 의해 시장실패가 발생할 경우 이를 방지하기 위한 정부의 시장개입이 필요하게 된다.

① 공공재의 존재: 공공재는 비경쟁성과 비배재성이 강하여 시장에 의해 생산되기 곤란한 재화가 존재하게 된다. 즉, 공공재는 시장에서 공급되기 어려운 관계로 시장을 통하지 않고 정부가 강제적으로 조세를 징수하여

직접 공급하게 된다. 따라서 공공재의 존재나 부족현상은 시장실패를 의미한다.

② 외부효과의 발생: 생산자(공급자)의 이익이나 손해와는 관계없이 타인(소비자나 여타 사회적 구성원)에게 이익(사회적 후생)을 주거나 손해(사회적 비용)를 주는 것을 외부효과(external effect)라 한다. 여기에는 외부경제와 외부불경제가 있는데, 외부경제(이로운 효과)는 특정한 재화를 생산하는 과정에서 생산자가 얻는 이익보다 사회 전체가 얻는 이익이 큰 경우를 말하며, 외부불경제(해로운 효과)는 특정한 재화를 생산하는 생산자의 이익이 사회 전체 구성원들이 얻게 되는 이익보다 큰 경우를 의미한다. 따라서 외부경제는 최대화시키고, 외부불경제는 이를 최소화시키기 위한 정부개입이 필요한 것이다.

③ 자연독점 및 불완전한 경쟁: 단일 기업의 생산능력으로도 시장 전체의 수요를 효율적으로 만족시킬 수 있는 상태를 자연독점이라고 하는 바, 이에는 설비 투자와 시장 규모가 대단히 큰 사업이 해당된다. 예를 들면, 전력, 전신, 전화, 수도 등인데 시장의 발달이 낮은 경우에 경제주체가 가격순응자가 아니라 가격설정자로 기능하게 되면 공정하고 자유로운 경쟁이 저하되고 독점기업은 이윤극대화에만 치우쳐 사회후생의 손실을 초래하게 된다.

④ 정보의 비대칭성: 상품의 공급자는 해당 상품에 대해 정보를 정확히 인식하고 있지만, 소비자는 전문지식과 정보 부족이나 과장광고로 인하여 합리적 선택이 어려워진다. 즉, 거래를 하는 한 쪽은 정보를 가지고 있는데 반하여 다른 쪽이 정보를 가지지 못하게 되면 정보의 편재로 인한 불확실한 상황에 놓이게 되며 시장이 공정하고 효율적으로 작동할 수 없다(하상군, 2005: 168-170).

2) 정부실패

(1) 정부실패의 개념

정부실패란 정부의 시장개입이 의도한 결과를 나타내지 못하거나 기존의 상태를 오히려 악화시키는 결과를 초래하는 경우이다. 1980년대 이후 정부의 무오류에 대한 회의가 증가하고 정부에 대한 신뢰가 크게 줄어들면서, 시장실패를 줄이기 위해 등장하는 정부부문이 오히려 새로운 비효율과 불공정성을 창출할 수 있다는 사실을 인식하기 시작했다.

(2) 정부실패의 요인

일반적으로 정부실패를 야기하는 요인으로는 사적목표의 설정, 비효율·비용체증, 예측하지 못한 파생적 외부효과, 권력의 편재 등을 들 수 있다. 정부의 실패의 요인은 다음과 같다.

① 정보의 불완전성과 예측의 곤란성 : 공공분야에서 불완전한 지식이나 정보를 가지고 정책을 결정하는 경우 결정자체가 상당한 흠을 지니게 되는데, 이로 인해 정부실패의 가능성은 커지게 된다.

② 규제수단의 비효율성 혹은 불완전성 : 정부가 대안을 선택함에 있어서 비용-편익분석[8]과 같은 기법을 이용하여 객관성을 높이고자 노력을 하지만 잘못된 대안·수단의

선택은 정부사업의 실패 요인으로 작용하게 된다.

③ 정부활동의 독점성(제한된 경쟁) : 공급에 있어서 경직성을 초래하게 되고, 그 경직성은 결국 사회적 여건의 변화에 따른 주민의 요구에 대해 행정이 신축적인 재화와 서비스의 공급을 저해하는 원인으로 작용하게 된다.

8) 비용분석은 여러 정책대안 가운데 가장 효과적인 대안을 찾기 위해 각 대안이 초래할 비용과 편익을 비교·분석하는 기법을 말한다.

④ 비용부담자와 수혜자의 불일치 : 정부활동은 수요-공급의 가격 메커니즘으로 이루어지는 것이 아니라 집합적 의사결정 메커니즘과 조세에 의존하므로 비용부담자는 그 부담을 회피하는 것이 가능하고 무임승차자(free-rider)가 되기를 희망함으로써 결국 불필요한 자원소요와 비효율적인 자원사용으로 정부실패의 원인이 된다.

⑤ 내부조직목표와 사회적 목표의 괴리 : 정부조직에서는 정부정책 및 활동에 대한 수요와 공급특성으로 인해 내부조직목표 또는 행동기준이 사회가 요구하는 것과는 유리될 수 있으므로 정부실패를 야기하는 요인이 되고 있다.

⑥ 파생적 외부효과 : 파생적 외부효과란 정부활동의 결과로서 나타나는 잠재적·비의도적 파급효과와 부작용으로서 이는 시장실패를 교정하기 위한 목적에서 이루어지는 정부개입이 또 다른 문제를 낳고 있음을 보여주는 것이다. 예 주택안정화정책이 부동산 투기를 조장하는 경우

⑦ 규제기관의 포획현상 : 포획(capture)이란 공익목적을 위하여 존재하는 규제기관이 본래의 의도와는 달리 소수 피규제집단의 이해에 봉사하거나 피규제집단의 선호와 일치되는 방향으로 동조·영합하는 현상으로서, 이는 규제행정의 공평성을 저해하게 되어 실패의 가능성을 유발하게 된다.

⑧ X-비효율성 : 배분상의 비효율성 개념과는 달리 정부운영(관리)과 관련되어 나타나는 비효율성으로 이는 작은 정부의 근거로 작용하게 된다.[9]

⑨ 최저선과 종결 메커니즘의 결여 : 민간기업의 경우에는 손익계산서가 불량하면 기업은 도태된다. 그러나 정부부문의 경우에는 활동이 부진하고 효과성이 없어도 최저선과 해체시킬 수 있는 종결 메커니즘이 없어서 지속적 비효율이 존재하게 된다.

⑩ 그 밖에도 경제 주체들이 자신의 이익을 위해 비생산적인 활동(로비·약

9) X-비효율성이란 라벤슈타인이 제시한 개념이다. Harvey Leibenstein은 독점기업이 경쟁압력은 피할 수 있으나 그 때문에 기업내의 경영자원을 능률적으로 사용할 수 있는 유인을 잃게 되어 자원이 낭비되는 측면을 중시하고 이를 X-비효율성(X-efficiency)이라고 하였다. 행정조직도 독점기업과 동일하게 시장의 경쟁압력에 노출되는 기회가 적기 때문에 조직내의 최적자원배분에 실패할 가능성이 높다는 것이다. 이러한 이유로 정부실패가 초래될 수 있다는 것이다.

탈·방어)에 경쟁적으로 자원을 낭비하는 현상인 지대추구(rent seeking), 선거구민에 치중된 입법, 주기적 선거로 인한 시간의 제약, 매몰비용 및 전례에 따른 한계, 지나친 공무원 보호로 인한 비신축성, 관료제 병리현상 등이 정부실패의 원인이 되고 있다.

(3) 정부실패의 방지와 정부의 역할

이러한 요인들의 작용에 의해 정부실패가 발생할 경우, 이를 방지하기 위한 방법으로는 신자유주의적 시장체제로의 회귀 또는 시장기능의 복원이라는 기본방향에 입각하여 민영화 및 민간위탁, 보조금 등 정부지원의 삭감 또는 폐지, 규제완화 등을 들 수 있다. 그러나 정부실패를 방지하기 위해 정부의 역할을 다시 시장부문에 이양하는 것은 또 다른 시장실패를 유발할 수 있다. 이러한 문제를 해결하기 위해 최근 시장실패와 정부실패를 함께 방지할 수 있는 제도로서 거버넌스가 제시되고 있다.

〈표 3-7〉 시장실패와 정부실패

구분	시장실패(market failure)	정부실패(government failure)
원인	• 규모의 경제로 인한 독과점 • 외부효과(외부경제·외부불경제) • 공공재(public goods)의 존재 • 비대칭적 정보 • 불완전한 경쟁	• 행정관료의 도덕적 해이 • 행정조직의 내부성 • X-비효율성(X-inefficiency) • 파생적 외부성(derived externality) • 권력분배의 불평등
형태	• 독과점 발생 • 환경오염 • 공공재의 공급부족	• 거대하고 비능률적인 정부
의미	• 시장에 대한 정부개입과 규제의 근거가 됨 • 행정국가화를 가속화함 : 거대정부의 출현	• 거대정부, 비능률적인 행정에 대한 비판으로 감축관리의 근거가 됨 : 작은 정부를 지향
평가	• 시장은 불완전하기 때문에 시장에 대한 정부개입은 불가피하지만 행정이 과도하게 시장에 개입하여 사회전체의 생산성과 효율성을 저해하여 정부실패를 초래하지 않도록 적절한 한계를 지키는 노력이 필요하다. • 정부개입의 한계비용이 사회전체의 한계효용을 감소시키지 않는 범위에서 시장메커니즘에 개입해야 한다.	

제 3 절 현대행정의 과제

1. 정부기능의 재조정

행정국가는 정부기능이 확대·강화됨에 따라서 정책의 집행이나 관리기능 외에도 정책결정기능까지 담당하는 국가이다. 19세기 입법국가로부터 행정부가 국민의 생활영역에 깊숙이 관여하는 적극국가 로의 변화를 의미한다. 정부기능 중에서 민간부문이 담당할 수 있을 정도로 성장한 부분은 민간부문으로 이양하여 효율적인 서비스의 공급을 통하여 소비자를 만족시키는 정부기능의 재조정이 중요하다.

1) 민간부문의 활성화

정부부문에는 관료제, 무사안일, 보수성, 경직성, 정체성 등 조직 운영에 있어서 비효율적인 요인과 독점성 때문에 경쟁의 원리를 도입하기가 어렵다. 공공부문은 민간부문에 비하여 자원의 이용에 있어서 비효율적이다. 따라서 정부기능 가운데서 민간부문이 담당할 수 있는 서비스는 그 공급은 민간부문으로 이양함으로서 비효율성을 막을 수 있다(이영조, 1998:72).

2) 정부규제의 완화

규제정책은 공공목적의 달성을 위해서 특정한 개인, 기업체, 조직에 제재나 통제 및 제한을 가하는 정책을 말하며, 환경오염과 관련된 규제, 독과점규제, 공공요금규제, 기업활동 규제 등의 정책이 있다. 이러한 규제정책은 다수의 경쟁자 중에서 특정한 개인이나 집단에게 이권이 걸려 있는 서비스나 물품을 제공하면서 이들에게 특별한 규제장치를 부여하는 경쟁적 규제정책과 다수의 일반국민을 보호하기 위해 일부 사람들의 행동을 규제하는 보호적 규제정책 그리고 규제대상자 또는 집단에게 그 소속의 활동에 대해 스스로 규제기준을 설정토록 하고 그 집행까지도 위임하는 자율규제정책으로 나눌 수 있다.

정부의 규제기능과 관련된 최근의 추세는 국민이나 기업들에게 불편을 주거나 부조리의 소지가 많은 분야의 정부규제를 완화하여 민간경제의 활성화와 국제경쟁력의 신장을 도모하는 것이다.

2. 행정목표의 재정립

1) 지방분권화의 추진

분권화(decentralization)란 의사결정권이 조직의 하위계층, 하급기관, 지방 등으로 분산되는 것을 의미한다. 행정구조의 분권화는 지방 분권화, 지리적 분권화, 수직적 분권화 및 수평적 분권화로 나누어 볼 수 있다. 특히 수직적 분권화는 행정권한의 반집중화(deconcentration)를 의미하며, 수평적 분권화는 독립규제위원회, 공사, 행정재판소 등의 설치와 같은 수평적 분권화를 의미한다(이종수, 2000:145).

즉 현대행정에서 지방분권화가 중요시되는 것은 과거에는 중앙정부주도의 행정으로 전국이 획일적·총량적으로 발전될 수 있었으나, 지역적 특수성과 배분성에 문제가 발생하게 되었다. 따라서 이와 같은 문제들을 해결하기 위하여 각 지역의 특수성을 바탕으로 창의적으로 노력함으로써 전국이 다원적으로 발전함을 지향하는 발전철학의 전환이 필요하게 된 것이다(최창호·하미승, 2007: 40).

2) 고객위주행정의 추진

과거 산업사회가 공급자 위주의 사회였다면, 오늘날은 수요자 위주의 사회로서 소비자가 위세를 부릴 수 있는 시대가 되었다. 즉 1980년대 이후 세계적으로 공급이 수요를 초과하는 사태가 발생하였고, 1990년대 이후 등장한 세계무역기구는 국가 간의 인위적 장벽을 상당부분 제거시킴으로써 국가 간의 정보와 상품 교류가 거의 완전 자유화되어 소비자에게 엄청난 혜택으로 작용하고 있다. 또한 1960년대부터 일기 시작한 소비자보호운동, 각종 소비자보호단체의 등장, 그결과로 제정된 각종 소비자보호 관련법은 소비자의 권력을 강화하는 데 크게 기여했다(정우열 외, 2006: 433-434).

이러한 변화들은 사기업 혹은 시장에 국한된 것이 아니다. 과거 행정이 능률성·효율성에 지나치게 매달려 무엇을 위한 능률인가에 대한 고려 없이 수행되어 온 것에 대한 강한 반문이 제기되기 시작하였으며, 이에 행정은 결국 국민을 위한 행정이고, 보다 실제적으로는 고객을 위한 행정이어야 한다는 판단을 내렸다. 그 결과 최근에 관(官)중심적 행정으로부터 민(民)중심적 행정으로 변모하려는 노력이 강조되고 있는 것이다(최창호 · 하미승, 2007: 40).

3. 행정관리방식의 변화

1) 경영방식의 도입 : 기업가적 정부

전통적인 관료행정 방식으로는 국민에 대한 공공서비스 향상에 한계가 있으므로, 치열한 경쟁 속에서 조직의 생존과 발전을 도모해가고 있는 민간기업의 경영정신과 경영기법을 행정에 도입하는 문제가 중요한 현안문제로 되고 있다(최창호 · 하미승, 2007: 41).

최근 '기업 같은 정부(business-like government)'라는 용어가 사용되고 있듯이 정부도 기업과 같은 유연성을 가지고 생산성을 향상시킬 수 있으며, 고객인 국민에게 민간기업 수준의 서비스를 제공할 수 있다. 그리고 이를 실행하기 위하여 민간기업의 지식경영 사례의 학습과 경영방식의 도입에 대한 중요성이 증대되고 있다(박수영 외, 2006: 58).

2) 총체적 품질관리(TQM)의 도입 : 고객중심 정부

급변하는 행정환경은 행정관리에서 추구하던 전통적 가치의 변화를 가져왔고, 그 변화는 자연히 새로운 가치추구를 위한 새로운 행정관리방식을 요구하게 되었다. 바로 이 요구에 부응하게 가장 관심을 끌고 있는 것이 총체적 품질관리(TQM: Total Quality Management)이다. TQM은 '지속적인 서비스 질의 향상을 실행하는 것'으로 받아들여지고 있는데, 여기에서 총체적(total)이란 고객요구의 확인에서부터 고객의 만족도 평가에 이르기까지 조직에서 수행하는 모든 업무에서 질적인 측면에 대한 조사를 적용하는 것을 의미하고, 질(quality)은 고객의 기대를 만족시키고 나아가 이를 능가하는 것을 뜻하며, 관리(management)는 지속적 질 향상을 위한 능력의 개발과 유지를 의미한다(박연호 · 이상국, 1999: 10-11).

TQM은 관리기술이라기보다 관리철학으로서의 성격을 띠고 있으며, 관리자에게 ① 서비스의 질을 고객기준으로 평가하는 사고방식을 갖게 하고(고객초점), ② 과정 · 절차를 지속적으로 개선하도록 하며, ③ 직원에게 권한위임하고, ④ 거시적 안목을 갖게 하며, ⑤ 장기적 전략을 세우게 하고, ⑥ 현상에 결코 만족하지 않도록 하는 심리적 압박을 가하게 된다(박연호 · 이상국, 1999: 11).

제 4 절　행정문화와 행정환경

1. 행정문화의 의의

1) 의의

행정문화란 "특정국가의 행정관료들의 가치관·태도·의식구조 등과 일반 국민의 행정에 대한 가치의식의 총체"를 의미한다. 이와같은 행정문화는 일반문화의 하위문화로서 행정체제와 환경과의 상호작용의 역사적 산물이다. 행정문화란 거시적인 한 사회문화를 이루는 하나의 하위문화(sub-culture)로 한 사회의 행정에 종사하는 사람들이 집단적으로 공유하는 지배적인 가치관, 행동양식, 신념 및 습속 등을 포함하는 복합적인 현상이라고 할 수 있다(정우열 외 2006: 140-141). 한 국가가 사회적으로 극심한 변화를 일으키게 되면 문화가치도 상당한 전환을 이루게 되는데 이때 행정당국이 사회 변동에 대응해 새로이 만들어진 문화가치는 행정조직 내부에 흡수하게 되면 행정적 적응력은 인정받게 되고 발전해 나아갈 수 있지만, 그렇지 못한 경우 행정의 정체 현상이 나타나게 된다(진두범, 1987: 301-302).

2) 특징

(1) 선진국의 행정문화

① 합리주의

주관의 객관화를 추구하는 경향이며, 문제해결을 초자연적이거나 신비적인 힘이 아닌 객관적·과학적 근거에 입각하여 보편성을 지닌 의견을 찾아 정책결정을 한다. 합리주의란 행정운영에 필요한 객관적 조건들을 수집하고 누구에게나 보편적인 규칙에 근거하여 감정이 개입되지 않은 공정한 분석이다.

② 실적주의

인사행정의 기준을 당파성이나 정실, 혈연, 지연이 아니라 개인의 업적과 능력에 따르는 인사관리 제도로서 개인의 능력, 자격, 적성에 중점을 두는 제도이다.

③ 모험주의

새로운 것을 시도하면서도 시행착오를 회피하는 것이 아니라 시행착오 속에서 발전 및 교훈을 얻는 기회로 활용한다.

④ 사실정향주의

어떠한 사물에 대한 가치를 판단할 때 눈으로 확인되지 않은 것을 부정하는 태도로서 모든 가치판단에 있어서 제1의 기준을 객관적인 사실에 기반을 두기 때문에 주관적인 편견에 좌우되지 않는 특징이 있다.

⑤ 상대주의

절대적 고정불변의 가치를 부정하는 탈교조주의 라고도 할 수 있는데, 특정가치에 대한 집착이 없기 때문에 변화에 대한 적응력이 강하고 정책결정도 점증성을 띠게 된다.

⑥ 중립주의

행정은 정치와의 관계에서 정치의 하위기능이면서도 자기의 고유영역을 지니고 있어서 특정 정당이나 후보에 대해 불편부당의 공정성을 견지한다. 행정은 가치를 강조하는 기관이 아니라 가치를 집행하는 도구성·관리성·수단성을 띠면서 작용한다.

⑦ 다원주의

사회체계 내에서 획일적 가치유지가 거부되고 여러 형태의 가치가 공존하는 것이다.

(2) 후진국 또는 발전도상국의 행정문화

① 권위주의

권위주의는 조직내에 있어서 합의를 통한 것이 아니라 하급자의 의견이 철저히 무시되는 수직적 관계로서, 수평적 관계보다는 지배·복종의 관계를 강조하는 문화이다. 권위주의가 보편화되면 흑백논리·집권화경향·책임의식의 약화·관존민비·관우월주의 현상이 나타난다.

② 연고주의

혈연 · 지역 · 학연 등 배타적이면서도 특수한 귀속적 관계를 강조하는 문화이다.

③ 형식주의

내용보다는 형식 · 예의 · 명분의식에 집착하는 성향으로, 실질적 책임보다는 법적책임을 강조하고, 실질내용 보다는 요식성만 추구하는 관료의 이중구조적 행태이다.

④ 정의(情誼)주의

조직 내의 인간관계를 직무관계 보다는 정적(情的) 유대관계 내지는 신의를 강조하는 성향으로서, 객관적 사실보다는 주관적 감정이나 편견이 많이 작용하며, 온정주의 및 의리주의와 관련이 깊다. ↔ 비정의(非情誼)주의

⑤ 운명주의

성공의 여부가 사주팔자나 초자연적 · 신비적인 힘에 의존하고 있다고 생각하는 성향으로, 원시신앙인 샤머니즘과 권위주의적 사회화과정의 영향으로 형성된 문화이다. 이런 사회에서는 과학적이고 합리적인 사고가 힘들고 소극적인 태도와 변명 및 책임전가가 많다.

⑥ 일반주의

모든 것을 혼자서 다할 수 있다는 의식구조로서 권한위임이 저해되고 반전문주의적인 일반지식성향 때문에 행정의 전문화 · 직업적 전문주의가 좀처럼 확립되기 어렵다.

⑦ 관직우선주의

관직을 직업으로 생각하지 않고 관직자체를 이권쟁취 및 출세나 권력의 수단으로 생각하는 것이다.

(3) 개선방향

① 엘리트의 분산화

사회 엘리트들이 사회 여러분야에 진출할 수 있는 기회를 확대하고, 엘리트의 다원화를 추진함으로서 행정관료의 선민의식과 우월의식을 완화할 수 있다.

② 가치의 다원화

금력과 권력 외에도 사회 여러 분야에 대한 가치의 다원화가 일어날 때 행정과 국민과의 평등관계가 유지될 수 있을 것이다.

③ 민간부문의 확대

탈규제적 행정으로 전환되어 민간의 자율성이 증대되도록 함으로써 행정의 독선이나 우월의식이 극복되도록 해야 할 것이다.

④ 행정절차의 간소화

복잡한 행정절차는 관민간의 거리감과 불신 및 부정이 개입될 가능성이 있으므로 양자간의 친근감과 협조의식을 앙양하도록 행정절차의 간소화가 요구된다.

⑤ 교육훈련의 강화

새로운 환경에 맞도록 개방적, 사실지향적, 과학적 사고로 정신자세를 변화시키는 교육과 훈련이 강화되어야 한다.

2. 행정과 환경

1) 의의

환경개념은 광의의 개념과 협의의 개념 두 가지로 구분한다. 광의의 환경개념은 "모든 외부적·내부적 조건의 총체"를 의미하고, 협의의 환경개념은 "외부적 조건의 총체"만을 의미한다. 환경관의 변천과정을 살펴보면 1단계는 환경을 고려하지 않는 단계, 2단계는 행정을 환경으로부터 절대적으로 영향을 받는단계, 3단계는 행정은 환경의 영향을 받을 뿐만 아니라 능률적으로 환경에 영향을 준다는 것이다.

2) 행정의 내부환경

(1) 입법부와의 관계

삼권분립에 근거한 견제와 균형의 원리에 입각한 관계를 말한다. 정책형성과 법률제정을 통해 정부의 의사결정을 정당화하며 인적·물적자원에 대한 통제가 이루어진다.

(2) 이익집단과의 관계

현대사회의 다원화로 양적·질적성장, 자원규모의 크기, 응집력, 리더십, 사회적 지위 등에 따라 영향력의 차이가 있다.

(3) 일반 국민과의 관계

선거의 유권자인 동시에 정책수혜 집단으로서 중요하다. 여타 집단보다 중요성이 경시되고 있으며, 국민의 관심이 저조하다.

〈그림 3-2〉 행정의 내부적관계

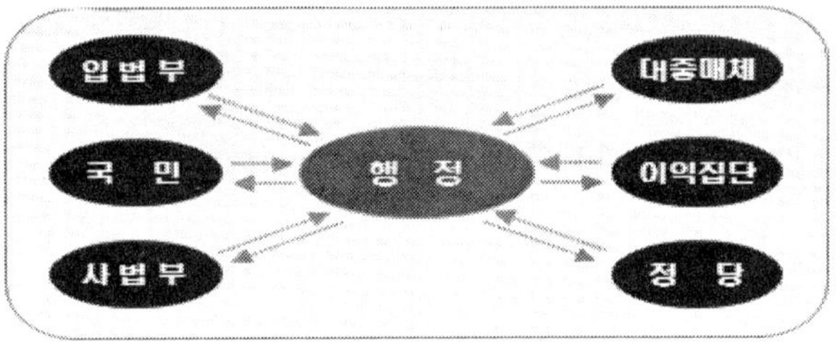

3. 환경의 특징

첫째, 환경은 행정조직 생존에 필요한 자원(인적·물적)을 제공한다. 둘째, 환경은 행정의 전과정을 통하여 영향을 미친다. 셋째, 행정은 환경의 영향을 받을 뿐만 아니라 환경에 능률적으로 영향을 미치기도 한다(각종의 공공재, 서비스, 법령 등).

4. 행정환경의 내용

1) 환경적 요소

(1) 정치적 요소: ① 정치체제의 성격 ② 정치풍토 ③ 정치발전수준 등이다.

(2) 경제적 요소: ① 경제발전의 수준 ② 경제발전의 방식 ③ 경제의 분배구조 등이다.
(3) 사회적 요소: ① 계급구조 ② 인구의 지역적 · 사회적 이동성 ③ 인구구조 등이다.
(4) 문화적 요소: ① 사회의 이데올로기 ② 관료의 가치관 ③ 행정풍토 등이다.
(5) 과학기술: 새로운 사실의 발견 및 과학적 발명(자동차, 비행기, 컴퓨터 혁명 등)을 뜻한다.

2) 행정과 환경과의 관계

(1) 폐쇄체제이론 모형: 초기의 기술적 행정학에서는 조직의 구조, 구성원의 역할등 조직내에 문제를 중시한 결과 환경의 행정에 대한 영향을 별로 중시하지 않았다.
(2) 개방체제이론 모형: J.M. Gaus의 생태론, F.W. Riggs의 비교행정론은 행정을 환경의 종속변수로 보았으며, 발전행정론(1960년대)와 신행정론(1970년대)은 행정이 환경을 바꿀 수 있다는 발전기능을 강조하였다.

3) 행정환경의 변화

(1) 개방화

① 국제적 측면: 국내규범이 국제적 질서에 적합하도록 해야 한다. 예) OECD 가입 등.
② 국내적 측면: 독점적 행정체제에 경쟁적 요인이 강화되어야 한다.

(2) 지방화

중앙집권에서 지방분권으로 전환됨에 따라 정책과정의 참여범위가 확대되어져야 한다. 그리고, 중앙과 지방간의 근본적인 기능의 재배분이 이루어짐과 동시에, 지역간 갈등의 조정이 중요한 정책과제로 제시되고 있다. 예) NIMBY 현상, PIMFY 현상.

(3) 민주화

이익집단과 NGO(Non Government Organization)집단의 참여가 활성화되어야 한다.

그리고, 민간부문의 전문성이 제고되면서 소비자 주권의 행정이 강화되고, 규제완화가 요구되어지고 있다.

(4) 정보화

정보기술(IT)의 발달로 문서없는 정부(paperless government), 즉, 전자정부가 실현됨으로서 업무절차에 대한 원활한 소통이 가능하여 업무의 간소화, 신속화, 비용절감이 가능하다.

(5) 기업화(경영화)

행정의 기업화 및 경영화가 요구되고 있다. 공공부문의 경쟁력과 생산성 제고를 위하여 기업의 경영마인드나 경영기법을 공공부문에 도입함으로서 행정과 경영의 구별이 갈수록 상대화되어지고 있다.

객관식 문제

01 행정의 능률성을 정의하는 내용과 가장 가까운 것은?

① 행정능력의 비율　② 행정목표의 달성 비율
③ 행정의 투입에 대한 산출의 비율　④ 행정성과의 비율

02 행정에 있어서 공익개념이 중시되어야 하는 이유로서 적절하지 못한 것은?

① 공무원의 사기에 영향을 미치므로
② 행정목표의 기본적 설정기준이 되므로
③ 조직력이 강한 사회집단의 정치적 영향력을 통제하여야 하므로
④ 행정성과의 판정기준이 되므로

03 다음 중 행정집행에 있어서 지나친 합법성의 추구로 나타날 수 있는 문제점으로 적절한 것은? (2000기출)

① 부정부패　② 일관성의 결여
③ 예측가능성의 저해　④ 행정편의주의

04 행정의 민주성 확보방안과 직접적 관계가 있다고 보기 어려운 것은?

① 행정윤리의 강화　② 정보관리체계의 확충
③ 임명직을 선거직으로 전환　④ 권한위임의 촉진

05 행정의 가외성(redundancy) 이념이 적용된 제도라고 보기 어려운 것은?

① 미국 의회의 상·하 양원제　② 만장일치제도
③ 법원의 삼심제도　④ 위원회제

06 행정서비스의 성과측정개념과 설명이 바르게 연결되지 않은 것은? (2009 서울9)

① 능률성 - 투입과 산출의 비율
② 생산성 - 목표달성도
③ 형평성 - 서비스의 공평한 배분정도
④ 대응성 - 시민의 수요에의 부응정도

07 가외성(redundancy)의 효용으로 볼 수 없는 것은? (2004 서울7)

① 정책결정의 불확실성에 대비할 수 있다.
② 각 부문들이 상호유기적인 관련을 가지면서 공동목표를 달성할 수 있도록 기여한다.
③ 복잡한 조직 내에서 정보체계의 위험성과 미비점을 보완할 수 있다
④ 조직내에서 각 기능들 간의 충돌가능성을 축소시킨다.
⑤ 조직의 신뢰성과 완전성을 증진시킬 수 있다.

08 시장실패에 따른 정부개입의 정당성으로 옳지 않은 것은? (2010 국회8)

① 공공재의 존재
② 외부효과의 발생
③ 자연독점
④ 정보의 비대칭성
⑤ 정부규제

정답

01. ③ 02. ① 03. ④ 04. ② 05. ② 06. ② 7.④ 8.⑤

연구문제

01 본질적 행정가치에 대하여 설명하시오.

02 능률성과 효과성의 관계에 대해 논술하시오.

03 현대국가의 특징으로 복지국가와 행정국가의 관계에 대해 설명하시오.

제2부

행정학의 분야별 이해

제 4 장

정책과 기획

제1절 정책

1. 정책의 개념 및 특성

1) 정책의 개념

Lasswell은 정책이란 "목적가치와 실행을 투사한 계획"이라 정의한다[10]. Y. Dror는 정책이란 "복잡하고 동태적인 과정을 거쳐 주로 정부기관에 의해 만들어지는 미래지향적 행동지침"이라고 정의한다[11].

정책이란 "바람직한 사회상태를 달성하기 위한 정책목표와 수단에 대해 권위있는 정부기관이 공식적으로 결정한 기본방침"을 의미한다. 결국 정책이란 "공공문제해결과 공적목표달성을 위해 정부에 의해 결정된 행동방침"이라 할 수 있다.

2) 정책의 특성

첫째, 정책은 국민 다수의 이익을 위해 존재하기 때문에 정책에 윤리가 중요시 된다.

둘째, 정책은 단기적인 행동계획을 넘어서 장기적인 지침을 제공해 준다.

셋째, 정책은 행정목표를 구현하기 위한 것이다.

1) Harold D. Lasswell and Abraham Kaplan, Power and Society New Haven: Yale University Press, 1970. pp. 70~75.

2) Yehezkel Dror, Public Policy making Reexamined, New Brunswick: Transaction Inc. 1983, pp. 12~17.

넷째, 정책은 정치적 · 행정적 과정을 지니기 때문에 복잡한 동태적 성격이 있다.

2. 정책의 구성요소

정책의 구성요소로는 정책목표, 정책수단, 정책대상집단, 정책산출(결과) · 성과 및 영향 등의 네 가지를 들 수 있다.

1) 정책목표

정책을 통해 달성하고자 하는 미래 지향적인 목표라고 한다. 즉, 정책목표는 당면 문제를 해결하려는 의지나 필요, 그리고 소망이 종합된 것으로, 관련된 개인이나 집단의 참여와 합의를 바탕으로 이루어지는 것이 바람직하지만 현실적으로는 정치적 결단에 의해서 결정되는 경우가 많다.

2) 정책수단

정책목표 달성을 위한 구체적인 수단이다. 즉, 정책목표를 달성하기 위해서 사용하는 인적 · 물적자원, 전략, 기술 등이 정책수단이다. 일단 정책목표가 설정되면 그것을 달성하기 위한 최선의 수단을 과학적으로 선택할 필요가 있으며, 이들 정책목표와 정책수단 간에는 합리적인 인과관계가 존재해야 한다. 정책수단은 정책의 실질적 내용으로서 가장 중요한 정책구성요소이다.

3) 정책 대상집단(policy target group)

정책의 집행을 통하여 구조 · 가치관 · 문화 · 질서 · 규범 · 행태 등을 바꾸고자 하는 개인이나 집단 또는 사회적 · 경제적 · 물리적 조건이다. 즉, 수혜집단 대 비수혜집단를 말한다. 즉, 정책이 대상으로 하는 특정 지역이나 계층, 집단 등을 의미하며, 혜택을 받는 정책수혜집단과 손해를 보는 정책비용부담집단으로 구분된다. 만일 정책대상집단이 특정 지역이나 특정 계층에 집중되는 경우에는 지역갈등이나 계급갈등이 발생할 수가 있다(정우열 외, 2006: 164-165).

4) 정책산출(결과) · 성과 및 영향

정책산출(Policy Outputs)은 집행으로 나타나는 일차적인 결과이며, 정책성과(Policy Outcomes)는 정책대상자들에게 일어난 변화이고, 정책영향(Policy Impacts)은 정책의 집행으로 사회에 나타난 변화이다.

5) 정책결정자

정책을 실질적으로 결정할 수 있는 주체를 의미한다. 행정국가의 출현 이후, 입법부뿐만 아니라, 행정부도 특정 정책에 대해 정책결정자로서의 기능을 수행한다.

3. 정책의 유형

1) 정책의 유형분류

정책은 관점과 기준에 따라서 여러 가지 유형으로 나눌 수 있으나 체제이론에 근거한 로위(Lowi)의 분류와 알몬드와 포웰(Almond & Powell)의 분류가 대표적이다. 로위(Lowi)는 정부가 활용할 수 있는 강제력의 행사가능성을 기준으로 정책을 분배정책, 규제정책, 재분배정책, 구성정책으로 분류했고, 알몬드(Almond)와 포웰(Powell)은 정치체제의 산출활동에 따른 기능적 특성을 중심으로 추출정책, 규제정책, 분배정책, 상징정책으로 분류하였다.

〈표 4-1〉 학자별 정책의 분류

학 자	정 책 분 류
Lowi, T. J.	분배·규제·재분배·구성정책
Almond, G. A. & Powell	분배·규제·추출·상징정책
Ripley, R. B. & Franklin, G. A.	분배·경쟁적 규제·보호적 규제·재분배정책

2) Almond & Powell의 분류

(1) 추출정책(Extractive Performance)

자원을 민간부문에서 추출하는 내용을 지닌 정책을 말한다. 이는 조세 · 병역 · 노역 등과 같이 국내적 · 국제적 환경에서 물적 · 인적자원을 추출하는 것과 관련된 정책이다.

(2) 규제정책(Regulatory Performance)

개인이나 집단의 행동에 대하여 정부가 가하는 통제와 관련된 정책이다. 이는 형벌 · 의무 · 면허 등과 관련된 정책이다.

(3) 분배정책(Distributive Performance)

정부가 각종의 물품 · 서비스 · 명예 · 지위 · 기획 등을 사회내의 개인이나 집단에게 배분하는 문제와 관련된 정책이다.

(4) 상징정책(Symbolic Performance)

정치지도자들이 역사, 과감성, 지혜 등이나 평등, 자유, 민주주의 등의 이념에 대해 호소하거나 미래의 업적 또는 보상을 약속하는 것 등을 내용으로 하는 정책이다. 엘리트에 의한 가치의 확인, 국기게양, 군대의식, 왕족이나 고관의 방문, 정치지도자들에 의한 정책의 천명 등이 이에 해당한다.

〈표 4-2〉 Almond & Powell의 정책유형 분류

추출(동원) 정책	• 환경으로부터 인적·물적 자원을 추출	• 조세, 징집, 노역, 모집, 성금모금
분배정책	• 정부가 각종 물품, 서비스 명예, 기회, 지위 등을 배분 • 정책집행시 순응확보 용이-저항이 적음·성공도가 큼-루틴화 가능성이 높음·비영화성(유상)	• 교육·문화·공익사업(사회간접 자본확충), 보조금·서비스 제공, 직위부여, 공무원 임용

규제정책	• 개인·사유재산, 경제활동에 대하여 정부가 통제·제한을 가하는 정책·법률적 제재수반	• 형벌, 의무, 면허, 인·허가
상징정책	• 상징적 조작의 정책화	• 국기게양, 분열식, 특정인물의 영웅화, 기념관, 정치이념의 상징

3) Lowi의 분류

(1) 분배정책(Distributive Policy)

정부가 적극적으로 국민들이 필요로 하는 재화나 권리, 이익, 서비스 등 사회내의 제 가치를 제공하는 정책이다. 전형적인 예는 미국의 19세기 토지정책인데 오늘날의 국유지정책, 자원정책, 하천·항만사업, 군수품의 구매, 연구개발사업 기타 노동조합·기업·농민 등의 수혜집단을 위한 특정 서비스 제공을 위한 각종 정책 등으로서, 정책비용의 부담이 특정집단에게 강요되는 것이 아니기 때문에 규제정책이나 재분배정책과는 달리 직접적인 대결을 할 필요가 없다.

(2) 규제정책(Regulatory Policy)

형벌·의무·면허나 설립의 인·허가 등과 같이 특정인의 행위를 제약하거나 개인이나 일부 집단에 대해 재산권 행사나 행동의 자유를 구속·억제하여 반사적으로 많은 사람들을 보호하려는 목적을 지닌 정책으로서 기업간의 불공정 경쟁 및 과대광고의 통제 등이 구체적인 예가 된다.

(3) 재분배정책(Redistributive Policy)

고소득층에서 저소득층으로 소득이전을 목적으로 하는 정책 또는 소득·재산·부 및 권리 등을 '국민의 모든 계층에 평등하게 재분배하기 위한 정책'으로서 소득분배의 실질적인 변경을 목적으로 하는 정책이다. 누진세제나 생활 무능력자를 대상으로 하는 공적부조, 실업자 공공근로사업, 임대주택의 건설, 세액공제나 감면, 병역의무 면제, 빈민층에 대한 교육·취로사업 등은 재분배정책에 속한다.

(4) 구성정책(Constitutional Policy)

선거구의 조정, 정부의 새로운 기구나 조직의 설립, 공직자 보수와 군인 퇴직연금에 관한 정책을 모두 포함시키고 있다. 이 정책은 정부기관의 신설·변경·구조와 기능상의 변화를 추구하는 정책 또는 헌정 수행에 필요한 운영규칙에 관련된 정책이다.

4) Salisbury의 분류

자율규제정책(Self-Regulatory Policy)을 말한다. 이는 규제대상이 되는 개인이나 집단에게 규제를 위한 기준을 설정할 권한을 부여하고 나아가 집행까지도 위임하는 경우를 말한다. 교사·의사 등과 같은 전문직업인의 면허 등을 그 전문직업인 집단에게 부여하는 경우라든가, 변호사협회 등과 같은 전문직업단체가 회원의 행동을 규제할 준법률적 권한이 부여되는 것과 관련되는 정책이 여기에 해당한다. 자율규제정책은 어떤 집단이나 활동에 통제를 가한다는 점에서 규제정책과 같으나, 규제를 받는 집단이 자기의 이익보호나 증진을 위하여 스스로 그 정책을 지지한다는 점에서 다르다.

5) Ripley & Franklin의 분류

(1) 경쟁적 규제정책

많은 경쟁자 중에서 소수에게만 일정한 재화나 서비스를 공급할 수 있도록 제한하는 정책이다. TV방송권이나 항공취항권·버스운행권 부여, 한국이동통신사업자 선정, 중화학 및 자동차 사업자 선정 등을 둘러싼 정책 등과 관련된다. 분배정책과 보호적 규제정책의 양자혼합형인 일종의 잡종(hybrid) 성격을 띤다.

(2) 보호적 규제정책

일부의 사람들을 규제함으로써 반사적으로 다수의 일반 국민을 보호하 자는 의도가 들어 있는 정책이다. 최저임금제 및 최대노동시간의 제한, 가격통제, 국가 전체적으로 희소한 자원의 낭비에 대한 특별소비세의 부과, 식품 및 의약품에 대한 사전허가제, 불공평한 노동계약 및 일반사업계약의 금지 등과 같이 여러 사적 활동에 대해 특정의 조건을 설정하여 공중을 보호하고자 하는 것을 목적으로 하는 정책이다. 공해 · 허위광고의 규제, 융자금리의 공포 · 공정거래법 · 근로기준법 · 식품위생법, 공공요금의 규제 등이 해당된다.

〈표 4-3〉 Ripley & Franklin의 정책유형 분류

경쟁적 규제정책	보호적 규제정책
• 많은 수의 경쟁자 가운데 소수에게만 재화용역의 사용권을 허락함 • 진입규제(인 · 허가, 면허-항공노선의 취항권 부여, 낚시질 장소의 제한) • 대인적 성격	• 일반대중보호 • 근로기준법의 최저임금제, 식품위생법의 식품첨가제에 대한 규제, 환경오염규제, 가격규제 • 대물적 성격

4. 정책학

1) 정책학의 의의와 등장배경

(1) 정책학의 의의

정책학은 "복잡한 정책환경에 대해서 정책의 결정 · 집행 · 평가 등 일련의 정책과정 및 정책결정에 필요한 정보를 창조 또는 분배하는 학문분야"이다. 즉 정책학은 정책실무자의 정책을 평가하여 좀더 나은 정책을 개발하고 집행할 수 있도록 합리적 방향을 제시해 주는 실용적 성격의 학문이다.

(2) 정책학의 등장배경

정책학이 실용학문이라고 하는 것은 그 등장배경에서 찾아볼 수 있다. 정책학은 1951년 라스웰(Lasswell)이 「정책지향」(Policy Orientation)이라는 논문을 발표함으로써 태동하였다. 그가 정책학의 필요성을 제시한 배경과 전개과정은 다음과 같다.

① 행태주의적 경향에 대한 반성

1930년대부터 미국의 학계를 지배해 온 행태주의적 경향에 대한 반성에서 출발했다. 당시 행태과학은 가치판단을 배제하는 몰가치성(沒價値性)과 증거가 뚜렷한 사실성(事實性)을 추구하는 경향이 있었다. 그래서 인간의 문제를 실제로 해결해 주는 적실성(適實性, relevance)과 문제해결능력을 상실했다. 이러한 이유 때문에 정책학의 필요성이 제기되었고, 초창기 정책학을 연구하는 학자들은 사회의 현실문제를 해결하는데 실질적으로 공헌할 수 있는 실용주의적 학문으로 정책학을 만들려고 노력하였다(정우열 외, 2006:159).

② 공공부문의 양적·질적인 변화

사회가 복잡화 · 다양화 · 전문화됨으로서 이러한 사회문제의 해결을 위해서 공공부문의 전문화를 통해서 더욱 체계적이고 과학적인 정책 연구가 필요하게 되었다.

③ 정책학의 활성화

20C 행정국가의 등장으로 국가활동은 양적 · 질적 측면에서 큰 변화가 나타났다. 이에 따라 국가의 정책은 국민생활의 깊숙한 곳까지 관여를 하게 되었고, 오랜기간 동안 논쟁을 벌여왔던 정치와 행정의 관계에서 정책기능에 대한 재정립을 위해서 정책학에 대한 학문적 관심의 증대가 필요하게 되었다.

2) 정책학의 특성

정책학은 정책과정에 대한 실증적 연구와 정책에 필요한 처방적 · 규범적 지식을 연구하는 학문이다. 정책학은 사회학 · 통계학 등 다양한 학문분야의 이론을 활용하는 학제적(interdisciplinary) 학문으로서 순수연구와 응용연구의 통합을 지향한다.

Lasswell(1971: 15)이 강조했듯이 궁극적인 정책학의 연구목적은 민주주의의 증진 및 인간의 존엄성 실현에 필요한 지식을 산출하는 것이다. 그렇기 때문에 규범적 · 가치지향적 목적하에 정책결정의 합리화를 위한 연구를 지속할 필요가 있다. 정책학의 특성은 다음과 같다(정우열 외, 2006: 161).

(1) 문제지향성

일상적인 사회문제가 아닌 보다 근본적 성격의 문제해결을 지향하고 있으며, 또한 사회문제도 단순히 정치적 · 경제적 · 사회적 · 문화적 환경과 무관할 수 없다는 인식을 바탕으로 하고 있다.

(2) 종합학문성

과학적 · 합리적인 문제해결을 위하여 다양한 학문분야에서 개발된 각종 기법과 연구방법을 활용하므로 범학문성을 가진다.

(3) 처방성·규범성

라스웰이 제시한 '민주주의 정책학', 즉 인간가치에 대한 관심에서 규범적 접근과 사실판단을 위한 실질적 접근을 융합하여 처방적 접근을 시도한다.

(4) 분석적

정부의 현실적 문제는 매우 복잡한 사회환경의 인과관계의 산물이다. 따라서 이의 해결을 위해서는 문제를 구성하고 있는 기본요소와 각 요소들간의 상호관계에 대한 정밀한 분석이 중요한 과제이며, 따라서 제2차 세계대전 후 개발된 각종 분석기법 등을 적용(예: factor analysis, path analysis, regression)하게 되었다.

(5) 맥락성(contextuality)

정책문제는 시공적(역사성 · 지리성) 환경의 산물이므로, 이를 고려한 해결방안(정책)을 고안하여야 한다. 즉 광범위한 맥락성을 추구하여야 한다.

제 2 절 기획

1. 기획의 개념과 특징

1) 기획의 개념

기획(Planning)이란 "미래를 위한 제안이며 목표지향적이고 하나의 연속적인 준비과정으로서 행동지향적이며 최적의 수단제시를 위한 일단의 체계적인 재결정과 관련된 활동"을 의미한다. 또한 행정의 수행과정에서 행정목표가 설정되고 이의 효율적인 달성을 위한 정책이 결정되면 정책의 능률적 집행을 위한 사전적 준비 활동을 하게 되는데, 이를 기획이라고 한다. 기획은(Planning)은 가장 흔히 사용되면서도 명확하게 개념을 규정하기가 어려우며 학자들도 각자의 관점과 견해에 따라 다양하게 설명하고 있다.[12)]

2) 기획의 특징

이와 같이 기획은 관점과 해석에 따라 다양하게 규정되고 있으나 다음과 같은 몇 가지 공통점들을 유추해낼 수가 있다.

(1) 계속적 준비과정

기획은 행정이 집행할 일련의 결정을 준비하는 계속적으로 연이어서 이루어지는 과정(process)이다.

12) 기획(Planning)에 대한 학자들의 관점과 견해
㉠ H.A Simon : 장래를 위한 제안, 제안된 대안들의 평가 및 이러한 재과정이 이루어 질 수 있는 방법과 관련된 활동이다.
㉡ 드로어(Dror, 1963) : 보다 나은 수단으로 목표를 달성키 위해 장래의 행동에 관한 일단의 결정을 준비하는 과정이다.
㉢ 고전조직론자 : 여러 대안 중 목표, 예산, 절차, 사업계획 등을 선택하는 관리자의 기능이다.

(2) 복합적 결정과정

기획은 단일의 결정을 대상으로 하는 것이 아니라 한 묶음(a set)의 결정을 다룬다는 점에서 복합적인 결정과정이다.

(3) 행동지향성

기획은 실천과 행동을 통해 문제의 해결이나 현실의개선에 목적을 두고 있다는 점에서 행동지향적(action-oriented)이다.

(4) 미래지향성

불확실한 미래를 대상으로 한다는 점에서 미래지향적(future-oriented) 이다.

(5) 목표지향성

목표를 제시하고 성취하기 위한 활동이다.

(6) 합리적 과정

기획은 바람직하고 최적의 수단을 강구하는 등 합리성(rationality)을 추구한다.

(7) 사실에 입각

기획은 감정이나 희망이 아닌 사실에 입각한 분석과 검토가 수립된다. 결국 기획이란 하나의 계속적인 과정이며, 행동지향적인 활동이고, 미래지향적인 활동이며, 목표를 달성하기 위한 활동이고, 효율적인 수단을 강구하는 과정이다.

3) 기획과의 유사개념

(1) 기획과 정책

기획과 정책은 상호 연결되어 있다. 기획은 정책을 실천에 옮기기 위해서 어떠한 행동노선을 설계하는 것인데 비하여, 정책은 기획의 결과물로 본다. 즉 정책은 수단의 형성과 관계가 있다.

(2) 기획과 계획

기획은 가능한 복수의 대안 중에서 단일대안을 선택해 가는 연속적인 활동과정인데 비해, 계획은 기획의 결과로 나타난 최종산물(output)로 이해될 수 있다.

(3) 기획과 예산

예산은 1년간의 수입·지출의 예정표로서 화폐단위로 표현한 것이다. 기획과 예산은 상호 보완적인 관계에 있으며 기획 없는 예산은 자원낭비에 불과하고, 반대로 예산의 뒷받침 없는 기획은 비현실적인 미래예측에 불과하다고 할 수 있다. 기획과 예산은 항상 상호 보완적인 것이다.

〈표 4-4〉 기획과 예산의 비교

기획	장기성	추상성	확장성	소비성	쇄신성
예산	1년성	구체성	부정성	저축성	보수성

4) 대두배경

(1) 제 2차 대전 중 서구열강이 얻은 경험

전쟁수행 이라는 지상목표달성을 위하여 인적·물적 자원의 동원이 기획을 불가피하게 하였다.

(2) 도시계획의 발전

19세기말 부터 인구의 도시집중으로 인하여 도시계획에 대한 필요성이 대두되었다. 도시의 문제는 시장의 자율적 논리에 맡기면 도시의 황폐화, 도시화와 산업화의 문제(범죄, 환경오염, 교통난,주택난 등)를 유발하게 된다. 따라서 이러한 도시화의 문제를 막기 위해 도시정부의 계획적인 도시운영이 필요하게 되었고, 이것이 자본주의 국가에 기획의 논리가 등장하게 된 배경이 된다.

(3) 세계대공황의 경험

1929년 세계대공황의 경험은 케인즈혁명과 수정자본주의를 초래하였다. 이는 본질적으로 자본주의 시장경제의 수정과 사회주의 계획경제(計劃經濟)의 도입을 의미하였으며 자본주의 자체의 보전을 위하여 정부의 관여를 불가피하게 하였다. 1930년대의 뉴딜정책(New Deal)은 계획적 민주주의와 경제계획을 도입하였다.

(4) 제 3세계 경제개발계획

1960년대 이후 제 3세계는 대부분의 경우 국가주도의 경제개발계획을 추진하게 되고 이는 제 3세계의 계획이 발달하기 시작한 배경이 되었다.

5) 기획과 민주주의의 관계

(1) 반대론자: F.A.Hayek는 1944년 「노예로 가는 길(The Road To Serfdom)」이라는 책에서 기획과 민주주의는 양립할 수 없다고 주장한 바 있다. 기획은 집권성(執權性)과 획일성을 요하고, 민주주의는 분권성과 다양성을 요하기 때문에 양자는 본질적으로 상충될 수 밖에 없고, 기획이 도입되면 곧바로 노예로 가는 길이라는 것이다.

(2) 찬성론자: H. Finer는 1945년 「반동에의 길(The Road To Reaction)」이라는 책에서 기획은 민주주의와 양립할 수 있다고 주장한 바 있다. 민주주의를 목표로 보고, 기획은 이를 효율적으로 달성하기 위한 수단으로 이해하면 민주주의와 기획의 관계는 목표와 수단의 관계로 이해할 수 있기 때문에 양자는 상호양립 가능하다는 것이다. H. Finer의 양립 가능설이 지금까지는 통설이다.

6) 기획의 중요성

(1) 목표의 명확화·장래에의 대처능력 가능 : 목표를 명확히 함으로서 목표의식의 고양과 장래의 사태에 대비하는 적절한 전략수립이 가능하다.

(2) 자원의 효율적 이용 및 경비절감 : 한정된 자원의 최대한의 효율적 이용과 최적대안을 선택함으로써 경비 절약이 가능하다.

(3) 행정통제와 성과평가의 수단으로 활용 : 기획을 통하여 효과적인 행정통제와 성과평가가 가능하다

(4) 사전조정과 조직의 전체적인 운영상황을 파악 : 전문화된 행정기능에 대한 조정과 관리자로 하여금 조직의 전체적인 운영 상황을 파악하여 불확실한 환경에 대처할 수 있다.

2. 기획의 유형

기획은 그 대상이나 업무목적, 성질 또는 기간의 장단 등에 따라 그 유형을 분류할 수 있다.

1) 기간별 유형

(1) 단기기획

1년 이내의 기간을 가지는 것으로 구체적인 실현을 위해서 세분화된 기획이다. 즉 우리나라의 "기본운영계획제도" 가 이에 속한다.

(2) 중기기획

2년내지 5년을 대상기간으로 하는 기획으로서 장기기획과 단기기획의 중간적인 목표를 설정하고 단기기획에 대한 기준이나 지침을 제공한다.

(3) 장기기획

10년 내지 20년에 걸친 대상기간으로 하는 기획으로서 전망(perspective)의 성격이 강하고 대단히 포괄적이고 단기계획의 수립을 위한 기초적인 지침을 제공하여 준다.

2) 대상지역 수준별 유형

(1) 국제기획

기획대상의 지역수준이 복수의 국가와 관련된 기획으로 2차 세계대전 후의 마셜플랜(marshall planning), 인더스강 유역 개발계획, 루르지역 석탄개발계획 등이 대표적이다.

(2) 국가기획

국가전체를 지역적 대상으로 하는 가장 일반적인 기획으로서 경제개발, 사회개발, 국토개발 등에 중점을 둔다.

(3) 지역기획

지역간의 균형적인 발전을 위하여 국토를 수개의 권역으로 나누어 그 지역을 종합적으로 개발하는 계획으로서 국가기획의 하위 기획이라고 할 수 있다.

(4) 도시기획

도시기획은 도시의 발전을 도모하기 위한 교통, 산업, 위생, 문화 등에 관한 일련의 기획이다.

(5) 농촌기획

농촌기획은 농민의 생활수준, 소득수준의 향상을 위한 일련의 기획이다.

3) 강제성 정도별 유형

기획이 중앙에 의해서 어느 정도 일방적으로 수립되고 집행되느냐에 따라 중앙집권적 강제기획, 경쟁적 사회주의기획, 민주적 경쟁기획, 유도기획, 예측기획 등으로 구분된다.

4) 고정성 여부별 유형

(1) 고정기획

계획기간이 일정하게 고정되어 있는 기획이다. 대부분의 기획이 여기에 속한다.

(2) 연동기획

장기기획 또는 중기기획의 집행과정에서 매년 기획내용을 수정, 보완하여 기획기간은 계속해서 1년씩 늦추어 동일 연한의 기획을 유지해 나가는 기획이다.

〈표 4-5〉 기획의 분류

기준	구분
기획기간별	• 장기(10년이상),중기(3~7년), 단기(1년)
기획대상별	• 물적기획, 경제기획, 사회기획, 방위기획
지역수준별	• 국제기획, 국토기획, 지역기획, 지방기획
계층별	• 정책기획-최고관리층, 전략기획-중간관리층, 운영기획-하위계층
고정성 여부별	• 고정기획 • 연동기획 장점: 현실적 여건 방영-실현가능성 제고 단점: 기획의 권위실추(기획에대한불신),정치공약을 가시화 할 수 없음, 국민의 지지기반 상실, 최고관리층의 경시, 막대한비용 소모
강제성 정도별	• 중앙집권적 강제기획 • 유도기획-관(방향제시)·민(구체적 기획수립)협조 • 경쟁적 사회주의기획-경쟁과 이윤추구의 원리도입 • 민주적 경쟁기획 • 예측기획-철저한 자본주의 계획, 정부: 거시적 경제전망
이용빈도별	• 단일사용기획 장점: 위기시 신축적인 대처가능, 수립시 전문성에 근거 한 권한위임 촉진, 집행상 집권·통제 촉진 단점: 비용과 노력의 낭비 • 상비기획 장점: 시간과 비용의 절약, 행동의 일반성 유지, 집권·통제 및 권한위임 용이 단점: 경직성

3. 기획의 원칙과 제약요인

1) 기획의 원칙

(1) 목적성의 원칙

기획은 목표를 지향하므로 가능한 한 목표를 구체적으로 명시해야 한다. 기획에 있어 구체적인 목표는 다음과 같은 기능을 수행한다.

첫째, 과단성이 있고 통합된 기획의 수립을 용이하게 해 준다.

둘째, 비생산적이고 방만한 작업을 막아준다. 즉 모든 조직구성원들에게 운영상의 목표·임무·성과기준 등을 제시함으로써 능률적이고 경제적인 행동을 기대할 수 있게 한다.

셋째, 효과적인 업무목적과 그 기준은 세부계획의 지표로서 활용된다.

넷째, 목표는 운영상의 통제를 위한 불가결의 조건으로 기능한다. 즉 계획상의 성과를 확보하도록 운영과정을 통제하는 데 필요한 것이다.

(2) 경제성의 원칙

기획은 가능한 한 최소의 투입으로 최대의 목표를 달성할 수 있도록 작성 되어야 한다. 그러므로 여기에서 경제성의 원칙이란 현재의 사용가능한 것은 최대한으로 활용하여 장차 동원될 것은 최소한도로 그쳐야 한다는 것을 의미한다.

(3) 신축성의 원칙

기획은 유동적인 정치·행정상황변화에 대응할 수 있도록 특수상황 등을 고려하여 작성되어야 한다.

(4) 안정성의 원칙

기획은 집행과정에서 지나친 수정은 삼가야 한다. 안정성이 높은 계획일수록 더욱 효과적이며 경제적인데, 수집된 정보의 질과 양, 예측의 정확성이 풍부하고 높을수록 계획은 안정적인 것이 된다. 그러나 인간의 능력상의 한계로 미래를 완벽하게는 예측할 수 없으며, 불의의 현상이 발생할 수 있으므로 이를 보완하기 위해서는 안정성을 갖추어야 한다.

(5) 장래예측성의 원칙

기획은 선입관을 배제하고, 과학적 방법에 입각하여 보다 정확한 미래예측에 기초를 두고 이루어져야 한다. 예측은 장래의 일을 대상으로 하는 것이기 때문에 예측자의 선입관, 주관성 등 비합리적인 요소가 개입될 개연성이 높다. 따라서 미래에 대한 철저한 예측에 입각한 기획이 가장 현실적 기획이며, 기획의 진가는 이러한 예측의 정확성 여하에 달려 있다.

(6) 표준화의 원칙

기획은 운영방법, 절차 등을 표준화하는 것이 좋다.

(7) 단순성의 원칙

기획은 절차나 용어 및 개념을 되도록 간소화시킴으로써 정책결정자나 국민의 지지와 협조를 획득하기 쉽다. 미사여구의 나열이나 지나친 수식어의 사용은 금물이다. 사실상 계획은 확정될 때까지 여러 조직계층의 심의를 거치게 되므로 이러한 과정에서 관계자들이 이해하기 쉽도록 복잡하고 난해한 전문용어를 피하여 평이하게 작성되도록 한다.

(8) 균형성의 원칙

국가의 여러 가지 기획은 상호간에 적절한 균형과 조화가 이루어져야 한다. 또한 동일계획 내에 있어서는 목표와 그것을 달성하기 위한 소요자원과의 관계에 있어서나 또는 기타의 제반 중요요소 간에 있어서 상호균형과 조화가 이루어져야 한다.

(9) 계속성의 원칙

기획은 조직의 하위계층으로 내려감에 따라 구체적이고 세분화된 형태로 이루어져야 한다. 기획은 가장 큰 것으로부터 시작하여 구체화과정을 통해서 점차적으로 작은 기획을 파생시킨다. 이처럼 하나의 기본 기획으로부터 여러 가지 기획들이 파생되는 현상을 기획의 계층화라고 한다. 기획의 계층화는 반드시 하향적으로만 이루어지는 것이 아니고 때로는 상향적으로 이루어지기도 한다. 기본기획의 실효성은 그것을 지원하는 다른 관련 파생기획의 건실성에 의해 좌우된다(최신융 · 강제상 · 김선엽 · 임영제, 2008: 31-34).

2) 기획의 제약요인

(1) 계획수립과정상의 제약요인

① 목표설정의 갈등 ② 미래예측능력의 한계 ③ 정보자료의 부족 ④ 기획전제 설정의 불확실성 ⑤ 시간 · 비용상의 제약 ⑥시민과 이해관계자들의 참여 제한이다.

(2) 계획집행상의 제약요인

① 계획의 경직화 및 수정의 곤란성 ② 계획집행에 대한 관계자의 저항 ③ 반복적 사용의 곤란 ④ 자원배분의 비효율성 ⑤ 빈번한 수정이다.

(3) 정치 · 행정적 제약요인

① 정치적 불안정과 정치적 개입 ② 인사관리의 불합리성 ③ 낙후된 회계제도와 지나친 재정통제 ④ 기관간 조정의 결여 ⑤ 기획과정에의 참여 제한 ⑥ 행정조직 및 절차의 비능률성과 복잡성 ⑦ 기획에 대한 인식 부족 등 이다.

4. 기획의 과정

1) 목표설정과 문제의 인지

목표는 구체적 · 양적으로 제시되어야 하며 명확하고 인적 · 물적 자원에 비추어 실현가능한 것이어야 한다. 목표의 설정은 행정이 구현하려는 바람직한 상태의 구체화를 의미하는 것이다. 또한 문제의 인지 또는 진단은 외부의 환경에 대하여 기획가가 인지하는 과정이라고 할 수 있다. 기획도 의사결정과 마찬가지로 현 상태에 대한 일종의 불만에서 시작된다. 만일 아무런 문제가 없다면 어떤 행동을 취해야 할 필요가 없다. 문제의 진단은 바람직한 미래의 상태가 어떤 모습이냐에 따라 달려 있으며, 이것이 곧 논의의 출발점이 되는 것이다(Alexander, 1995: 75).

2) 상황분석과 자료정보의 수집

기획대상의 현황에 대한 정보의 수집·분석을 하고, 현황에 대한 문제점과 원인을 규명 및 요인들에 대한 정확한 판단이 중요하다.

3) 기획전제의 설정(미래의 예측)

기획전제란 기획의 수립과정에서 근거로 삼아야 한 주요 과정 또는 전망이다.

4) 각종 대안의 탐색 및 비교평가

목표 달성을 위한 각 대안의 이해 득실과 장단점을 서로 비교· 평가 함으로서 창의적, 쇄신적인 대안을 탐색한다.

5) 대안선택과 집행

기획과정에 있어서 최종단계로서 최종안을 선택하고 집행하게 된다.

〈그림 4-1〉 기획의 과정

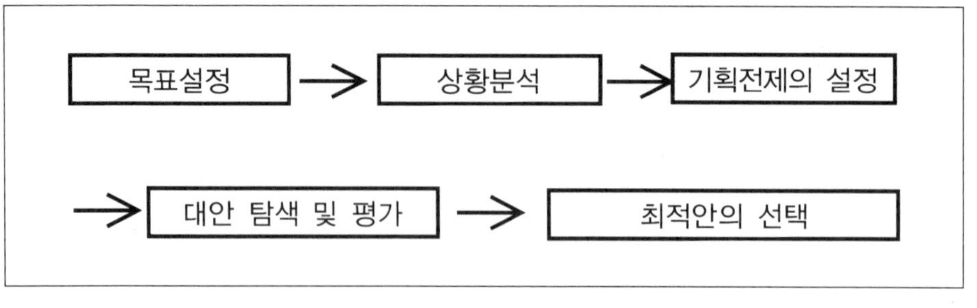

객관식 문제

01 정책의 구성요소가 아닌 것은? (08 군무원 9)

① 정책의 효과성 ② 정책목표
③ 정책수단 ④ 정책대상자

02 로위(Lowi)가 분류한 정책유형으로 옳은 것은? (09 국회 9)

① 분배정책, 규제정책, 재분배정책, 자율규제정책
② 분배정책, 규제정책, 추출정책, 상징정책
③ 분배정책, 규제정책, 재분배정책, 구성정책
④ 분배정책, 경쟁적 규제정책, 보호적 규제정책, 재분배정책

03 정책과 정책유형이 바르게 짝지어진 것은? (11 국가 9)

> ㉠ 영세민을 위한 임대주택 건설
> ㉡ 재정경제부와 기획예산처를 기획재정부로 통합
> ㉢ 기업의 대기오염 방지시설 의무화
> ㉣ 광화문 복원

	㉠	㉡	㉢	㉣
①	분배정책	구성정책	추출정책	상징정책
②	상징정책	추출정책	규제정책	구성정책
③	규제정책	재분배정책	추출정책	상징정책
④	재분배정책	구성정책	규제정책	상징정책

04 정책과 구체적인 사례가 바르게 연결되지 않은 것은?

① 분배정책 - 지방자치단체에 대한 국고보조금 지급, 주택자금대출
② 보호적 규제정책- 개발제한구역 설정, 최저임금제
③ 경쟁적 규제정책-독과점 규제 및 공정거래에 관한 법률
④ 재분배정책-누진세제도, 임대주택 건설

05 규제정책에 대한 다음 설명 중 가장 거리가 먼 것은? (09 서울 9)

① Lowi는 정책의 한 유형으로 규제정책을 제시하였다.
② 개인, 조직의 행동이나 재량권에 제재나 제한을 가한다.
③ 재산이나 권리를 많이 소유한 집단에게서 그렇지 않은 집단으로 이전시킨다.
④ 관련 집단들 사이에서 갈등이 많이 일어난다.

06 정책의 혜택을 받기 위하여 은밀하게 이루어지는 밀어주기(log-rolling)와 나눠먹기(pork-barrel)와 가장 밀접한 관련이 있는 정책 유형? (07 국회 8)

① 배분정책 ② 규제정책
③ 재분배정책 ④ 구성정책

07 정책 집행상의 특징에 대한 설명 중 옳지 않은 것은? (07 국회 8)

① 규제정책은 분배정책보다 논쟁과 갈등의 정도가 높은 편이다.
② 분배정책은 규제정책보다 안정적인 절차의 확립이 용이한 편이다.
③ 분배정책은 규제정책보다 관련자들의 관계가 안정적인 편이다.
④ 규제정책은 분배정책보다 정책집행의 성공가능성이 높은 편이다.

정답

01. ① 02. ③ 03. ④ 04. ③ 05. ③ 6. ① 7. ④

연구문제

01 정책학의 개념과 구성요소에 대해 서술하시오.

02 기획의 원칙과 제약요인에 대하여 설명하시오.

03 기획의 과정에 대해 설명하시오.

제 5 장

정책과정

제1절 정책환경

1. 정책환경

1) 정책환경의 개념

정책환경이란 "정책 체제의 외부에 있는 환경"을 말한다. 정책환경에는 기후 · 지리적 상황 · 지정학적 조건 · 사회경제적 조건 · 정치문화 · 물리적 환경 · 인구 등이 포함된다. 즉, 정책내용과 정책과정에서 끊임없이 상호작용하는 유 · 무형의 외부적 변수와 조건을 말한다(정우열 외, 2006: 175). 따라서, 정책환경은 정책체계에 대해서 자극을 주는 영향 변수인 동시에 정책체계의 영향을 받는 반응 대상인 종속변수로도 작용한다. 정책환경은 해석하는 시각에 따라 약간의 차이를 나타내는데, 아래와 같이 여러 학자들의 주장을 살펴봄으로써 정책환경에 대한 보다 심도 있는 정의를 검토하고자 한다(이목훈 외, 2002: 101-102). 먼저, 이스턴(David Easton)은 정책환경이란 '정책체계를 둘러싸고 부단히 상호작용하고 있는 일체의 외부요소'로 정의하고, 이러한 체계이론에 입각하여 투입(input)과 산출(output)의 개념으로 정치환경을 설명하고자 하였다. 에드워드와 샤칸스키(George. C. Edward & Ira Sharkansky)은 정책환경을 정치적 요소와 경제적 요소로 구분하여 설명하였다. 앤더슨(J. E. Anderson)은 정책환경으로 지리적 특성, 정치행정문화, 인구통계, 사회구조, 경제체제, 주변국 등을 제시하였다.

2) 정책환경의 복잡성 · 불확실성 증대

정책은 인위적으로 바람직한 상태를 실현하려는 노력이며 설계의 대상이다. 정책결정이란 바람직한 상태를 얻기 위하여 현재의 무엇을 어떻게 바꾸어야 하는가를 정하는 일이므로 정책은 본질적으로 가치판단의 대상이다. 따라서 정책은 객관적으로 주어지기 보다는 다양한 행위자들의 주관적 판단에 의하여 분석틀을 선정하고 자료 및 정보를 해석하며 나아가서 특정 가치와 이해관계를 옹호 또는 반대하는 입장에서 서게 된다. 이처럼 존재하는 모든 정책문제 자체는 객관화, 합리화, 전문화, 과학화만으로 분석되는 것이 아니라 당연히 가치함축성과 정책과정의 정치성을 내포하고 있다. 무엇보다도 정책은 그 결과를 보기 전에 결정해야 하는 가설적 지위를 가지고 있으며, 본질적으로 복잡성, 모호성, 불확실성 등을 내포하고 있다. 현실세계의 대부분 정책문제들은 그 범위가 모호하고 성취하려는 목표도 불분명한 경우가 허다하며, 때로는 서로 대립되는 여러 목표들을 동시에 성취하려 한다(김영평, 1998).

3) 정책 순환 및 정책의 일관성(Coherence) 강조

정책은 특정한 문제의 해결을 전제로 하며 정책 문제를 해결하기 위한 정책 대응은 의제 형성에서부터 정책 평가에 이르기까지의 다양한 행위들로 구성된다. 그리고 이러한 행위들은 일회적으로 끝나는 것이 아니라 지속적인 되먹임의 과정을 통해 되풀이된다. 정책 분야의 특성에 따라 달라질 수 있지만 순환 과정으로서의 정책 과정은 특정한 규칙과 구조 하에서 이루어지게 된다. 정책의 복잡성과 불확실성이 높은 상황에서는 아무리 사전적(ex ante)으로 완벽한 정책을 세우고 집행한다고 하더라도 사후적(ex post)인 결과는 최초의 기대나 예상과 달라질 수밖에 없으며 때로는 심각한 실패의 가능성도 있다. 불확실성에 따르는 위험을 최소화하고 이러한 위험이 전체적 위험으로 확대되지 않도록 하는 방법으로 정책 학습을 강조하는 것이다. 정책 요소간 상호작용을 강조하고 구체적인 정책 활동과 복잡한 상호작용 역학을 세부적으로 맵핑하는 것이다(성지은 · 조성은, 2006: 2).

〈그림 5-1〉 정책 순환 과정과 대내외 영향 요소

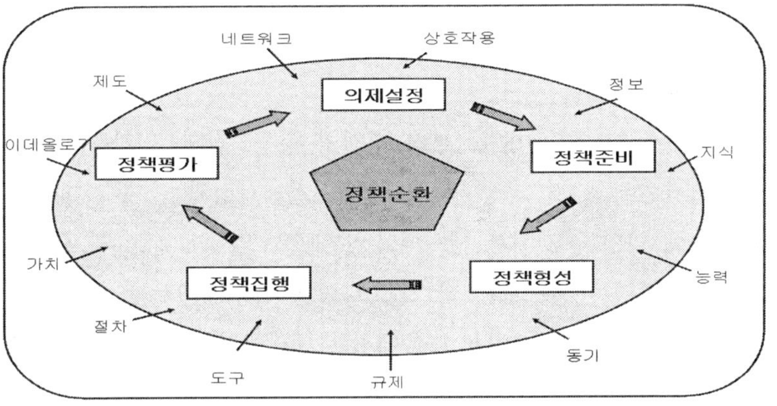

자료: OECD. (2005). Governance of Innovation Systems. Vol. 3.

특히 사회 전반에 걸쳐 국가경쟁력제고와 국민의 삶의 질 향상과 밀접하게 관련되어 있는 과학기술정책 분야의 거버넌스가 더욱 중요해지고 있다[13]. 여기서 거버넌스는 복잡성을 다루고 역학적인 흐름을 관리하는 것이다. 이는 기본적으로 상호의존, 연계, 네트워크, 파트너십, 공진과, 상호조절에 관한 것으로, 정책 자체의 내용보다는 정책형성과 집행의 과정에 초점을 맞추고 있다. 새로운 거버넌스 패러다임 하에서는 공급자의 입장이 아닌 공공서비스의 질과 가치가 과연 고객의 요구와 수요에 부응하여 행정서비스의 효율성·대응성을 제고하게 되는지에 대해 초점을 맞추고 있으며, 정책의 일관성(coherence)[14]을 이끌어내는 기제로 인식되고 있다(성지은·조성은, 2006: 4).

13) 이는 국가 R&D 예산의 양적 증가로 전략적 우선순위 설정을 통한 선택과 집중 전략이 강하게 요구되고 있기 때문이다.

14) 정책의 일관성은 세 가지 차원에서 살펴볼 수 있다. 첫째, 수평적 일관성(horizontal coherence)은 목표가 대치되는 경우에 있어 부조화를 최소화시키고 서로 서로 개인 혹은 부분별, 정책들 상호간 관계를 더욱 확고하게 만든다. 둘째, 수직적 일관성(vertical coherence)은 정책 결정자의 원래 의도와 일치되는 공공 결과를 가져오게 만든다. 셋째, 시간의 일관성(temporal coherence)은 변화를 위한 가이드를 제공하고 잠재적인 비일관성을 제한함으로써 오늘날의 정책이 미래에도 계속 효과적일 수 있도록 만든다.

2. 정책과정 및 참여자

1) 정책의 과정

정책과정이란 “정책문제의 제기로부터 정책의 형성 · 집행 · 평가를 거쳐 종결에 이르는 일련의 정책흐름의 전 과정”을 지칭한다. 정책과정의 단계에 대해서는 다음과 같이 학자들 간에 다양한 견해가 제시되고 있다(정우열 외, 2006: 169-170). 정책과정을 설명하는 대표적인 이론으로는 라스웰(Lasswell), 드로어(Dror), 앤더슨(Anderson)와 존스(Jonse)의 정책과정이론이 있다. 다음에서는 이러한 이론들에 관하여 간단하게 살펴보겠다.

(1) 라스웰(Lasswell)

Lasswell은 의사결정 과정을 정보, 건의, 처방, 발동, 적용, 종결, 평가 등 7단계 모형을 제시하였는데 이는 정책담당 기구와 그들의 기능에 대한 조사와 정책적 관심을 기울이기 위한 하나의 틀로서 고안된 것이다. 그의 의사결정 과정은 정책의 집행과 평가를 포함하여 정책과정이라고 볼 수 있고, 각 단계간의 구분이 중복된다는 등의 약점이 있다(정정길, 1997:180-181).

① 정보제공: 정보를 수집하고 예측하고 기획하는 단계이다.
② 건의(정책의제형성):정책대안을 작성하는 단계이다.
③ 처방(정책결정): 최선의 대안을 선택하는 단계이다.
④ 발동(실험적 집행의 한 형태): 선택된 대안을 잠정적으로 시행하는 단계이다.
⑤ 적용: 선택된 대안을 본격적으로 집행하는 단계이다.
⑥ 평가: 정책의 성공 여부를 판단하는 단계이다.
⑦ 종결: 정책의 수정 및 폐기 등을 결정하는 단계

(2) 드로어(Dror)

Dror는 정책과정을 크게 다음과 같이 3단계로 구분하였다. 그리고, 이후 이것을 다시 18개의 세부단계로 나누어서 설명하고 있다.

① 이전단계(기본방침결정) : 정책결정체제와 전략을 결정한다.

② 정책결정단계 : 구체적 목표와 수단을 결정한다.

③ 정책결정 :집행, 평가와 환류를 결정한다.

그 중 정책결정 단계에는 정책결정을 위한 자원을 세부 정책결정 단계에 배분하고, 세부적 목표의 설정과 관련된 타가치들을 확정하여 이들간의 우선순위를 결정하며, 정책대안의 탐색, 정책대안의 결과 예측, 정책대안 비교 평가, 그리고 최선의 대안선택 작업 등이 포함된다(Dror,1968; 163-196). 그의 정책결정 단계는 그 내용이 아주 치밀하지만 단계의 구분이 지 나치게 복잡하고, 정책의제설정에 대한 논의가 전혀 없다는 약점이 있다(정정길, 1997: 183-184).

(3) 앤더슨(Anderson)

Anderson은 정책과정을 정책의제 설정, 정책대안작싱, 정책대안의 채택, 정책의 집행, 정책의 평가로 나누었는데(Anderson 저, 이종수, 이대회 역; 1995)[15].

① 정책의제설정단계

② 정책대안작성단계

③ 정책대안채택단계

④ 정책집행단계

⑤ 정책평가단계

(4) 존스(Jonse)

Jones의 정책과정은 인지, 정의, 결집, 조직화, 대표, 형성, 합법화, 적용, 반응, 평가, 해결 등의 과정으로 이루어지며 11단계 중에서 7단계를 정책의제 설정에서부터 합법화단계로 다루고 있다(김해동역 1986; 21-23).

① 정책의제설정단계: 문제정의→결속→조직화→대표→의제채택

② 정부 내 행동단계: 정책결정→합법화→예산배정

15) 정책의제설정은 정책체제를 둘러싼 정책환경으로부터 제기되는 사회문제 중 일부는 정책의제로 전환하는 과정이다. 정책결정은 가장 우수한 정책대안을 선택하는 과정이며, 정책집행은 결정된 정책을 현실세계에 적용하는 과정이다. 정책평가는 정책이 잘 실현되었는가를 판단하는 과정이다. 정책변동은 추진 중인 정책을 의도적으로 종식시키거나 중지하는 과정이다.

③ 문제해결단계 : 정책집행

④ 재검토 후 필요한 조치단계(정책평가→정책종결)

정책과정의 단계를 그 기준 여하에 따라 다양하게 나눌 수 있지만, 오늘날에는 정책의제설정, 정책결정, 정책집행, 정책종결(정책평가) 그 밖의 정책변동의 단계로 나누는 것이 일반적이다(최창호·하미승, 2007: 215). 일반적으로 정책과정은 다음 〈그림 5-2〉과 같은 단계를 거친다.

〈그림 5-2〉 정책과정의 단계

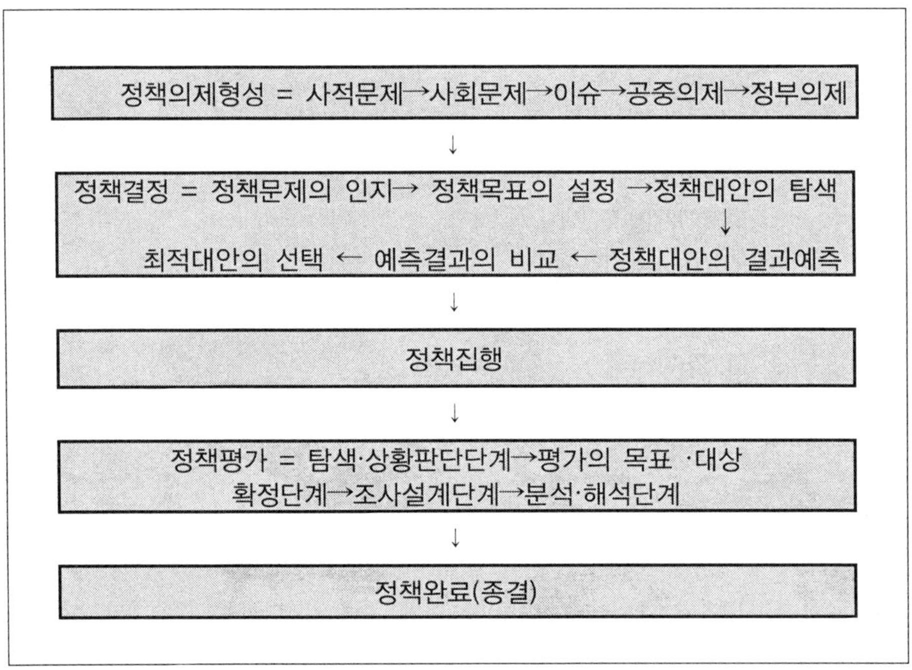

자 료 : 최창호 · 하미승(2006), 새행정학, p. 215. 이종수·윤영진(2012), 새행정학, p.230 재구성.

2) 정책의 참여자

정책형성은 정치체제의 핵심적인 과정이고 이 과정에서 산출된 정책은 모든 국민에게 영향을 미친다. 국민들은 누구나 자신들의 이익을 위하여 이 과정에 참여하고자 하며, 민주적 정치체제에서는 그것은 또한 당연하다(정정길, 1990:138-139). 그러나 간접민주주의 하에서는 국민은 선거에 의하여 정부의 담당자인 대통령이나 국회의원을 선출하고 이들과 이들의 지휘 감독을 받는 행정관료가 정책과정에 참여하게 하고 있다 정부측 정책형성자 또는 참여자들은 크게 대통령, 국회, 행정관료, 사법부로 나눌 수 있고, 비정부측 참여자들은 이익집단, 정당, 언론, 일반 국민 등이다 각 정책과정의 일반적 참여자들의 성격을 언급해 보면 다음과 같다

(1) 대통령 또는 국무위원을 포함한 고위정책결정자

대통령 또는 국무위원은 행정부 내부의 정책결정권을 가지고 있음은 물론 입법권을 통하여 정책을 형성하기도하고 행정부 지휘 감독권 및 관료나 기타 요직의 임명권을 통하여 정책형성 과정 전반에 걸쳐 강력한 영향력을 행사한다. 또 집권당인 여당을 통하여 국회에도 강력한 영향력을 행사한다. 특히 우리나라와 같이 강력한 대통령 중심제인 정치체제에서는 정책 형성뿐 아니라 정책집행에도 강력한 리더십을 발휘한다. 이런 경우에는 이익집단의 영향력이 그리 크지 않다 일반적으로 정책결정 초기 단계에서는 정부기관이 소극적인 역할을 하는 것으로 여겨졌으나 최근의 연구에서는 공식적인 참여자들인 대통령이나 고위 정책결정자의 역할이 중요하다는 것이 중론이다(정정길, 1997: 220).

(2) 국회

국회는 정치체제 내에서 입법권한과 정책 형성기능을 담당하는 동시에 행정부에 대한 통제권한도 가지고 있기 때문에 정책 형성에 많은 영향을 끼친다. 그러나 현대국가에서는 정책형성 과정에서 행정부에 비하여 상대적으로 약해졌다. 또한 정책 형성의 영향력도 정치체제에 따라 다르다. 일반적으로 선진국일수록, 민주적인 정치체제일수록, 대통령 중심제일수록 참여율이 높다. 그러나 실제로 국회가 얼마나 정책형성에 참여하는가는 다른 문제이다. 현실적인 정치환경에 따라 정책의 내용과 질이 달라지기 때문이다(김해동 외, 1983; 88)

(3) 행정관료

행정관료의 공식적 역할은 대통령과 및 수상, 의회가 결정한 정책을 정치적 중립성과 전문성에 입각하여 충실히 집행하는 것이다. 행정 체제에 따라 다르지만 행정관료들의 정책형성 참여는 자동적으로 보장되어 있다. 세상이 복잡해질수록 정책 문제가 복잡하고 기술적 전문성이 요구되어 많은 정보의 양을 필요로 하기에 국회의원의 역할은 한계점에 도달하는 듯하며 관료들의 정책형성기능이 심히 커지고 있다. 이처럼 행정관료의 정책형성 기능이 비대해짐에 따라 정치적 통제의 필요성이 대두하게 되었다. 즉 그들은 많은 정보와 전문적 기술을 가지고 있기에 정치적 통제가 없으면 국민의 의사를 무시하고 독선적으로 정책을 결정할 가능성이 크기 때문이다(김해동외, 1983: 88-89)

우리 나라의 관료들은 공익을 극대화시키는 정책의 수행자라기보다 권위주의에 젖어 군림하는 심성(mentality)이 철저하게 체질화되어 있고, 종적인 중앙집권화 경향으로 하의상달이나 부처간의 협의 등 민주적인 과정은 찾기 어려우며 계층별, 기관별로 지시 위주의 정책결정 및 집행이 이루어진다(손준규, 1993: 169).

(4) 사법부

사법부는 법률심사권이나 법률 해석권을 통하여 정책의 성격이나 내용에 영향을 미친다. 즉 사법부의 법해석은 모두가 따라야 하기에 이런 의미에서 정책 형성에 참여하고 있다고 볼 수 있다. 그러나 우리나라의 경우 정책형성 과정에 있어서 사법부의 역할은 미미하다(김해동외, 1983: 89).

(5) 이익집단

정책과정에 있어서의 이익집단의 역할은 국민과 정책결정자의 중간에 서서 국민들에게는 어떤 사항에 대하여 정보를 제공하거나 재정적인 지원을 해주기도 하고 정책형성에 관한 전반적인 사항을 알려주기도 한다. 또 정책결정자들에게는 그들의 전문기술이나 회원을 제공하며, 여론을 유리한 방향으로 해석하여 전달하는 등의 정치적 지지를 보여준다. 이런 제공의 반대급부로서 이익집단 등은 양쪽 집단에 대하여 영향력을 발휘한다. 이익집단들의 중요한 자원은 전문성과 정보이다 그들은 이를 제공함으로써 입법부나 관료들에게 힘을 행사한다. 또 그들은 재원이나 기타 여러 가지를 가지고 정책 형성에 영향력을 발휘한다. 그들은 보통 자신들의 이익을 위하여 여론을 왜곡하는 경우가 많으므로 정책의 질을 향상하기 위해서는 이익집단의 편견에 치우쳐서는 안된다. 이익집단의 영향력은 이익집단의 수가 많아 서로 다른 주장을 하거나 한 사람이 여러 집단에 소속되어 있거나 하기에 영향력이 약화된다. 그렇기에 소수의 이익집단만이 정치적인 역량을 발휘한다.

(6) 정당

정당은 정권획득이나 중요한 정부직책을 장악하는데 그 목표가 있으나 정책형성에도 많은 영향을 미친다. 즉 일반 국민과 여러 이익집단의 요구를 하나로 결집하여 정책에 연결하는 이익결집작용을 하며, 집권을 통하여 정책결정당사자로서의 역할도 한다.

(7) 언론

언론의 역할에 대해서는 다양한 평가가 있다. 언론은 정책형성에 있어 정책을 창안하거나 개발한다기보다는 어떤 이익집단의 대변자 역할을 통해서나 일반국민에게 정보 등을 제공함으로써 여론을 조성하여 정책형성에 관여한다. 우리나라의 정치, 사회적 현실에서 공정한 판단자로서의 언론의 역할을 기대하는 것은 어렵다.

(8) 일반국민

일반적으로 정책형성에 있어서 일반국민의 참여 및 여양에 대해서는 무시하는 경향이 있다. 물론 헌법 개정 등 중요한 법령에 대해서는 국민의 승인을 받도록 하고 있으나 사실 일반 국민 하나 하나는 그 영향력이 미미하다. 일반국민들이 정책형성에 참여하는 방법은 첫째, 투표행위, 둘째는 일반국민들이 이익집단이나 정당의 활동에 참여하여 정책형성 과정에 영향을 미칠 수 있다. 셋째는 나름대로의 창의력을 발휘하여 새로운 아이디어를 정책결정자에게 제공하거나 정보를 전달함으로써 정책의 민항에 영향을 미칠 수 있다. 그러나 민주주의 체제에서도 정책 형성에의 국민참여는 매우 낮은 현실이다(김해동, 1983: 93).

제 2 절 정책의제

1. 정책의제설정의 의의

1) 정책의제설정의 개념

정책의제설정(policy agenda setting)이란 정부가 정책적 해결을 위하여 사회문제(social problem)를 공식적인 정책의제(policy agenda)로 채택하는 과정을 말한다.

정책의제는 "정책꾼들의 관심을 받으면서 논의가 이루어지는 문제나 요구를 의제라 하며 의제의 모음을 아젠다"라고 하였다(송근원 · 김태성, 2003). 그리고 정책의제로 채택되면 그 해결이 논의되고 여러 가지 해결방안 가운데 하나를 선택하게 되는데, 이때의 해결방안들을 정책대안이라 부르고, 선택된 대안을 정책이라 부른다고 정의하고 있다. 그리고, 정책의제는 정책문제와 다르다. 어떤 사회문제가 사회적 이슈화하여 정부의 정책적 고려의 대상이 되어야 할 단계에 이른 문제를 정책문제라 하고, 이러한 여러 정책문제들 중에서 실제적 정책대응을 위한 구체적 논의의 대상으로 채택 또는 표명된 문제를 정책의제라 하는 것이다. 즉 정책문제 중에서도 정책의제로 채택 또는 표명되지 아니한 것이 있을 수 있는 것이다(윤기찬 외, 2010: 131).

2) 정책의제의 종류

정책의제는 일반적으로 공중의제와 공식의제를 들 수 있다. 공공의제는 일반 공중이 실제적 정책대응을 위한 구체적 논의의 대상으로 표명하고 있는 정책의제를 말한다. 이 공공의제(public agenda)는 의견이나 입장을 달리하는 여러 개인 또는 집단이 추진하는 것이기 때문에, 그 내용이 명확하지도 않고 우선순위가 통일되어 있는 것도 아니며 시간과 상황의 변동에 따라 가변적이다.

정부의제(official agenda)는 정부당국이 공식적으로 채택한 의제이다. 공식의제는 정책결정권을 가진 기관이 구체적으로 검토하기 위하여 공식절차를 거쳐 채택한 의제이기 때문에 그 내용과 우선순위가 명백하며, 다시 공식절차를 거쳐 변경하지 않는

한 변경되지 아니한다. 일반적으로는 공중의제가 공식의제로 발전하는 것이지만, 정부의제가 거꾸로 공공의제가 되거나 공식의제가 바로 정책의제로 채택되는 경우도 있다(최창호 · 하미승, 2007: 216).

〈그림 5-3〉 정책의제의 채택

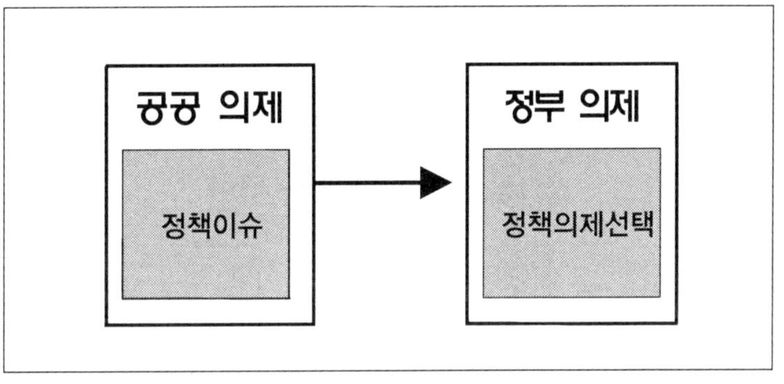

2. 정책의제설정의 과정

1) 정책의제설정의 유형

사회문제가 정책의제로 채택되는 양상에는 크게 다음과 같은 세 가지 유형이 있다. 첫째, 외부주도형이다. 외부주도형이란 정부 바깥에 있는 집단이 자신들에게 피해를 주고 있는 사회문제를 정부가 해결해 줄 것을 요구하여 이를 사회쟁점화하고 공중의제로 전환시켜 결국 정부의제로 채택하도록 하는 의제설정과정이다(정정길, 1997 : 222-225).

(1) 외부주도형(Outside Initiative Model)

외부주도형이란 정부 바깥에 있는 집단이 자신들에게 피해를 주고 있는 사회문제를 정부가 해결해 줄 것을 요구하여 이를 사회쟁점화하고 공중의제로 전환시켜 결국 정부의제로 채택하도록 하는 의제설정과정이다. 외부집단이 주도하여 정책의제 채택을 정부에게 강요하는 경우로서 Hirshman이 말하는 강요된 정책문제에 해당된다.

사회문제에 의하여 피해를 입고 있는 집단은 정부에게 충분한 압력을 가하기 위해 사회문제의 심각성에 대해서 대중의 관심을 환기시키고 여론을 유도하려고 노력을 기울인다.

이 모형은 정부에 대하여 압력을 가할 수 있는 이익집단들이 발달하고 정부가 외부의 요구에 민감하게 반응하는 정치체제, 즉 다원화되고 민주화된 선진국 정치체제에서 많이 나타나는 유형이다. 이때 언론기관의 역할이나 정당의 역할 등이 모두 중요하다. 사회문제 ⇨ 사회적 이슈 ⇨ 공중의제 ⇨ 정부의제

〈그림 5-4〉 외부주도 모형

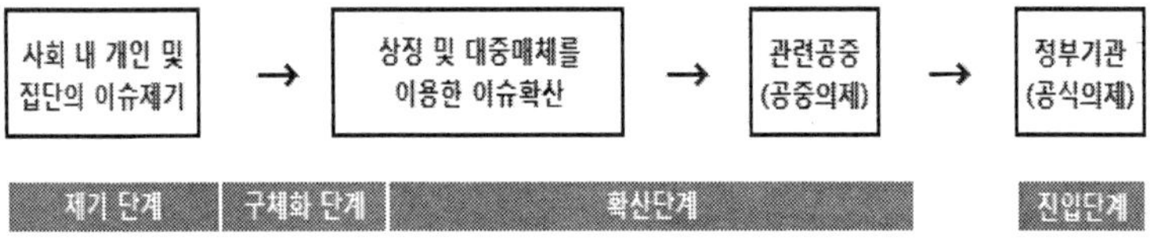

(2) 동원형(Mobilization Model)

외부주도형과 정반대로 정책결정자들에 의하여 주도되는 경우이다. 주로 정치지도자들의 지시에 의하여 사회문제가 바로 정부의제로 채택되고, 일반대중의 지지를 얻어 정책의 집행을 성공적으로 이끌기 위해서 정부의 PR활동을 통해 공중의제가 된다.

정부에서 문제를 해결할 것으로 미리 결정하고 난 다음에 정부가 이 문제를 해결해야 된다는 것을 일반대중에게 이해·설득시키기 위해서 PR활동을 하는 것이다. 그래서 집행에 필요한 대중의 지지를 얻고 순응확보를 위해 정부의제가 된 것이 역진하여 공중의제로 나가는 경우이다.

정책집행의 성공을 위해서 일반대중의 광범위하고 자발적인 순응이 필요한 경우만이 아니라, 공무원 등 정부기관 구성원의 협조와 헌신적 노력이 필요한 경우도 있다. 이 모형의 특징은 문제가 정부의제로 먼저 채택되고 정부의 의도적인 노력에 의해서 공중의제로 확산되는 것이다. 이때 정부의제가 된 후에 정책결정이 진행되면서 공중의제화 하는 수도 있고, 완전한 정책결정이 있는 후에 공중의제화 하는 수도 있다.

사회문제 ⇨ 정부의제 ⇨ 공중의제

〈그림 5-5〉 동원모형

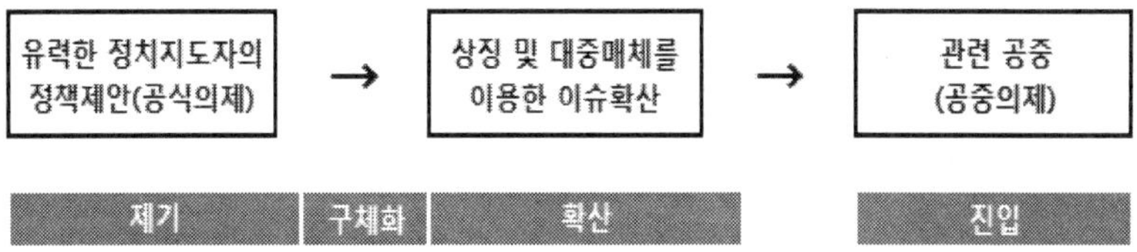

(3) 내부접근형(Inside Access Model)

동원형처럼 정책담당자나 관료집단에 의해 자발적으로 정책의제화가 진행되는 것이다. 동원형과 다른 것은 정부 밖의 이해관계자와 접촉없이 정부관료제 내부에서만 정책의제화의 움직임이 있다는 점이다(이종수 · 윤영진, 2022: 227).

사회문제 ➪ 정부의제

〈그림 5-6〉 내부접근형

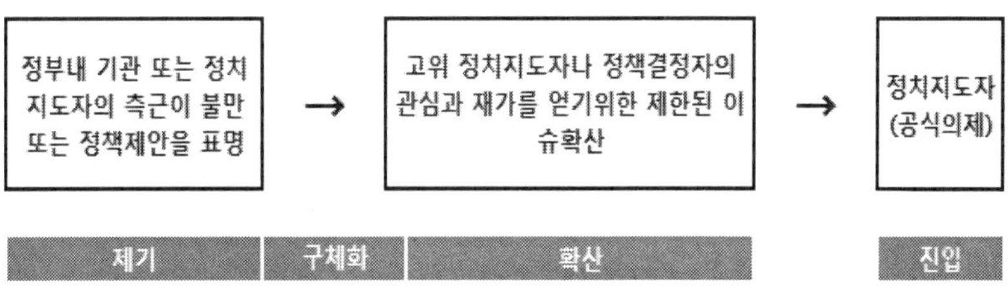

2) 정책의제설정의 단계

정책의제설정의 단계는 이를 크게 다음과 같이 네 단계로 나누어 볼 수 있다(Cobb and Elder, 1983). 위에서 살펴본 정책의제설정의 유형별 양상이 이러한 각 단계에서 달리 나타난다.

(1) 이슈의 제기(initiation)

공식적 정부구조 외부에 있는 한 집단에 의해 평범한 일상적 용어로 고충이 표명되는 단계를 말한다. 즉, 사적 또는 개별적인 문제가 중요한 사회문제로 제기되는 시기이다. 이 때 외부주도형에서는 정부 외부의 개인이나 집단으로부터 사회의 중요한 문제에 대한 정부의 적극적인 대응요구가 제기되고, 동원형과 내부접근형에서는 정부의 지도자나 기관의 사회문제에 대한 대응문제가 제기된다.

(2) 구체화(specification)

표명된 일반적 고충이 요구로 변하는 단계이다.. 이는 전단계에서 제기된 사회문제에 대한 구체적인 정부대응의 프로그램이 다각도로 논의되는 시기이다. 이 때 외부주도형에서는 문제에 대한 개인이나 집단의 서로 다른 요구가 다양하게 표출된다. 동원형에서는 문제에 대한 정부의 구체적인 프로그램이 결정 · 발표되고, 내부접근형에서는 그 프로그램이 곧바로 확정된다.

(3) 확장(expansion)

이슈를 보다 큰 공중으로 확장하거나 이전에 존재한 이슈와 결부시켜 반대세력과 타협하든가, 문지기(gatekeeper)와 흥정하는 전략이 필요한 단계이다. 이는 전 단계에서 구체화된 요구와 결정에 대한 사회의 지지 폭을 넓히는 시기이다. 이 때 외부주도형에서는 그 요구에 대한 정부의 관심을 끌어 그것을 정부 프로그램으로 전환시키기 위한 수단으로써 보다 많은 공중들에게 논의를 확산하는 활동이 전개되고, 동원형에서는 결정 · 발표된 프로그램에 대한 대국민 홍보활동이 전개된다. 반면에 내부접근형에서는 그러한 홍보활동이 없거나 있더라도 매우 제한적이다.

(4) 진입(entrance)

공중의제에 오른 이슈가 정부의제로 이동하는 단계이다. 이는 전 단계에서 확산된 논의와 프로그램이 정부의 공식의제로 전환하는 시기이다. 이 때 외부주도형에서는 지금까지의 논의가 정부의 공식의제로 채택되는 것이 일반적이다. 그러나 반드시 그렇게 되는 것은 아니고, 그것에 실패하는 경우도 있다. 동원형과 내부접근형에서는 이미 공식의제가 결정 내지 확정되어 있기 때문에 새삼스러운 진입단계가 없는 것이다.

〈표 5-1〉 정책의제 형성과정

Eyestone	R. Cobb	내용
사회문제	발안·제기	• 해결방안·시정조치를 원하는 욕구나 불만
사회적 이슈	명료화	• 긴급성을 지닌 사회문제
공중의제	확산	• 정부가 해결방안을 강구해야 한다고 공감하는 이슈
공식의제	진입	• 정부가 신중하고 적극적으로 검토하기로 결정한 문제

3. 정책의제설정의 이론

Forder 등(1984)과 Hill & Hill(1984)은 정책과정을 다원주의, 엘리트주의, 코포라티즘 및 마르크시즘으로 구분하여 각각 설명하고 있다.

1) 의사결정론과 체제이론

(1) Simon의 의사결정론

의사결정의 단계는 주의집중, 설계, 선택으로 이루어진다. 여기서 주의집중의 단계를 정책의제설정단계로 보고 있다. 정책의제설정과정에서 모든 사회문제가 정책의제로 채택되지 못하는 이유는 체제 내 정책결정자의 능력(주의집중)의 한계 때문이다. 이러한 무수한 사회문제 중 일부만이 정책의제로 채택되는 이유를 부분적으로 설명할 수 있지만, 왜 특정의 문제가 정책의제로 채택되는지에 대해서는 전혀 설명하지 못하고 있다(위계점, 2008: 421).

2) 엘리트이론과 다원론

(1) 엘리트론

엘리트론은 사회란 소수의 엘리트 집단을 정점으로 한 피라밋 구조로 어우러져 있으며, 정책은 엘리트로부터 대중에게 일방적, 하향적으로 전달되고 집행될 뿐 엘리트에 대한 대중들의 요구와 비판은 수용하지 않는다는 것이다. 이때 엘리트들이란 행정관료라든지, 부유한 사람들, 기술 전문가, 지식인 등으로 그들이 사회적으로 힘을 가지게 된다. 또한 정치권력이 국민들 간에 보다 평등하게 분배될 것이라는 민주주의적 낙관론을 부정하는 엘리트 이론가들도 있다(정정길, 1997: 265-6).[16]

엘리트주의자들은 다원주의자들과는 달리, 정치권력을 소수의 엘리트들이 독점하여 다수의 대중을 지배하게 되며, 정책은 대중의 이익을 반영하기보다는 엘리트 자신들의 이익과 가치 선호를 구현하는 수단이라고 본다. 엘리트 집단은 그들이 서로 유사한 사회적 배경과 지위를 공유하여 집단 응집력이 높으며, 다른 집단에 대해 폐쇄적인 성격을 가진다.

(2) 다원주의이론

① 다원주의론

다원주의론은 기본적으로 사회구조를 상호 대등한 개인들이 집단적으로 이루고 있다는 시각에서 바라본다. 정치적 권력은 이들 집단에게 분산적으로 배분되어 다원적으로 소유되고 있다고 가정한다. 이들 집단은 자신들의 이익을 위해서로 연합하고 경쟁하게 된다. 다원주의론에서 생각하는 정책이란 개인과 집단 간에 이익 대결의 산물로서 간주되며 “정부는 정책을 둘러싸고 이들 집단들이 경쟁하는 과정에 있어서 공정하고 중립적인 입장의 심판자로서 역할을 하게 된다”(Hefferman, 1979: 57-62).

Richardson(1979)은 영국과 미국의 사회서비스 정책과 연관되는 몇 가지 법령의 입법 과정을 비교 연구한 글에서, 여러 가지 배경이 영향을 주고 있음에도 불구하고, 그 중 특히 전문 사회사업가들이 이익집단적인 활동이 크게 작용하였음을 밝히고 있다 금전적 재원, 공식적인 권위, 정보, 개인적인 관계, 타이밍 등이 정책결정 과정에서 중요한 요인이긴 하지만, 사회사업가들의 집단적인 활동이 가장 중요한 결정변수임을 몇 가지 관련 법안에 관한 사례연구를 통해서 밝히고 있다(현외성, 1993: 30).

16) 정치권력이 국민들 간에 보다 평등하게 분배될 것이라는 민주주의적 낙관론을 부정한 엘리트 이론가들의 주장은 크게 세 가지로 정리될 수 있다(정정길, 1997: 265-6).
첫째, 정치권력은 다른 재화와 마찬가지로 불평등하게 배분되어 있으며 일반적으로 국민들은 지배계층과 피지배계층 즉 엘리트와 대중으로 나눌 수 있다.
둘째, 엘리트들은 동질적이고 폐쇄적이다. 엘리트들은 비슷한 사회적 배경, 가치관, 이해관계를 가지고 있으며 서로를 잘 알고 있어서 엘리트로서의 집단의식과 응집성이 강하고 결집되어 있다.
셋째, 엘리트들은 자율적이며 다른 계층에 대해서 책임을 지지 않는다. 중요한 정치적 문제는 자신들의 이익을 고려하여 해결한다.

② 신다원주의(Neo-pluralism)

신다원주의(neo-pluralism)는 고전적 다원주의가 기업가의 특권적 지위를 제대로 고려하지 못했음을 비판하고, 자본주의 국가에서는 기업집단에 특권을 부여할 수 밖에 없는 특성이 있음을 인정한다. 또한 신다원주의는 정부를 중립적 조정자가 아닐 수 있음을 인정한다. 정부는 기업의 이익에 더욱 반응적이며 불평등구조를 심화시켜왔다고 본다. 그리고 신다원주의는 현재의 민주주의를 외적 요인보다는 전문적 국가관료들간의 내적 견제, 정부기구의 분화 등의 내적 요인에서 주로 구한다. 또한 불평등구조의 심화를 방지하기 위해서 구조적 개혁이 필요하다는 점을 인정한다.

③ 하위정부모형(sub-government model)

미국적 다원주의에서는 정책분야별로 실질적 정책결정권을 공유하는 집합체가 있는데 이를 정책망(policy network)이라고 부른다. 이들 중 가장 널리 논의되는 것이 하위정부 또는 하위체제이다. 하위정부모형(sub-government model)은 비공식 참여자로 분류되는 이익집단과 공식적인 참여자인 관료조직 그리고 의회의 위원회간의 연계적인 활동을 통한 정책의 결정과 집행에 주목하고 있다. 이러한 이익집단, 의회의 위원회, 해당관료조직의 3자 연합(트로이카 체제)이 각 정책영역별로 정책의 결정과 집행에 영향을 미친다고 본다.

④ 포획이론

정책당국이 공익보다는 이익집단의 요구와 주장에 호응하고 동조하게 되는 것을 말한다. 즉, 포획(capture)현상이란 "공익목적을 위하여 존재하는 규제기관 또는 규제관료가 본래의 의도와는 달리 소수 피규제집단의 이해에 봉사하거나 피규제집단의 선호와 일치되는 방향으로 또는 이들에게 동정적인 입장에 서서 규제정책을 펴 나가는 현상"을 말한다. 우리나라는 정부가 경제사회발전을 주도하면서 산업정책에 크게 의존해 오는 과정에서 산업정책과 규제정책의 구분이 모호해지고 그 결과 규제기관 및 관료의 포획현상이 즐비하게 나타나고 있으나. 이에 대한 문제의식이 박약하여 방치해 왔으며 경우에 따라서는 산업정책의 불가피한 한 부분으로 정당화하기까지 하였다(사공영호, 1998: 126).

⑤ 지대추구이론(rent-seeking theory)

정부로 하여금 시장 메커니즘에 개입하도록 특정 개인이나 기업이 정부에 적극 로비하는 것으로 결국 관료가 올바로 공익을 위한 정책결정을 하지 못하고, 특정기업의 이익에 휘말리거나 관료자신의 이익(자리값: 지대)을 추구하게 된다.

3) 정책네트워크이론

정책네트워크는 "특정 정책과정에 참여하는 다양한 행위자들의 상호작용 및 관계구조"로 정의된다(남궁근, 1999: 178). 일반적으로 네트워크란 규정된 범위의 행위자, 대상 또는 사건들을 연결하는 특정 유형의 관계이다. 구체적으로 정책네트워크는 행위자(actor), 그들 간의 연계(linkages)로 이루어져 있다는 점을 강조하고 있다. 행위자들 간의 연계(linkages)는 의사소통과 전문지식, 정보, 그리고 여타 자원을 교환하는 통로로서 작용하며, 하나의 정책네트워크의 경계(boundary)는 단지 공식기관들에 의하여 결정되는 것이 아니라 기능적 적합성과 구조적인 틀에 의존하는 상호인지(mutual recognition)의 과정으로부터 결정된다는 것이다(Jardan & Schubert, 1992: 12).

〈표 5-2〉 정책네트워크 : Rhodes 모델

네트워크 유형	특성
정책공동체	•안정성 •수직적 상호의존성 •고도의 제한된 멤버십 •제한된 수평적 연계
전문가 네트워크	•수직적 독립성 •전문성에 근거한 이해관계 •고도의 제한된 멤버십 •제한된 수평적 연계
정부간 네트워크	•제한된 멤버십 •광범위한 수평적 연계 •제한된 수직적 상호의존성
생산자 네트워크	•변동적 멤버십 •제한된 수직적 상호의존성
이슈 네트워크	•불안정성 •제한된 수직적 상호의존성 •다수의 구성원

출처 : Marsh & Rhodes(1992: 14).

제 3 절 정책결정

1. 정책결정의 의의

정책결정(policy-making)이란 정책과정의 첫 단계에서 채택된 정책문제(policy issue)를 해결하기 위한 최선의 대안을 선택하는 과정으로 이 정책결정을 Caiden은 '공적인 것으로 부각된 사회적 문제의 일반적 방향을 정하는 것'이라 하였고, Dror은 '정부의 미래행동방안(대안)을 복잡한 동태적 과정을 통하여 의도적으로 공익을 위하여 정부기관이 내리는 결정'이라고 하였다(박연호 · 이상국, 1999: 259).

정책결정과 의사결정은 본질적으로는 같은 것이다. 즉 정책결정도 본질적으로는 조직체의 의사결정의 한 현상인 것이다. 그러하기 때문에 의사결정에 관한 이론들은 정책결정에도 그대로 적용된다.

그러나 정책결정은 다음과 같은 점에서 일반적인 의사결정과는 다른 특수성을 가지고 있다.

첫째, 그 결정의 주체가 일반 개인이나 사적 조직이 아니라 정부 등 공공기관이다.

둘째, 그 결정의 대상이 단순한 사적인 문제가 아니라 고도의 공공성을 지닌 문제이다.

셋째, 그 결정의 성격이 단순히 사실판단적이 아니라 고도의 가치판단적이다.

넷째, 그 결정의 결과는 국민 전체에게 심각한 영향을 주기 때문에 모든 국민의 지대한 관심사가 된다(최창호 · 하미승, 2007: 218).

또한 정책결정은 다음과 같은 특성을 지니고 있다(박연호 · 이상국, 1999: 259-260).

① 결정의 주체가 정부기관이 된다.

② 공공성, 정치성 그리고 복잡성을 띠고 있다.

③ 계속적으로 행하여지는 행동적 과정임과 동시에 행동지향적이다.

④ 규범적 차원을 지향한다.

⑤ 공익의 실현을 공식적으로 추구한다.
⑥ 세밀한 지시가 아니라 일반적 주요지침을 정한다.

오늘날 행정국가시대에는 국가의 중요한 정책이 물론 입법부에 의하여도 결정되고 있지만, 대부분 실질적으로 행정부에 의하여 결정되고 있으며, 그 정책결정이 행정기능의 주요내용을 이루고 있다. 그렇기 때문에 오늘날에는 정책결정을 행정학의 중요한 연구대상으로 삼고 있는 것이다.

2. 정책결정의 과정과 기준

1) 정책결정의 일반적 과정

정책결정의 과정은 전술한 바와 같이 관행에 의한 결정, 직관에 의한 결정, 분석에 의한 결정 등에 따라 다양하고, 또 그 단계구분도 관점에 따라 다양하기 때문에 이를 한 마디로 말할 수 없다. 그러나 분석에 의한 정책결정을 표준으로 할 때에 정책결정의 과정은 대체로 다음과 같이 기본적으로 5단계를 거친다고 하겠다(최창호 · 하미승, 2007: 219-220).

(1) 문제의 명확화

결정을 하려면 무엇보다 먼저 결정대상 문제의 내용 및 성질을 명확히 인식하여야 한다. 문제는 문제로 인식될 때부터 문제로 되는 것이다.

(2) 정보 · 자료의 수집 및 분석

문제에 관련된 제반 정보와 자료를 수집하여 과학적으로 분석한다.

(3) 대안의 탐색 및 비교 · 평가

문제해결을 위한 대안들을 가급적 많이 탐색하여 각 대안의 이해득실을 면밀히 비교 · 평가한다.

(4) 최적대안의 선택

이러한 여러 대안들 중 가장 합리적이고 효과적인 대안을 최종적으로 선택한다.

(5) 합법화 및 예산조치

선택된 대안에 대한 정당성 및 권위를 부여하고 그 실현성을 확보한다. 정책대안에 대한 법률, 명령, 조례, 규칙 또는 계획 등의 입법조치와 그 대안의 실천을 위한 예산의 편성 · 심의 · 확정 등을 행하는 것이다.

2) 정책결정의 기준

정책결정자가 결정행위를 하는 과정에는 그가 따라야 할 일정한 기준이 있게 마련이다. 정책결정자는 자신의 판단에 의해서 뿐만 아니라 외부의 무수한 압력에 의해서도 무수한 기준에 직면하게 되는 것이다. 정책결정자에게 따르도록 요구하는 기준들 중 중요한 것 몇 가지만 예시하면 다음과 같다(김병진, 1989: 143-153).

첫째, 정책결정에 있어서는 근본적으로 그 체제나 조직이나 개인이 추구하는 가치가 기준으로 작용한다. 체제가 견지하는 이념적 가치, 공익 · 도덕 · 윤리 등 정책이 추구하는 정책적 가치, 정부기구의 입장에 따른 조직적 가치, 정치상황에 따른 정치적 가치, 결정자 개인에 중요한 개인적 가치 등이 그것이다.

둘째, 자기가 소속 또는 지지하는 정당의 이익도 기준으로 작용한다. 오늘날 정당국가 시대에는 그러한 경향이 농후해지고 있다.

셋째, 여론의 향배와 그 강도가 정책결정자의 결정에 중대한 영향을 미친다. 특히 언론보도에 뒤따르는 정책의 새로운 형성 또는 변경을 우리는 많이 경험하고 있다.

넷째, 결정자에게 중요한 이해관계를 가진 집단, 즉 선거직의 경우에는 선거구민, 관료직의 경우에는 행정대상 집단(농림부의 경우는 농민, 노동부의 경우는 노동자 등)의 이익이 중요한 기준이 된다.

다섯째, 정책결정자들은 그 결정행위에 관한 규칙이나 지침을 준수한다. 규칙이나 지침을 과잉준수하여 그 규칙이나 지침의 기본취지는 뒤로

한 채 개개의 조문에 지나치게 얽매이는 경우도 있다.

마지막으로 정책결정자들이 상관이나 행정수반 지시에 복종하거나 전문가의 의견에 추종하여 결정하는 경향이 있다. 행정관료에게는 법령에 의하여 복종의 의무가 부과되고 있는 것이다.

3. 정책결정의 변수와 제약요인

1) 정책결정의 변수

정책결정에 있어서 그 결정에 영향을 미치는 변수는 여러 가지가 있지만, 이를 크게 다음과 같이 네 가지로 분류할 수 있다(J. E. Anderson, 1984).

첫째, 결정해야 할 대상문제가 중요한 변수가 된다. 문제의 성격이나 내용, 중요도, 곤란도, 그 문제에 관련된 정보·자료 등이 결정에 영향을 미치는 것이다.

둘째, 그 문제를 다루는 참여자 및 결정자의 지식·기술·경험·가치관·태도 등이 중요한 변수가 된다.

셋째, 조직의 목표, 규범, 전통, 구성원성분, 역할체계, 계층제, 의사소통, 사무절차 등도 중요한 변수가 된다.

넷째, 정책을 결정하는 조직의 주위환경 조건도 결정에 중요한 변수가 된다.

2) 정책결정의 제약요인

합리적인 정책결정을 방해하는 요인에는 문제적·결정자적·조직구조적·환경적 요인 등이 있다(최창호·하미승, 2007: 220).

첫째, 문제적 요인으로 결정의 대상인 문제가 안고 있는 요인은 다음과 같다.

① 정보·자료의 부족 또는 불확실성 : 문제에 관련된 정보와 자료가 부족하거나 또는 그것이 풍부하게 있다 하더라도 불확실한 경우에는 합리적 결정이 제약된다.

② 문제의 복잡성 : 결정의 대상이 되는 문제가 복잡하고, 지향해야 할 목

표가 다양한 경우에는 합리적인 선택이 매우 어려워진다.

③ 매몰비용 : 해당 문제와 관련된 정책, 계획 등이 이미 집행 중에 있거나, 그에 관하여 이미 투입된 비용·노력·시간 등이 있을 때에는 대폭적인 조정을 통한 합리적인 결정에 도달하기가 어렵게 된다.

④ 미래예측의 곤란성 : 미래를 예측하기 곤란한 경우에도 합리적인 결정이 제약을 받는다.

둘째, 결정자적 요인으로 결정자가 안고 있는 요인은 다음과 같다.

① 결정자의 능력의 부족 : 결정에 참여하는 자들의 그 결정대상문제에 대한 전문적인 지식·기술 및 경험이 부족할 때에도 합리적인 결정이 제약된다.

② 관료주의적 타성 : 특히 행정인의 무사안일주의, 형식주의, 권위주의, 변동에의 무관심, 쇄신에 대한 저항 등의 타성이 합리적 결정을 제약한다.

③ 결정자의 주관적 요인 : 뿐만 아니라 결정자가 가지고 있는 인지·가치관이나 태도, 기호, 성격, 집념 등의 주관적 요인이 합리적 결정을 제약하는 경우가 많다.

셋째, 조직구조적 요인으로 조직구조가 안고 있는 요인은 다음과 같다.

① 조직의 전통과 타성 : 조직이 지금까지 지녀온 관례나 규범 그리고 구성원들의 성분이나 타성 등이 합리적 결정을 제약하는 수가 있다.

② 조직의 체계 : 조직의 체계가 지나치게 엄격한 계층체계로 되어 있거나, 권위성이 지나치게 강하거나, 역할체계가 무질서하거나 한 경우에는 합리적 결정이 제약되게 된다.

③ 절차문제 : 쇄신과 발전을 저해하는 절차규정, 복잡하고 느린 사무절차 등도 합리적 결정을 제약하게 된다.

④ 인간관계 : 조직구성원간의 질시·반목, 계선·참모간의 알력·불화, 일반행정가와 전문기술자간의 갈등·마찰, 상관과 부하 간의 불신감 등도 제약요인이 된다.

마지막으로 환경적 요인은 다음과 같다.

① 외부의 통제·압력 : 의회·법원·정당·이익집단·여론 등 외부로부터의

통제가 약할 때에는 결정자의 자의성이 작용할 우려가 있고, 반면에 외부로부터의 압력이 지나치게 강함으로써 합리적인 결정이 제약될 수가 있다.

② 경제·사회·문화적 배경 : 조직을 둘러싸고 있는 사회전체의 경제적·사회적·문화적 배경이 비합리 또는 미개발일 때에는 그 속에서 행해지는 결정이 고도로 합리적일 수가 없다.

③ 시간의 제약 : 사회적 수요가 급격히 비등하거나, 재해 등으로 대단히 긴급을 요하거나, 정무관의 재임기간이 짧거나 한 경우에는 서둘러 결정을 하고 또 전시효과적으로 결정하게 되기 때문에 합리적 결정이 저해되는 수가 있다.

4. 정책결정 모형

정책결정 모형은 다양하게 제시될 수 있지만, 대표적인 것이 바로 합리모형, 만족모형, 점증모형, 혼합주사 모형, 최적모형이다. 이외에도 쓰레기통 모형, 경제적 합리성을 강조하는 공공선택 모형, 회사모형, 합리모형과 조직모형, 정치모형이 종합된 앨리슨모형 등이 제시될 수 있다(백승기, 2005: 223-253).

〈표 5-3〉 정책결정의 이론모형(R. Presthus)

산출지향적 정책결정모형	과정지향적 정책결정모형
• 행정학 영역 • 정책 중심적 • 처방성(문제 해결성)이 강함 • 합리모형 • 만족모형 • 점증모형 • 혼합모형 • 최적모형	• 정치학영역/참여자 중심 성격이 강함 • 엘리트모형 : 엘리트 중심 • 집단모형 : 다원화된 집단중심 • 체제모형 : 투입에 대한 반응중심 • 제도모형

1) 합리모형

정책결정 모형에서 가장 이상적인 모형이 바로 합리모형이다. 이는 인간의 이성과 합리성에 근거하여 결정하고 행동한다는 이론이다. 합리적 정책을 선택하기 위해서 정책결정자는 우선 모든 사회적 가치 선호와 이들의 상대적 비중을 정확히 파악하여 명확히 문제를 인식하고, 문제해결을 위한 모든 대안을 작성하여, 각 대안에 관한 비용과 편익의 비율을 비교 · 검토 · 평가하여 최선의 정책대안을 선택하여야 한다.

그러나 모든 대안을 탐색의 불가능, 시간과 인간 인지 능력의 제약, 정책문제나 정책 목표가 불명확 등의 이유로 한계를 가진다.

예컨대, 합리모형에 입각하면 의사결정자는 전지전능한 존재로 인식하기 때문에 모든 대안을 평가할 수 있다. 따라서 구매자 A는 신발 한 켤레를 구매하기 위하여 모든 매장의 신발들의 품질, 가격, 편의, A/S, 서비스 등의 항목을 꼼꼼히 분석하여 서열화시킨 후 가장 합리적인 선택을 하게 된다.

2) 만족모형

만족모형은 의사결정자가 최적의 대안이 아니라 만족할 만한 대안을 선택하게 되는 것을 말한다. 실제로 정책결정자들은 자신들이 만족하는 대안 이상의 것을 추구하기 위하여 노력하지 않으며, 따라서 만족할 만한 질이 바로 정책결정을 설명하는 데 핵심이 되고 있다.

예컨대, 만족모형에 입각하여 소비를 한다면, 구매자 A가 모든 제품을 평가하는 것은 불가능하기 때문에 현재 주어진 모델(대안) 중에서 가장 만족하는 것을 선택하게 된다.

3) 점증주의모형

정책결정자의 분석기능 및 시간이 부족하고 정보도 제약되어 있으며, 대안 비교의 기준으로 이용할 가치기준마저 불분명한 상태에서는 현존의 정책에서 소폭적인 변화만을 대안으로 고려하여 정책을 결정하고, 시간이 흐름에 따라 환류 되는 정보를 보아 잘못된 점이 있으면 수정·보완하는 식으로 연속적인 정책결정을 하는 것을 점증주의 모형이라 말한다. 하지만 이 모형은 다분히 보수주의적이라는 비판을 피하기 어렵다.

예컨대, 점증주의모형에 입각하여 구매한다고 가정한다면, 만족모형의 구매자와 마찬가지로 모든 대안을 비교분석하는 것은 불가능하다. 따라서 구매자 A는 지금 신발의 단점을 보완할 수 있는 모델을 선택하게 된다.

〈표 5-4〉 합리모형·만족모형·점증모형의 비교

구 분	합리모형	만족모형	점증모형
목 표	합리성 추구	제한된 합리성 추구	정치적 합리성 추구
접근법	규범적·이상적 접근법	현실적·점증적 접근법	현실적·점증적 접근법
학 자	Simon, Lindblom	Simon, March	Lindblom, Wildavsky

4) 혼합주사 모형

혼합주사 모형은 합리모형과 점증모형을 혼합시켰다는데 그 특색이 있다. 즉 이것은 인공위성에다 카메라를 장착하고 기상 관측을 할 때 먼저 광각 카메라로 공간 전역을 대강 조사한 후(합리적인 접근방법), 그 가운데 이상 지역이 발생되면 정밀 카메라로 그 지역을 집중적으로 상세히 조사하는 방법(점증모형에 의한 접근방법)을 혼용하는 것과 같은 경우이다.

예컨대, 합리모형에 입각하여 넓은 시야를 가지고 많은 사회 자료를 수집한 후, 취업률에서 문제가 발견되면 점증모형에 따라 좁은 시야로 실업자의 기술능력 등을 자세히 살펴보는 것이다. 이 사례는 실제로 웨이드(Larry L. Wade)에 의해 적용된 것이다.

5) 최적모형

최적모형은 기존의 합리적 결정방식이 지나치게 수리적 완벽성을 추구해 현실성을 잃는 것을 경계하고, 그 반대로 다른 접근 방식들이 너무 현실 지향적이 되는 것을 방지한다는 의도로 제시되었다. 최적모형은 가치의 존재를 중시하고, 직관, 판단, 창의와 같은 초합리성의 개념을 도입함으로써 합리모형을 한층 체계적으로 발전시킨 이론이다.

예컨대, A씨는 2010년에는 새로운 사업을 시작하고자 다짐하였다. 어떤 사업을 해야 성공할 수 있을지 고민하던 A씨는 평소 믿고 의지하던 무속인 B씨를 찾아가 사업 상담을 하고 B씨가 권해주는 대로 음식점을 개업하기로 하였다. 시장의 흐름과 소비자의 요구, 사업자금, 사업의 종류 등에 대해 합리적으로 파악하지 못한 A씨의 이러한 행동은 문제해결에 있어서 직관, 판단 등과 같은 초합리성에 의존하는 의사결정이라고 볼 수 있다.

〈표 5-5〉 최적모형의 단계별 특징

초정책결정단계	정책결정단계	후정책결정단계
정책의 주요지침 · 방향설정	구체적 행동대안 결정	정책의 집행 · 평가
초합리적 요인	합리적 요인	환류 : 영감 · 육감의 원인제공

6) 쓰레기통 모형

쓰레기통 모형(garbage can model)은 정책결정이 일정한 규칙에 따라 이루어지는 것이 아니라, ① 정책문제, ② 해결책, ③ 선택기회, ④ 참여자의 4 가지 요소가 쓰레기통 속에서와 같이 뒤죽박죽 움직이다가 어떤 계기로 서로 만나게 될 때 이루어진다고 보는 정책결정 모형을 말한다(이종수, 2009: 313). 극도로 불합리한 집단적 의사결정에 관한 모형으로 볼 수 있다.

7) 공공선택이론

공공선택이론은 정치경제학적 관점을 사용하여 공공재의 공급을 정치학의 주요 대상으로 삼고, 그의 공급을 위한 정책결정 방법과 조직 배열을 연구한 것이다. 공공선택이론가들은 집단적 정치적 내지 정책결정 행위에 경제학적 논리를 적용시켰으며, 공공 분야의 정책결정 과정에 경제적 분석의 시각을 원용하였다.

8) 회사모형

이 모형은 연합모형이라고도 불리는데, 회사조직을 유기체가 아닌 서로 다른 목표를 지닌 구성원들의 연합체(coalition)로 보기 때문이다. 회사모형은 조직전체의 합리적 모형으로 의사결정이 이루어진다는 이론을 비판하고, 조직을 구성하는 하부수준간의 갈등해결과정을 의사결정으로 이해하고 있다. 즉 회사모형은 조직 내 하위조직들 사이의 상이한 목표로 인한 갈등이 협상을 통해서 해결될 수 있고, 이러한 해결은 완전한 해결이 아닌 불완전한 해결 상태로 남는다는 점, 그리고 표준운영절차(SOP)의 중요성 강조 등의 내용을 포함한다. 이러한 측면에서 회사모형은 현실에 대한 설명력을 갖추고 있다.

9) 앨리슨모형

앨리슨(Graham T. Allison)은 쿠바 미사일사건에서 미국이 '해상봉쇄'라는 정책결정과정을 설명하기 위해서 세 가지 모형-합리모형, 조직과정모형, 정치모형-을 제시하였다. 이 모형은 합리모형이나 집단적 의사결정에서 야기될 수 있는 한계를 보완하기 위하여 정치적 결정을 세 번째 모형으로 채택하고 있다. 합리모형은 국가 정책결정을 유추하여 국익을 극대화시키는 최선의 대안을 선택하는 합리적 결정을 한다. 조직모형에 따르면, 정부는 하위조직들의 집합체이며 이들 하부조직의 내부절차(SOP)에 의해서 국가 정책이 결정되는데, 정책결정 참여자들은 국가적 목표보다 자신이 속해 있는 하위조직의 목표를 우선시하게 된다. 정치모형은 정책결정의 주체를 극도로 다원화된 참여자 개개인으로 판단하며, 쿠바 미사일 사건의 '해안봉쇄'결정은 대통령과 고위관료, 정치가들 간의 정치적 게임에 의해 결정되었다고 설명한다.

〈표 5-6〉 Allison의 3가지 모형의 종합

구분	합리모형	조직모형	정치모형
조직관	• 조정과 통제가 잘 된 유기체	• 느슨하게 연결된 조직들의 연합체	• 독립적인 개인적 행위자들의 집합체
권력의 소재	• 최고지도자가 보유	• 하위조직들이 분산 소유	• 개인적 행위자들의 정치적 자원에 의존
목표의 공유도	• 매우 강함	• 약함	• 매우 약함
정책결정 양태	• 최고지도자가 명령하고 지시	• SOP에 의존	• 타협 · 흥정
의사결정 일관성	• 항상 일관성 유지	• 자주 바뀜	• 거의 일치하지 않음

제 4 절 정책집행

1. 정책집행의 의의

정책집행(Policy Implementation)은 권위 있는 정책의 내용을 실행하는 과정 또는 정부사업계획이 효과적으로 달성되도록 하는 일련의 활동들을 의미한다. 이러한 정책집행의 과정은 순환성의 원칙에 기초를 두고 있다. 즉 집행과정은 정책형성, 결정과정 및 정책평가과정과 서로 영향을 주고 받을 뿐만 아니라 서로 교호작용을 한다.

정책집행은 기술적·행정적 과정일 뿐만 아니라 정치적 과정이다. 정책은 집행자들에 의해 해석된다. 정책결정자와 정책집행자는 집행과정에서 서로 영향을 미친다. 정책에 관한 여러 가지 요청들이 타협·조정되기도 한다. 재량의 과정을 통해서 정책내용과 그 영향은 구체화되고 수정될 수 있다. 심한 경우에는 정책의도가 묵살될 수도 있다. 이러한 까닭으로 정책집행은 정책과정에서 아주 중요한 문제영역이라고 이해된다(오석홍, 2001: 483).

2. 정책집행의 모형

정책집행에 관한 연구는 크게 두 시기로 나눌 수 있다. 하나는 윌슨이 저술한 '행정의 연구'이후 본격적으로 발전을 이룩한 행정학의 한 분야로서 집행을 연구한 시기이며, 다른 하나는 1973년 프레스만(J.L.Pressman)과 윌다브스키(A. Wildavsky)가 공저한 '집행론' 이후의 시기이다. 전자는 흔히 고전적집행론이라 하고, 후자는 '현대적 집행론'이라 부른다. 현대적집행론은 다시 70년대의 하향적 집행연구와 80년대 이후의 상향적 집행연구로 나눌 수 있다.

1) 고전적 집행모형

고전적 집행연구는 정책집행을 정치·행정 이원론의 입장에서 이해한다. 즉, 의회는 정책결정기능을 정부는 집행기능을 각각 분담하며, 정책집행은 결정된 정책내용을 하위정부조직에서 단순히 기계적으로 처리하는 과정으로 본다.

2) 프레스만과 윌다브스키의 정책집행모형

프레스만과 윌다브스키는 미국 상무성의 경제개발처(Economic Development Administration)가 오클랜드 주에서 펼친 도시지역 실업자 구제사업이 실패하게 된 원인을 연구하였으며, 이를 통해 "현대적 집행론"의 연구가 촉발되었다. 이들의 집행연구는 행정학하여금 그들의 전문적인 경험을 최대한 이용할 수 있도록 해야 한다는 것이다.

둘째, 정책 반대세력의 움직임이나 전략을 장기적으로 파악·연구할 수 있다. 집행현장에서는 여러 가지 정책들이 집행 조직·요원들의 자원·지지를 두고 경쟁관계에 놓이게 되는데, 상향적 접근방법은 이런 현상을 파악하는데 유리하다.

셋째, 추상적·일반적 정책목표와 집행 관련집단의 참여를 강조한다. 이것은 집행의 능률성만 중요한 것이 아니라 형평성도 고려하여야 한다는 측면을 반영한다. 결정과정에서 정보의 부족이나 관련 집단간의 경쟁이 치열한 경우 정책목표가 추상적이고 일반적일 필요가 있다. 이런 겨우 집행단계에서 정책과 그 정책이 처한 제도적 상황간의 원활한 관계를 바탕으로 정책을 수정하고 구체화하여야 하며, 이 때에도 관련집단의 참여와 지들간의 합의의 도출은 집행의 성공을 위해 중요하다.

3. 정책집행 유형

Nakamura & Smallwood는 정책결정자와 집행자의 관계를 통해 정책집행 유형을 분류. 즉 정책결정자와 집행자의 상대적 역량의 크기, 양자의 능력, 정책목표와 집행의 상관성을 기준으로 정책집행 유형은 다섯 가지로 분류할 수 있다(이원희, 2007: 296-299).

1) 고전적 기술자형(classical technocrats)

정책결정자와 정책집행자를 엄격히 구분된다. 정책결정자는 구체적인 정책목표와 세부 정책내용까지 결정한다. 그리고 하위 집행자들의 활동을 엄격히 통제한다. 정책집행자들은 결정자들에 의해 만들어진 정책내용과 목표를 받아들여 이를 실천학을 위한 활동을 한다. 구체적이고 세세한 기술적 문제 정도에서만 미약한 재량권을 부여받고, 목표달성을 위해 노력한다.

2) 지시적 위임형(instructed delegates)

정책결정자들에 의해 목표가 수립되고 대체적인 방침만 정해진 뒤 나머지 부분은 집행자들에게 위임된다. 집행자들은 이 목표와 방침에 합의한 상태에서 구체적인 집행에 있어서는 충분한재량권을 부여받는다. 목표 달성을 위해 필요한 범위 내에서 행정적, 기술적, 협상적 권한을 집행자들이 소유한다.

3) 협상형(bargainers)

정책결정자가 목표를 수립하고 대체적인 정책을 결정하나 집행과정에서 집행자들과 많은 협상과정을 거친다. 정책목표나 구체적인 집행수단들에 대해서 두 집단이 서로 조정 협상 과정을 거쳐 정책이 변화를 겪는 것이다.

4) 재량적 실험형(discretionary experimenters)

정보, 기술, 현실 여건들 때문에 결정자들이 구체적인 정책이나 목표를 설정하지 못하고 추상적인 수준에 머문다. 결정자들은 정책에 대한 확신이 없고 정책의 대부분을 집행자들에게 위임한다. 집행자들은 정책목표의 구체화, 수단선택, 정책시행을 자기 책임 하에 관장한다.

5) 관료적 기업가형(bureaucratic entrepreneur)

정책집행 담당 관료들이 큰 권한을 소유하고 정책과정 전체를 좌지우지하는 형태이다. 그리고, 결정권까지도 행사한다. 형식상 결정권을 소유하고 있는 상위 결정자들은 집행자들에 의해 만들어진 정책과 목표를 받아들이는 수 밖에 없다. 또한, 모든 실권을 집행자들이 가지고 있다.

〈표 5-7〉 정책집행의 유형(Nakamura & Smallwood)

구분	정책결정자의 역할	정책집행자의 역할	기타
고전적 기술자형	• 구체적 목표설정 • 집행자에게 기술적 권한만 위임	• 정책결정자가 설정한 목표 달성을 위한 기술적 수단 강구	• 19세기 입법국가 • 정책결정자(장차관)의 권한이 큼 ↕ • 현대 행정국가 • 정책집행자(국장)의 권한이 큼
지시적 위임자형	• 구체적 목표설정. • 집행자에게 행정적 권한까지 위임	• 목표달성 위해 집행자 상호 간에 행정적 수단에 관해 교섭	
협상자형	• 목표설정. 집행자와 목표 또는 목표달성 수단에 관하여 협상	• 목표와 목표달성에 필요한 수단에 관하여 협상	
재량적 실험가형	• 집행자에게 광범위한 재량권 위임	• 정책결정자를 위해 추상적인 목표와 수단을 구체화	
관료적 기업가형	• 집행자가 설정한 목표와 목표달성 수단을 지지	• 목표와 그 달성수단을 형성하고 필요한 정책수단 확보를 위해 정책결정자와 흥정	

(2) 정책집행 연구의 접근방법

정책집행연구의 접근방법은 크게 하향적 접근과 상향적 접근으로 구분된다(이원희, 2007: 292).

① 하향적 접근방법

하향적 접근방법(top-down approach)이란 정책결정에서 산출된 정책을 출발점으로 삼아 정책집행 기관에 지시·전달되고 집행 기관이 정책집행을 하는 과정을 위에서부터 아래로 연구와 관찰의 대상을 이동시키는 방법으로 통제 모형이라고도 한다.

하향적 접근방법의 특징은 다음과 같다.

첫째, 집행과정의 법적 구조화를 중시한다. 명확하고 일관성 있는 정책목표, 엄격한 집행지침과 하위 관료들의 재량에 대한 적극적 통제의 필요성이 강조된다. 즉 집행과정에서 획일성과 통일성이 요구된다.

둘째, 목표의 달성 정도와 정책영향이 정책목표와 어느 정도 일치하는 지를 파악한다. 소위 정책집행을 원하는 자들의 입장에서 집행과정을 연구한다.

셋째, 발견적 학습을 강조한다. 시간이 지나면서 정책제안자들이 초기 정책이 가진 결점을 알고 그 약점을 보완하기 위해 법적·정치적 전략을 개선하려는 가운데, 정책의 제안자들로 하여금 스스로 학습의 중요성을 발견하게 만들어 줄 수 있다.

② 상향적 접근방법

상향적 접근방법(bottom-up approach)은 집행을 조직 내 개인의 활동을 출발점으로 삼아, 문제의 상황에 대응하여 일어나는 상호작용이라고 본다. 상향적 접근방법은 집행현장에서 행위자들이 인지하고 있는 요소들과 행위자들간에 흥정·타협이 이루어지는 요소들만 연구대상으로 삼기 때문에 상호작용 모형이라고 한다.

상향적 접근방법의 특징은 다음과 같다.

첫째, 현장에서 직접 정책집행을 담당하고 있는 일선관료들의 역량을 중시한다. 집행자로 하여금 그들의 전문적인 경험을 최대한 이용할 수 있도록 해야 한다는 것이다.

둘째, 정책 반대세력의 움직임이나 전략을 장기적으로 파악·연구할 수 있다. 집행현장에서는 여러 가지 정책들이 집행 조직·요원들의 자원·지지를 두고 경쟁관계에 놓이게 되는데, 상향적 접근방법은 이런 현상을 파악하는데 유리하다.

셋째, 추상적·일반적 정책목표와 집행 관련집단의 참여를 강조한다. 이것은 집행의 능률성만 중요한 것이 아니라 형평성도 고려하여야 한다는 측면을 반영한다. 결정과정에서 정보의 부족이나 관련 집단간의 경쟁이 치열한 경우 정책목표가 추상적이고 일반적일 필요가 있다. 이런 겨우 집행단계에서 정책과 그 정책이 처한 제도적 상황간의 원활한 관계를 바탕으로 정책을 수정하고 구체화하여야 하며, 이 때에도 관련집단의 참여와 지들간의 합의의 도출은 집행의 성공을 위해 중요하다.

4. 정책집행에 영향을 미치는 요인

정책집행 과정에서 행정기구가 공공정책의 주요 집행자이기는 하지만 입법부, 법원, 압력단체 및 지역사회 조직들도 단독으로 혹은 복합적으로 정책집행에 관련되거나 영향을 미치고 있다(박수영 외, 2006: 188-189).

정책집행은 많은 경제적, 정치적, 인적 자원이 동원·사용되기 때문에 기존의 사회관계에 큰 영향을 미치고, 오랜 시간과 여러 장소, 그리고 복합적인 상황 속에서 발생하는 지극히 복잡한 과정이다. 정책집행에 영향을 미치는 요인들을 살펴보면 다음과 같다(이계탁·이광범, 1999: 238-239)..

1) 정책의 유형

정책유형에 따라 정책집행의 주체나 대상집단의 활동은 상당히 다르게 나타난다. 로위의 정책분류를 따를 경우, 분배정책은 대상집단이 주로 수혜자들이고, 집행과 관련된 집단들간의 갈등이나 반대가 비교적 낮으며, 안정된 집행절차를 마련할 수 있어서 집행의 성공 가능성이 높다. 규제정책에서는 정부가 정책으로부터 혜택을 보는 자와 피해를 보는 자를 선택하게 되는데 이 과정에서 많은 갈등이 발생된다.

2) 정책목표와 수단의 성격

집행은 정책내용을 구체화하는 활동이므로 정책내용의 성질에 따라 집행의 성공여부가 크게 좌우된다. 여기서는 정책내용의 명확성, 일관성, 소망성이 중요하다. 명확성이란 정책의 목표와 수단이 포괄적·추상적이어서는 안 되고, 목표나 수단들이 상호 모순되거나 대립되지 않고 명확해야 한다는 것을 의미하며, 일관성은 정책의 목표와 수단 간의 우선 순위가 분명하고 이러한 우선 순위가 시간의 경과에도 크게 변함이 없음 의미하며, 소망성이란 집행과정에 관여한 사람들이 사업 계획의 내용을 바람직스럽게 인식하는 정도를 말한다.

저해요인으로는 정책의 불명확성 및 지식의 불완전성이다. 효율성 있는 정책집행이 되기 위해서는 정책은 그 내용이 구체적이어야 하며, 정책목표의 달성을 위한 수단방법도 명확히 제시될 수 있어야 한다. 정책의 명확성을 저해하는 요인에는 ① 정책목표달성의 수단·방법에 관하여 잘 알지 못하여 수단에 관한 구체성이 결여되는 기술적 제약성, ② 정책결정자가 해결하려는 문제의 성격·내용에 관하여 합의를 할 수 없는 경우의 개념적 복잡성, ③ 이익집단이나 정치인의 입장을 반영하여 모호하고 추상적인 정책을 결정하게 되는 경우의 정치적 고려 등을 들 수 있다.

3) 집행조직

집행조직은 결정된 정책의 구체적인 실현 활동을 주도하기 때문에 집행과정에서 가장 중요한 위치에 있다. 집행활동을 주관할 조직은 절차·재원과 같은 정책수단 및 집행 담당자들을 중심으로 활동을 하게 된다. 정책집행 담당조직의 활동은 그 조직이 갖는 구조적 특징(집행구조, 조직의 분위기, 관료적 규범)과 집행절차에 크게 좌우된다. 또한 정책 집행 담당공무원의 태도, 정책 관련 전문적인 능력이 어느 정도냐에 따라 정책의 성공 여부가 좌우될 수 있다. 저해요인으로는 첫째, 표준운영절차이다. 모든 집단·조직에서는 특히 일반적인 상황에 대처하기 위한 일상적 처리방법인 표준운영절차로 말미암아 각 상황에 적절한 최선의 정책집행방법을 분석·적용하지 않은 경우가 있다. 이런 경우 SOP는 새로운 정책의 집행을 저해할 가능성이 높으며, 정책변동도 어렵게 만들기 쉽고 위기상황에도 대처하기 곤란하다.

둘째, 의사소통의 비효율성이다. 의사소통의 비효율성은 정책집행의 지체·실패의 주요 원인이 되기 때문에 행정기관의 책임자가 정보과다로 정보를 충분히 분석하지 못하거나, 일선기관의 정책집행 차질을 밝히는데 소극적 입장을 취하는 경우 정책의 효율적 집행이 어렵게 된다. 또한 집행명령이 여러 관계기관으로부터 내용이 다르게 나와 정책의 일관성이 유지되지 못하여 집행에 차질을 빚기도 한다.

4) 정책대상집단

대응집단의 대응 행태, 집행주체의 협상 전략도 중요한 영향을 미친다. 무조건 강제성을 띠면 상당한 반발 초래. 집행주체는 도덕적 설득과 같은 부드러운 방법에서부터 유인, 강제, 처벌, 강압과 같은 다양한 방법을 상황에 맞게 적절히 동원해야 한다. 저해요인으로 리더십과 능력의 부족이다. 어느 국가를 막론하고 어떤 인물이 정책집행책임을 지고 있느냐는 정책집행에 막대한 영향을 미친다. 그러므로 정책집행

책임자는 강력한 리더십, 적극적 태도, 고도의 정치적 수완과 기술적 관리능력이 요구된다. 리더십과 관련하여 정책집행자의 성향도 정책집행에 큰 비중을 차지한다. 그 이유는 일반적으로 집행자는 정책결정을 내린 상급자와 관계없이 상당한 범위에 걸쳐 재량권을 행사하고 있고, 정책집행이 효율적으로 진행되는 데는 집행자가 정책을 집행하려는 적극적인 심리적 성향이 있어야 하기 때문이다.

5) 환경적 요인

(1) 정치 · 경제적 여건 변화

외부의 정치 · 경제적 여건 변화 및 다른 조건들의 변화도 정책의 집행에 커다란 영향을 미치게 된다. 이러한 환경적 요인들은 집행의 주체에 의해 통제되지 않으면서도 집행과정에 커다란 영향을 준다.

i) 정치적 경제적 여건의 변화

ii) 대중매체의 관심과 여론의 반응

iii) 정책결정기관의 지원.

5. 정책집행상의 순응과 불응

정책이 아무리 훌륭하고 또한 적극적인 합의와 지지 속에서 결정되었더라도 그 집행단계에서 집행기관(특히 일선관료)이나 정책대상집단이 이에 순응하지 아니할 때에는 결국 그 정책은 실패로 귀결될 수밖에 없다(최창호 · 하미승, 2007: 221). 여기서 순응(compliance)이란 정책집행자나 정책대상집단이 정책이나 법규에 근거한 지시 · 요구사항에 대하여 일치된 행동을 보이는 것을 말하며, 불응(non-compliance)이란 지시 · 요구사항을 들어주지 않고 일치되지 않는 행동을 보이는 것을 말한다(신용한, 2011: 252).

국민들이 정부의 정책에 순응하는 이유는 첫째, 정부에서 하는 일을 믿고 따라야 한다고 사회화되어 있기 때문이다. 둘째, 이성적인 판단에 따라 정책의 내용이 합리적이라고 생각하기 때문이다. 셋째, 정당한 권한에 입각한 합법적 조치라고 생각하기 때문이다. 넷째, 개인적 이익에 부합되기 때문이다. 다섯째, 처벌의 가능성을 두려워하고 법위반자라는 누명이 싫어서 순응할 수 있다. 여섯째, 정책의 존속기간이 길어지면 그것이 일상화되고 사람들에게 친숙해져서 타성적인 순응을 유지할 수 있다.

반면, 정책집행에 순응하지 않는 이유도 여러 가지이다. 첫째, 정책이 대상집단의 가치관, 신념, 관습에 심히 배치되기 때문에 순응을 거부할 수 있다. 둘째, 법령의 구속성이 약하다고 생각하기 때문에 순응하지 않을 수 있다. 예컨대, 형벌법규의 구속성보다는 행정규칙의 구속성이 약하다고 생각할 수 있다. 셋째, 소속 지역사회나 집단의 수용거부 분위기 때문에 그 영향으로 순응하지 않을 수 있다. 넷째, 정책의 요건을 충족시키기가 너무 어려운 경우, 그리고 정책이 불필요하거나 실천가능성이 없다고 생각하는 경우 순응거부가 일어날 수 있다. 다섯째, 정책내용을 관계자들에게 알리는 데 실패했거나, 상대방이 무식하기 때문에 순응실패가 일어날 수 있다. 여섯째, 정책이 모호하고 상충된 내용을 담고 있을 때 순응거부가 일어날 수 있다. 마지막으로 위법적인 일이라도 저질러 쉽게 돈을 벌려는 사람들은 정책의 규제를 어길 수 있다.

이러한 순응거부를 막거나 해소하기 위해 ① 대상집단을 교육하고 설득하는 방법, ② 제재와 보상을 동원하는 방법, ③ 순응을 촉진하는 방향으로 정책을 해석하고 관리하는 방법 등을 도입해야 한다(오석홍, 2001: 486-487).

제 5 절 정책평가 및 환류

1. 정책평가의 의의

1) 정책평가의 개념

정책집행 결과에 대한 사후평가·분석으로 정책결정의 환류 장치의 기능을 수행한다. 정책평가란 넓은 의미로는 정책대안에 대한 사전 비교·평가도 포함한다고 할 수 있지만, 일반적으로 정책이 결정되어 집행된 결과 또는 집행되고 있는 결과에 대한 사후 평가·분석을 의미한다. 평가란 행정과정의 중요한 단계로서 정책결정의 환류장치라 할 수 있다.

2) 정책평가의 목적

(1) 정책의 책임성 확보

정책 담당자의 책임성을 확보하는 것으로 정책평가를 통해서 집행 요원들이 집행활동에서 법규나 회계규칙 등에 합치하게 하는 법적·회계적 책임성이다. 그리고 집행관리자에게 더욱 효과적이고 능률적인 관리를 하도록 강제하는 관리책임성 및 정책결정자가 일반국민에게 효과적이고 능률적인 정책 추진을 하게끔 하는 정치적 책임성을 확보하기 위한 것이다.

(2) 정책의 환류기준·정보 습득

정책평가는 정책의 집행 과정이나 집행 후에 나타난 정책결과에 의해서 획득한 정보를 정책 과정상에 환류 기능을 수행한다.

(3) 학문적기여

지식적 측면을 들 수 있는데, 이론 발전에 의한 학문적 기여를 목적으로 한다. 정책평가는 학자들에게 정책목표와 수단 간의 인과 경로에 의한 검토·확인·검증을 통하여 기존 이론의 수정·보완 및 새로운 이론형성에 도움을 준다(박수영 외, 2006:200).

2. 정책평가의 유형과 체계

정책평가는 분류 기준에 따라 여러 가지 종류로 구분되는데, 총괄평가와 과정평가로 구분할 수 있다. 첫째, 총괄평가는 영향평가 메타평가로 분류하며, 둘째, 과정평가에 속하는 기법으로는 형성평가와 설계적 평가, 모니터링 평가로 구분되어 진다.

1) 총괄평가

(1) 영향평가

능률성, 효과성, 수익자 대응성, 체제유지도, 정치적 만족, 적합성 등을 평가하는 것이다.

(2) 메타평가

정책평가의 결과를 다시 평가하는 것이다.

2) 과정평가

(1) 형성평가

정책집행상 문제점을 미리 파악하고 이를 극복할 수 있는 정책형성설계 개발전략을 마련하는 평가로서 평가의 초점을 프로그램의 개념화와 설계에 두는 평가이다. 예를 들면 대통령 중간평가이다.

(2) 설계적 평가

실험집단과 비교집단을 사용하지 않고 미리 한번 결과에 대해 간결하게 평가하는 것이다.

(3) 모니터링 평가

정책의 집행이 능률적이고 효과적으로 이루어지고 있는가를 평가 하는 것이다. 모니터링 평가는 프로그램모니터링, 성과모니터링, 균형성 모니터링으로 구분되어진다.

3. 정책평가의 기준

1) Nakamura & Smallwood의 분류

(1) 목표달성(Goal Attainment)

정책의 효과성을 기준으로 평가하려는 것이다. 효과성이란 설정하고 있는 목표를 얼마나 달성했느냐를 측정하는 기준이다.

(2) 능률성(Efficiency)

능률성이란 목표를 달성하는데 있어서 투입에 대한 산출의 합리적 비율을 말한다.

(3) 주민의 만족도(Constituency Satisfaction)

주민의 만족도란 특정정책에 대하여 주민들이 얼마나 효용성을 느끼느냐의 문제이다.

(4) 수익자의 대응성(Clientele Responsiveness)

대응성은 정책수혜자들의 욕구, 선호 그리고 가치를 얼마나 만족시키고 있는가를 측정하고자 하는 기준이다.

(5) 체제유지(System Maintenance)

체제유지는 특정한 정책이 체제의 적응력·활력을 높여 체제유지에 얼마나 이바지했는냐를 측정하고자 하는 기준이다. 체제유지는 거시적 수준과 미시적 수준에서 논할 수 있다. 거시적 수준에서는 특정한 정책의 집행이 국가나 국제 사회의 안정에 얼마나 공헌했느냐 하는 것이며, 미시적 수준은 개별적인 집행담당기관의 활력의 유지에 얼마나 이바지했느냐 하는 것이다.

〈표 5-8〉 Nakamura & Smallwood의 정책평가 분류

평가기준	특징	기타	집행유형
목표달성도	목표의 명확성	고전적 기준 (목표의 명확성) ↕ 현대적 기준 (탄력 · 포괄적)	고전적 기술자형
능률성	생산비용		지시적 위임형
주민만족도	타협과 목표조정		협상형
수익자의 대응성	프로그램의 적응성 · 신축성		재량적 실험가형
체제유지	안정성과 지속성		관료적 기업가형

2) Dunn의 분류

(1) 효과성(Effectiveness)

효과성은 일반적으로 목표의 달성도를 의미한다. 여기서는 정책이 가치 있는 성과를 얼마나 달성했느냐 하는 것이다.

(2) 능률성(Efficiency)

가치 있는 성과를 달성하기 위하여 어느 정도의 노력이 필요했는가를 측정하는 것이다. 능률성의 측정을 위하여 사용되는 지표로서 단위원가, 순편익, 비용 편익비율 등이 있다.

(3) 충분성(Adequacy)

가치 있는 성과의 달성이 문제해결에 얼마나 기여했는가를 측정하는 기준이 충분성 이다.

(4) 형평성(Equity)

특정한 정책의 비용과 편익이 여러 집단에 형평성 있게 배분되었느냐 하는 것이다.

(5) 대응성(Responsiveness)

정책의 성과가 특정 집단의 필요, 선호, 가치를 충족시켰느냐 하는 것이다.

(6) 필요성(Appropriateness)

정책의 목표가 과연 바람직한 것이며 가치 있는 것이냐 하는 것이다.

4. 정책평가의 방법

정책평가 방법은 크게 진실험적 · 준실험적 · 비실험적 방법으로 구분할 수 있다(이종수 · 윤영진, 2008: 279-281). 진실험적 방법은 실험집단과 통제집단의 동질성을 확보해 행하는 실험적 평가방법으로 '실험실 실험'이라고도 한다. 즉 평가 대상을 무작위로 두 집단에 배정해 두 집단의 동질성을 확보한 후 한 집단은 비교를 위해 사용하며(통제집단), 다른 집단(실험집단)에만 일정한 처지를 가한 후 결과변수에서 나타나는 두 집단의 차이를 처치(정책)의 효과로 추정한다.

준실험적 방법은 진실험 방법에서와 같이 실험집단과 통제집단의 동질성을 확보하기 어려운 경우에 사용된다. 무작위 배정 방법이 아닌 짝짓기 방법 등을 사용하여 두 집단이 비동질적일지라도 잠재적인 혼란 변수나 허위변수의 측면에서 가능한 한 유사한 실험집단과 비교집단을 구성하려고 노력한다.

비실험적 방법의 경우 진실험적 방법 및 준실험적 방법의 경우와 같이 비교집단이 구성되지 않은 인과추론 방법이라고 할 수 있다. 사실상 대다수의 정책효과에 대한 평가에서 비실험적 방법이 많이 활용되고 있다.

〈표 5-9〉 정책평가를 위한 사회실험

구분		특징	장단점
비실험적 설계	비실험	• 실험집단과 통제집단의 구분 없이 실험집단에만 정책처리를 하는 실험 • 정책실시전후비교방법, 사후비교집단선정방법	• 외적 타당도 및 실행가능성은 높으나 내적 타당도는 매우 낮음 • 성숙효과 및 사건효과 방지곤란

<table>
<tr><td rowspan="2">실험적 설계</td><td>준실험</td><td>• 통제집단과 실험집단을 구분하되 실험집단과 통제집단간 동질성을 확보하지 못하는 실험</td><td>• 외적 타당도 및 실행가능성은 높으나 내적 타당도는 낮은 편임
• 성숙효과 및 사건효과 방지곤란</td></tr>
<tr><td>진실험</td><td>• 통제집단과 실험집단을 구분하되 실험집단과 통제집단간 동질성을 확보하는 실험
• 모집단의 규모를 크게 하거나 무작위 추출을 하는 방법</td><td>• 외적 타당도 및 실행가능성은 낮으나 내적 타당도는 높은 편임
• 성숙효과 선정효과 방지 가능</td></tr>
</table>

5. 우리나라 중앙행정기관의 정책평가제도

중앙행정기관의 정책평가는 크게 주요정책과제평가, 기관역량평가 그리고 국민만족도 평가로 구분된다. 주요정책과제평가는 매년도 각 부처 업무계획 중 핵심시책·사업 1~3개 과제를 선정하여 평가하는 것을 말하며, 기관역량평가[17]는 기관운영혁신 및 자체평가수행노력의 평가를 의미한다. 그리고 국민만족도 평가는 다시 민원행정서비스에 대한 고객만족도와 주요정책과제에 대한 국민만족도로 분류되어 평가하고 있는 실정이다.

정부부문에 있어서의 평가제도의 발달과정을 살펴보면, 첫째, 국무총리 기획조정실의 심사분석 도입(`61.9~`81.10)으로 정부부문에 최초로 심사분석을 도입하고 정부정책의 평가기능을 수행하는 업무가「정부조직법」상에 최초로 부여된 시기이다. 주로 경제개발계획에 대한 연차별 실적평가를 실시하여 경제력 판단 등 거시경제 운영에 반영하였고, 1971년부터 평가교수단을 활용하여 예산사업 중심으로 진도분석 및 추진상 문제점과 대책중심의 과정평가 기능을 수행하였다(차의환, 2002: 66). 둘째, 경제기획원의 심사분석(`81.11~`94.12)과 국무총리실 정책평가(`90.4~`94.12)의 이원화시기로, 1981년 기구개편에서 심사분석업무가 경제기획원으로 이관되어 1983년부터 시작된 정부투자기관 경영평가 비중위주로 평가가 수행됨에 따라, 각 중앙부처의 정책평

17) 기관역량평가는 크게 두 가지로 구분된다. 첫째, 기관운영혁신노력평가로, 각 부처가 정책의 효율적 수행을 위해 추진하는 기관운영시스템 혁신 및 정책관리능력 향상노력 등의 평가이며, 둘째, 자체평가수행노력평가로, 각 부처의 주요업무를 자체적으로 평가하여 스스로 문제점을 발굴·개선해 나갈 수 있도록 하고 국무조정실은 이에 대한 상위평가를 실시하는 것을 말한다(심오택, 2001: 35~36).

가추진은 소극적이고 평가투입노력도 미비한 수준으로 일관되었다. 그리고 국무총리 행정조정실의 정책평가는 정부 내 평가기능의 이원적 체계가 탄생한 것을 의미하며, 경제기획원의 심사분석제도가 전 정부적 차원의 국정흐름을 진단하는데 한계성을 갖고 있는 데에 대한 보완적 성격에서 출발하였다. 이에 행정조정실을 신설하여 주요 국정현안과제 등 추진중인 시책들을 분석 · 평가하는 등 정책평가기능을 수행하였다. 셋째, 국무총리 행정조정실의 심사평가(`94.12. ~`98.2)로 이때 총리실의 정책평가기능과 경제기획원의 심사분석기능이 통합되었다. 이 시기는 현안과제 중심의 수시평가에 큰 비중에 둠에 따라 집행과정평가에 크게 기여하였다. 넷째, 국무총리 국무조정실의 심사평가기능(`98.3~) 강화로 기관평가제도를 도입한 시기이다. 그간의 평가가 각 부처의 일부 주요정책과제에 대하여 실적중심의 평가를 수행함으로써 부처의 종합적인 업무추진력에 대한 평가가 결여됨에 따라, 각 부처의 업무와 업무추진역량, 국민만족도를 종합적으로 평가할 수 있는 기관평가제도를 도입하여 부처간 경쟁을 유도한 것이다(심오택, 2001: 27). 특히 이 시기에는 평가기능과 역할이 확산되었는데, 중앙평가기관으로서 국무조정실이 법률적 근거를 갖게 된 것은 2001년 5월부터 효력을 발휘한「정부업무등의평가에관한기본법」의 제정이다. 즉 정부부처에서 이루어지고 있는 모든 평가에 관련된 업무들을 이 법이 총괄하고 있음을 의미한다(박병식, 2001: 155).

제 6 절 정책변동

1. 정책변동의 개념과 요인

1) 정책변동의 개념

정책변동을 '정책환경 변화로 인해 정치적·행정적 과정을 통해 결정된 정부의 정책목표와 이를 달성하기 위한 핵심적인 정책수단이 다른 것으로 변경되는 것' 이다. 정책변동은 특정분야에 어떤 정책이 이미 성립되어 있는 상황에서 기존정책이 시간이 흐름에 따라 변화하는 것을 의미한다(김준현, 2001: 8).

또한, 정책변동의 개념을 정책환경과의 관계를 중시하는 체계론적 관점에서 정의한다면 정책환경이 변화하면서 정책체제에 대한 투입이 변화하여 이것이 과거의 투입에 의하여 결정된 정책을 변화시키는 것이며, 투입의 변화가 정책의 변동으로 나타나기 위해서는 전환과정에서 정책자체를 포함해서 그와 관련된 제반변수의 특성, 변수의 수와 변수 상호의존관계가 질적으로 또는 양적으로 변화하는 것으로 설명할 수도 있다(Howgwood and Peters: 25-33; 정정길, 2002: 786).[18]

2) 정책변동의 요인

정책결정 요인론이란 정책의 내용을 결정하거나 결정된 내용을 수정·삭제 ·보완 등으로 변동이 일어날 때 좌우하는 요인이 무엇인가를 밝히려는 노력의 결과라 할 수 있는데 요인론에서 주장하는 큰 두 가지의 요인은 사회경제적 요인과 정치 행정적 요인으로 볼 수 있다. 정책결정의 사회·경제적 요인이란 한 국가의 예산지출, 소득, 인구 등 정치체제 외부에 위치한 객관적 요인들을 말하는 것으로, 주로 경제학자들에 의해 주장되어 왔다. 이러한 논의는 정치체제 외부의 요인에 의해 정책이 영향을 받는다는 점에서 환경결정론이라고도 한다. 더불어 정치학자나 행정학자들은 정책결정에서 정치 행정적 요인을 중요시하여 정치적 다원주의에 바탕을 둔 정당간의 정쟁, 투표율 등을 정책결정의 변수로 삼아 정책상황을 분석하기도 한다.

18) Brian W. Hogwood & B. Guy Peters(1983), policy Dynamics, New York: St. Martin's Press

2. 정책변동의 모형에 대한 제 이론

정책변동을 설명하는 모형은 Sabatier의 옹호연합모형(Advocacy Coalition Framework : ACF)과 Kingdon의 정책흐름모형(Policy Stream Framework : PSF)이 있으며, Hofferbert의 정책산출 변동모형(Policy Output Change Framework: POCF), Hall의 패러다임 변동 모형(Paradigm Change Framework :PCF) 그리고 Mucciaroni의 이익집단위상 변동모형(Interest Group Fortune Change Framework: ICF)등이 있다.

1) Sabatier의 옹호연합모형(Advocacy Coalition Framework : ACF)

Sabatier(1988)는 1988년 정책변동을 위한 설명으로서 옹호연합모형(ACF)을 제시했다. 이는 외적변수(external parameters), 옹호연합(policy advocacy coalition), 신념체계(belief systems), 정책중개자(policy brokers), 정책학습(policy learning), 정책산출(policy output), 그리고 정책변동(policy change)등으로 구성된다.

〈그림 5-7〉 Sabatier의 옹호연합모형의 정책과정

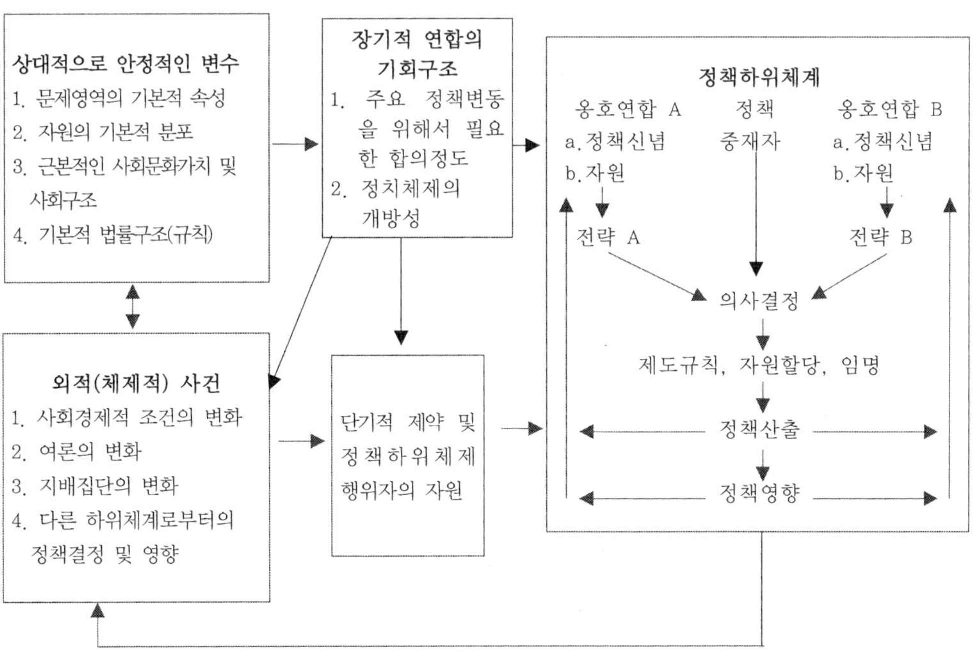

출처: Sabatier & Jenkins-Smith(2007: 202)

(1) 외적변수(external parameters)

장기간에 걸친 정책과정의 안정성과 정책변동을 이해하기 위해 본격적으로 제시된 옹호연합모형(ACF)은 특정정책을 옹호하고자 정치적으로 중요한 활동을 하는 옹호연합을 분석단위로 상정한다. 이러한 연합의 형성과 활동에의 제약을 가하거나 전략적 기회를 제공하는 결정적인 영향은 정책하위체제의 외적변수에서 비롯된다.

외적변수는 안정적인 외적변수(stable external parameters)와 역동적인 외적변수(dynamic external events)로 구성되어 있는데, 전자는 문제영역의 기본적 속성, 자연재원의 기본적 분포, 근본적인 사회문화가치 및 사회구조, 기본적인 법적구조 등이며, 후자의 경우에는 사회경제적 조건의 변화, 여론의 변화, 지배집단의 변화, 다른 하위체제로부터의 정책결정 및 영향 등을 들 수 있다.안정적인 외적변수들은 변화가 불가능하지는 않으나 마치 종교의 개종처럼 변화의 속도가 매우 더디고 범위 또한 협소하다. 반면역동적인 외적변수는 정책하위체제에 단기간에 큰 영향을 미친다(장지호, 2004: 177).

(2) 옹호연합(advocacy coalition)

옹호연합모형(ACF)은 어떤 일정한 정책영역 또는 하위체제 내에서 신념을 공유하는 행위자들끼리 옹호연합으로 서로 뭉친다. 정책은 합리적 분석과 정치적 산물이다. 정책과정상의 정치적 활동에는 경쟁과 함께 협력도 중요하다. 이런 과정에서 경쟁하는 세력에 대항해서 자신들의 이익이나 선호를 옹호하기 위해 연합의 형성이나 조직화된 협력들이 일어나게 되는 것이다.

(3) 신념체계(belief systems)

정책하위체제를 살펴보면 관련자는 몇 개의 옹호연합을 구성하는데, 이들은 기본적인 가치, 정책에 대한 인과가정, 정책수단에의 동의와 같은 주요한 신념체계(belief systems)를 공유하는 행위자들의 협력체로 구성된다. 이러한 신념체계는 규범적 핵심(normative core), 정책핵심(policy core) 그리고 도구적 측면(instrumental aspect)의 계층적 구조로 구성된다 .규범적 핵심은 신념체계 중 가장 최상위의 수준으로 자유, 평등, 발전, 보존 등의 존재론적인 공리가치의 우선순위를 정한다. 정부와 시장의 우위를 결정하거나 문제해결에 우선시 되는 기본 가정들, 예를 들어 과학기술의 발전을 보는 낙관적 혹은 비관적인 시각이냐에 따라 구분된다.

규범적 핵심은 연합을 형성하게 되는 가장 근본적인 시각으로 그의 지향점이 광대하므로 특정 정책과의 직접적인 연관성은 다른 계층의 신념보다 떨어진다. 정책핵심은 특정 하위체제에서 실제 운용되는 정책과 밀접히 연관되어 있다. 정책에 관련되어 어떠한 특정목표가 정해질 것인지 혹은 목표달성의 필수조건들이 어떠한 것인지에 관한 인과적 인식을 말한다. 이에 비해 도구적 측면의 신념은 가장 범위가 좁은 것으로 행정상 혹은 입법상의 운용과정에서 나타나는 정책수단, 예산의 배분, 성과에 대한 평가, 법적개정 등이다. 이는 특정한 세부적 정책에만 국한되는 것으로 가장 구체적이며 변화가능성이 다분하다(장지호, 2004: 178).

(4) 정책중개자(policy brokers)

이러한 옹호연합들간의 대립과 갈등을 중재하는 제3자를 정책중개자(policy brokers)라고 부른다. 정책중개자의 주요 관심은 옹호연합들 사이의 갈등을 줄이면서 합리적인 타협점을 찾아내는 것이다. 옹호연합들은 그들이 소유하는 재원을 동원하여 그들의 신념체계를 공공정책으로 변화시키려고 경쟁하게 되는데, 이 때에 정책중개자인 제3의 행위자들, 즉 정치인과 관료들에 의해 중재되는 것이다(전진석, 2003: 224).

(5) 정책학습(policy learning)

정책학습은 경험으로부터 초래되며, 옹호연합의 믿음체계 변경과 관련되어서 나타나는 생각이나 행태의 변화를 의미한다. 따라서 정책학습은 옹호연합들의 신념체계의 수정을 의미한다. 이러한 신념체계의 수정은 주로 신념체계의 계층적 구조에서 도구적 측면에 집중되며, 반면에 정책핵심에서는 변화가 일어나기 쉽지 않다. 정책핵심의 주요한 요소들을 변화시키기 위해서는 정책연구의 계도기능을 통한 10년 이상의 장기간에 걸친 정보의 축적을 필요로 한다. 옹호연합모형(ACF)에서는 이러한 정책학습이 장기적이고 점증적인 변화를 촉진하는 힘으로 파악된다(Munro, 1993: 124). 옹호연합모형(ACF)은 옹호연합들의 신념체계 변화를 의미하는 정책학습을 유도하는 조건으로 옹호연합들간 상당한 수준의 갈등과 논쟁을 촉진하는 전문적인 공개토론회, 공청회, 포럼 등이 있어야 한다.

(6) 정책산출(policy output)과 정책변동(policy change)

결국 옹호연합들간의 정책학습을 통해 정책산출이 나오게 된다. 이것이 이전과는 현저하게 다른 정책산출일 경우 정책변동이 이루어졌다고 할 수 있다. 이러한 정책형성과정의 정책변동은 정책집행과정으로 이어지게 된다.

2) Kingdon의 정책흐름모형

(1) 3가지 과정의 흐름[19)]

3가지 과정의 흐름은 정책문제흐름(policy problem stream), 정책대안흐름(policy Alternative stream), 그리고 정치흐름(political stream)이다. 이들이 하나로 결합될 때, 정책변동의 창[20)]이 열리는데, 이들 3가지 흐름은 대체적으로 상호독립해서 진전되고 작용한다.

정책대안흐름은 정책문제흐름에 대한 반응여부와 상관없이 개발되고 정치흐름은 당면하고 있는 문제와 상관없이 갑자기 변동된다. 그렇다고 이들 흐름이 절대적으로 독립되어 있다는 것은 아니다. 정책대안흐름에서의 아이디어 선정의 기준은 전문가들이 정치적인 제약여건이나 예산상의 제약여건이 무엇이라고 하는 예측을 가능하게 함으로써 영향을 미친다. 정치흐름에서의 선거결과는 어느 정도 정치흐름과 정책문제흐름을 연결시킴으로서 당면한 문제에 대한 대중의 인식에 영향을 미칠 것이다. 이러한 점에도 불구하고 정책흐름모형(PSF)에서는 이들 흐름이 대체로 상호 독립해 있으며, 서로 다른 힘에 지배되며 다른 고려점과 다른 행태를 보여주고 있다. 일단 이들 3가지 흐름이 분리되어 흐른다는 것을 이해하게 되면 의제변동 및 정책변동은

---

19) kingdon(1984)은 정책변동을 설명하기 위해 1984년 정책흐름모형(PSF)을 제시했다.
정책흐름모형(PSF)은 조직화된 무정부상태를 특징으로 하는 쓰레기통모형(garbagecan model)의 특징이 추가된 변형모형이다. 쓰레기통 모형은 Cohen, March, Olsen이 제시한 것으로, 조직화된 무정부상태를 지닌 조직은 기본적으로 선호의 불확실성, 불분명한 기술, 유동적인 참여행태를 지니고 있다고 본다. 즉 정책흐름모형(PSF)도 조직의 정책형성과정이 조직화된 무정부상태, 즉 혼돈으로 보는 것이다.

20) 정책변동의 창(window of policy change) 이론의 기초가 되는 정책의 창(policy window)이론은 미연방정부의 보건·교통정책을 담당하고 있던 고위관료들과의 4년여에 걸친 면접과 정부문서, 정당정강, 신문기사, 여론조사 등을 기초로 해서 만들어졌다.

이들 흐름의 결합작용 등에 있게 된다. 그러나 현실적으로 정책변동의 창은 정치흐름에 의해서 열리게 되는 경우가 많다. 정책주창자들이 문제를 인지하고 대안을 준비하고 있을 때, 결정적인 정치흐름이 나타나 창을 여는 것이다. 특히 정권교체는 가장 눈에 띄고 광범위한 정치흐름의 변화이다.

(2) 정책변동의 창(window of policy change)

정책변동의 창이 열렸다는 것은 특정 정책을 지지하는 정책주창자7)들이, 그들이 선호하는 해결책을 강요하거나 자신들의 특별한 문제에 관심을 기울이도록 압력을 행사하여 정책변동의 기회를 맞이하였다는 것을 의미한다.

창은 예측 가능하게 열리기도 한다. 예산심의나 국정감사와 같은 예정된 의정활동이 좋은 예이다. 반면 창은 예측할 수 없는 우연한 사건에 의해서 열려지기도 한다. 우연한 사건은 특정의 정책문제에 심각성을 더하게 하고, 결정적으로 정책주창자들에게는 그 문제에 그들이 개발해 놓은 정책대안을 해결책으로 제시할 수 있는 절호의 기회가 오게 되는 것이다. 예를 들어 oilshock로 인한 주유소 앞의 긴 차량행렬에 대해 정부가 집중하게되면, 각종 이익집단들(대중교통, 철도, 에너지관련 단체)은 자신들의 정책대안을 에너지자원 부족이라는 문제에 최선의 해결책으로 포장하고 제시한다. 또 다른 일례로 대형비행기사고는 안전항공운행에 관심이 있는 집단에게 또 하나의 정책변동의 창을 열어주게 된다. 만일 그들에게 준비되어 있는 정책대안이 있다면, 그 정책대안이 채택되고 집행되어질 수 있는 절호의 기회를 주는 것이다. 한편 창이 오랫동안 열려있는 채로 있는 경우는 매우 드물다. 기회를 놓치면 다른 창이 열릴 때까지 기다려야 한다. 정책변동의 창이 열리는 시간이 짧기 때문에 정책문제와 정책대안간의 강력한 결합이 이루어진다. 그 결과 체제가 정책문제와 정책대안으로 과부하되는 경우도 있다. 만약 참여자들이 충분한 자원을 기꺼이 투자하려 한다면 몇몇 문제는 해결될 수 있을 것이고 몇몇 제안은 입안될 것이다. 그렇지 못한 정책문제나 정책대안은 충분치 못한 자원이 동원되었기 때문에 표류하고 만다(kingdon, 1984: 95-172).

(3) 정책변동(policy change)

정책문제흐름, 정책대안흐름, 그리고 정치흐름에 의해 정책변동의 창이 열리게 되면, 창 내부에서 정책주창자들이 자신들의 이해관계에 따라 대응하며 전략을 이끌어 나간다. 전략에는 온건전략뿐만 아니라 강경전략도 포함된다. 이러한 정책형성과정의 상호작용을 통해 이전과는 다른 내용의 정책변동이 이루어지는 것이다.

〈그림 5-8〉 정책변동의 창

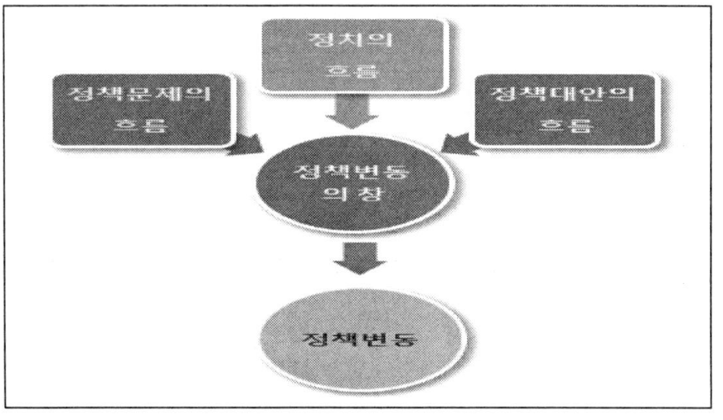

3. 정책변동의 유형

정책변동은 그 변동의 정도와 형태에 따라 여러 가지 유형으로 구분되는데[21], 이 중 Hogwood와 Peters의 정책변동의 이념형(ideal type)이 가장 대표적으로 사용되고 있다. 그들은 복잡한 정책의 변동을 정책혁신 또는 쇄신(policy innovation), 정책유지(policy maintenance), 정책승계(policy succession) 및 정책종결(policy termination)의 네 가지로 구분하고 있다(박종복외, 1994: 610)[22]. 이들은 복잡한 정책의 변동을 유형화하는 일종의 이념형으로서 현실과 다소의 거리감이 있다고 하더라도 개별 정책변동은 이들 4가지 유형의 하나 또는 둘 이상의 요소를 지니고 있다고 할 수 있다.

21) 정책변동의 유형을 구분하는데 일반적으로 제시되는 기준은 ① 변동에의 의도성, ② 실질적 변동이 야기되는 정도, ③ 법률상 변화가 필요한 정도, ④ 예산분배가 달라지는 정도, ⑤ 정책의 근본취지의 변화여부 등을 들 수 있으나 학자에 따라 다양하게 제시하고 있다.

22) 박성복외(1994). 정책학원론. 대영문화사

1) 정책혁신 또는 쇄신(policy innovation)

정부가 이전에 개입하지 않았던 분야에 개입하기 위해 새로운 정책을 형성하는 것으로, 사회문제가 처음으로 정책문제로 전환되고, 이것을 해결하기 위해 정부가 정책을 결정하는 것으로 기존의 정책이나 법률, 조직, 예산 및 사업 활동이 없는 상태에서 완전히 새로운 것을 만들어내는 것을 의미한다. 따라서 엄격히 보면 정책의 변동이라기보다는 신규정책형성이라고 할 수 있다.

2) 정책유지(policy maintenance)

처음 설정된 정책목표와 이를 달성하기 위한 실행적 정책수단등이 일정시간이 경과한 후에도 계속 유지되는 것을 의미한다. 그러나 정책의 기본적 특성에 직접적으로 영향을 미치지 않을 정도로 실질적 정책수단 혹은 정책 대상 집단의 범위 등이 변동되는 경유라도 이 범주에 포함시킬 수 있다. 즉 정책환경은 끊임없이 변화하고 있으며, 이에 따라 모든 정책은 그 내용이나 그에 수반되는 예산액 또는 대상 집단의 규모, 집행절차 등이 얼마간 변동될 수 있으나, 정책의 기본적 목표와 실질적 정책수단이 변동되지 않은 경우 이를 정책유지로 볼 수 있다[23].

3) 정책승계(policy succession)

현존하는 정책의 기본적 성격을 바꾸는 것으로서 정책의 근본적인 수정을 하는 경우(정책의 중요한 일부를 없애거나, 새로운 부분을 추가하는 경우), 정책을 없애고 완전히 대체(replacement)하는 경우 등을 포함한다. 어느 경우이거나 기본정책목표는 변하지 않기 때문에 정책 '승계' 라고 부르게 되고 이점에서 정책종결과 차이가 있다. 또 정책목표는 변화되지 않지만, 정책수단인 사업(program)이나 사업을 담당하는 조직(organization), 예산항목에서도 중대한 변화가 일어난다는 점에서 정책유지와 다르다.

---

23) 영구임대주택을 예로써 들 수 있다. 1987년 도입된 이후 1993년부터 그 수혜 대상자를 청약저축 가입자모두에게 확대시키는 변동을 가져왔다.

4) 정책종결(policy termination)

현존하는 정책을 완전히 소멸시키는 것으로서 정책수단이 되는 사업들, 이들을 지원하는 예산이 완전히 소멸되고 이들을 대체할 다른 정책도 결정하지 않는 경우이다. 정부는 이 분야의 개입을 중단하고 민간부분에게 모든 것을 맡기는 경우로서 그 예가 드물다(박종복외, 1994: 610-611; 정정길, 2002: 788-789)[24].

이들 네 가지 유형간의 차이와 상호관계를 극단적으로 유형화시키면 네 가지 정책변동의 유형은 다음과 같이 〈표 5-10〉으로 요약된다.

〈표 5-10〉 정책변동 유형간의 비교

구분	정책혁신	정책승계	정책유지	정책종결
변동과정	의도적 (purposive)	의도적	적응적 (adaptive)	의도적
조직 측면	기존조직 없음 새로운 조직탄생	적어도 하나이상의 조직이 변동	의도적인 조직변동이 없음: 관리상의 결과론적 변화	기존조직이 없어짐
법률 측면	기존법률 없음 새로운 법률제정	기존 법률의 개정, 새로운 법률의 제정	일반적으로 법률의 개정이 불필요함	관련 법률 폐지
예산 측면	기존 예산 없음 새로운 정부지출	예산항목등의 대폭 수정, 변경	기본틀은 유지한 채 상황에 따른 예산책정	모든 정부지출 종결

출처: Brian W. Hogwood & B. Guy Peters(1983: 27), policy Dynamics, New York: St. Martin's Press. 재정리

24) 박성복외(1994). 정책학원론. 대영문화사. 정정길(2002) 참고문헌에 자료없음

객관식 문제

01 다음 의사결정모형에 관한 설명 중 틀린 것은? (2004. 인천9급기출)

① 합리모형-목표달성의 극대화 추구
② 만족모형-제한된 합리성
③ 최적모형-초합리성
④ 점증모형-주관적 감정의 개입

02 정책집행의 성공에 영향을 미치는 요인으로 가장 부적합한 것은? (2004. 서울9급기출)

① 정책과정에 대한 평가의 합리성과 적절성
② 절차의 합법성과 합리성
③ 정책집행수단과 자원의 확보와 적절성
④ 정책의제 자체의 중요성과 적절성

03 킹던(kingdon)이 주창한 정책창문이론에 대한 설명으로 옳지 않은 것은? (2011. 국가9급기출)

① 정책창문은 문제의 흐름, 정치적 흐름, 정책적 흐름 등이 함께 할 때 열리기 쉽다.
② 정책창문은 정책의제설정에서부터 최고의사결정에 이르기까지 필요한 여러 가지 여건이 성숙될 때 열린다.
③ 정책창문이 한 번 열리면 주제에 대한 대안이 도출될 때 까지 상당기간 열려 있는 상태로 유지된다.
④ 정책창문이 한 번 닫히면 다음에 다시 열릴 때까지 많은 시간이 걸리는 편이다.

04 정책의제설정이론에 관한 설명으로 옳지 않은 것은?

① 킹던(Kingdon)은 문제, 정책, 정치라는 세 변수가 각기 다른 맥락에서 흐르다가 어떤 기회가 주어지면 서로 만나게 되는데, 이 때 정부의제가 정책의제로 전환하게 된다고 본다.

② 콥과 그 동료들(Cobb, Ross & Ross)에 따르면, 공식의제가 성립되는 단계는 외부주도 모형의 경우에는 진입단계, 동원모형과 내부접근 모형의 경우에는 주도단계이다.

③ 콥(Cobb)과 엘더(Elder)가 언급한 '체제의제'는 특정 쟁점에 대해 정책대안이나 수단을 모색할 수 있을 정도로 구체적이다.

④ 존스(Jones)는 정책의제설정과정을 크게 문제의 인지와 정의, 문제에 대한 결집과 조직화, 대표, 의제설정으로 구분하고 있다.

05 정책평가의 타당성에 관한 설명으로 옳지 않은 것은? (2008. 국가9급기출)

① 외적 타당성은 조사연구의 결론을 다른 모집단, 상황 및 시점에 어느 정도까지 일반화시 킬 수 있는지의 정도를 나타낸다.

② 구성적 타당성은 연구설계를 정밀하게 구성하여 평가과정에서 제1종 및 제2종 오류가 발생하지 않는 정도를 나타낸다.

③ 내적 타당성은 추정된 원인과 그 결과 사이에 존재하는 인과적 추론의 정확성에 관한 것 이다.

④ 통계적 결론의 타당성은 추정된 원인과 추정된 결과 사이에 관련이 있는지에 관한 통계 적인 의사 결정의 타당성을 말한다.

정답

01. ④　02. ③　03. ③　04. ③　05. ①

연구문제

01 정책결정의 과정에 대해 설명하시오.

02 정책집행에 영향을 미치는 요인이 어떤 것이 있는지 서술하시오.

03 정책의제설정의 4가지 단계를 구분하여 설명하시오.

04 스몰우드와 나카무라가 제시한 5가지 정책집행 유형 중 가장 바람직하다고 생각되는 정책유형은 무엇인지 그 근거를 서술하시오.

제 6 장

현대사회와 조직

제1절 현대사회와 조직

1. 현대 조직의 특징

1) 조직의 대규모화

현대조직은 그 인원 · 예산 · 기구면에서 점차 대규모화되고 있다. 이러한 조직의 대규모화 현상은 도시화 현상을 낳게 하고, 행정국가의 대두를 불가피하게 하였다. 현대 행정국가에 있어서 국민의 행정에 대한 요구가 날로 커져가고 있으며 이와 같은 조직의 대규모화 현상의 원인으로는 경제발전과 이에 따른 생활수준향상의 욕구, 과학기술의 발달 등을 들 수 있다(박해룡 외, 2006: 193-194).

2) 조직의 민주화

행정에 필연적으로 수반되는 관료제화에 대응하여 국민에 대한 행정의 책임성을 확보하기 위한 민주성이 보장되지 않으면 안 된다. 행정조직의 민주성은 국민에 대한 행정의 책임성을 확보하기 위한 민주적 통제뿐만 아니라 조직 내 민주주의 실현과도 관련된다. 즉 행정의 민주성은 대외적으로 국민과의 관계에 있어서도 중요하지만, 대내적으로 행정기관 내부 또는 행정계층제의 상하관계에 있어서도 확보되어야 하는 것이 현대 행정조직의 특징이다.

3) 조직의 복잡화

현대에 있어서의 조직은 피라미드 계층구조를 이루면서 각 조직단위간이나 조직 내의 모든 관계에 있어서 대단히 복잡한 양상을 보이고 있다. 이러한 현상은 조직 내에서의 인권존중, 개인의 역할 증대, 목표의 다원화 및 업무의 복잡·전문화 등에 기인하는 것이라고 하겠다. 이러한 조직의 복잡화 현상에 따라 오늘날에 있어서 행정조직은 행정기능의 다양화와 함께 사회 전반에 걸친 이해관계의 조정을 위한 정책결정 등을 통해 행정의 전문성과 기술성 등이 요청되고 있다.

4) 조직의 전문화

현대사회에서는 사회구조의 기능적 분화와 더불어 조직에 있어서도 기능의 전문화 내지 분화현상이 광범하게 나타나고 있다. 이러한 현상은 업무수행의 기계화로 과학적 관리가 필요하며 따라서 조직관리상 전문가의 등장을 필요로 한다.

특히 자본주의의 발전에 수반하는 복잡한 문제와 과학기술의 발달은 전문지식이나 기술의 수요를 크게 증대시켰으며, 행정적 권위는 권력보다도 오히려 전문성에 그 기초를 두지 않으면 안 되게 되었다. 그런데 여기서 제기되는 문제는 전문화 및 기술화에 비례하여 조직 내의 인간을 조직의 효과적인 목표달성을 위해서 어떻게 잘 조정하고 통합시킬 것인가 하는 문제이다. 따라서 현대의 조직은 고도의 통합성과 적응능력을 요구하고 있다.

5) 조직의 통합성과 계층성

조직의 공동의 목적을 추구하기 위해서는 그 구성요소가 분화되어 있어야 한다. 즉 조직단위, 노동, 권한과 책임 등이 조직의 목표달성에 잘 기여할 수 있도록 분화되어야 한다. 그러나 조직 안에 있는 세력 중추는 권한의 계층을 통하여 분화된 노력을 조정·통제함으로써 조직의 목적에 기여하도록 하는 통합활동을 하여야 한다.

현대 행정조직은 통일적인 국가목적의 실현을 위하여 전체로서의 통합성을 유지하고 있다. 현대의 행정수요에 대응하기 위해서 행정조직은 전체구조가 통일적인 피라미드형을 구성하면서 그 속에 서로 상하의 계층을 이루고, 지휘·감독 등의 방법에 의하여 행정목적을 통일적으로 실현하고 있다.

2. 조직의 유형

조직은 그 분류기준 여하에 따라 여러 가지로 나눌 수 있다. 조직을 분류함으로써 조직의 현상과 본질을 보다 정확히 이해할 수 있게 된다. 지금까지 각기 다른 분류기준을 가지고 조직분류를 시도한 예를 살펴보면 다음과 같다(최창호, 2006: 327-329).

1) 조직의 지배 · 복종관계를 기준으로 한 분류(A. Etzioni의 분류)

지배권력을 강제적 권력, 보수적 권력, 규범적 권력으로 나누고, 복종(관여)을 소외적 복종, 타산적 복종, 도덕적 복종으로 나누어, 각 변수의 조합에 따라 조직을 강제적 조직, 공리적 조직, 규범적 조직으로 나눌 수 있다(A. Etzioni, 1961: 27-44).

〈표 6-1〉 지배 · 복종관계에 의한 조직의 분류

복종(관여) 권력	소외적	타산적	도덕적
강제적	강제적 조직		
보수적		공리적(功利的) 조직	
규범적			규범적 조직

① 강제적 조직은 강제수용소 · 포로수용소와 같이 강제를 통제의 수단으로 하는 조직이다. 보호실, 구치소, 교도소 등도 이에 해당한다.

② 공리적 조직은 사회 · 경제단체와 같이 보수를 통제의 수단으로 하는 조직이다. 대부분의 행정조직도 여기에 속한다.

③ 규범적 조직은 교회 · 대학 등과 같이 문화 · 도덕 · 이데올로기를 내세우는 조직이다. 과거 일본의 신사(神社)조직, 공산국가의 우상학습조직 등이다.

2) 조직의 수익자를 기준으로 한 분류(Peter M. Blau와 W. Richard Scott의 분류)

조직의 수혜자가 조직구성원이냐, 소유·경영자이냐, 고객이냐 일반대중이냐에 따라 조직을 호혜조직, 사업조직, 봉사조직, 공공조직으로 나눌 수 있다(Blau and Scott, 1962: 42-47).

① 호혜조직은 정당, 노동조합, 농협, 수협 등 구성원이 주수익자가 되는 조직이다.

② 사업조직은 회사와 같이 조직의 소유자·경영자가 주수익자인 조직이다. 정부투자기업도 이에 해당한다.

③ 봉사조직은 병원·학교·사회사업기관·상담소 등 조직의 고객집단이 주수익자가 되는 조직이다.

④ 공공조직은 군대·경찰·행정조직 등 일반대중이 그 주수익자가 되는 조직이다.

3) 조직기능을 기준으로 한 분류(Daniel Katz와 Robert L. Kahn의 분류)

조직의 기능을 적응기능, 목표달성기능, 유지기능, 통합기능이냐에 따라 조직을 생산·경제조직, 관리·정치조직, 교화조직, 연구조직으로 나눌 수 있다(Katz and Kahn, 1978: 147).

① 생산·경제조직은 사회가 소비하는 재화·용역을 생산하여 적응기능을 수행하는 조직이다. 회사, 공기업이 그 예가 된다.

② 관리·정치조직은 사회 내에서 권력을 창출·분배하며, 사회가 바라는 목표를 달성하려는 조직으로서 목표달성기능을 수행한다. 정당, 입법부, 행정조직 등이 그 예가 된다.

③ 교화조직은 사회의 지속성을 유지하려는 조직으로서, 교회, 학교 등의 문화단체·기관이 그 예가 된다.

④ 연구조직은 사회에의 적응성을 높이기 위한 새로운 지식이나 문제해결 방안을 개발하려는 조직으로서, 연구기관 등이 그 예가 된다.

3. 조직의 원리

조직의 원리란 복잡·거대한 조직을 가장 합리적으로 편성하고 능률적으로 관리하여 조직목표를 효율적으로 달성하는데 적용되는 일반적인 원칙이다. 조직의 원리는 고전적 조직이론에서 중시하던 이론으로 오늘날 많은 비판을 받고 있으나, 효율적인 조직관리를 위하여 무시될 수 없는 필요한 원칙이다.

1) 분업(分業)의 원리

분업의 원리란 대규모 조직의 구성원간의 업무분담으로, 전문화의 원리 또는 기능의 원리라고도 한다(박해룡 외, 2006: 209).

① 수평적 분업과 수직적 분업 : 수평적 분업은 하는 일의 직종에 따른 분업으로, 부처별·국별·과별로 분담되는 것을 말한다. 귤릭은 수평석 분업의 기준으로 목적, 과정, 대상, 지역을 제시하고 있다. 수직적 분업은 상하기관 및 계층간에서의 업무분담(지방경찰청과 경찰서)으로, 사이먼은 의사결정상의 분업이라 하고 있다.

② 상향적 분업과 하향적 분업 : 상향적 분업은 과학적 관리법을 기준으로 하여 동작연구와 직무분석에 의한 분업방식이다. 하향적 분업은 최고관리층의 POSDCoRB 기능을 계층에 따라 하향하면서 분담하는 방법으로, POSDCoRB 방법이라고 한다.

2) 통솔범위(統率範圍)의 원리

① 의의 : 통솔범위의 원리란 상관이 효과적으로 다스릴 수 있는 부하의 수는 일정한 한계가 있다는 것으로, 종래에는 되도록 그 수를 줄이면 효율성을 높일 수 있다고 보았으나 최근에는 여러 요인에 의해 그 범위가 결정되는 것으로 보고 있다.

② 통솔범위를 결정하는 요인

시간적 요인, 지리적·공간적 요인, 업무의 성질, 감독자와 부하의 능력, 감독자와 부하신임도, 교통통신이 발달될수록 범위 확대, 계층의 수가 많을수록 통솔범위 축소, 부하의 사기 등에 따라 다르다. 즉 부하가 단순한 기술을 사용하여 직무가 복잡하지 않으면 통솔의 범위가 넓어도 되고, 반대의 경우에는 넓어서는 효율성을 기할 수 없다는 것이다(이목훈 외, 2002: 115-116; 박해룡 외, 2006: 210). 통솔범위를 좁게 하면 계층이 많아지고 엄격한 관리로 구성원의 창의성을 위축시킬 우려가 있다. 그래서 통솔범위를 넓혀 계층의 수를 줄이는 조직의 평면화가 현대조직의 추세이다.

3) 계층제(階層制)의 원리

전문화를 횡적 분업이라고 한다면, 계층제(hierarchy)는 종적 분업에 해당된다. 전자는 직무의 종류에 따라 구분하는 것인 반면, 후자는 권한의 정도에 따라 차별을 두는 원리이다. 이 원리는 합리주의적 견지에서 보면, 분절화된 직무를 통합하기 위해 필요불가결한 원리이다(이목훈 외, 2002: 114-115). 즉 계층제의 원리란 권한과 책임의 정도에 따라 직무를 등급화시킨 피라미드적 구조를 만들어 상하계층이 직무상 감독관계에 있게 한다.

계층제는 명령 · 의사소통 · 권한위임 · 내부통제의 경로가 된다는 점, 질서와 통일을 확보하며 강력하고도 능률적인 행정을 수행케 한다는 점, 업무의 배분과 조정을 용이하게 한다는 점 등의 순기능을 가지며, 계층제는 조직의 경직화를 초래하고, 동태적인 인간관계의 형성을 저해하고, 의사소통을 왜곡시킨다는 점, 새로운 지식·기술 도입의 신속성 저해 등의 역기능을 초래한다(박해룡 외, 2006: 210).

4) 명령통일(命令統一)의 원리

이 원리는 조직구성원은 오로지 한 사람의 상사로부터 명령을 받아 이를 수행해야 한다는 것이다. 다른 부서의 장이 어떤 부서의 직원에게 명령을 할 일이 있으면 그가 속한 부서장에게 협조를 요청하여 이 사람이 그 직원에게 직접명령을 하도록 하는 원리이다(이목훈 외, 2002: 115).

5) 조정(調整)의 원리

조정의 원리란 공동목적의 수행에 있어서 행동통일을 기하도록 집단적 노력을 질서에 배열하는 행위를 말한다. 무니(J. Mooney)는 조정의 원리를 조직의 제1원리라 하였다(박해룡 외, 2006: 209).

① 효과적인 조정방안

효과적인 조정방안으로 목표와 책임한계의 구체화, 계층제와 권위의 확립, 비공식관계의 활용, 공감을 주는 아이디어 창조, 조정전담기구의 설치 등이 있다.

② 저해요인

조정의 저해요인으로 정치세력관계, 할거주의, 권력위주의 생각, 행정조직의 확산현상, 가치관·행태의 전근대성, 목표와 이해관계의 대립 등이 있다.

4. 우리나라 정부조직

정부조직이란 중앙정부나 지방자치단체와 같은 행정주체가 권한행사를 통하여 공공의 목적을 달성하려는 조직이며, 일반적으로 전통적인 계선조직, 막료조직 그리고 위원회조직 등으로 구분된다. 정부조직은 방대한 인력과 예산으로 구성되는 대규모 조직의 형태를 띠며, 계층제적 조직의 대표적인 예가 되기도 한다.

1) 발달과정

우리나라의 정부조직은 정부수립 이후 이명박정부에 이르기까지 약 60년간 50여 차례의 개편을 통하여 계속적으로 변천해 왔다(박해룡 외, 2006: 212-214). 정부수립 이후 독립국가로서의 모습을 갖추기 위한 몇 차례의 기구개편이 있었으나, 정부조직의 기본틀은 5·16 군사혁명 이후 박정희 정부에 들어와서 마련되었다. 경제기획원이 설치되고, 국가안전보장회의와 현 국가정보원의 전신인 중앙정보부가 신설되는 등 2원·14부·4처·14청으로서 정부조직은 양적·질적으로 많은 발전을 하였다.

1979년 10.26 사태와 혼란의 소용돌이에서 탄생한 전두환 정부는 몇 차례의 기구개편을 단행하였으나 기본 골격은 그대로 유지되었다. 행정개혁위원회와 국무총리실의 기획조정실, 국가안전보장회의사무국, 경제과학심의회 사무국이 폐지되고 경제기획원의 경제협력기능이 재무부로 이관되었다. 환경청이 신설되고, 사회적 분위기를 반영하여 한시적 조직으로 사회정화위원회가 신설되기도 하였다.

노태우 정부(1988~1993)는 국내외 통일환경의 변화에 적극 대응하기 위해 국토통일원을 통일원으로 개칭하고 부총리급으로 격상하였다. 또한 환경청을 환경처로 개편하고, 문화공보부를 문화부와 공보처로 분리·개편하는 한편, 체육부를 체육청소년부로 개편하여 청소년 관련업무를 총괄하게 하였다. 치안본부가 경찰청으로 개편된 것도 이때의 일이다.

한편, 김영삼 정부(1993~1998)는 경제기획원과 재무부를 통합하여 재정경제원을 신설하고 상공부와 동력자원부를 상공자원부로 통합한 이후 통상산업부로 개편하였다. 그리고 문화부와 체육청소년부를 통합하여 문화체육부로 개편하고, 건설부와 교통부를 통합·개편하였다. 또한 해양수산부, 해양경찰청 및 중소기업청이 발족되었다.

김대중 정부(1998~2003)는 정부출범 이후 함께 가시화된 IMF 경제위기를 극복하기 위하여 정부조직에 시장원리와 경영효율성의 개념을 도입하여 대대적인 개편을 시도하였다. 기획예산위원회, 통상교섭본부, 식품의약품안전청을 신설하고, 총무처와 내무부를 행정자치부로 통합하였다. 그 후 1999년 5월 조직개편을 통해 기획예산위원회를 기획예산처로 개편하고, 국정홍보처를 신설하였다. 또한 2001년 1월 정부조직 개편시 교육부를 교육인적자원부로 개칭하고, 여성특별위원회를 폐지하고 여성부를 신설하였다.

노무현 정부(2003~2007)는 여성부를 여성가족부로 개칭하는 한편, 철도청을 공사화하고 소방방재청을 신설하였다.

이명박 정부(2008~2012)는 해양수산부, 정보통신부, 과학기술부, 기획예산처, 국정홍보처가 통폐합되었다. 과학기술부와 교육인적자원부는 교육과학기술부로, 문화부는 국정홍보처를 흡수하여 문화체육관광부로 변경되었다. 여성가족부는 여성부로 명칭을 변경하여 축소하고, 가족정책 기능은 보건복지가족부로 이관되었다. 여러 부처가 통폐합됨에 따라 부처 명칭이 다소 길어지고 복잡해졌다.

박근혜 정부(2012~ 2014년 11월 19일 기준)는 17부 5처 16청, 2원 5실 6위원회로 개편되었다.

〈표 6-2〉 역대 정부의 정부조직 개편 내용 비교

역대 정부	중앙정부 기구	주요 개편 내용
전두환 행정부	2원 16부 4처 13청 3외국 4실 1위원회	
노태우 행정부	2원 16부 6처 15청 2외국 4실	문화공보부(문화부+공보처) 통계청·기상청·경찰청 설립
김영삼 행정부	2원 14부 5처 14청 1외국 4실 4위원회	
김대중 행정부	17부 4처 17청 4실 10위원회 (1999년 5월) 18부 4처 16청(2001년 1월)	경제기획원→재정경제부 통일원→통일부 기획예산처·홍보처 신설 여성부 신설
노무현 행정부	18부 4처 18청 4실 10위원회	소방방재청·방위사업청 신설 철도청 공사화
이명박 행정부	15부 2처 18청 3실 5위원회	기획예산처·국정홍보처·정보통신부·해양수산부·과학기술부 등 통폐합

자료: 이종수 · 윤영진(2008). p.385 표 참조

2) 우리나라 정부조직의 구성

우리나라 정부조직은 부 · 처 · 청, 소속기관 · 자문기관, 위원회조직, 특별지방행정기관 · 특별지방자치단체 등으로 구성된다(박해룡 외, 2006: 215-216).

(1) 부(部,) 처(處,) 청(廳)

부는 대통령을 수반으로 하는 행정부의 구성단위로써 국무회의의 심의를 거쳐 대통령이 결정한 정책과 그 밖의 행정부 권한에 속하는 사항을 기능별 또는 행정대상별로 나누어 집행하는 중앙행정기관이다. 각 부의 장관은 국무위원으로, 소관사무에 관하여 지방행정의 장을 지휘 · 감독한다.

처는 국무총리 소속의 중앙행정기관으로, 처장은 국무회의에 출석하여 발언할 수 있으며, 소관사무에 관하여 국무총리에게 의안의 제출을 건의할 수 있다.

청은 보조기관인 국으로서는 수행이 곤란하고 처리에 있어서 독자성이 인정되며, 업무의 범위가 전국에 미치는 사무를 관장하기 위해 설치된다. 기획기능과 집행기능을 복합적으로 수행하고 있다.

(2) 소속기관, 자문기관

소속기관은 중앙행정기관의 부속기관과 특별지방행정기관 모두를 포함한다. 부속기관은 행정권의 직접적인 행사를 임무로 하는 기관에 부속하여 그 기관을 지원하는 행정기관을 말하며, 시험연구기관·교육훈련기관·문화기관·의료기관·제조기관 및 자문기관 등이 있다. 특별지방행정기관은 중앙행정기관의 업무를 지역적으로 분담·처리하기 위하여 설치되는 중앙행정기관의 독자적인 일선기관으로, 지방중소기업청, 지방국세청, 지방병무청, 지방통계사무소 등이 있다.

자문기관은 부속기관 중 행정기관의 자문에 응하여 행정기관에 전문적인 의견을 제공하거나 자문을 구하는 사항에 관하여 심의·조정·협의하는 등 행정기관의 의사결정에 도움을 주는 행정기관이다.

(3) 위원회 조직

단독형이 아닌 합의형으로 위원회 조직이 있다. 위원회는 다양한 성격으로 구분된다.

① 자문위원회 : 정치적 영향력은 있으나 법적 구속력이 없다. 행정관료에게 전문적 지식을 제공하고 민주성을 주입한다. 국가과학기술자문위원회, 정보화추진위원회, 남북교류협력추진위원회, 노사정위원회 등을 들 수 있다.

② 조정위원회 : 기관이나 개인의 의견을 통합·조정하는 위원회로서 건의의 효과밖에 없는 것도 있고 법적구속력이 있는 경우도 있다. 차관회의, 경제장관회의 등을 들 수 있다.

③ 행정위원회 : 부처 직제에서 어느 정도 독립성과 중립성을 부여받고 설치되는 합의제 행정관청으로, 행정위원회의 결정은 법적 구속력이 있다. 소청심사위원회, 교육위원회, 중앙국세심사위원회, 저작권심사위원회, 토지수용위원회 등이다.

④ 독립규제위원회 : 준입법적·준사법적 업무를 대통령이나 의회의 압력을 받지 않고 독립적인 입장에서 다루는 합의제 행정기관이다. 성립배경으로는 19세기말 이래 미국에서 자본주의의 발달에 따라 야기된 경제 및

사회 문제를 규제하기 위해 독립된 기관을 설치하였다. 이는 행정권의 비대를 방지하면서 여러 사람의 이해관계를 효과적으로 조정한다. 독립규제위원회는 규제업무의 성격을 가지면서, 준입법적·준사법적 기능을 보유한다.

(4) 특별지방행정기관, 특별지방자치단체

특별지방행정기관은 중앙행정기관의 업무를 지역적으로 분담·처리하기 위하여 설치되는 중앙행정기관의 독자적인 일선기관이다. 특별지방행정기관은 각 중앙행정기관의 사무를 종합적으로 위임받아 지역에서 업무를 수행하기 때문에 자치단체의 기능이 상대적으로 약화될 뿐만 아니라 지방행정의 효과적인 조정·통합이 곤란해진다. 따라서 지방자치단체와의 기능조정이 매우 중요하다. 예컨대 지방중소기업청, 지방국세청, 지방병무청, 지방통계사무소 등이다.

특별지방자치단체는 특수한 행정업무를 수행하기 위해 또는 행정사무의 일부 또는 전부를 공동으로 처리하기 위해 관계 지방자치단체 사이의 합의로써 성립되는 법인이다. 현행법상 지방자치단체조합이 있고, '수도권쓰레기매립지운영조합'이 운용되고 있었으나, 2001년에 없어지고 수도권쓰레기매립지관리공사로 개편되었다.

제 2 절 조직이론의 발달과정

1. 조직과 조직학

인간은 조직에 의해서 영향을 받으며, 조직과의 끊임없는 상호작용을 통해 삶을 영위한다. 현대 사회에서는 과거와는 비교할 수 없을 정도로 조직의 중요성과 의존성이 더욱 증대하였으며, 오늘날 조직의 규모는 양적으로 비대해지고 질적으로도 고도의 분화 및 전문화와 더불어 복잡화되고 있다. 여러 하부조직의 구성으로 이루어진 정부의 행정조직도 예외는 아니어서 날로 팽창되고 있다.

조직은 '2인 이상의 협동체제로서 공동목표를 달성하기 위한 사회적 단위'로 정의할 수 있다. 그러나 조직에 대한 정의는 학자들마다 주장하는 바가 조금씩 차이가 있다. 우선 베버(M. Weber)는 '조직이란 계속적이고 의도적인 특정한 종류의 활동체제'라고 정의하고 있으며, 바나드(C. I. Barnard)는 '조직이란 의식적으로 조정된 2인 이상의 활동 또는 협동의 체제'로 규정하고 있다. 또 파슨스(Parsons)와 에치오니(Etzioni)의 경우 조직을 하나의 '사회체제 혹은 사회단위'로 보고 있다. 아래는 조직의 개념을 구성하고 있는 특성을 요약한 것이다. 이와 같은 특성을 통해 조직의 개념을 정의하면 다음과 같다(박해룡 외, 2006: 192). "조직은 복수의 개인이나 집단이 공통목적을 수행하기 위해 업무를 분배하고 그 분담된 모든 역할들이 전체로서 하나의 통일된 협력 관계로 기능하도록 합리적 · 의도적으로 조정된 지속적인 체계이다."

① 조직은 달성하고자 하는 특정한 목표 내지 목적을 가진다.

② 조직은 이러한 목표 내지 목적을 달성하기 위한 복수인의 집단체이다.

③ 조직은 여러 과업을 수행하는 부분요소들로 구성되며, 이들은 상호의존하면서 상호작용을 하는 분업체제이다.

④ 조직은 사회적 환경 속에서 존재하며, 사회적 환경과 상호의존된 일종의 사회체제이다.

⑤ 조직은 사회체제 속의 한 부분체 또는 하위체제일 뿐만 아니라 자체 내에 여러 하위체제를 가지고 있다.

⑥ 조직은 목적달성기능, 적응기능, 현상유지기능, 통합기능을 수행하며, 비교적 장기간 존속하는 지속성을 가지고 있다.

조직학은 조직현상을 과학적으로 연구하는 분과학문으로 사회학과 심리학에 뿌리를 두고 있다. 물론 정치학, 경제학, 문화인류학 등과 같은 사회과학으로부터 받은 영향도 무시할 수 없다. 사회학과 심리학은 조직학에 대해 서로 다른 방식으로 작용하여 조직학 연구의 영역을 넓혀 주었다. 사회학 전통에 뿌리를 둔 조직학은 조직이론으로 발전했으며, 심리학적 배경에 뿌리를 둔 조직학은 조직행태론으로 발전했다. 현대 조직학은 조직이론과 조직행태론이 근간을 이룬다(이종수 · 윤영진, 2008: 299).

2. 고전적 조직이론

전통적 조직이론 · 기계모형이라고도 하는 고전적 조직이론은 과학적 관리법(과학적 관리운동)의 이론과 영향 아래 성립 · 발전되어 1930년대에 이론유형으로서 완성되었다. 산업혁명 후 산업조직이 성장 복잡해짐에 따라 질서 있는 조직구조를 입안하는 과제가 관심대상이 되었고, 연구의 필요성이 증가되었다. 이와 함께 정부조직이나 군대조직도 크게 확대 · 복잡해짐에 따라 여러 어려운 문제가 제기되고 이즈음 자연과학 · 기술의 발전과 응용은 인간공학에 많은 영향을 주어 세상을 기계시하는 풍조를 낳았다. 이처럼 사기업에서 능률제고를 위해 조직부문의 장치를 의식적으로 계획하여야 할 필요가 인식된 것과 세상을 기계시하던 사고방식은 고전적 조직이론의 발전을 촉진하는 요인으로 작용하게 되었다(오석홍, 1999: 269).

이러한 발달배경을 가진 고전적 조직이론은 연대적으로는 19세기 말부터 1930년대를 전후한 시기에 나타난 이론들 즉, 과학적 관리론, 일반 및 산업관리론, 관료제론, 행정관리론 등을 지칭한다. 이들 이론은 각각 개별적인 성격을 지니고 있으면서도 몇 가지 특성을 공유하는데, 그것은 조직의 구조적 또는 기계적인 관점을 대표하고 있다는 점이다.

구체적으로는 외부 환경과의 관계보다는 조직 내부의 합리적 또는 능률적 관리에 초점을 둔 점, 조직을 기계적으로 취급하여 조직 내의 인간을 기계의 부속품처럼 간주했으며, 환경의 변화를 도외시했기 때문에 경직적인 성격을 벗어날 수 없었다는 점 등이 포함된다.

고전적 조직이론의 가정과 전제는 현대의 조직이론에 초석을 제공했다는 점에서 공헌이 크며, 조직관리의 가장 기본적인 원칙인 효율성과 합리성을 중심으로 한 조직관리는 오늘날 까지도 그 중요성을 인정받는다.

그러나 현대적인 관점에서 합리적 인간관에 대한 가정으로 조직 내 개인을 경제적 보상에 의해서만 움직이는 존재로 보았으며, 인간의 사회적 성격은 무시하고 인간을 조직에 부속품으로 간주한 점, 조직을 환경으로부터 유리시킴으로써 조직의 경직성을 전제한 점 등의 내용으로 비판의 여지를 남기고 있다(이종수 · 윤영진, 2008: 300-303).

1) 과학적 관리론

고전적 조직이론을 연구하는 학자들 가운데에 개척자적인 역할을 한 테일러(Taylor)는 이른바 테일러 시스템 또는 과학적 관리론을 창시하였다. 테일러는 기술적 논리에 입각하여 절차의 입안, 작업기준의 설정 그리고 기준에 따르는 통제를 통하여 업무의 능률성을 극대화하는 것에 주된 관심을 가졌다(오석홍, 1999: 269). 그는 이러한 신념에 근거하여 작업장에서 수집한 자료를 객관적으로 분석해 보면, 일 또는 작업을 조직화할 수 있는 최선의 방법(the one best methed)을 찾아낼 수 있다고 생각했다.

2) 일반 및 산업관리론

페이욜(H. Fayol)은 프랑스의 한 광산회사의 최고경영자로서 『일반 및 산업관리론』이라는 책을 저술했다. 테일러의 과학적 관리론과는 달리 최고관리자의 관점에서 관리의 문제를 취급했는데, 이 책에서 모든 산업조직의 기본적인 활동 또는 기능을 기술적 활동, 상업적 활동, 재정적 활동, 안전활동, 회계활동, 관리활동 등의 여섯 가지로 구분했다. 그는 이들 필수적인 기능이 조직이 크든 작든 또는 복잡하건 단순하건 언제나 존재한다고 보았다.

페이욜은 이러한 활동 가운데 가장 중요한 것이 관리활동이라고 인식했다. 따라서 그는 관리적인 기능을 중심으로 한 원리와 구성 요소를 탐색하여 관리에 관한 일반이론을 정립하려고 노력했다. 그가 주장하는 관리의 원칙에는 11가지가 포함되어 있다. 분업, 권한과 책임, 규율, 명령통일, 지시통일, 전체이익에 대한 개인 이익의 승복, 직원에 대한 보상, 집권화, 사다리식 연쇄, 질서, 공평성, 직원 임기의 안정성, 솔선수범, 단합심 등이 그것이다. 또한 관리의 구성요소로서 계획, 조직화, 명령, 조정, 통제 등을 제시했다(이종수 · 윤영진, 2008: 301).

3) 행정관리론

1920년대와 1930년대에 페이욜이 제시한 여러 가지 개념들에 따라 관리 또는 경영 상담의 실제에 종사하던 다수의 사람들이 다양한 견해를 발전시켰는데 그 중 귤릭(L. Gulick)과 어윅(L. H. Urwick)이 대표적이다. 그들은 『행정과학논집』을 편집하여 효율적인 조직관리에 필요한 원리들을 강조했다. 그 노력들은 행정관리론을 만들었고, 기업은 물론 정부조직에 이르기까지 광범위하게 적용되었다. 특히 어윅은 POSDCoRB (Planning, Organizing, Staffing, Directing, Coordinating, Reporting, Budgeting), 즉 최고관리자의 업무를 계획, 조직화, 인사, 지휘, 조정, 보고, 예산 등으로 규정한 원리를 창안하여 유행했다(이종수 · 윤영진, 2008: 301).

3. 신고전적 조직이론

신고전적 조직이론의 핵심은 1920년대 메이요(E. Mayo)와 그의 동료들이 실시한 호손실험을 계기로 하여 성립된 인간관계론으로 인간을 기계화하고 개인을 타산적 존재로 보았던 과학적 관리론에 대한 반성과 인간적 요소의 중요성에 대한 인식에 따라 1930년대에 등장하였다. 메이요 교수의 호손실험(Hawthorne)은 4단계에 걸친 실험의 결과로 생산능률에 더 많은 영향을 미치는 것은 물리적 작업조건이 아니라 개인적 · 심리적 · 사회적 요인이라는 점을 밝혀내었다(최창호 · 하미승, 2007: 52-53).

신고전적 조직이론, 즉 인간관계론의 핵심은 첫째, 조직구성원의 근무의욕과 작업성과는 물리적 · 경제적 요인보다도 개인적 · 심리적 요인(감정, 가치관, 만족감 등)에 더 큰 영향을 미친다는 점, 둘째, 조직구성원은 비공식 집단의 일원으로서 행동하며 사회적 요인(인간관계, 비공식집단의 규범 등)에 의해 크게 좌우된다는 점이다. 마지막으로 조직의 관리자는 민주적 리더십을 발휘하여 조직구성원을 인간적으로 배려하여야만 직원의 심리적 만족감을 높이고 이를 통해 작업능률을 향상시킬 수 있다는 점이다(신현기 외, 2008: 149).

4. 현대적 조직이론

현대적 조직이론의 계보에 속한다고 볼 수 있는 조직이론을 명확히 정리된 형태로 제시하기는 곤란하나 대체적으로 현대조직이론은 1950년대 전반기를 시발점으로 형성되기 시작한 조직이론을 시대적 구분 내지 이론계보상 현대적 조직이론에 속하는 것으로 본다. 현대적 조직이론에 속하는 이론에는 행태론적 접근이론, 관리과학적 조직이론, 체제론적 조직이론, 비교조직이론, 조직발전조직이론, 행동이론, 상황이론 등이 있다(이계탁 · 이광범, 1999: 271-273).

이러한 현대적 조직이론의 특징은 다양성에 있다. 수많은 이론들이 동시다발적으로 나타나서 조직 현상을 설명하는데 많은 도움을 주었으며 동시에 혼란도 야기했다. 현대적 조직이론의 발달에 혼란을 가져온 근본적인 요인은 환경의 변화에 있다. 실제로 조직이론의 발달은 환경과의 관계에서 그 성격과 내용이 변화해 왔다. 조직이론의 발달과정에서 조직이 처한 환경은 조직의 성장과 발전 및 변동에 중대한 영향을 미치는 것으로 간주되었다(이종수 · 윤영진, 2008: 307-308).

1950년대를 시발점으로 전개된 현대조직이론의 계보에 속하는 이론들 간에는 다음과 같은 유사한 특성들이 있다(이계탁 · 이광범, 1999: 275-276).

① 조직을 유기체(有機體)로 파악한다.

② 조직을 체제(體制)로 파악하여, 모든 조직을 공식적 조직과 비공식적 조직, 역할유형 및 직무환경 등으로 이루어진 체제로 보았다.

③ 조직을 환경과 끊임없이 상호작용을 하는 개방체제로 본다. 즉 조직의 환경조작능력을 높이 평가한다.

④ 분화와 통합이라는 양면성을 지닌다. 현대조직이론에서는 인간이 거의 무한한 잠재력과 가변성을 지닌 복잡한 존재임을 인식하고 조직을 복잡한 체제로 보기 때문에 무모한 획일화나 법칙화는 피하려 한다.

⑤ 현대조직은 관계학문분야의 연구업적과 연구방법을 광범위하게 활용하는 복합과학적 성격을 띤다.

⑥ 조직에서의 변동과 갈등의 역할분석을 강조하고 조직발전(OD)문제를 중요시한다.

⑦ 가치기준의 다원화와 문제선정의 다양성을 띤다. 현대조직이론에서는 가치기준의 획일성을 배제하여 다원화를 받아들이고 있으며, 문제선정에도 매우 다양한 입장을 취한다.

제 3 절 행정조직구조론

1. 행정조직구조의 의의

1) 행정조직구조의 개념

모든 조직은 외형상으로는 각자 독자적 운행을 하고 있는 것 같으나 실제적으로는 각자 상호관계를 맺으면서 전체적 질서 속에서 움직이고 있는 집합체라고 볼 수 있다. 또한 조직집합체는 어떻게 구성되며, 무엇으로 구성되고, 각 구성요소는 어떠한 독자적 기능을 수행하는가, 이들 각각의 구성요소를 어떻게 관리하는 것이 가장 능률적인 방법인가 등은 조직구조의 문제와 관련된다.

조직구조의 개념은 어떠한 패러다임의 입장을 취하느냐에 따라 그 내용이 상이하게 정의될 수 있으나 가장 유효하게 인정받고 있는 체제론적 관점에서 본다면, 조직구조란 특정의 역할이 부여된 조직체제 구성요소간의 유형화된 상호작용이라고 정의할 수 있다(이계탁 · 이광범, 1999: 298-299).

2) 행정조직구조의 구성요소

조직구조의 구성요소란 조직구조를 형성하는 구성원들의 행동의 틀을 형성하는 데 기여하는 기초적인 요소를 말한다. 이에 관하여는 여러 가지가 지적될 수 있겠지만, 그 중 가장 중요하고 보편적인 요소는 지위와 역할, 권력과 권한이다(최창호, 2006: 352-354).

조직의 구조는 역할과 지위, 권력과 권한의 구성체계라 할 수 있다. 우선 지위는 사회적 체제 속에서 개인이 차지하는 위치에 부여되는 위신 또는 존경의 정도를 말한다. 지위는 계층화된 체계 내에서의 등급 또는 계급과 일치하며, 보수 · 편익 · 권한 · 책임 등이 그에 상응하게 배분되는 것이 일반적이며, 이를 공식적 지위라 한다. 그러나 지위에는 그와 같은 공식적인 위치 또는 상징배분과 관계없이 지도력, 전문성, 특수관계 등 비공식적인 영향력에 기인하여 형성된 비공식적 지위도 있다.

그 다음으로 역할은 조직 내 어떤 위치를 차지하는 사람들이 행할 것으로 기대되는 거나 실제로 행하는 일단의 행동을 말한다. 역할이 일, 직무, 임무, 직책 등으로 표현되기도 하지만, 이는 기대되는 행동의 표현일 뿐, 실제행동을 표현하지 못하고 있다. 따라서 기대되는 행동과 실제 행동이 항상 일치하는 것은 아니다. 또한 역할은 하나 이상의 행동으로 구성된다.

셋째, 조직구조는 또한 권력과 권한의 구성체계라 할 수 있다. 즉 조직에는 지배·복종의 관계가 구조를 이루고 있는데, 그 지배·복종관계는 권력과 권한을 요소로 하는 것이다. 권력은 상대방의 저항을 물리치고 결정·명령·행동을 행할 수 있는 능력을 말하며, 권한은 규범에 의하여 그 정당성이 승인된 권력이다. 즉 권한은 권력의 일종이라 할 수 있다.

권력과 권한은 전통적 조직이론에서는 공식적 능력에만 관심을 집중하였으나, 후에는 조직이론의 범위가 확대되면서 비공식적 측면도 연구되기 시작하였다. 또한 종래에 상·하간 계층적 관계로만 이해되었던 권력·권한이 오늘날에는 종적·횡적으로 연결되는 모든 상호적 관계로 이해되고 있다.

2. 행정조직의 원리

1) 전통적 행정조직의 원리

조직의 원리로는 여러 가지가 있으나, 이들을 크게 계층제의 원리, 통솔범위의 원리, 분업의 원리, 조정의 원리의 네 가지로 정리할 수 있다. 이들 네 가지 원리 중에서도 특히 계층제(조직의 깊이)와 통솔범위(조직의 넓이)의 원리가 서로 더 긴밀한 관련을 가지고, 또한 분업(분리)과 조정(통합)의 원리가 서로 더 긴밀한 관련을 가지고 있다(최창호·하미승, 2007: 263). 계층제의 원리와 통솔의 범위는 상반(相反)관계에 있다. 즉 통솔범위를 좁게하면 계층이 늘어나고, 계층의 수를 적게 잡으면 통솔범위가 늘어나게 된다.

① 계층제의 원리 : 계층제란 권한과 책임의 정도에 따라 직무를 등급화함

으로써 상하 조직단위 사이에 직무상 지휘 · 감독관계에 서게 하는 것을 의미하며, 계층제의 내용으로는 명령의 연쇄, 피라미드구조, 명령의 통일 등이 있다.

② 통솔범위의 원리 : 통솔범위 적정화의 원리라고도 하며, 효과적인 통솔이 가능한 부하의 한도 또는 1인의 지휘자 · 상관이 직접 통솔할 수 있는 적정한 부하의 수에 관한 원리이다. 조직의 능률성 확보를 위해서는 상관이 부하를 효과적을 통솔 할 수 있도록 부하의 수를 일정한 한도로 제한 할 필요성이 대두된다.

③ 분업의 원리 : 분업의 원리는 업무를 그 종류와 성질별로 나누어 조직구성원에게 가능한 한 가지 주된 업무를 분담시킴으로써 조직관리상의 능률을 향상시키려는 것으로서 최종적으로는 조직의 능률화에 기여한다는 것이다.

④ 조정의 원리 : 통합화의 원리라고도 하며, 공동의 목표를 달성하기 위하여 집단적 노력을 질서 있게 배열하는 것을 의미한다(이계탁 · 이광범, 1999: 295-297).

2) 새로운 조직원리

위와 같은 전통적인 조직원리에 대하여 너무 기계적이고 폐쇄적이라는 비판이 제기되면서, 새로운 상황에 적응할 수 있는 새로운 조직원리가 정립이 요구되고 있다. 새로운 조직원리로는 수평화의 원리, 개방화의 원리, 신축화의 원리, 인간화의 원리를 들 수 있다. 그러나 새로운 조직원리는 전통적 조직원리를 완전히 대체하는 것이 아니라, 그것을 보완하는 의미를 지니고 있음에 유의하여야 한다(최창호 · 하미승, 2007: 263).

3) 한국 행정조직의 기본원리

한국 행정조직에 관한 법률체계는 헌법을 기본법으로 하고, 헌법에 근거한 법률로서 정부조직법을 근간법으로 하며, 법률에 근거한 대통령령으로서 행정기관의 조직과 정원에 관한 통칙, 행정기관의 위임 및 위탁에 관한 규정 등이 있고, 각 부처의 직제,

전결규정과 사무분장 규정 등이 있다. 기타 관련법으로서 각종 인사법령이 있다.

이들 한국행정조직의 법령체계에서는 행정조직의 기본원리로서 행정조직법정주의, 능률행정주의(독임제, 계층제), 지방분권주의(지방자치제) 등을 채택하고 있으며, 최근에는 조직의 계층성을 완화하면서 환경변화와 행정수요에 유연하게 대응하기 위하기 정부조직에 본부장제와 팀제를 대대적으로 도입하는 등 수평화의 원리와 신축화의 원리를 적용해 나가고 있다(최창호, 2006: 359).

3. 행정조직의 모형

이상과 같은 원칙 아래 행정조직을 형성할 때 그 행정조직에는 일정한 행정조직의 모형이 제시될 수 있다(최창호, 2006: 217-219).

1) 계선조직(系線組織)과 막료조직(幕僚組織)

계선조직은 조직 내에서 명령이 전달되는 수직적·계층적 구조를 말하며, 집행을 담당하는 조직이며, 막료(참모)조직은 대내적으로 관리적 기능 · 정책조언기능 등 계선조직을 지원·보조적 업무를 담당하는 조직을 말한다. 조직이 오늘날과 같이 점차 복잡해지고 전문인력에 대한 수요가 증대함에 따라 전통적인 권위관계에 수정이 따르게 되는데, 계선과 막료의 개념이 바로 이 같은 수정의 결과이다. 특히 보조적 업무를 담당하는 막료는 쇄신성(innovation)과 창의성, 계선기관의 내적 결함보완, 전문화 등에 대한 요구가 증대되고 있는 현대행정에서 그 중요성이 점차 커지고 있다(이계탁 · 이광범, 1999: 302).

2) 공식적 조직과 비공식적 조직

공식적 조직은 조직의 공식목표를 달성하는 기능을 수행하고, 비공식적 조직은 조직구성원의 정서적 문제를 해결하는 기능을 수행한다. 공식적 조직이 조직도표에 나타나는 조직이라면, 비공식적 조직은 조직내 사람 사이의 지속적 관계의 결과로 생겨나는 자연발생적 조직이다. 또한 공식적 조직이 구성원의 노력을 조정하여 조직 목표에 귀일시키는 합리성 추구조직이라면 비공식적 조직은 인간의 정서적 욕구를 충족시켜 주는 비합리성 추구조직이다.

비공식적 조직은 조직구성원들의 취미·성격·문화·가치 등이 유사한 사람끼리 모여 형성하는 하나의 소집단이다. 여기에는 직무기술서 등에서 볼 수 있는 엄격한 규칙은 존재하지 않으나, 비공식규범이 있어 이것이 이 조직을 움직인다(이목훈 외, 2002: 117-118).

3) 독임형(獨任型)과 합의형(合議型)

독임형과 합의형은 행정기관의 책임자를 두는 양식, 즉 행정기관의 의사결정에 요하는 공무원의 수를 표준으로 한 분류이다. 독임형은 1인의 공무원에게 행정기관 의사의 결정권한을 부여하고, 행정이 그 1인의 책임 하에서 행해지도록 하는 조직형태를 말하고, 합의형은 복수의 공무원으로 구성되는 합의체에 행정기관 의사결정권한을 부여하고, 행정이 그 복수의 공무원의 합의에 의하여 행해지도록 하는 조직형태를 말한다.

독임형은 행정의 능률화에 중점을 둔 유형인데 비하여, 합의형은 행정의 민주화에 중점을 둔 유형이라 할 수 있으나, 반드시 그런 것은 아니다. 어느 나라에서나 행정조직은 독임형을 원칙으로 하고 있으나 판단의 신중성·공정성의 확보가 특히 필요하고 대립된 이해의 조정이 필요하며 행정에 대한 민주적 통제가 절실히 요구되는 경우에 합의형을 가미하는 것이 일반적이다.

4) 집권형(執權型)과 분권형(分權型)

집권형과 분권형은 행정조직을 상·하 수직관계로 관찰하여 권력·권한이나 자원·정보의 배분상황을 기준으로 분류한 것이다.

집권형은 행정상의 권력·권한이나 자원·정보가 되도록 많이 상위계층, 상급기관 또는 중앙정부에 집중되어 있는 조직형태를 말하고, 분권형은 행정상의 권력·권한이나 자원·정보가 되도록 많이 하위계층, 하급기관 또는 지방정부에 분산되어 있는 조직형태를 말한다.

집권형과 분권형에 있어서 전자는 대체로 행정의 능률화 이념에 충실한 조직형태이고, 후자는 행정의 민주화 이념에 충실한 조직형태라 할 수 있다. 현실적으로는 일반적으로 행정기능이 확대되고 행정이 전문화함에 따라 점차 집권화가 촉진되는 경향을 보이고 있으며, 최근에는 분권화가 역점적으로 추진되기도 하고 있다.

5) 통합형(統合型)과 분립형(分立型)

통합형과 분립형은 행정조직을 수평적·횡적 관계로 관찰하여 여러 행정기관 사이의 결집정도를 기준으로 한 분류이다.

통합형은 행정조직의 각 계층적 수준에서 공통의 영역에 속하는 사무를 단일의 기관에 집결시키기고, 이를 단일 책임자의 지휘·감독계통 하에 둠으로써 사무 사이의 긴밀한 협동관계를 유지시키는 조직형태를 말한다. 분립형은 역시 각 계층적 수준에서 각각 다른 영역에 속하는 사무를 복수의 서로 대립하는 기관에 분산시키고 이를 별개의 지휘·감독계통 하에 둠으로써 사무 사이의 독립성을 유지시키는 조직형태를 말한다.

통합형은 대체로 능률화의 이념에 충실한 조직형태인 데 비하여, 분립형은 민주화의 이념에 충실한 조직형태라 할 수 있으나, 반드시 그런 것은 아니다. 현실에 있어서는 사무의 전문성과 자율성이 특히 요청되는 경우를 제외하고는 일반적으로 통합형이 지배적이다(최창호, 2006: 219).

객관식 문제

01 고전적 조직과 신고전적 조직의 공통점은?

① 비공식조직의 중시
② 합리적 경제인관
③ 인간의 피동성과 동기부여의 외재성
④ 인간의 사회적·심리적 측면 중시

02 애치오니(Etzioni)가 주장한 조직의 유형 중 공리조직의 특징은?

① 규범적 권력, 도덕적 관여
② 강제적 권력, 도덕적 관여
③ 보수적 권력, 타산적 관여
④ 강제적 권력, 소외적 관여

03 계층제의 원리에 대한 다음 설명 중 타당하지 않은 것은?

① 계층제는 조정의 원리와 상반된다.
② 계층제는 계선조직을 중심으로 형성된다.
③ 계층제는 대규모조직이 특색이다.
④ 계층제는 명령과 복종의 체계라 할 수 있다.

04 조직에 관한 원리를 설명한 것 중에서 옳지 않은 것은? 09 수탁 9

① 계층제의 원리는 직무를 권한과 책임의 정도에 따라 등급화하고, 상하계층 간에 지휘와 명령복종관계를 확립하여 구성원의 귀속감과 참여감을 증진시키는 순기능을 가지고 있다.
② 전문화(분업)의 원리는 업무를 종류와 성질별로 구분하여 구성원에게 가급적 한 가지의 주된 업무를 분담시켜 조직의 능률을 향상시키려는 것이나 업무수행에 대한 흥미 상실과 비인간화라는 역기능을 가지고 있다.
③ 조정의 원리는 공동 목적을 달성하기 위하여 구성원의 행동 통일을 기하도록 집단적 노력을 질서 있게 배열하는 과정이며, 전문화에 의한 할거주의, 비협조 등을 해소하는 순기능을 가지고 있다.

④ 통솔 범위의 원리는 1인의 상관 또는 감독자가 효과적으로 직접 감독할 수 있는 부하의 수에 관한 원리로서, 계층의 수가 많아지면 통솔 범위가 축소된다.

05 **우리나라 행정조직에 관한 설명으로 옳지 않은 것은?**

① 중앙행정기관의 차관 · 차관보 · 실장 · 국장은 보조기관이다.
② 특별지방행정기관은 중앙행정기관의 일선기관으로서의 기능을 담당하고 있다.
③ 지방병무청, 경찰서, 보훈지청, 세무서 등은 특별지방행정기관이다.
④ 시험연구기관 · 교육훈련기관 · 문화기관 · 의료기관 · 제조기관 및 자문기관은 부속기관이다.

정답

01. ③ **02.** ③ **03.** ① **04.** ① **05.** ①

4번 해설 : ① 높은 수직적 계층제는 구성원들의 의사결정 참여가 제약되므로 귀속감이나 참여감이 떨어지는 역기능이 있다.

연구문제

01 **조직의 기본적 원리에 관하여 서술하시오.**

02 **현대 조직의 특징에 대해 설명하시오.**

03 **현대 조직의 모형에 대해 설명하시오.**

제 7 장

조직관리와 기능

제1절 관료제

1. 관료제론

1) 관료제의 개념

관료제(bureaucracy)는 다의적 개념이며 불확정적 개념이다. 첫째, 특정한 형태의 조직을 관료제라고 한다. 이 경우는 조직 구성원리를 설명한다. 공사행정일원론에서 설명되는 개념이다.

둘째, 특정한 조직형태에 수반되는 병폐를 지적하기 위해 사용되기도 한다. 계층제에 따른 경직성과 같은 부정적 관점에서 이해한다.

셋째, 거대한 정부와 동일어로 사용되기도 한다. 이때는 현대 정부의 성격으로서의 대규모성을 의미한다.

넷째, 국민의 자유와 권리를 침해하는 부작용으로 관료제를 이해하는데 이때는 정치권력 장악집단으로 설명된다.

이처럼 다양한 접근이 있으나, 여기서는 관료제란 '대규모 조직체를 효율적으로 관리하기 위한 수단으로 정치권력 장악집단'이라고 규정한다(위계점, 2009: 362). 일반적으로 구조적 측면과 기능적 측면으로 이해되고 있다. 구조적 측면에서는 관료제는 '계층제적 형태를 띠고 단일의 의사결정센터를 가진 대규모 조직' 을 지칭한다. 이러한 의미의 관료제는 민간부문에서도 찾아 볼 수 있다. 기능적 측면에서는 관료의 바람직하지 아니한 역기능 측면(무사안일주의 · 비능률 · 동조과잉 · 비밀주의 등)을 강조하여 사용하거나, 순기능 측면(능률성 등)을 강조하여 사용한다.

2) 관료제의 특징

여기서의 관료제의 특징이란 주로 구조적·합리적 측면에서의 특징을 의미한다. 관료제의 특징에 관하여 수많은 논자들의 연구·발표가 있으나, 그 중 가장 대표적이고 기본적인 것은 역시 막스 베버(Max Weber)의 이론이다(최창호·하미승, 2007: 98).

막스 베버는 합리적이고 이상적인 조직형태로서 관료제의 이념형(ideal type)을 제시했다. 근대적 관료제의 주요 특징을 ㉠ 명확한 관청적 권한 ㉡ 직무조직은 계층제적 구조를 형성 ㉢ 직무수행은 문서주의 ㉣ 공·사의 분리 ㉤ 전문적 지식·기술 ㉥ 상근직 ㉦ 관료의 권한과 직무범위는 법규에 의한 행정으로 규정하고, 이 같은 특징을 지니지 아니한 관료제는 엄격한 의미의 관료제라 볼 수 없다고 하였다.

막스 베버의 이론은 관료제이론의 기초가 될 정도로 그 영향력이 컸으나, 시대와 사회가 달라짐에 따라 그 수정·보완이 불가피하게 되었는데, 그 관료제이론의 수정·보완 상황을 보면 다음과 같다.

첫째, 1930년대에 사회학자들은 막스 베버가 보지 못한 관료제의 비공식적 측면, 비합리적 측면, 역기능적 측면, 환경과의 교섭의 측면을 수정·보완하였다.

둘째, 1960년대에 발전론자들은 관료제의 법질서의 유지, 부여된 임무의 기계적 집행 등의 기능론을 2차적인 것으로 미루고, 관료제가 사회의 발전·쇄신에 있어서 주도적 기능을 수행하는 것을 강조하였다.

셋째, 1960년대 후반부터 조직론자들은 사회의 변화와 관련하여 환경변화에의 적응의 신속성, 조직구조의 유연성, 구조적 배열의 잠정성, 인간적 가치의 존중을 특히 강조하면서 탈관료제·탈계서제·비관료적 구조 등을 표방하였다.

넷째, 특히 1980년대 이후에 시민사회론자들은 행정의 민간화, 민영화, 분권화, 정부조직의 구조조정, 감축관리 등이 대대적으로 추진됨에 이르러 반관료제적 수정의 경향이 그 강도를 더해가게 되었다.

3) 관료제의 병리(역기능)

관료제의 병리에 관하여 많은 연구 중에서 중요한 것을 보면 다음과 같다. 관료제의 이러한 병리적 현상을 관료주의 현상이라고 명하기도 한다(최창호·하미승, 2007: 99-100).

첫째, 전문과대증(專門過大症)이다. 관료제는 전문행정가의 원칙을 그 본래의 특성으로 하는데, 이 전문화의 원칙이 지나치게 강화되어 자기고집화, 할거주의화(割據主義), 시야협소화 등의 병리현상이 따른다.

둘째, 서면주의 · 형식주의(formalism)이다. 관료제에 있어서는 모든 사무의 처리를 일정한 양식과 절차에 따라 서면으로 행하며, 모든 처리와 권리 · 의무 · 책임의 존재 및 한계는 이 서면을 증거로 하여 확인된다. 이와 같은 서면주의에는 산더미 문서, 수많은 인장, 복잡한 절차(red tape ; 번문욕례) 등의 현상이 따른다.

셋째, 과잉준수이다. 관료들은 목표보다는 그 수단인 규칙이나 절차 준수를 지나치게 강조한 나머지 결과적으로 규칙을 절대적인 것으로 받드는 과잉준수의 현상을 낳는다. 이 같은 과잉준수에는 목표와 수단의 뒤바뀜, 법규만능주의, 맹종 · 무사안일주의 등의 현상이 따른다.

넷째, 변동에 대한 저항(보수성)이다. 관료의 자기유지에 대한 불안 때문에 관료제는 본질적으로 보수성을 띠게 된다. 이러한 관료제의 보수성 때문에 발전의 추구에는 항상 제약 내지 저항이 따른다.

다섯째, 독선주의이다. 관료제는 국민에 대하여 직접 책임을 지지 않을 뿐만 아니라, 그 계층제성, 과두제성(寡頭制性), 권력성 등으로 인하여 고질적인 (독선)관료주의(administocracy)를 낳는다. 이러한 관료독선주의에는 교만, 불친절, 냉정, 비밀주의, 무책임성 등이 따른다.

여섯째, 인격 및 인간성의 상실이다. 관료제조직의 구성원들은 주어진 일정한 한정된 업무를 매일 반복적 · 기계적으로 처리하기 때문에 무감정화, 권태화, 욕구불만화, 시야협소화, 부속품화하고, 인간의 인격을 상실한다.

4) 관료제의 대안적 조직형태

새로운 조직방식으로 논의되는 것은 프로젝트 팀(project team), 태스크포스(task force), 연결핀(link pin) 등을 들 수 있다(박해룡 외, 2006: 225).

먼저 복잡성과 관련하여 관할범위가 너무 협소하여 인간의 능력개발을 저해하고 있다고 보는 인간관계론자는 책임을 확대하는 조직형태를 처방한다. 업무의 명백한 구분에서 발생하는 문제점을 해결하기 위해서는 조직의 가외성과 중복작업체제의 처방이 제시된다. 또한 집권화는 참여관리와 조직민주주의에 의하여 처방되며, 높은 계층구조는 저층구조와 위원회 조직으로 해결책이 제시되며, 명령통일의 원리는 매트릭스 조직으로, 공식화의 문제점은 태스크포스 등으로 해결책이 모색된다.

〈표 7-1〉 태스크포스와 프로젝트팀의 비교

Task Force(전문전담반)	Project Team(특별작업반)
• 수직적 계층구조 - 공식구조 • 장기적 성향 • 조직이탈을 수반함 • 부문간에 설치 • 설치시 법적 근거를 요함 - 정부조직 도표에 표시 • 규모가 큼 • 물적 성격 • 후버위원회 · 행정쇄신위원회	• 수평적 조직 - 비공식구조 • 임시적 · 단기적 성향 • 조직이탈 수반하지 않음 • 부문 내에 설치 • 설치시 법적 근거를 요하지 않음 - 정부조직도표에 표시되지 않음 • 규모가 작음 • 인적 성격

2. 탈관료제론

1) 의의

계층제, 문서주의, 비인격적 업무수행 등으로 설명되는 관료제는 산업사회의 조직 구성원리로 인정되었다. 이는 대규모 조직체를 관리하기 위한 수단이었다. 그러나 탈산업화시대, 정보화시대에 조직설계원리에 대한 전면적인 재검토가 요구된다. 근대적 관료제의 구조적 경직성을 극복하는 새로운 조직 설계원리를 탈관료제, 반관료제 등이라고 한다(위계점, 2009: 375).

2) 발생배경

산업화 초기에 조직의 분출할 때만 해도 환경은 비교적 안정적이었고, 조직은 폐쇄모형에 입각하여 운영되었다. 그러나 최근 행정을 둘러싸고 있는 환경의 전면적인 변화가 야기되었다.

그 이유로는 행정의 개방화(국제화), 민주화, 정보화 등의 환경변화와 근대적 관료제가 산업화 달성 이후 급격한 사회변동에 직면하고 정보화 사회에 이르러 공공문제의 해결에 한계가 노정(露呈)되었기 때문이다. 또한 탈관료제를 통하여 유동성, 분권화, 인간화, 전문성 등이 요구되었다.

3) 특징

다양한 탈관료제 모형은 다음과 같은 일반적인 특성을 갖고 있다(이원희, 2007: 87-88).

(1) 낮은 수준의 복잡성 : 문제를 해결하기 위한 조직으로, 전문적 지식을 전제로 한 수평적 분화이다.

(2) 낮은 공식화 : 산업사회는 자동차 공장처럼 규칙화, 표준화를 중시한다. 그러나 탈관료제는 상황적응적 조직으로 잠재적 배열을 갖는다.

(3) 분권화 : 지위에 따른 권위가 아니라 전문성에 따른 권위가 발생한다. 이에 고정적인 계서제의 존재를 거부하고 비계서제적 구조설계를 처방한다.

(4) 경제관념의 혁신 : 조직과 환경 사이의 높고 경직된 경계(이음새, 칸막이)를 설정했던 관념을 바꾸도록 처방한다. 그리고 고객을 동료처럼 대하도록 요구한다.

(5) 임무와 능력의 중시 : 계서적 지위중심주의나 권한 중심주의를 배척하고 임무 중심주의, 능력중심주의를 처방한다. 조직 내의 권한은 문제해결의 능력을 가진 사람이 행사하도록 해야 한다고 처방한다.

(6) 상황적응성의 강조 : 조직의 구조와 과정, 업무수행 기준 등은 상황적 조건과 요청에 부응해야 한다고 처방한다.

(7) 집단적 문제해결의 강조 : 문제해결과 의사결정은 집단적인 과정을 통해서

하도록 처방한다. 상하 간의 명령적 관계가 아니라 자율적, 참여적, 협동적 관계를 선호한다. 산업사회의 조직 구성원리는 분업이었다. 그러나 탈관료제는 개개의 전문성을 강조하기 때문에 분권화를 중시한다. 그러나 이러한 분권화를 다시 통합하기 위해 분업화가 아니라 협동작업을 중시한다.

(8) 의사전달의 공개주의 : 폐쇄적 칸막이 구조를 극복하고 의사전달의 공개를 강조한다.

(9) 직업적 유동성의 전제 : 직업상 유동성을 전제하고 또 이를 지지한다. 직업적 유동성은 구조적 배열의 잠정성에 결부된 것이다.

4) 탈관료제 조직의 유형

(1) 유동조직(Adhocracy)

관료제와 대칭을 이루는 개념으로 관료제 조직의 3대 변수인 복잡성, 집권화, 공식화를 탈피하는 조직이다. 이에 단순화, 분권화, 비공식적 업무 분장에 의해 운영되는 조직이다. 요즘 아이들의 장난감인 변신 로봇처럼 조직의 구성이 엉성하면서 신축적이다. 즉 금새 로봇이 되었다가, 몇 가지의 부속 조작을 통해 자동차로 변신하는 것이다. 이를 김영평 교수는 다공성조직(多孔性組織)이라고 한다. 끊임없는 실험과 학습을 통해 불확실성과 복잡성을 극복하는 조직이다. 유동조직은 아래의 유형을 포괄하는 개념으로 이해된다(이원희, 2007: 88-90).

(2) 네트워크 조직

수직적 계층제가 아닌 아메바조직으로서 자유스런 의사전달 구조를 갖는다. 예컨대 대학 도서관을 보면, 종전에는 하나의 대학 도서관이 모든 장서를 구비하였다. 그러나 지역 내에서 A 도서관은 사회과학에 대한 장서, B도서관은 자연과학 장서, C도서관은 농학에 관한 도서를 집중적으로 수집, 관리하면서 서로 네트워크화 해두면 충분히 종래의 목적을 적은 비용으로 달성할 수 있다.

(3) 프로젝트 조직(과업조직)

새로운 프로그램이나 사업계획이 생겼을 때, 기존의 조직 내의 특정 부서만으로는 그 일을 감당할 수 없어 여러 부서 간의 협조가 필요할 때 구성된다. 프로젝트조직은 다음과 같은 특성을 지니고 있다.

① 협조가 필요할 때가 있다. 이때 과업조직은 계층제구조가 아니라 직무의 상호연관성이라는 직무상의 횡적 관련을 중시한다.
② 전통적인 관료제 조직과 공존하면서 여러 직능을 통합하기 위해 조직된 잠정적인 조직이다.
③ 사업이 성취되면 해체되고 원대복귀한다.
④ 예컨대 올림픽조직위원회, WTO 무역협상단과 같은 조직이다. 그리고 집중호우 등 재난 발생시에 이에 대한 복구 및 방역, 보건위생, 구호 등 여러 분야의 상황관리나 지원을 위하여 설치, 운영되는 재난상황실도 여기에 해당된다.

이에 프로젝트 조직과 테스크포스를 구분하기도 한다. 프로젝트 조직은 단기적이어서 법적 근거가 필요 없고, 단일조직 내에서 이루어지는 조직인 반면, 테스크포스는 비교적 장기적이어서 법적근거를 두며 동일 부처를 넘어서 이루어지는 경우가 많다.

(4) 복합조직

전통적인 직능구조의 역할 위에 프로젝트 구조를 통합시켜 이중적 구조로 만드는 것으로 조직성원들 간의 협동적 작업을 통해 조정과 통합의 문제를 해결한다. 예컨대, 대사관 조직처럼 융통성과 창의성을 보장하는 다목적의 상설조직이다.

(5) 대국대과주의(大局大課主義)

조직을 너무 세분화하면 할거주의가 나타난다. 이에 국이나 과의 규모를 크게 하여 협업(協業)을 강조한다.

(6) 팀제

종래의 과, 계 개념 대신에 업무 중심의 팀제를 도입한다. 종래의 관료제 모형이 업무 분담을 통해 개인의 전문성을 강조하였으나, 팀제는 책임과 권한을 부여하고 이에 따른 생산성을 측정할 수 있는 조직이다.

(7) Agency(책임경영기관)

큰 조직 내에서 사업중심의 조직을 분리시킨 조직이다. 기관의 장은 계약직으로 채용되고 성과를 측정한다.

(8) 위원회조직

정책의 결정에 있어 광범위한 참여가 필요하거나, 정책으로 영향을 받는 사람을 참여시키거나, 작업의 부담을 분산시킬 필요가 있을 경우에 위원회 조직을 구성한다. 행정심판위원회-인사위원회처럼 법적 근거를 가지고 상당히 제도화된 경우에서부터 21세기위원회-도정정책심의위원회처럼 운영되다 해체되는 한시적인 위원회도 있다.

(9) 동료조직

대학이나 연구소 또는 고도의 기술이나 전문적 지식을 가진 사람들이 모이는 단체에서 사용된다. 예컨대, 대학의 각 학과가 여기에 해당된다. 모든 의사결정은 과명의로 결정되며 구성원들은 최소한의 지침 하에서 광범위한 재량권과 자율권을 향유한다(이원희, 2007: 90).

3. 대표관료제론

대표관료제(representative bureaucracy)는 사회를 구성하는 모든 주요 집단으로부터 인구 비례에 따라 관료를 충원하고 그들을 정부관료제 내의 모든 계급에 비례적으로 배치해 정부관료제가 그 사회의 모든 계층과 집단에 공평하게 대응하도록 하는 제도이다. 즉, 대표관료제는 정부관료제가 그 사회의 인적 구성을 반영하도록 구성함으로써 관료제 내에 민주적 가치를 반영시키려는 의도에서 발달되었다.

대표관료제는 오늘날 민주정치제도 아래서 정책결정 및 집행과정에 대한 관료들의 재량권이 점차 확대되고 있는데 반해, 직업공무원들의 대표성을 확보할 수 있는 제도적인 장치가 효율적으로 작동하지 못하고 있다는 점에서 그 필요성을 찾아볼 수 있다. 즉, 행정의 전문화로 인해 직업공무원들에 대한 정치적 상관들의 통제가 어려운 상황에서 관료들의 주관적 책임을 통해 국민의 다양한 요구에 대한 정부의 대응성을 향상시키는 대안이 될 수 있다는 점에서 대표관료제의 이론이 주목받고 있다. 우리나라에서 시행되는 양성평등채용목표제, 지역인재추천채용제 등 여러 균형인사 정책은 관료제의 대표성을 제고하기 위해 도입된 제도로 볼 수 있다(이종수 · 윤영진 외, 2012: 368-370). 대표관료제의 효용성은 여러 측면에서 살펴볼 수 있다.

1) 대표관료제의 효용성

대표관료제의 효용성은 여러 측면에서 살펴볼 수 있다. 대표관료제는 먼저 국민의 다양한 요구에 대한 정부의 대응성을 향상시킨다. 그리고 기회의 균등을 보장함으로써 관료제의 국민 대표성과 사회적 형평성의 제고하는 민주적 이념을 실현하며, 정부정책에 대한 관료의 책임성을 제고하고, 정부관료제에 다양한 집단을 참여시킴으로써 정부관료제의 민주화에 기여할 수 있다. 나아가 정부가 좀 더 합리적인 정책을 선택할 수 있도록 도와 주며, 소외집단의 요구에 대한 정부정책의 대응성을 높임으로써 정책의 집행을 용이하게 하고 정부활동의 능률성을 향상시키며, 소외되던 집단의 사회 · 경제적 지위를 향상시킴으로써 소외집단 구성원들에 의한 반사회적 행위를 감소시키는 등의 효용성을 가진다.

2) 대표관료제의 비판

대표관료제에 대해서는 다양한 비판이 제기되기도 한다. 즉, 관료의 소극적 대표가 적극적 대표를 보장하지 못할 뿐만 아니라 적극적 대표는 민주주의에 위협 요소로 작용할 수도 있으며, 대표관료제는 할당제를 강요하는 결과를 초래해 결과적으로 현대 인사행정의 기본 원칙인 실적주의를 훼손하고 행정 능률을 저하시키게 된다. 이러한 할당제는 나아가 역차별의 문제를 야기할 수 있다.

대표관료제는 정부정책의 대응성과 형평성 그리고 민주성을 제고할 수 있다는 데서 효용성을 찾아볼 수 있다. 그러나 적극적 대표가 지나치게 활성화되어 각 집단이 자신들의 이익을 극대화하기 위해 경쟁할 경우 소수집단에 불리한 결과를 초래함으로써 사회적 형평성을 오히려 저해할 위험성이 있다.

제 2 절 의사결정

의사결정은 바람직한 목표를 달성하기 위하여 이용 가능한 여러 대안 중에서 최선의 대안을 선택하는 과정이다. 다시 말해서 모든 개인이나 조직체의 운영상 목표 달성을 위한 최선의 대안을 선택하는 일련의 과정이라고 할 수 있다(박해룡 외, 2006: 228). 일반적으로 합리적인 의사결정의 과정은 문제인지와 분석, 목표설정, 정보수집 · 분석, 대안탐색 및 평가 그리고 대안의 선택과 실행의 다섯 단계를 거치게 된다(박해룡 외, 2006: 230).

의사결정의 이론모형에는 미시적 경제이론, 통계적 결정이론, OR(operations research), 만족모형, 점증모형, 혼합주사모형 등이 있다.

〈표 7-2〉 의사결정의 유형

의사결정의 대상	① 가치중심적인 판단 ② 사실중심적인 판단
의사결정의 주체	① 개인적 의사결정 ② 집단적 의사결정
의사결정을 내리는 상황	① 정형적 의사결정(선례, 계획, 절차에 따라) ② 비정형적 의사결정(전혀 새로운 결정)

제 3 절 권력과 갈등관리 및 조정

1. 권력

1) 권력의 정의

일반적으로 권력은 "어떤 사람이나 집단이 다른 사람이나 집단에게 영향력을 미칠 수 있는 잠재적인 능력"으로 정의한다(이종수 · 윤영진, 2008: 364). 권력은 조직 내에서 발생하는 자연스러운 현상이다. 권력투쟁이 일어나는 원인은 과업의 분화에서 찾을 수 있다. 조직 내에서 권력을 획득할 수 있는 방법에는 계층제적 권한, 자원의 통제, 네트워크 중심의 세 가지가 있을 수 있다.

많은 행정가들이 다른 사람에게 권력을 주는 것은 자신의 권력을 감소시키는 제로섬으로 잘못 인식해왔다. 최근의 연구조사에 의하면 상부로부터의 권력의 위임은 좀 더 큰 권력의 파이(pie)를 만들어 내는 것으로 나타났다. 이러한 권한부여는 조직 내 권력의 전체적인 양을 증가시킨다. 그리고 권한부여가 구성원들의 동기부여에 긍정적으로 작용한다.

2) 권력의 원천

프렌치와 라벤(J. R. P. French & B. Raven)에 의하면 권력의 원천에는 합법적 원천, 보상적 권력, 강압적 권력, 전문적 권력, 준거적 권력 등이 있다(이종수 · 윤영진, 2008: 365-366).

(1) 합법적 권력

상사가 보유하고 있는 직위에 기반을 둔 권력으로 일반적으로 직위가 높으면 높을수록 합법적 권력은 더욱 커지는 경향이 있다. 합법성의 한계는 직위의 공식적인 속성과 비공식적인 규범 및 전통에 의해 결정된다.

(2) 보상적 권력

다른 사람들이 가치를 두고 있는 보상을 갖고 있는 정도를 말한다. 즉 다른 사람들에게 보상을 제공할 수 있는 능력에 기반을 둔 권력으로, 조직이 제공하는 보상의 예에는 봉급, 승진, 직위 부여 등이 있다.

(3) 강압적 권력

인간의 공포에 기반을 둔 권력으로, 어떤 사람이 다른 사람을 처벌할 수 있는 능력을 가지거나, 육체적 또는 심리적으로 다른 사람들에게 위해를 가할 수 있는 능력을 가진 경우에 발생한다.

(4) 전문적 권력

다른 사람들이 가치를 두는 정보를 갖고 있는 정도를 말한다. 즉 다른 사람이 필요로 하는 전문적인 기술이나 지식을 어떤 사람이 갖고 있을 때 발생하는 권력으로, 그 정보의 중요도와 얻을 수 있는 대안이 희소할수록 전문적 권력이 강화된다. 이러한 전문적 권력은 직위와 직무를 초월하여 조직 내 누구나 가질 수 있다는 특징이 있다.

(5) 준거적 권력

어떤 사람이 자신보다 뛰어나다고 생각하는 사람을 닮고자 할 때 발생한다. 전문적 권력과 마찬가지로 준거적 권력도 공식적 직위와 항상 일치하는 것은 아니며, 준거적 권력은 일면 카리스마의 개념과 유사하다.

2. 갈등관리

1) 갈등의 의의

갈등은 동시에 두 가지 이상의 욕구를 가지고 있으나 한꺼번에 충족할 수 없고 양자택일을 해야 할 경우에 경험하는 현상이다. 갈등관리는 조직의 생존과 발전을 위하여 필요한 핵심적 과정이라고 할 수 있다. 일반적으로 조직상의 갈등이란 "희소자원이나 업무의 불균등한 배분 또는 처치·목표·가치·인지 등에서의 차이와 같은 원인과 조건으로 인하여 개인·집단·조직의 심리, 행동 또는 그 양면에 일어나는 대립적인 상호작용"이라고 할 수 있다. 또한 갈등이란 '의사결정과정에서 선택을 둘러싸고 곤란을 겪는 상황'을 말하며, 개인 갈등과 복수 의사주체 간의 갈등으로 나누어 볼 수 있다(신현기 외, 2008: 162).

2) 갈등의 기능

갈등의 역기능 측면에서 살펴보면, 갈등은 조직의 불안을 조성하고 쇄신과 발전을 저해하며, 구성원과 조직 각 단위 간의 반목과 적대감정을 유발시키며, 조직의 위계질서를 문란시키고 공무원의 사기를 저하시킨다. 따라서 갈등은 조직의 발전을 저해하므로 반드시 제거되어야 하는 것으로 여겨졌다. 이것은 갈등을 비정상적·탈선적·역기능적인 것으로 이해하고 그 원인과 예방책을 탐구하려는 고전적 입장에서 바라보는 시각이다.

반면에 오늘날에는 갈등을 오히려 개인이나 집단의 정상적인 현상으로 간주하고, 조직발전의 계기로 보는 경향이 강해졌다. 갈등의 순기능 측면에서 볼 때, 갈등은 조직발전의 새로운 계기로 작용하며, 건설적 갈등은 선의의 경쟁을 통하여 발전과 쇄신을 촉진한다. 또한 조직은 갈등해결을 위해 조직의 문제해결능력·창의력·융통성·적응능력을 향상시켜야 하며, 갈등을 발전을 위한 자극제가 되어 침체된 조직을 활성화시킬 수 있는 긍정적 요인으로 인식해야 한다고 주장한다(박해룡 외, 2006: 246-247).

3) 갈등의 유형

갈등의 유형은 개인적 갈등, 집단 및 조직적 갈등 등으로 구분할 수 있다. 첫째, 개인적 갈등은 개인이 대안선택에 있어서 심리적으로 곤란을 겪는 경우로, 밀러와 댈러드(Miller & Dollard)는 '두 가지 감정의 공존상태'라고 정의하였다. 개인적 갈등의 유형은 ① 접근-접근갈등: 바람직한 가치를 가진 두 가지 대안 중에서 선택해야 하는 경우, ② 회피-회피갈등: 바람직하지 못한 가치를 가진 두 가지 대안 중에서 선택해야 하는 경우, ③ 접근-회피갈등: 바람직한 가치와 바람직하지 못한 가치를 함께 가진 대안 중에서 선택해야 하는 경우 등 세 가지로 구성된다.

둘째, 집단 및 조직적 갈등은 조직체에 의한 분류와 조직구조 변화의 유무에 의한 분류로 구분할 수 있다. 조직체에 의한 분류에는 ① 협상적 갈등: 부족한 자원을 둘러싼 이해당사자간의 갈등, ② 관료제적 갈등: 계층제의 상하계층간에 발생하는 갈등, ③ 체제적 갈등: 동일수준의 기관간 또는 개인간에 발생하는 갈등 등이 포함된다. 반면, 조직구조 변화의 유무에 의한 분류에는 마찰적 갈등과 전략적 갈등이 있다. 마찰적 갈등은 조직구조상의 변화를 일으키지 않는 갈등이고, 전략적 갈등은 조직구조에 중대한 변화를 초래하는 갈등을 말한다(박해룡 외, 2006: 247).

4) 갈등관리방법

갈등해결방안으로는 문제해결, 상위목표의 세시, 공동의 적 제시, 자원의 증대, 회피, 완화, 타협, 상관의 명령, 제도개혁 등이 있다(박해룡 외, 2006: 248-249).

첫째, 문제해결은 갈등을 일으키고 있는 당사자들이 직접 접촉하여 갈등의 원인이 되는 문제를 공동으로 해결하게 하는 방법을 말한다.

둘째, 상위목표의 제시는 갈등을 일으키고 있는 당사자들이 공동적으로 추구해야 할 상위목표를 제시함으로써 갈등을 완화하는 것을 말한다.

셋째, 공동의 적 제시란 갈등 당사자들에게 공동의 적을 확인해주고 이를 강조하면 잠정적으로 갈등을 해소하거나 잠복시킬 수 있는 것을 말한다.

넷째, 자원의 증대란 한정된 자원의 배분에 대한 경쟁을 방지하기 위해서 자원을 증대시키는 것이다.

다섯째, 회피는 갈등을 초래할 수 있는 결정을 보류 · 회피하거나, 갈등당사자 간의 접촉을 피하거나 갈등행동을 억압하는 방법이며 단기적 해결방법이다.

여섯째, 완화는 갈등당사자간의 대립적인 의견이나 이해관계를 모호하게 하고 공통적인 요인을 내세우려는 잠정적 해결책이다.

일곱째, 타협이란 완전한 승자도 없이 대립적인 주장을 부분적으로 양보하여 공동결정에 도달하려는 방법이다. 타협은 당사자간의 협상과 제3자에 의한 중재로 나눌 수 있다.

여덟째, 상관의 명령은 부하간의 대립을 해소하는데 효과적이다.

마지막으로 제도개혁은 분업체제 · 보상체제의 개선, 조정 · 통합기능의 합리화, 인사교류 등을 통하여 갈등의 해소를 모색하는 것을 뜻한다.

제 4 절 리더십

1. 리더십

1) 리더십의 개념

리더십이란 '조직 목표를 달성하기 위해 부하들을 능동적이고 적극적으로 움직이도록 이끌어 나가는 힘, 또는 영향력'으로 정의할 수 있으며, 리더십은 리더 자신뿐만 아니라 리더가 영향력을 발휘하는 상황, 리더의 영향력을 받는 조직구성원까지 포함하는 관계를 의미한다(나순복 외, 2008: 154). 또한 리더십은 다음과 같은 일반적인 특성을 갖는다(신현기 외, 2008: 160-162).

첫째, 리더십은 지도자와 추종자 및 환경적 변수간의 함수관계이다.
둘째, 리더십은 공식적 계층제의 책임자만이 갖는 기능은 아니므로 조직책임의 직권력과는 구별되어야 한다.
셋째, 리더십은 목표를 전제로 행동하는 과정이므로 조직이나 집단이 달성하고자 하는 미래상과 밀접한 관계를 맺고 있다.
넷째, 리더십은 지도자가 추종자에게 일방통행식으로 행동을 강요하는 것이 아니라 상호작용의 과정을 통하여 발휘되는 것이다.
다섯째, 리더십은 지도자의 권위를 통하여 발휘되는 기능이다.

2) 리더십 이론의 변천과정

전통적으로 리더십은 시대적 변천에 따라 자질론, 상황접근론, 상호작용론 등 다양한 정의와 수많은 이론으로 발전해 왔다. 최근, 환경 변화에 효과적으로 대처하기 위하여 새로운 리더십이 필요하다는 인식에서 기존의 리더십과 다른 방식으로 구성원들에게 동기를 부여하는 '변혁적 리더십'이나 '거래적 리더십'에 대한 연구와 지식정보사회에 요구되는 새로운 리더십에 대한 연구 등이 활발하게 진행되고 있다(신현기 외, 2008: 161-162).

(1) 자질론

자질론은 가장 오래된 전통적인 리더십 이론으로 리더십을 결정하는 요인은 선천적으로 타고난 자질 또는 특성이며, 지도자로서 어떤 자질과 특성을 갖춘 자는 어떤 시공간 속에서도 지도자가 될 수 있다는 것이다.

(2) 상황접근론

상황접근론이란 리더십을 결정하는 요인은 지도자 개인의 자질과는 관계없이 상황에 따라 예를 들면 조직의 목표 · 구조 · 성격 · 조직이 속한 사회 및 문화적 성격과 유형, 발전도 · 피지도자의 기대와 요구 등의 상황적 조건들에 따라 달라진다고 보는 이론이다.

(3) 상호작용론

상호작용론은 자질론과 상황론을 종합하는 이론으로서 리더십은 어느 하나의 변수에 의해서 결정되는 것이 아니라 많은 변수, 즉 지도자 개인의 자질과 특성, 그가 처한 상황, 그와 피지도자간의 상호작용에 의하여 결정된다는 이론이다. 다시 말하면, 상호작용론에서 정의하는 리더십이란 '어떤 상황에 있어서 문제해결에 적합한 자가 선출되어 구성원 전체의 자발적 협력과 만족을 확보할 때, 그 역할을 담당하는 자의 특성'인 것이다.

(4) 변혁적 리더십

변혁적 리더십이란 리더가 앞을 내다보며 비전을 세우면서 장기적인 효과와 가치창조에 중점을 두어 '부하의 신념, 욕구, 가치를 바꾸고 꿈을 가지게끔 변화시켜 새로운 기회를 창출하도록 하는 진취적 리더십'이라고 정의할 수 있다. Bass(1990)는 리더십의 효과가 부하들에게 나타나는가와 관계없이 부하들의 동기를 활성화시키고 몰입감을 증가시키면 변혁적 리더라고 보았다(윤상돈, 2006: 17). 변혁적 리더십의 특징인 카리스마는 비전과 미션을 제시하여 부하들이 리더를 존중하고 신뢰하며, 부하들이 자신감을 갖도록 하는 것이다. 영감적 리더십은 카리스마와 유사한 개념으로, 부하에게 바람직한 목표를 제시하고 성취수단들을 제공함으로써 부하들이 스스로 능력이 있다고 느끼게 하는 것이다. 개별적 배려는 리더가 부하 개개인에게 관심을 보이고 부하의 특정한 요구를 이해함으로써 부하에 대해 개인적으로 존중한다는 것을 전달하는 것을 의미한다. 지적 자극은 부하의 이해력과 합리성을 상승시키는 것으로 리더가 현재의 문제점과 바람직한 미래를 대비시켜 문제와 해결법에 대한 인식을 새로운 방향으로 각성시키는 것을 말한다(윤상돈, 2006: 18-23).

(5) 거래적 리더십

거래적 리더십이란 '리더가 상황에 따른 보상을 지급하면서 부하들에게 영향력을 행사하는 과정'으로 리더와 부하의 관계는 복종과 보상을 주고받는 '거래관계'를 말한다. 거래적 리더십의 특징인 조건적 보상은 리더가 규정한 수준대로 부하가 성과를 달성하였을 때 인센티브와 보상을 제공하는 것이고, 예외에 의한 관리는 예외적 사건이 발생했을 때에만 리더가 간섭하고 그렇지 않은 경우에는 부하들을 간섭하지 않는 것을 의미하는데, 리더는 상벌을 통해 부하직원이 조작되도록 유도한다(정진우 외, 2009: 98).

(6) 지식정보사회의 리더십

지식정보사회의 리더는 전통적·관료제적인 문제해결 방식에서 벗어나 조직구성원들의 잠재력을 고양하는 것에 초점을 맞추어야 한다. 탭스코트(D. Tapscott)에 의하면, 정보화사회는 단순한 '지식 또는 정보'사회의 차원을 넘어선 '네트워크화된 지능사회'이기 때문에 리더나 리더십 또한 상호연계성을 지녀야 한다. 즉 한 명의 총명한 최고관리자만이 리더가 되는 것이 아니라, 파급 효과를 지닌 비전과 집합적 행동력을 가진 인간 지능의 결합자체를 리더라고 정의하면서, 정보화사회의 리더십에 대해 다음과 같이 주장하였다(Tapscott, 1996).

① 조직구성원 각자가 복잡한 정보사회에 대한 이해를 바탕으로 한 명백하고 공유된 비전을 가져야 하고, 이를 위해 조직구성원 전체가 끊임없는 학습의지를 지녀야 한다.

② 정보화 사회처럼 예측 불가능한 시대의 리더십은 특정 상관이 아닌 여

러 가지 원천을 기반으로 하고 있기 때문에 상호연계적 리더십을 체득하는 것이 개인의 책임이자 기회이다.

③ 상호연계적 리더십의 발휘로 다양한 개인들의 역량이 효과적으로 결합될 때에 조직 내 창조적 사고가 충만해지고 바람직한 조직문화가 형성될 것이다.

④ 조직구성원 누구나 리더로서의 기능을 수행해야 하는 네트워크화된 지능의 시대에 적절하게 효과적으로 기술을 사용하는 것은 조직구성원들의 창의력을 자극하고, 자신과 조직에 대한 문제의식을 갖게 하는 등 획기적 변혁의 원동력이 된다.

⑤ 상호연계적 리더십을 형성하고 발휘하는데 최고관리자의 지원과 관심은 필수적이다. 최고관리자의 변화에 대한 의지 및 변화를 위한 제스처가 미치는 영향력은 즉각적이고 강력하며 또한 급격한 변화에 따른 전환 및 적응에 추진력을 제공한다(이종수 · 윤영진, 2008: 363-364).

〈표 7-3〉 리더십 이론의 발전과정

구분	내용
자질론(특성론 (1940년대~1950년대))	• 단일적 자질론 • 성좌적 자질론 : 몇 개 특성이 복합적으로 작용하여 지도력이 생긴다.
행태론 (1950년대~1960년대)	• 성공적인 지도자들이 보이고 있는 리더십 행태를 분석하여 바람직한 리더십 행태를 밝히고자한 접근방법
상황론 (1970년대~)	• 지도자 개인의 자질과는 상관없이 집단내외의 상황변화에 따라 지도자의 요건이 달라진다.
상호작용론	• 자질론과 상황론을 합친 것으로 리더십은 지도자 개인의 자질과 그가 처한 상황, 그리고 추종자와의 상호작용에 의하여 결정된다는 이론이다.

제 5 절 동기부여

1. 조직구성원의 동기부여

1) 동기부여의 개념

동기부여란 조직 구성원에게 바람직한 행동을 개발 내지 유발하고 그것을 유지하며 일정한 방향으로 유도해 가는 과정을 총칭한다. 또한 본질적으로 인간의 행동과 관련된 내적·심리적인 개념이며, 조직의 관리자는 마땅히 조직 구성원의 개인적 욕구와 목표를 파악해 그들이 적극적으로 조직의 목표와 업적을 위해 헌신하도록 유도하는 것이 바람직하다(김두식 외, 2006: 323).

2) 동기부여와 인간관

(1) 맥그리거의 X이론, Y이론

맥그리거(Douglas McGregor)는 인간을 두 부류로 나누어 그 중 한 부류는 수동적이고 게을러서 외재적 유인에 의해서만 동기가 부여된다고 보았고, 나머지 한 부류는 자율적이고 일을 지극히 자연스레 받아들이기 때문에 주로 내재적 유인에 의해 동기가 부여된다고 보았다. 맥그리거는 전자의 수동적인 인간을 X이론적 인간이라 부르고 합리적·경제적 인간으로 분류하였다. X이론적 인간은 다음과 같이 설명할 수 있다(이목훈 외, 2002: 123).

첫째, 인간의 감정은 불합리하기 때문에 자신의 이익을 계산하는데 개입하여 이를 방해하지 못하도록 해야 하는데, 조직은 인간의 감정을 그 예측할 수 없는 특성을 중립화하고 통제할 수 있도록 설계될 수 있으며, 또한 그렇게 되어야 한다.

둘째, 인간은 수동적이고 게으르므로 외재적 유인에 의해서만 동기가 부여되며, 그 중 가장 중요한 것은 경제적 보상이다.

셋째, 인간은 자율과 자제를 행할 수 없고, 근본적으로 이들의 목표와 조직의 그것은 상반되기 때문에 이들로부터 조직의 목표달성활동을 확보하기 위해서는 외적인 힘으로 이들을 통제하지 않으면 안 된다.

〈표 7-4〉 X이론과 Y이론, Z이론의 비교

<table>
<tr><th>McGregor</th><th>Maslow</th><th>Alderfer</th><th>Herzberg</th><th>Schein</th><th>Argyris</th><th>Likert</th><th>Ramos</th><th>지도자형</th></tr>
<tr><td rowspan="2">X이론</td><td>생리적 욕구</td><td rowspan="2">생존 욕구(E)</td><td rowspan="2">위생요인 (불만)</td><td rowspan="2">합리적 · 경제적 인관</td><td rowspan="2">미성숙인</td><td rowspan="2">체제1 체제2</td><td rowspan="2">조작인</td><td rowspan="2">권위형</td></tr>
<tr><td>안전 욕구</td></tr>
<tr><td rowspan="3">Y이론</td><td>사회적 욕구</td><td rowspan="2">관계 욕구(R)</td><td rowspan="3">동기요인 (만족)</td><td>사회적 인관</td><td rowspan="3">성숙인</td><td rowspan="3">체제3 체제4</td><td rowspan="3">반응인</td><td rowspan="3">민주형</td></tr>
<tr><td>자아존중 욕구</td><td rowspan="2">자아실현인관</td></tr>
<tr><td>자기실현 욕구</td><td>성장 욕구(G)</td></tr>
<tr><td>Z이론1)</td><td></td><td></td><td></td><td>복잡인관</td><td></td><td></td><td>괄호인</td><td>방임형</td></tr>
</table>

자료: 박연호(1994: 382) 표 참고

(2) 맥그리거(D.McGregor)의 X·Y 이론

① **의의:** McGregor(1960)는 Maslow 이론을 토대로 기업의 인간적 측면에서 인간이 일(task)에 대하여 가지고 있는 상반된 태도 · 관점을 기준으로 X이론과 Y이론으로 분류하고 인간에 대한 가정에 따라 관리전략이 달라진다고 주장하였다(김중규, 2011: 463).

1) Ouchi의 Z이론은 경영가족주의적 조직이론 즉, 일본의 J이론이 미국의 A이론에 적용되어야 함을 강조. 책임만 개인의 책임, 나머지는 J이론과 같음(장기고용, 엄격한 평가와 느린 승진, 다기능적 경력경로, 비공식적·암시적 통제, 집단적 의사결정, 총체적 관심).

② X · Y 이론적 인간관 및 관리전략

〈표 7-5〉 McGregor의 X · Y 이론

	X이론	Y이론
인간관	① 사람의 본성은 본래 일을 싫어하고 게으르며 명령에 피동적으로 따를 뿐이다. ② 대중의 범용성, 즉 평범성을 전제한다. ③ 사람은 안전을 원하고 변화에는 저항적이다. 생리적 · 안전의 욕구 ④ 사람은 본래적으로 자기중심적이고 조직의 필요에 대해서는 무관심하다.	① 일을 놀이처럼 생각하고 일을 위해 정신적 육체적 노력을 바치는 것은 자연스러운 것이다. ② 자율적으로 자기규제를 할 수 있다. ③ 존경과 긍지에 대한 욕구와 자기실현욕구를 가지고 있다. ④ 적절한 조건만 갖추어지면 책임을 받아들일 뿐 아니라 그것을 갈구한다. ⑤ 문제해결에 있어서 비교적 높은 수준의 상상력과 창의력을 발휘할 수 있다.
관리전략	① 강경한 접근방법: 강제와 위협, 면밀한 감독, 행동의 엄격한 통제 ② 부드러운 접근방법: 경제적 보상 등 인간의 하위욕구 충족, 대인관계의 개선	① 통합의 원리: 개인의 목적과 조직의 목적을 부합시키는 분권적이고 민주적인 관리 ② 사람들의 자율적 행동과 자기규제, 자기평가 중시

③ **한계**: 경험적 검증이나 실증적 조사를 통한 연구가 아니라 직관적 연역에 의한 규범적 관리철학에 불과하다.

(2) 아지리스의 미성숙·성숙이론

아지리스(Chis Argyris)는 공식조직이 개인의 행태에 미치는 영향을 검토하는 과정에서 미성숙-성숙이론을 전개했는데, 한 개인이 자라면서 미성숙한 인간에서 성숙한 인간으로 발전하려면 다음과 같은 일곱 가지 국면의 성격 변화를 거쳐야 한다고 주장했다(김두식 외, 2006: 323-324).

(3) 샤인의 인간관

샤인(E. H. Schein)은 조직에서의 인간 본질에 대한 가정은 역사적으로 각 시대의 철학적 관점을 반영시키고 있다고 보면서 인간관을 합리적 · 경제적 인간관, 사회적 인간관, 자아 실현적 인간관, 복잡한 인간관 등 네 가지로 분류하고 가장 적절한 인간관은 복잡한 인간관이라고 지적하고 있다.

첫째, 복잡한 인간관에서는 인간이란 단정적으로 설명할 수 없는 현실적으로 복잡한 성향의 존재로서 과도하게 단순화하거나 일반화하면 특정한 상황에 맞지 않는 경우가 많다고 주장한다. 즉 모든 사람에게 적용되는 단 하나의 정확한 관리전략은 존재할 수 없다는 것이다.

둘째, 사회적 인간관은 인간을 사회적 존재로서 인식하고 인간이란 '사회적 관계의 망'을 형성하며, 그러한 망 속에서 욕구를 실현하고 동기화된다고 본다. 따라서 조직 구성원은 관리자가 제공하는 유인시스템이나 통제보다는 동료집단의 사회적인 노력에 더 민감하다.

셋째, 자아실현적 인간관은 조직 속의 인간을 자기를 실현하려는 존재로 파악한다. 즉 인간이란 끊임없이 자기를 확장하며 강조해가는 주체이다. 각 개인은 다른 개인들과 더불어 사회를 구성하며 그들과 상호작용하는 가운데서 자아를 실현하게 되는 것이다.

넷째, 합리적·경제적 인간관으로 조직 속의 인간이란 주로 경제적 유인에 의해 동기가 부여된다. 경제적 유인은 조직의 통제 하에 있으므로 조직 속의 인간은 근본적으로 조직에 의해 조작되고 통제되며 동기화되는 수동적 존재이다. 감정이란 비합리적이기 때문에 인간의 합리적 계산에 입각한 이익의 추구를 방해하며, 따라서 가능한 한 통제되어야 한다(김두식 외, 2006: 324-327).

2. 동기부여이론

1) 내용이론

동기부여의 내용이론이란 업무수행동기의 주된 요인을 개인의 욕구에 두는 동기 자체에 관한 이론이며, 동기유발의 실체를 밝히는 데 주안점을 둔다(김두식 외, 2006: 328-330).

(1) 매슬로우의 욕구5단계이론

매슬로우(A. H. Maslow)는 인간의 동기를 다섯 가지 욕구계층(생리적 욕구, 안전에 대한 욕구, 사회적(소속)욕구, 존경에 대한 욕구, 자아실현의 욕구)에 따라 순차적으로 유발된다고 보았다. 동기로 작용하는 욕구는 충족되지 않은 욕구이며, 충족된 욕구는 그 욕구가 나타날 때까지 동기로서의 힘을 상실한다고 설명하고 있다. 인간의 대부분은 그 다섯 가지의 욕구들을 부분적으로만 충족시키기 때문에 인간은 항구적으로 무엇인가를 원하는 동물로 판단하였다(이종수 · 윤영진, 2008: 349-350).

(2) 앨더퍼의 ERG 이론

앨더퍼는 매슬로우의 욕구5단계이론을 수정하여 개인의 기본욕구를 존재욕구(existence needs: E), 관계욕구(relatedness needs: R), 성장욕구(growth needs: G)의 3단계로 구분하여 설명하고 있다. 존재욕구는 허기, 갈증, 거처 등과 같은 모든 형태의 생리적 · 물질적 욕구들이고, 관계욕구는 타인과의 대인 관계와 관련된 모든 욕구, 즉 개인 간의 사교, 소속감, 자존심 등을 포함한다. 성장욕구는 창조적 · 개인적 성장을 위한 개인적 노력과 관련된 욕구를 의미한다.

(3) 허즈버그의 욕구충족요인 이원론

허즈버그(Frederick Herzberg)는 인간이 이원적 욕구구조를 가지고 있으며, 이 두 가지의 욕구는 서로 반대 방향을 가리키는 만족요인과 불만요인이라고 주장한다.

위생요인, 즉 불만요인은 보수, 작업조건, 대인관계, 조직의 정책과 행정, 감독 등으로 이것을 해소시켜도 불만을 줄여 주는 소극적 효과를 가져올 뿐이다. 동기부여요인, 즉 만족요인은 직무상의 성취, 직무 성취에 대한 인정, 보람있는 직무, 책임, 성장 또는 발전 등으로 이것을 크게 하는 것은 인간의 자아실현 욕구에 자극을 주고 적극적인 만족을 가져다준다는 것이다(김두식 외, 2006: 328).

〈표 7-5〉 허즈버그(Frederick Herzberg)의 위생요인과 동기요인

위생요인(불만요인)	동기요인(만족요인)
• 직무환경적 요소 • 정책 및 관리 • 감독 • 작업조건 • 상 · 하 · 동료와의 관계 • 급여 · 보수, 지위, 안정 • 복지시설	• 직무자체적 요소 • 성취 • 인정감 • 도전적이고 보람있는 일 • 책임의 증대 • 능력과 지식의 신장 • 승진 · 성장과 발전

(4) 매클리랜드의 성취동기이론

매클리랜드(D. McClelland)는 모든 사람이 공통적으로 비슷한 욕구의 계층을 가지고 있다고 주장한 매슬로우의 이론을 비판하며, 개인의 행동을 동기화시키는 잠재력을 지니고 있는 욕구는 학습되는 것이므로 개인마다 욕구의 계층에 차이가 있다고 주장하였다. 즉 개인의 동기는 개인이 사회문화와 상호작용하는 과정에서 취득되며, 학습을 통해 동기가 개발될 수 있다는 전제를 기초로 하여 조직 내 성취욕구의 중요성에 중점을 둔 성취동기이론을 제시하였다. 또한 개인의 욕구 중 사회문화적으로 학습된 욕구들을 성취욕구, 권력욕구, 친교욕구로 분류하였다(이종수 · 윤영진, 2008: 353).

2) 과정이론

동기부여의 과정이론은 개인의 동기유발 변수와 과정을 규명하고 이들 변수들 상호 간의 관계를 설명하고 있다. 대표적인 과정이론으로는 브룸의 기대이론, 포터와 롤러의 업적만족이론, 애덤스의 공정성이론이 있다(김두식 외, 2006: 330-331).

(1) 브룸의 기대이론(VIE이론)

브룸(Victor H. Vroom)의 기대이론은 동기부여를 설명할 때 개인의 선택행태를 주요 설명 변수로 삼고 있다. 다시 말해서 개인은 행동을 할 때 다수의 선택 가능한 대안을 평가하여, 자신에게 가장 이익이 될 것으로 평가되는 행동전략을 선택한다.

브룸의 이론을 구성하고 있는 기본변수의 개념은 다음과 같다(신현기 외, 2008: 159).

① 기대감 : 자기가 하는 행동이 자신에게 가져올 결과에 대한 기대감(신념·확신·주관적 확률·믿음의 가능성), 직무를 열심히 수행하면 봉급 인상과 승진이 있을 것이란 기대

② 결과 : 생산성·직무성 등과 같은 개인행동의 성과인 1차 수준의 결과와 1차 수준의 결과가 가져오는 성과에 따른 보상과 승진의 2차수준의 결과

③ 행동선택 : 여러 가지 기대되는 결과와 중요성을 감안하고 여러 행동대안을 비교평가하여 적절한 행동패턴을 선택하는 행위

④ 유의성 : 개인이 원하는 특정결과에 대한 선호의 강도와 매력의 정도(유인가)

⑤ 수단성 : 행동주체가 지각하는 1차적 결과와 2차적 결과와의 상관관계에 대한 인식. 즉 1차수준의 높은 결과가 2차수준의 결과(승진, 보상)를 수반하게 되리라는 주관적 확률치

(2) 애덤스의 공정성 이론

애덤스(J. Stacy Adams)의 공정성이론에 의하면, 개인의 행위는 타인과의 관계에서 공정성을 유지하는 방향으로 동기부여된다고 한다. 여기서의 공정성이란 개인의 투입과 산출의 비율이 타인의 투입과 산출의 비율과의 비교와 관계된 것이다. 만약 타인의 투입-산출의 비율과 비교하였을 때 불공정함을 느끼게 되면 개인은 이를 감소시키려는 노력을 하게 되고 그 노력의 강도는 불공정성의 인지의 정도에 따라 결정된다. 이때 과소보상과 과다보상 양자 모두 개인으로 하여금 불공정성을 느끼게 만든다.

(3) 포터와 롤러의 업적만족이론(EPRS 모형)

포터(Lyman W. Poter)와 롤러(Edward E. Lawler)는 노력, 보상, 성과, 만족 등의 변수들 간의 상호작용을 전제로 하여 업무만족이론을 전개시켜 나가고 있다. 이들은 만족이 성과를 직접적으로 가져오는 것이 아니라 성과의 수준이 업무 만족의 원인이 된다고 본다. 또한 성과와 여기에 결부된 보상에 개인이 부여하는 가치와 노력이 보상을 수반하게 될 것이라는 기대감이 업무 수행 능력을 좌우할 것이라고 주장한다(김두식 외, 2006: 331).

객관식 문제

01 **막스 베버(M. Weber)가 제시한 이념적인 조직형태인 관료제의 특성으로 옳지 않은 것은?**

① 직무의 수행은 문서에 의거하여 이루어지며, 직무수행 결과는 문서로 기록 보존된다.
② 관료의 권한과 직무범위는 법규에 의해 규정되며, 상관의 권한은 업무활동에 한정된다.
③ 전문지식과 기술을 가진 관료가 모든 직무를 담당하며, 이들은 시험 또는 자격증 등에 의해 공개적으로 채용된다.
④ 관료는 직무수행 과정에서 국민의 어려운 사정이나 개별적 여건을 고려하는 자세를 갖는다.

02 **관료제의 역기능을 잘못 진술한 것은?** (2007기출)

① 관료독선주의 경향이 강하여 변화에 대한 저항의식이 강하다.
② 계층제적 구조로 비효율적이다.
③ 목표의 전환으로 수단과 목표의 도치현상이 나타난다.
④ 공식적 측면만을 강조하기에 인간소외현상이 대두된다.

03 **우리나라에서의 대표관료제(representative bureaucracy) 실천 노력으로 옳지 않은 것은?**

① 국공립대 여성교수 채용목표제
② 여성관리자 임용확대 5개년 계획
③ 대우공무원제도
④ 장애인고용촉진및직업재활법

04 맥그리거(McGregor)의 X, Y이론에 설명으로 거리가 먼 것은?

① X이론은 동기부여에 관하여 '당근과 채찍이론'을 활용한다.

② X이론은 조직목표 달성을 위해서 강제 · 명령 · 위협 · 처벌 등에 의한 유인방법을 강구해야 한다.

③ Y이론은 조직목표 달성을 위해 엄격한 감독과 구체적인 통제체제를 구축해야 한다.

④ Y이론은 인간을 본성적으로 성장과 발전의 잠재력을 갖춘 행동 주체로 인식한다.

05 리더십의 설명 중 적절하지 않은 것은? (2003. 강원9급기출)

① 리더십은 구성원의 동기를 유발한다.

② 리더십은 상황에 따라 변한다.

③ 지도자의 속성을 연구하는 것은 행태유형론이나.

④ 자유방임형 리더십은 구성원의 능력이 뛰어날 때 효과적이다.

정답

01. ④ 02. ② 03. ③ 04. ③ 05. ③

연구문제

01 매슬로우(Maslow)의 욕구 5단계 중 나는 어느 수준에 있는지를 서술하시오.

02 조직 내 갈등을 줄일 수 있는 방법에 대해 서술하시오.

03 현대 조직의 특징에 대해 설명하시오.

04 관료제의 병리(病理)와 그 극복방안에 대해 서술하시오.

제 8 장

인 사 행 정

제1절 인사행정의 의의 및 발달

1. 인사행정

1) 인사행정의 의의

인사행정이란 "정부조직에 필요한 인적자원을 채용하고 사기앙양과 능력발전을 통해 행정의 효율성을 제고하려는 관리전략"을 의미한다. 다시 말해 인사행정은 정부조직에 필요한 인적자원을 동원하고 관리하는 체제로서 공무원이라는 인적자원을 효율적으로 활용할 수 있게 하고 공무원들에게 만족스러운 직장생활을 보장하며 공무원들의 능력발전을 촉진시킨다는 세 가지 일반적인 목적을 갖고 있다.

2) 인사행정의 역사

인사행정은 구체적인 제도와 운영방법에서 역사적으로 많은 변화를 겪어 왔다. 국가마다 역사적 배경과 경제적 상황에 따라 다소 차이가 있고, 각기 다른 인사행정제도가 발달하면서 운영되었다(이목훈 외, 2002: 141-148).

미국에서는 처음에 엽관주의가 운영되었다. 엽관주의는 정당에의 충성도와 공헌도를 관직의 임용기준으로 삼는 인사관리제도를 말하며, 선거에서 승리한 정당이 공직을 차지하는 권한을 가지게 된다. 그러나 엽관주의로 인한 '행정의 계속성 · 안정성 · 지속성의 위협'과 '행정의 능률성과 전문성의 미흡', '공무원의 정치적 중립의 결여 등의 폐해가 발생하자, 이를 극복하기 위한 방안으로 실적주의가 등장하였다.

실적주의란 공직에의 임용기준을 실적, 즉 개인의 능력 · 자격 · 적성에 두는 제도이다. 실적주의는 행정이 복잡화 · 전문화되는 등 정치적 · 사회적 환경이 변화하고 엽관주의의 폐해가 극심해짐에 따라 엽관주의에 대한 비판에서 출발하였다. 실적주의는 공직취임에의 기회균등을 보장하며, 공개경쟁시험을 통해 유능한 인재를 임용함으로써 행정의 능률을 높이며, 공무원의 정치적 중립을 통해 행정의 공정성을 확보하고, 공무원의 신분보장을 통해 행정의 안정성과 계속성을 보장하는 특성을 갖는다.

이러한 실적주의와 어느 정도 관련이 있으면서도 성격을 달리하는 직업공무원제와 사회의 다양한 인적구성을 고려하는 대표관료제가 발달하였다. 직업공무원제란 젊은 인재들을 공직에 유치하여 그들이 공직에 근무하는 것을 명예롭게 생각하면서 일생동안 공무원으로 근무하도록 운영하는 인사관리제도를 말한다. 대표관료제는 한 사회의 모든 집단들이 그 사회의 전체 인구 속에서 차지하는 수적 비율에 맞게 관료조직의 직위들을 차지하도록 함으로써 그 사회의 모든 계층과 집단에 공평하게 대응하도록 하는 인사제도를 말한다. 즉 사회세력 전체의 축소판과 같은 정부관료제가 대표관료제이다. 이러한 대표관료제는 정부관료제가 그 사회의 인적 구성을 반영하도록 구성함으로써 관료제 내에 민주적 가치를 주입시키려는 의도에서 발달하였다.

폐쇄형 인사제도로 출발하여 최근 우리나라에서도 도입하기 시작한 개방형 인사제도에 이르기까지 다양한 인사제도가 발달해 왔으며, 현재는 이러한 제도들이 혼용되어 운용되고 있다. 폐쇄형 인사제도란 계층구조의 중간의 자리에 공석이 생겼을 때 외부로부터 신규채용하는 것을 금지하는 제도이다. 즉 공직에의 신규채용이 최하위계층에서만 허용되며, 내부승진을 통하여 그들이 상위계층에까지 올라 갈 수 있도록 하는 제도이다. 폐쇄형 인사제도는 개방형에 비해 공무원의 사기를 높이고, 일체감을 주며, 공무원의 장기복무를 장려하므로 행정의 일체성 · 일관성 · 안정성을 확립하는 데 유리하다. 특히, 폐쇄형 인사제도는 공무원의 신분이 보장되므로 젊은 사람이 공직을 평생의 직업으로 삼고 발전해 나갈 수 있기에 직업공무원제를 확립하는데 유리하다.

반면, 개방형 인사제도는 폐쇄형과 달리 직위에 공석이 생겼을 때 외부로부터의 충원을 허용하는 제도이다. 공직의 내부에 있는 사람이나 외부에 있는 사람이나 다 같이 공석에 임용될 기회를 갖게 된다. 개방형 인사제도의 이점으로는 외부로부터 신규채용이 허용되므로 좀 더 우수한 인재를 확보할 수 있으며 공무원의 질 향상을 가져올 수 있고, 공직의 신진대사가 활발하게 이루어져 공직사회 내에 참신한 기풍을 진작시킬 수 있다. 아울러 관료조직의 침체화 및 관료주의화 방지가 가능하고 인사관리에서 기관장이 적절한 영향력과 리더십을 발휘할 수 있다.

공직의 개방은 주로 상위층에서 일어나는데, 우리나라에서도 2000년에 도입하여 고위직에 공직 내외의 전문가를 받아들여 공직사회의 전문성을 제고하고 경쟁력을 강화하고자 시도하고 있다. 우리나라의 개방형은 1~3급의 실장·국장급 직위에 해당하며, 충원은 해당 공무원의 직급에 결원이 발생할 때 이루어지고, 형태는 계약직 공무원을 원칙으로 하되, 자격을 갖춘 자에 한해 경력직 공무원도 가능하게 한다.

〈표 8-1〉 인사행정의 변천

<table>
<tr><th>공직임용</th><th colspan="3">특징</th><th>비고</th></tr>
<tr><td rowspan="2">• 엽관주의
(Spoil System)
•정실주의
(Patronage System)
– 정당에 대한 충성도 또는 개인적 친분에 의한 공적 임용</td><td>미국</td><td colspan="2">• 엽관주의
– 1829년 Jackson 대통령의 공직경질제
– 정당정치 발달의 산물로 등장
– 공약의 추진과 행정책임 구현</td><td rowspan="2">〈장점〉
• 관료주의화 방지
• 교체임용에 의한 행정의 대응성, 책임성, 민주성 고양
〈단점〉
• 정치적 중립저해
• 행정의 안정성 저해
• 비능률과 낭비초래</td></tr>
<tr><td>영국</td><td colspan="2">• 정실주의
– 초기: 은혜적 정실주의(국왕 중심기)
– 후기: 정치적 정실주의(의회 중심기)</td></tr>
<tr><td rowspan="2">• 실적주의
(Merit System)
– 개인의 능력·자격에 따른 공직 임용</td><td>미국</td><td>• 1883년 Pendleton 법에 의해 확립(능력중심의 임용, 정치적 중립, 인사위 설치, 공개채용시험)</td><td>공직분류방식
직위분류제(개방형, 직무중심)</td><td rowspan="2">〈장점〉
• 인사행정의 능률성, 전문성, 중립성, 자율성
〈단점〉
• 소극성, 집권화, 비인격화, 경직성, 형식화
• 행정의 대응성, 책임성, 민주성 부족</td></tr>
<tr><td>영국</td><td>• 1855년 추밀원령에 의해 기반마련(인사위 설치)
• 1870년 추밀원령에 의해 실적주의 확립(공채, 계급분류 등)</td><td>계급제(폐쇄형, 사람중심, 직업공무원제 확립)</td></tr>
<tr><td>• 적극적 인사행정
– 엽관주의와 실적주의의 조화</td><td colspan="3">• 적극적 모집 • 공무원의 능력발전
• 인사권의 분권화 • 공무원단체 활동의 허용
• 필요시 정치적 임용의 허용
• 인사행정의 인간화</td><td>• 실적주의의 완화
(실적주의 개념의 확대)</td></tr>
</table>

3) 인사관리와의 비교

인사행정은 공익을 실현하기 위한 관리활동이라는 점에서 사익을 실현하기 위한 인사관리와는 다른 특성을 가진다. 이러한 차이를 좀 더 구체적으로 살펴보면 다음과 같다(오석홍, 2000: 8; 강성철 외, 2001: 20; 유민봉 · 임도빈 외, 2003: 11-13).

첫째, 정부업무는 광범위하고 매우 다양하다. 즉 민간기관에 없는 국방, 치안, 외교, 소방 등 많은 직무들을 담당하고 있다. 따라서 인력규모가 방대할 뿐만 아니라 직종 또한 다양하다. 그러므로 인사행정의 대상과 기능은 인사관리에 비하여 복잡하고 정부조직간 또는 민간기업과의 인적자원 활용의 융통성이 부족하게 된다. 이러한 특성은 정부의 경우 공무원에 대한 신분보장, 연금관리, 퇴직관리 등이 민간기업보다 강화되는 요인으로 작용하게 된다.

둘째, 인사행정의 중요한 원리와 절차는 법률에 의하여 규정된다. 이러한 법정주의는 인사행정의 경직성을 높인다. 따라서 인사행정은 인사관리의 적시성과 융통성을 따라가기 어렵다.

셋째, 정부활동의 비시장성(非市場性) 때문에 인사정책의 평가에 있어서 경제적 기준이 결정적인 구실을 하지 못한다. 정부활동의 비시장성은 정부활동의 성과를 객관적으로 측정하거나 시장가격으로 환산하기 어렵게 한다. 따라서 임용, 보수, 승진 등 정부의 인사정책도 경제적 합리성에 의해 판단하기보다는 정치적 고려를 포함하는 정책적 판단에 따라서 결정되는 경향이 매우 강하다.

마지막으로 인사행정은 공적 상황 또는 정치적 상황 속에서 작용한다. 정부의 인사정책의 결정이나 관리에는 기회균등에 의한 임용, 공무원의 정치적 중립 및 단체행동의 금지, 공무원의 신분보장, 공무원의 윤리성 등이 강조되는가 하면, 공무원의 보수결정, 고위직의 인사이동 등에는 사회적 형평성이 강조되는 등 행정의 능률성 외에 공정성과 계속성 등을 보장하기 위한 다양한 법규나 요구가 개입된다. 이와 같은 다양한 사회적 법규나 요구들은 상호간의 경쟁과 타협을 거쳐 정부의 인사정책이나 기준에 반영된다. 이러한 정치적 성격으로 인하여 인사행정은 인사관리보다 비효율적이라는 비판을 받기도 한다.

2. 엽관제와 실적제

1) 엽관제와 실적제의 특성

인사행정에는 엽관주의와 실적주의라는 2대 원칙이 있는데, 전자는 인사행정의 기준을 당파성과 정실에 두는 제도이며, 후자는 그 기준을 개인의 자격과 능력·실적에 두는 제도이다. 엽관주의는 실적주의에 의해 비판을 받기도 했지만 오늘날에 있어서는 엽관주의와 실적주의를 적절히 조화하여 인사행정의 신축성과 융통성을 기하려는 적극적 인사행정이 요청되고 있다.

이에 비하여 실적(관료)제(merit system)란 공무원의 임용을 해당인의 자격·능력·실적을 기준으로 행하는 제도를 말한다. 자격·능력 등을 기준으로 임용을 행하기 때문에 공정한 인사처리를 기할 수 있고, 따라서 공무원의 정치적 중립을 기할 수 있게 된다. 이 제도에 의하면 정권교체에도 불구하고 대폭적인 인사이동이 행해지지 아니한다. 실적제는 자유주의의 퇴조에 따라 등장한 복지주의시대에 역시 영·미에서 성립·발달한 제도이다(최창호, 2006: 237).

2) 엽관제와 실적제의 장·단점

엽관제의 장점은 ㉠ 교체임용을 통하여 한정된 공직을 만인에게 개방함으로써 특정지역이나 특정정당에 의한 관직의 독점과 특권화를 배제함으로써 민주주의의 기회균등과 이념에 부합된다. ㉡ 정강정책이나 정당이념의 철저한 실현이 가능하고, ㉢ 지나친 신분보장은 관료집단을 특권집단화하게 되는 문제가 있다. 엽관주의는 주기적인 공직경질을 통하여 이러한 관료주의화 현상과 공직의 침체를 방지할 수 있으며, ㉣ 국민의 지지를 받은 정당의 당원이 관직에 임명됨으로써 민주통제의 강화 및 행정의 민주화, 책임행정의 구현이 가능하다. 즉, 정치적 민주화와 행정의 대응성(responsiveness) 확보에 유리하다. ㉤ 정치적 변혁이나 중대한 정책변동에 대응이 유리하고 인사운영의 탄력적 재량권의 부여로 관리층의 리더십을 강화한다.

이에 비하여 실적제는 ㉠ 공정한 인사처리, ㉡ 장기적 경험을 통한 전문적 지식·기술의 습득과 이로 인한 행정능률의 향상, ㉢ 정치적 중립을 통한 부분이익이 아닌 일반이익에의 봉사 등 장점을 지닌다.

이상과 같은 장단점을 가진 엽관제와 실적제의 두 제도 중, 우리나라의 인사행정에 있어서는 실적제를 기본방향으로 하되, 이에 엽관제적 요소를 가미함으로써, 실적제의 단점인 소극화 · 형식화 · 집권화를 방지하는 방안이 강구되어야 한다고 본다(최창호, 2006: 238-239).

〈표 8-2〉 엽관제와 실적제

공직 임용	특징	비고
엽관제	• 엽관주의(spoils system) – 1829년 Jackson 대통령의 공직경질제 – 민주주의와 정당정치의 발달의 산물로 등장 – 공약의 추진과 행정책임 구현	• 장점 – 관료주의화 방지 – 교체임용에 의한 의한 행정의 대응성, 책임성, 민주성 고양 • 단점 – 정치적 중립 저해 – 행정의 계속성·안정성 저해 – 비능률, 인사부패를 초래 – 신분보장 미흡, 기회균등의 원리에 위배
실적제	• 실적주의(merit system) – 1883년 pendleton법에 의한 확립(능력중심의 임용, 정치적 중립, 인사위 설치, 공개채용시험) – 직위분류제 (개방형, 직위중심)	• 장점 – 공무원의 정치적 중립 – 인사행정의 중립성, 전문성, 계속성, 안정성 – 행정능률 향상에 기여 – 신분보장, 공직에의 균등한 기회보장, 직업공무원제 확립 • 단점 – 인사행정의 소극성·형식화·집권화, 경직성 초래 – 행정의 대응성, 책임성 부족

자료: 김중규, 2011: 708-709 재구성.

3. 직위분류제와 계급제

공직을 분류함에 있어서 직책을 중심으로 하는 것이 직위분류제이고, 사람을 중심으로 하는 것이 계급제이다. 직위분류제와 계급제 가운데 어느 한 제도가 절대적으로 낫다고 할 수 없으며, 상호보완적인 것이라고 할 것이다(김중양, 2008: 80).

우리나라의 공무원분류제도는 계급제에 기반을 두고 있으며 직위분류제적 요소가 가미되어 있다. 즉 현행제도는 계급제에 입각하고 있으나 직위분류제적 성격을 가지고 있는 보직관리의 원칙을 밝히고 있으며, 직군 · 직렬 · 직류의 분류, 시험 · 전직 · 승진 등에 있어서 종전보다 많은 직위분류제적 요소를 가미시키고 있다고 볼 수 있다.

양 제도의 개념과 내용을 간단히 살펴보기로 한다(김중양, 2008: 90).

1) 직위분류제

직위분류제란 다수의 직위를 각 직위에 내포되는 직무의 종류와 곤란성 · 책임도를 기준으로 하여 직류별 · 직렬별 · 등급별로 분류 · 정리하는 제도를 말한다. 즉 직위분류제는 객관적인 직무중심의 공직분류방법으로서, '동일한 업무에 동일한 보수'의 주장이 1838년 미국에서 나온 뒤 1923년 분류법이 제정되어 미국에서 채택 · 시행되었고, 현재 미국문화원에 속하는 캐나다 · 필리핀 · 파나마 · 코스타리카 · 푸에르토리코 등 여러 나라에서 채택하고 있다. 이러한 직위분류제의 장점은 다음과 같다(Felix A. 1959: 85-88).

첫째, '동일직무에 대한 동일보수의 원칙'에 따르는 직무급제도를 확립함으로써 보수결정의 합리적 기초를 제공하게 된다.

둘째, 직위가 요구하는 직무의 성질 · 내용에 따라 공무원을 임용 · 배치함으로써 그 직위가 요구하는 능력과 자격을 가진 자만이 보임하게 되어 인사행정의 기준을 제공하게 된다.

셋째, 직위분류제는 분류된 직위가 명확하다면 주어진 직책에 대비하여 해당 공무원의 능력이 쉽사리 판별되며, 그에 따른 교육훈련의 목적과 필요성이 분명하게 구체화됨으로써 공무원의 교육훈련계획을 수립하는데 합리적인 근거를 제공해 준다.

넷째, 공무원의 전보·승진이 동일한 직렬 내에서만 이루어지는 까닭에 장기간에 걸쳐 비슷한 종류의 직책을 담당하게 되므로 그 분야에 대한 전문가를 양성하는데 효과적이며 아울러 정실인사의 가능성을 좁힐 수 있다.

다섯째, 종횡으로 권한과 책임의 한계를 분명히 해줌으로써 조직의 합리성을 높일 수 있다. 특히 직책의 한계가 분명하기 때문에 부하에 대한 상관의 불필요한 간섭을 제한하여 부하가 업무수행에 안정감을 가질 수 있다.

여섯째, 조직단위별로 구성원의 업무분담을 합리화하고 이를 기초로 하여 효율적인 정원관리를 할 수 있으며, 직무분석을 통하여 계속적인 작업연구가 가능하다.

아래는 직위분류제의 단점을 나열한 것으로 직위분류제의 단점을 반대로 하면, 계급제의 장점이 된다.

첫째, 공무원의 신분이 특정직위나 직무와 연결되어 있기 때문에 기구개혁 등에 의한 영향을 직접 받아 신분보장이 위협받기 쉽다.

둘째, 동일한 직렬에 따라서 승진·전직·전보가 이루어지므로 인사배치의 신축성이 부족하게 된다.

셋째, 공무원이 특정직위와 관련되므로 장기적인 능력발전이 어려워 직업공무원제의 확립에 지장을 준다.

넷째, 일반교양과 능력을 가진 유능한 일반행정가를 확보하기 어렵다.

다섯째, 기타 직책에 따른 전문화로 인하여 전문가간의 의사소통이나 협조·조정이 어렵게 되는 폐단이 있다.

위와 같은 제도상의 장·단점을 내포하고 있는 직위분류제를 그 구성요소에 따라 고찰하면 직위·직렬·등급의 종적·횡적인 체제로 이루어진다. 그 구성요소는 다음과 같다.

(1) 직위(position)

1인의 근무를 요구하는 직무와 책임을 말한다. 곧 1인에게 할당되어 있는 직책의 내용을 말하는데, 이것은 어디까지나 직책 자체를 의미하는 것으로서 그 직위가 공석으로 되어 있건 채워져 있건 관계가 없다. 예외적으로 한 사람이 두 개의 직위를 가지는 경우가 있으나 일반적으로는 공무원의 수와 직위의 수와는 일치하게 된다.

(2) 직급(class)

직위가 내포하는 직무의 성질 및 난이도, 책임의 정도가 비슷하여 인사행정의 편의상 채용·보수 등에 있어서 동일하게 다룰 수 있는 직위의 집단을 의미한다. 따라서 직급의 수는 직위의 수보다 적게 된다.

일반행정 직급으로 관리관(1급), 이사관(2급), 부이사관(3급), 서기관(4급), 행정사무관(5급), 행정주사(6급), 행정주사보(7급), 행정서기(8급), 행정서기보(9급) 나뉜다.

(3) 직렬(series)과 직류

직무의 종류는 비슷하나 그 곤란성·책임도가 상이한 직급을 종적으로 배열한 계열을 의미한다. 직류는 동일한 직렬 내에서 담당 직무가 보다 비슷한 직위의 군을 의미하며, 전문화를 위해서 임용시험이나 임용에 활용되지만 직렬화의 단계에 이르지 못한 것을 의미한다. 예컨대 행정직렬·사서직렬·감사직렬 등으로 구분함과 같다.

(4) 직군(occupational group)

직무의 성질이 비슷한 계열의 집단을 의미한다. 곧 행정직렬·사서직렬·감사직렬은 서로 광범위하게 유사하므로 동일직군인 '행정직군'에 속하는 것과 같다.

(5) 등급(grade)

직무의 종류는 다르지만 직무의 곤란성·책임도와 자격요건이 비슷하여 동일한 보수를 줄 수 있는 모든 직위를 말한다. 즉 등급은 직무의 종류가 동일하지는 않으나 직무의 책임도·곤란성만 비슷한 여러 직급의 계층을 가리킨다.

2) 계급제

계급제란 공무원 개인이 가지고 있는 능력·자격·학력 등을 기준으로 계급을 분류하는 제도이다. 이와 같은 계급제는 직위분류제와는 다른 실제적인 특징을 지니고 있다(김중양, 2008: 84-85).

첫째, 계급제를 채택하고 있는 대부분의 국가(독일·프랑스 등)에서는 3개 또는 4개 계급으로 구분하고 있는데, 이는 주로 교육제도와 밀접하게 관련을 맺고 있다. 우리나라의 경우에도 이와 비슷한 사정에 처해 있다.

둘째, 다음으로 계급제 하에서는 각 계급간에 사회적 평가·보수·학력 등의 차이가 두드러지게 나타나고 있다(우리나라의 경우 반드시 그렇지는 않다). 따라서 계급제를 채택하고 있는 나라에는 폐쇄적 공무원제의 형태를 띰으로써 동일계급 내의 중간에 외부채용을 금지하며 원칙적으로 해당 계급의 최하위로부터 출발하게 되어 있다.

현대행정의 복잡성을 감안하여 직책의 한계를 명백히 하여 준다는 등의 장점을 지닌 직위분류제의 수립필요성이 강조되고 있으나 계급제도 이에 못지않게 재평가되고 있다. 이러한 이유는 계급제가 다음과 같은 장점을 지니고 있기 때문이다.

첫째, 계급제는 장기적인 행정계획에 유리한 제도이다. 즉 일반적 능력과 교양을 가진 인재를 채용할 수 있고, 공석이 생기면 즉시 충원할 수 있는 장점이 있다. 그 이유는 인사배치나 승진이 직무의 중요성이 아니라 공무원 개인의 근무연한과 근무성적에 따라 결정되기 때문이다. 그 결과 계급제의 가장 큰 장점인 인사행정의 신축성을 유지하게 하며, 직업공무원제도의 확립에 일익을 담당하게 된다.

둘째, 계급제 하에서의 공무원은 일반적 능력과 교양을 갖고 있기 때문에 직위분류제에서 나타나는 타부서와의 할거주의의 난점을 극복하여 타부서와 타직원에 대한 이해를 높여 타협과 조정을 쉽게 해준다.

셋째, 계급제 하에서는 직위와 공무원의 신분보장과는 밀접한 관계가 없기 때문에 기구변동에 관계없이 공무원이 안정감을 가지고 업무에 전념할 수 있을 뿐 아니라 기구개혁에 신축성을 부여해주는 장점을 지닌다.

〈표 8-3〉 계급제와 직위분류제의 비교

비교기준	직위분류제	계급제
배경국가 (발달)	• 산업사회 1909년 미국의 시카고시에서 처음 실시	• 농업사회 독일, 프랑스, 일본, 영국, 한국 등
분류기준	• 직무의 종류 · 책임도 · 곤란도	• 개개인의 자격 · 신분 · 학력
인간과 직무	• 직무(task)중심제도	• 인간중심제도
인사배치	• 비신축성·비융통성·경직성	• 신축성·융통성·탄력성
조정 · 협조	• 전문화 강화로 조정 곤란	• 조정이 용이
행정계획	• 단기계획에 유리	• 조직의 장기발전에 유리
신분보장	• 약하다	• 강하다
직업공무원제	• 확립(정착) 곤란	• 확립 용이
권한 및 책임	• 권한과 책임의 한계가 명확	• 권한과 책임의 한계가 명확하지 않음
보수	• 보수의 합리적 기준제시	• 보수의 합리적 기준을 제시하지 못함
결원충원	• 개방형	• 폐쇄형
교육훈련	• 전문지식(전문행정가 양성)	• 일반지식(일반행정가 양성)
장 점	• 행정의 전문화 • 인사배치(시험·채용·전직)의 합리적 기준 제공 • 직무급의 수립 (근무성적평정 기준) • 훈련수요의 명확화	• 장기적인 행정계획에 적합 • 신분보장의 강화 • 협조와 조정의 용이 • 인사배치의 신축성
단 점	• 장기적인 공무원의 능력발전에 부적합 • 신분보장 약함(불안) • 협조와 조정이 곤란 • 인사배치의 비융통성	• 행정의 전문화 곤란 • 인사관리의 객관적 합리화 기준의 결정 곤란 • 권한과 책임한계 불명확 • 인력 수급계획수립 곤란

4. 개방제와 폐쇄제

공무원제는 결원보충의 유형에 따라 이를 개방제와 폐쇄제로 나눌 수 있다. 개방제란 결원보충을 주로 외부로부터의 인재 영입에 의존하는 데 대하여, 폐쇄제는 주로 조직 내부인으로 충원하는 제도를 말한다. 일반적으로 실적주의의 기반 위에 직위분류제를 채택하고 있는 미국에서는 개방제를 채택하고 있는 데 반하여, 계급제에 입각하여 직업공무원제도가 확립되고 있는 영국·프랑스·독일 등에서는 폐쇄제를 채택하고 있다. 개방제는 문호가 개방되어 있으므로 보다 우수한 인재를 등용할 수 있고, 신진대사가 활발히 이루어지므로 행정조직의 침체화·관료주의화를 방지할 수 있다.

반대로 폐쇄제는 승진의 기회가 확대되므로 공무원의 사기가 향상되고, 공무원의 신분보장이 강하므로 행정의 안정성을 유지할 수 있으며, 공무원의 퇴직률이 낮아지게 되므로 직업공무원제도의 확립을 가능하게 한다. 우리나라에서는 전통적으로 결원보충 위주로 승진이 이루어져 폐쇄제적이었으나, 최근 개방제를 지향하고 있다(최창호, 2006: 241).

5. 직업공무원제

1) 직업공무원제의 주요내용과 요건

직업공무원제란 공직이 유능하고 품위 있는 젊은 남, 여에게 개방되어 매력적인 것으로 여겨지고 전 생애를 바쳐 일할 만한 보람 있는 일로 생각되며, 또한 업적에 따라 높은 지위에 올라갈 수 있는 기회가 보장되는 제도이다. 이 제도는 계급제에 입각한 결원충원을 폐쇄형으로 하는 국가에서 먼저 채택되었다. 따라서 직업공무원제도는 계급제, 폐쇄형, 일반능력자주의에 입각한 제도이다.

직업공무원제는 행정의 정치적 중립성을 유지함으로써 행정의 안정성, 능률성을 확보하고 정권교체로 인한 행정의 공백상태를 방지하기 위하여 필요하다. 젊은 사람이 공직에 들어와서 안심하고 공직에 전념하도록 제도적 장치가 구비되어야 한다(위계점, 2009: 443).

① 공개경쟁시험, 공무원의 정치적 중립, 신분보장 등을 내용으로 하는 실적주의 확립
② 공직에 대한 높은 사회적 평가가 있어야 한다.
③ 유능한 젊은 인재를 채용해야 한다.
④ 보수의 적정화를 통해 안심하고 직업에 전념할 수 있어야 한다.
⑤ 다양한 공무원의 능력발전 제도를 확립해야 한다.
⑥ 적절한 연금제도를 확립하여 노후생활이 보장되어야 한다.
⑦ 장기적 인력계획을 수립하여 미래에 대한 예측이 가능하여야 한다.

2) 직업공무원제의 장 · 단점

(1) 직업공무원제의 이점

첫째, 유능한 인재의 공직 유치에 도움을 주며, 공무원의 장기근속을 장려하여 행정의 안정성 · 계속성을 유지 · 확보해 준다.

둘째, 정권 교체나 정쟁에 의한 영향을 받지 않고 행정의 중립성 · 안정성 · 계속성을 확보함으로써 국가의 통일성을 유지할 수 있다.

셋째, 공무원의 성장 · 발전의 동기여부가 촉진되며, 더 나아가 성공감의 충족과 사기 및 능률의 제고에 도움을 준다.

(2) 직업공무원제의 문제점

첫째, 하위직에서 상위직으로 승진함으로 원칙으로 하기 때문에 행정의 전문화 · 기술화를 저해하게 된다.

둘째, 외부 인사의 중 · 고위직에로의 임용을 금지하는 폐쇄제를 채택하므로 관리직의 폐쇄화를 초래하며 특정분야의 전문가를 채용하기가 어려워진다.

셋째, 관료주의화의 우려와 정부에서만 필요한 직업인으로 굳어져 직업전환이 어렵다.

넷째, 학력 · 연령의 엄격한 제한의 공직 임용에의 기회 균등을 제약하며 민

주주의 평등 원칙에 위배된다. 그리고 변동·개혁에의 저항으로 동태적 환경에의 적응력이 약하고 공직사회의 침체를 가져오기 쉽다(신승춘 외, 2011: 226).

6. 고위공무원단제

고위공무원단제는 정부 실·국장급 공무원을 범정부적 차원에서 성과와 능력에 기반을 두고 인사관리를 함으로써 정부의 생산성을 향상시킬 수 있도록 중·하위직 공무원과 분리하여 체계적이고 집중적으로 관리·육성하는 종합적인 인사관리시스템을 의미한다. 이 제도는 현재 미국, 영국, 호주, 캐나다 등 주요 국가에 도입되어 운영되고 있다(박해룡 외, 2006: 298).

우리나라 고위공무원단제는 직무의 곤란도와 책임도가 높은 중앙행정기관 실·국장급(1~3급)과, 이에 상당하는 보좌기관 및 지방자치행정기관의 직위에 임용되어 재직 중이거나 파견·휴직 등으로 인사관리되고 있는 일반직과 별정직 및 계약직과 법률이 정하는 특정직 공무원들로 구성된다(최창호, 2006: 244).

고위공무원단제에 소속하는 공무원에 대하여는 계급 구분 없이, 직위의 직무등급을 기준으로 인사관리한다. 고위공무원단제는 개방형 직위제를 통한 민간과의 경쟁(20%), 공모직위제를 통한 다른 부처 공무원과의 경쟁(30%) 및 부처 자율인사(50%)로써 충원된다. 각 부처의 장은 그 소속과 관계없이 고위공무원단제에 소속하는 공무원 전체를 대상으로 적임자를 골라 임용 제청한다.

고위공무원에는 5년마다 정기 적격심사를 실시하며, 부적격 사유 발생 시에 수시심사를 실시한다. 부적격 사유는 성과평가 최하위로 연속 2년 또는 총 3년이거나, 정당한 사유 없이 총 2년간 무보직인 경우 등이며, 해당자는 직위해제 후 심사를 거쳐 직권면직 등의 인사조치를 받는다.

제 2 절 공무원의 채용

1. 공무원의 종류

공직의 분류는 소속정부에 따라 국가직과 지방직으로 구분할 수 있고, 실적주의의 적용 여부에 따라 경쟁직과 비경쟁직으로 구분할 수 있다. 또한 직무의 전문성에 따라 행정직과 기술직으로, 직무의 책임수준에 따라 정무관과 행정관 등으로 구분한다(채한수, 2009: 99-103).

1) 국가직과 지방직

국가직과 지방직의 구분기준은 나라마다 다르지만 대체적으로 중앙정부에 소속하는 공무원은 국가직, 지방자치단체 또는 지방행정기관에 소속하는 공무원은 지방직으로 구분하고 있다. 그러나 국가직과 지방직의 구분은 지방자치의 수준이 높고 지방자치를 철저히 이행하고 있는 나라에서는 국가직과 지방직의 구분이 확실하지만, 지방자치의 수준이 낮고 지방자치의 역사가 일천한 국가에서는 구분이 갖는 의미가 별로 없다.

다음 표는 국가직과 지방직을 5가지를 기준으로 구분한 것이다.

〈표 8-4〉 국가직과 지방직의 구분

구분	국가직	지방직
근무기관의 구분	국가기관	지방자치단체
임명권자의 소속	국가	지방자치단체
담당사무의 성격	국가사무	지방사무
보수부담의 주체	국가	지방자치단체
관계법령의 적용	국가공무원법	지방공무원법

2) 행정직과 기술직

공무원 또는 직위를 직업적 전문성에 따라 분류하는 방법이다. 기술직은 과학, 기술, 산업분야의 직종을 말하며 행정직은 기술직 이외의 직종을 말한다. 우리나라 국가공무원의 분류에서는 행정직군에는 교정, 보호, 검찰사무, 마약수사, 출입국관리, 철도공안, 행정, 직업상담, 세무, 관세, 교육행정, 사회복지, 통계, 사서, 감사의 직종이 있으며 기술직군에는 공업, 농업, 임업, 수의, 해양수산, 기상, 보건, 의료기술, 식품위생, 의무, 약무, 간호, 환경, 항공, 시설, 전산, 방송통신의 직종을 두고 있다.

3) 공무원과 준공무원

공무원을 공무수행의 내용에 따라 공무원과 준공무원으로 구분해 볼 수 있다. 공무원이란 공무를 수행하고 법률상 공무원신분을 가지는 자를 말하며, 준공무원이란 공무에 준하는 업무를 수행하고 공무원에 준하는 신분을 가진 자를 말한다. 준공무원은 정부투자기관이나 공공기관의 임직원이 해당이 된다. 공무원의 범위를 아주 넓게 해석을 할 때에는 준공무원을 포함하기도 한다. 이들이 다루는 업무가 공익성을 띄고 있다는 점에서 이들을 공무원으로 보는 것이다. 따라서 이들의 복무윤리는 공무원과 유사하게 운영되고 있다.

4) 행정관과 정무관

공무원을 공무수행의 계층성과 책임수준에 따라 행정관과 정무관으로 구분해 볼 수 있다. 행정관이란 행정적 관점에서 임용되어 일상적인 행정업무를 수행하고 특별한 법적용을 받거나 특별한 이유가 없는 한 정년까지 신분보장을 받는 공무원을 말한다. 이에 비해 정무관이란 정치적 관점에서 임용되어 정책수립 등 고도의 가치판단에 관한 업무를 수행하는 공무원을 말한다. 정권의 교체나 정책의 실패 등 문제가 있을 시 신분이나 거취에 영향을 받는다.

5) 경쟁직과 비경쟁직

공무원임용 때 실적주의가 전면적으로 적용되느냐 아니냐에 따라 공무원을 분류하는 방법이다. 실적주의가 적용이 되면 경쟁직이며, 그렇지 않으면 비경쟁직이다. 이러한 분류의 명칭은 나라마다 다르다. 미국에서는 이를 분류직과 비분류직으로 구분하고, 분류직은 다시 경쟁직과 비경쟁직 또는 제외직으로 구분하고 있다. 일본에서는 이를 일반직과 특별직으로, 우리나라는 경력직공무원과 특수경력직공무원으로 구분하고 있다(채한수, 2009: 103).

경력직 공무원은 실적과 자격에 의하여 임용되고 그 신분이 보장되며, 평생토록 공무원으로 근무할 것이 예정되는 공무원이다. 여기에는 일반직 공무원, 특정직 공무원 공무원으로 구분한다. 일반직 공무원은 기술, 연구, 또는 일반행정에 대한 업무를 담당하는 공무원으로서 직군 및 직렬로 분류되는 공무원이다. 특정직 공무원은 법관, 검사, 외무공무원, 경찰공무원, 소방공무원, 교육공무원, 군인, 군무원, 국가정보원의 직원과 특수분야의 업무를 담당하는 공무원으로서 다른 법률이 특정직 공무원으로 지정하는 공무원이다.

특수경력직 공무원은 경력직 공무원 외의 다음과 같은 공무원을 말한다. 정무직 공무원, 별정직 공무원이 있다. 정무직 공무원은 선거에 의하여 취임하거나 임명에 국회의 동의를 요하는 공무원과, 고도의 정책업무를 담당 또는 보조하는 공무원으로 법률에서 정무직으로 지정하는 공무원이다. 별정직 공무원은 특정한 업무를 담당하기 위하여 별도의 자격기준에 의하여 임용되는 공무원으로서 법령에서 별정직 공무원으로 지정하는 공무원이다.

2. 모집

1) 모집의 의의

일반적으로 모집(recruitment)이란 "조직의 목표달성에 적절한 인력을 확보하기 위하여 우수한 사람을 유치하는 활동"이라고 할 수 있다. 이러한 모집은 정부조직이라고 해서 예외는 아니다. 정부에 있어서 모집은 공직수행에 보다 유능하고 관심이 많은 사람들이 모여들게 하고 그들을 선발하려는 데 목적을 두고 있다. 즉 모집은 유인기능(inducement function)과 선별기능(screening function)을 동시에 수행하는 활동이라고 할 수 있다.

공직희망자들이 모여들게 권유한다고 해서 적격성이 없는 사람이 모여들게 해서는 곤란하다. 동기를 유발시켜 사람들을 모여들게 하는 유인기능과 조직의 목표달성에 적합한 사람들로 추정되는 사람들만 골라 모으는 선별기능이 조화를 이루어야 바람직한 모집이 될 수 있는 것이다.

2) 모집의 적극화 방안

전통적인 모집활동의 기본절차는 비교적 간단한 것이지만, 현대 인사행정에서는 모집을 적극화할 필요가 있다. 공무원은 국민 전체의 선도적 역군으로서 국민 전체에 대한 봉사자로서 충분한 직업적 성공기회가 보장되어야 한다. 민간기업에 준하는 보수체계의 현실화, 합리적 승진이 이루어져야 한다. 또한 공직에 대한 사회적 평가 및 신망(prestige)이 높아야 한다. 또한 장기적인 관점에서 공무원의 수급에 관한 과학적인 인력계획이 수립되고 정부의 사업계획에 필요한 인력수요를 차질 없이 충족시킬 수 있어야 한다(Macy, Jr., 1971: 189-288). 그리고 적극적 모집을 위하여 시험절차 및 시험방법이 개선되어야 한다. 이를 위하여 시험방법과 과목의 개선, 결과의 공개, 시험실시기관의 분권화 및 전문가에 대한 우대 등이 고려되어야 한다.

3) 지원자격요건

일반적으로 공무원시험에 응시할 수 있는 지원자격요건(field of recruitment)은 국적 · 교육 · 연령 · 성별 · 기타 결격사유 등이다. 이러한 자격기준의 구체적인 내용은 나라마다 그 나라의 행정환경과 제도의 성격에 따라 상이하다. 그리고 개별적인 직위에 관하여 정해지는 자격요건의 상세한 내용은 채용 예정직에 따라 달라질 수밖에 없다(Lewinsohn, 1968).

(1) 국적

국적은 모집대상을 제한하는 객관적 자격요건 중에서 가장 기본적인 요소이다. 대부분의 나라가 자국인을 원칙으로 하고 외국인을 모집대상에서 제외하고 있다. 그러나 비권력적이고 기술적 전문적인 분야에서는 예외적으로 외국인의 채용을 허용하는 경우가 있다. 우리나라에서는 외국인을 전문 기술적인 직업분야에 채용할 수 있는 길을 열어놓고 있다.

(2) 학력

과거 우리나라는 지원자격요건으로서 학력을 중시하였으나, 1972년의 제도개혁에서 학력요인을 원칙적으로 적용하지 않고 있다. 연구직 및 지도직 공무원의 공개경쟁채용과 일부 전직시험, 그리고 특별채용에 있어서는 지금도 학력, 경력 등을 지원자격요건으로 규정하는 경우가 있으나, 공개경쟁채용에 관하여는 학력요건을 원칙적으로 폐지하였다.

(3) 연령

공무원을 선발할 때 나라마다 지원자의 연령을 고려하고 있으나 국가마다 상이하다. 연령을 지원자격으로 규정하는 나라도 있고 연령문제를 평가요소의 일부로 규정하는 나라도 있다. 우리나라는 연령을 지원자격의 하나로 삼고 있다.

(4) 주거지

주거지에 의한 모집대상의 제한은 지방자치에서 유래된 것이다.

지방자치제를 실시하는 국가 중에서 주거지의 요건은 주민에 의한 자치라는 관점과 애향심과 생활기반의 보존 등에 기초하고 있다. 그러나 오늘날 행정의 광역화·전문화로 인하여 주거지 제한은 거의 두고 있지 않은 실정이다. 우리나라는 신규채용에 있어서 원칙적으로 주거지 제한을 두고 있지 않으나 연고지, 기타 지역적 특수성을 고려하여 일정한 지역에 거주하는 사람을 그 지역에 소재하는 기관에 임용하고자 하는 경우 특별채용시험에 의하여 그 기관이 관할 또는 소재지 읍·면 지역에서 5년 이상 거주한 사람에 한하여 특별채용하고 있다.

(5) 결격사유

우리나라 국가공무원법 제33조에서는 공무원에 임용될 수 없는 결격사유를 다음과 같이 열거하고 있다.

첫째, 금치산자 및 한정치산자

둘째, 파산자로서 복권되지 않은 자

셋째, 금고 이상의 형을 받고 그 집행이 종료되거나 집행을 받지 아니하기로 확정된 후 5년을 경과하지 않은 자

넷째, 금고 이상의 형을 받고 그 집행유예의 기간이 완료된 날로부터 2년을 경과하지 아니한 자

다섯째, 금고 이상의 형의 선고유예를 받은 경우에 그 선고유예기간중에 있는 자

여섯째, 법원의 판결 또는 법률에 의하여 자격이 상실 또는 정지된 자

일곱째, 징계에 의하여 파면의 처분을 받은 때로부터 5년을 경과하지 아니한 자

여덟째, 징계에 의하여 해임의 처분을 받은 때로부터 3년을 경과하지 아니한 자

(6) 국가유공자

모집과정에서 지원자격의 가부를 결정해 주는 요인은 아니지만 국가유공자의 경우, 국가가 위기에 처했을 때 국민의 생명과 재산을 보호하기 위하여 희생을 바친 사람에게 국가가 정치적·인도적 차원에서 여러 가지 보호와 보훈의 조치를 취하게 된다. 따라서 국가유공자등예우및지원에관한법률은 지원대상을 순국선열, 애국지사, 전몰군경, 전상군경, 순직군경, 공상군경, 무공보국수훈자, 6.25참전 재일학도의용군인, 4.19혁명사망자, 순직공무원, 국가사회발전특별공로순직자, 공상공무원, 국가사회발전특별공로상이자, 국가사회특별공로자 등으로 규정하고 있다.

유공자와 그 가족 또는 유족은 보상금혜택·교육혜택·취업보호·의료보호 등의 대상이 된다. 취업보호대상자가 공무원채용시험에 응시한 경우에는 필기시험의 각 과목별 득점에 각 과목별 만점의 10%를 가산해 주도록 하고 있다. 채용시험의 가산대상직급은 6급 이하의 국가공무원 및 지방공무원, 그리고 기능직 공무원의 모든 직급이다.

(7) 여성 및 장애자에 대한 고려

공무원 시험의 지원자격요건에 속하지는 않지만 우리 정부는 평균적 정의보다는 배분적 정의에 입각하여 국가공무원법과는 별도로 개별법령을 두어 장애인과 여성에게 정책적 배려를 하고 있다. 정부는 장애인의 취업기회를 확대함으로써 생활안정을 도모하고 정부가 모범고용주로서의 역할을 수행할 수 있도록 하기 위하여 각급 행정기관의 공무원 신규채용시 채용인원의 5% 이상에 해당하는 인원을 의무적으로 채용하도록 하고 있다. 공무원채용시험령에 장애인 구분모집 근거를 1989년 3월 9급 공무원 공개채용시험에 처음으로 도입하였고 1966년에 7급으로 확대하였으며, 장애인 의무채용비율도 처음 2%에서 1977년에 3% 이상으로, 그리고 2000년부터 5% 이상으로 확대되었다.

1996년부터 '여성채용목표제'를 실시했으며, 2003년부터는 '양성평등채용목표제'가 실시되고 있다. 이 제도는 그간 누적되어 온 여성에 대한 차별을 해소하기 위한 적극적 조치로서 채용상 차별을 받아온 한 성이 성별 대표성의 임계치인 30%에 이르도록 함으로써 고용 전 과정에서 전반적인 균형을 잡기 위한 것이다.

3. 시험

1) 시험의 의의

시험(test or examination)이란 "모집을 통하여 지원자들이 모여들면 그들 가운데서 적격자를 선발하기 위한 수단 내지 도구"이다. 시험은 실적제도와 직업공무원제의 수립에 기여한다. 시험이 이러한 역할을 수행하기 위해서는 첫째, 동일한 자격을 가지고 있는 모든 응시자에게 동등한 기회가 보장되어야 하고, 둘째, 지원자의 우열의 순위를 판별해야 하며, 셋째, 장래 근무능력의 발전을 예측할 수 있어야 한다.

2) 시험의 종류

채용과정에서 사용되는 시험의 종류는 다양하다. 시험들을 분류하여 범주화하는 데는 여러 가지 기준들이 적용될 수 있다. 시험의 종류는 시험의 형식과 목적에 따라 분류하는 것이 가장 일반적이다.

(1) 시험의 형식에 따른 분류

① 필기시험

우리나라에서 시험이라고 하면 흔히 필기시험(written test)을 상기할 정도로 잘 알려져 있다. 이것은 다른 형식의 시험에 비하여 일시에 수많은 사람을 대상으로 시험을 실시하기 때문에 관리가 용이하며 비용이 적게 든다. 이러한 필기시험은 답안지 작성형식에 따라 주관식 시험(subjective test)과 객관식 시험(objective test)으로 분류된다. 주관식이란 답안의 작성이 응시자의 주관적 판단에 따라 자유로이 행해질 수 있는 데 반하여 객관식은 답안의 작성이 제한되어 있다.

② 면접시험

면접시험(oral test)은 필기시험으로 측정하기 어려운 개인의 태도와 행태상의 측정, 표현력, 창의력, 협조성, 지도성, 인품, 인간관계 등을 효과적으로 알아보고자 하는 데 의의가 있다. 이러한 면접시험에는 개인면접(individual test)과 집단면접(group oral test)이 있다.

③ 실기시험

실기시험(performance test)은 필기시험이나 면접시험과 어느 정도 관련성을 지니고 있다. 여기에서 실기시험은 응시자들이 앞으로 담당해야 할 직무를 실제로 수행토록 하기 위하여 실제 근무하는 상황과 같은 도구나 기구를 써서 일을 해보는 것이다. 그러나 이것은 시간과 비용이 많이 들고 객관성과 신뢰성을 측정하기 어려운 점이 있다.

(2) 시험의 목적에 따른 분류

① 일반지능검사

일반지능검사(general intelligence test)는 심리검사(psychological test)의 일종으로서 일반능력검사라고도 불린다. 지능의 구성요소에 대해서는 학자들간에 견해의 차이가 있으나 수리적 능력, 언어이해력, 언어구사력, 공간파악능력, 추리력, 기억능력 등을 포함한다.

② 적성검사

적성검사(aptitude test)는 특수한 분야의 직무를 수행할 수 있는 잠재적 능력을 평가하는 시험이다. 이러한 적성검사의 측정대상은 수리적 능력, 기계적 능력, 어휘구사력, 손재주 등으로 나누어 볼 수 있다. 이러한 적성검사는 일반지능검사와 유사하지만, 그 목적이 직업 및 활동영역에 적합한 적성을 측정하는 데 있다.

③ 업적검사

업적검사(achievement test)는 선천적인 적성이나 지능보다는 교육이나 경험을 통하여 얻은 기술 또는 지식을 평가하는 시험이다. 업적검사에는 학력검사, 기술검사, 실기검사 등이 포함된다. 일반적으로 업적검사는 장래의 발전가능성이나 소질을 평가하는 것이 아니라 당장 필요한 능력을 평가하는 시험으로서 주로 기능직 및 서기직 등을 선발하는 데 유용하다.

④ 성격검사

성격검사(personality test)는 응시자의 정서적 · 기질적 특성을 측정하는 시험이다. 사람의 성격, 즉 정서적 · 기질적 특성은 직업적 성공과 밀접한 상관관계가 있음이 널리 인식되어 왔다. 그러나 성격검사는 측정상 어려움이 있다.

⑤ 신체검사

신체검사(physical test)는 직무수행에 대한 신체적 적격성을 판별하는 시험이다. 신체검사를 흔히 건강진단이라고 한다. 여기서는 신장 · 체중 등을 측정하는 형식적 검사, 일반내과 · 혈압 · 폐 등을 검사하는 의학적 검사, 시력 · 청력 등을 검사하는 기능적 검사 및 형평성 · 근력 · 지구력 등을 검사하는 체력검사가 포함된다. 검사의 범위와 정도는 담당할 직무에 따라서 달라진다. 군인, 경찰, 소방공무원 등이 직무를 수행하는 데 있어서 건강은 매우 중요한 것이다.

(3) 시험의 효용성

① 타당성

타당성(validity)은 시험이 측정하고자 하는 대상을 정확하게 측정할 수 있는 정도를 의미한다. 즉 당해 직무수행능력을 얼마나 정확하게 측정할 수 있느냐 하는 것이다.

시험의 타당성은 응시자의 시험성적과 채용 후의 근무성적 간의 상관관계에 의하여 검증할 수 있다. 시험을 통하여 채용된 사람의 근무성적과 채용 당시 그들의 시험성적을 비교해 볼 때 상관도가 높은 경우 그 시험의 타당성은 높다고 할 수 있다.

② 신뢰성

신뢰성(reliability)은 시험이 측정수단으로서 갖는 일관성의 정도라고 할 수 있다. 즉 동일한 시험을 시간을 달리하여 치른 경우에도 그 결과가 유사하면 그 시험의 신뢰성은 높다고 할 수 있다.

③ 난이도

난이도(difficulty)는 시험의 어려운 정도라고 할 수 있다. 모든 시험은 응시자들의 성적이 골고루 분포되어야 한다. 시험이 너무 어렵거나 쉬우면 응시자들의 득점이 어느 한곳으로 집중되기 때문에 우열을 분별하기가 어렵다. 따라서 난이도가 적당한 시험은 응시자들의 득점분포가 상하 어느 한쪽으로 치우치지 않고 적절하게 분포되어야 한다.

④ 객관성

객관성(objectivity)은 시험이 채점자의 주관적 판단에 따라 좌우되거나 시험외적 요인에 영향을 받지 않아야 한다. 즉 채점자의 주관적 판단이나 성 · 지역 · 정치 · 종교 등과 같은 시험외적 요인이 작용한다면 시험의 객관성은 저해된다. 객관성이 없는 시험은 신뢰성이 없다.

4. 임명

1) 채용후보자명부

시험의 결과에 따라 합격자를 결정하고 이들의 등록을 받아 시험실시기관은 합격자의 명단을 만드는데, 이것이 채용후보자명부(eligible list)이다. 채용후보자명부는 직급별로 시험성적순에 의해 작성하는 것이 원칙이다. 채용후보자명부에는 훈련성적,

전공분야, 기타 필요한 사항을 기록할 수 있도록 되어 있다.

채용후보자명부의 유효기간은 채용예정직급에 따라 달리 정하고 있다. 우리나라에서 채용후보자명부는 직급별로 시험성적순에 의하여 작성한다. 5급 공채의 경우 유효기간은 5년이며, 6급 이하 연구직렬 및 기술직 공무원의 경우는 2년, 그 외의 6급 이하 및 기술직 공무원의 경우는 1년으로 규정하고 있다(국가공무원법 제38조 제2항; 공무원임용령 제12조 제2항).

2) 추천

채용후보자명부가 작성되고 나면 시험실시기관이 각 기관의 결원 및 예상결원인원을 고려하여 임용후보자를 시험성적순위에 따라 추천하며, 추천인원수를 복수로 하여 임용 제청권자에게 추천하도록 하고 있다. 후보자의 추천을 받은 임용권자들은 이를 심사하여 받아들이거나 거부한다. 이러한 채용과정상의 절차를 추천이라고 한다. 추천을 받은 채용후보자가 임용제청에 불응하거나 교육훈련에 불응할 경우는 채용후보자로서 자격을 상실하게 된다. 추천의 방법으로는 3배수추천제, 단일추천제, 합동추천제, 집단추천제, 특별추천제 등이 있다. 우리나라에서는 단일추천제와 특별추천제를 채택하고 있다.

3) 시보임용

임용권자는 추천받은 신규채용후보자 중에서 바로 정규공무원으로 임용하는 것이 아니고 일정한 기간 시보(probationer)로 임명하여 시보기간(proba-tionary period)을 거치게 한다.

시보임용은 선발과정의 미비점을 보완하기 위한 시험의 연장이라고 볼 수 있다. 이러한 시보임용은 선발된 후보자가 공무원으로서의 적격성 여부를 확인하는 작업하며, 또한 초임자를 훈련시키는 기회를 제공하는 데 목적이 있다. 따라서 시보공무원은 공무원 신분보장의 규정대상에서 제외되며 임명권자가 일방적으로 해임하더라도 소청 등의 구제수단이 없다.

4) 채용방식의 다양화

최근 우리나라는 지역간 균형발전을 도모하고 기존의 필기시험방식의 한계를 극복하기 위하여 공무원 채용방식을 다양화하고 있다. 즉 현행 공무원 채용방식은 급변하는 행정환경의 변화에 따라 복잡다양하게 전개되는 행정수요를 충족시킬 수 있는 다양한 전문인력을 공직에 유치하는 데에는 한계가 있다. 이러한 행정수요에 대응하고 다양한 인재를 적기에 충원하여 현행 공채제도의 근간을 유지하면서 공무원의 충원경로를 다양화할 필요가 있다. 다양한 충원경로로서는 지역인재 추천제(인턴제), 고시제도 개편, 민간전문가 특별채용 등이 있다. 여기서는 지역인재추천제와 고시제도의 개편을 중심을 고찰한다.

(1) 지역인재 추천제(인턴제)

① 의의

지역인재 추천제란 복잡다양한 행정수요 변화에 대응하고, 전문인력을 공직에 유치하기 위하여 대학졸업생 중 학업성적이 우수한 자를 대학별로 추천받아 일정한 선발절차를 거쳐 인턴으로 근무케 하여 능력을 검증한 후 공직에 임용하는 제도라고 할 수 있다. 이 제도는 필기시험 위주의 경직적인 채용방식을 다양화하고 지역간 불균형을 완화하며 특정 지역의 합격인원이 선발인원의 일정비율을 넘지 못하도록 하여 지역인재의 균형있는 선발에 의의를 두고 있다(박재민, 2004).

② 채용절차

대학졸업생(예정자) 중 학교성적과 영어성적이 뛰어난 자 중 학교장의 추천을 받은 자로서 각 대학의 장이 추천시 제출한 자료를 기준으로 추천자격요건에 미달된 자만 불합격 처리한다.* 대학의 장은 적격자를 선발하여 중앙인사위원회에 추천하되 대학별로 추천자선발심사위원회를 구성하여 적격자를 공정하게 선발하도록 한다. 대상이 되는 대학은 고등교육법상 4년제 학교로 하며, 대학의 장은 이공계열/인문사회계열간, 성별 균형이 이루어지도록 추천하여야 한다.

③ 근무 및 임용

인턴은 공채시험에 합격한 후 시보공무원이 될 자가 받는 실무수습 또는 교육훈련자의 신분으로 보하며, 인사관리는 시보에 준하여 처리한다. 중앙인사관장기관인 중앙인사위원회에서 인턴시험 합격자를 인턴으로 일괄하여 채용한다.

인턴직원으로 최종 선발된 자는 중앙공무원교육원에서 1월 이내(3~4주)의 공직적응 기본교육을 받고, 인턴기간 중 담당할 직무분야에 따라 전문지식 및 기술습득을 위하여 매년 1회 이상 전문교육을 받는다.

기본직무교육을 받은 후 본인의 전공, 성격 및 부처의 인력수요 등을 고려하여 인턴근무기관을 결정하고, 인턴직원이 배정된 소속장관은 인턴공무원이 담당할 고유업무와 수행할 과제를 부여하며 인턴기간 중 공직적격성이 없다고 판단될 경우 중앙인사기관의 장과 협의하여 인턴근무를 종료하게 된다.

정규공무원 임용은 소속장관이 인턴기간 만료 1월 전까지 중앙인사위원회와 협의하여 정규공무원 임용여부를 최종결정하고 정규공무원으로 채용이 결정된 자는 일반직 6급 공무원으로 특별채용한다.

(2) 고시제도 개선

① 제도의 도입배경

고등고시에 공직자로서의 기본소양 및 종합적 사고력 등을 검정하기 위하여 언어논리능력, 자료해석능력, 상황판단능력 등을 측정하는 공직적격성평가(PSAT)제도를 도입하고 그 성공적인 정착을 위하여 2004년도 외무고시, 2005년도 행정·기술고시에 50%를 도입하면서 시행결과 분석 등을 통하여 시행착오나 부작용을 최소화한 후 2006년도에는 75%, 2007년도 이후부터는 전면적으로 시행된다. 이러한 고시제도의 개편은 장기간 수험준비로 인한 국가 전체적인 인력의 비효율적인 운용을 방지하기 위하여 1차시험 합격자에게 다음회 1차시험을 면제해 주는 제도를 폐지하는 대신, 1차 합격자 수를 현행보다 2배 많은 선발예정인원의 10배수 범위까지 확대하였다.

② 내용

영어과목은 TOEFL 530점(외무고시는 560점), TOEIC 700점(외무고시는 775점), TEPS·FLEX 625점(외무고시는 700점), G-TELP 레벨 2의 65점(외무고시는 레벨 2의 77점) 이상의 민간의 영어능력검정시험 성적으로 대체된다.

2차시험은 업무수행에 필요한 전문과목 위주로 개편하되 현행 필수 4, 선택 2과목

체제(기술고시는 필수 2, 선택 2 체제)를 필수 4, 선택 1과목(기술고시는 필수 3, 선택 1 체제) 체제로 전환하면서 1과목 축소 조정하여 수험생의 수험 부담을 경감시키고, 선택과목의 배점을 필수과목의 5할로 하여 선택과목의 점수편차로 특정과목의 선택 여부에 따라 합격여부가 좌우되는 폐단을 최소화하고자 하였다.

5. 공무원의 내부임용

공직의 내부임용은 법적으로는 공무원에게 보직변경을 통해 다른 보직을 부여하는 것을 말한다. 행정적으로는 인사이동을 통해 다른 직위로 배치하는 것을 말한다. 재직자를 대상으로 임용활동을 한다는 점에서 내부임용이라고 한다. 내부임용에는 수직적 임용방법과 수평적 임용방법이 있다. 수직적 임용방법은 상이한 계급 또는 직급간의 인사이동으로 승진과 강임이 있고 수평적 임용방법은 동일한 계급 또는 직급간의 인사이동으로 전직과 전보 등이 있다. 어떤 조직이든 유능한 인력을 채용하고 인사이동을 통해 적재적소에 배치해 나감으로써 조직이 유지·발전되어 나가는 것이다(채한수, 2009 : 215-220).

1) 전보 · 전직

전직(轉職)과 전보(轉補)는 배치전환에 속하며, 배치전환이란 담당직위의 수평적 이동, 즉 동일계급 내의 인사이동으로 보수액에는 변화가 없다(박해룡 외, 2006: 297). 전보란 동일한 직급 내에서 공무원이 다른 자리로 이동하는 것을 의미한다. 법적으로는 동일한 직렬내의 직급에서의 보직변경을 말한다. 전보의 목적은 소속공무원의 동일직위에서의 장기근무로 인한 침체를 방지하고 경력발전을 제고하기 위해서이다. 전보는 법정기간을 정해 놓고 정기적으로 하는 것이 원칙이다. 전보는 당해 직위에 임용된 날로부터 2년 이내에는 전보될 수 없는 것이 원칙이며 교육공무원의 전보는 5년을 원칙으로 한다. 이는 공직을 안정시키고 전보의 남용을 방지하기 위해서이다.

전직이란 직급은 동일하나 직무의 종류와 성격을 달리하는 직렬의 직급으로 이동하는 것을 의미한다. 예컨대 행정직렬의 공무원이 세무직렬로, 혹은 그 반대로 이동하거나 교육공무원의 경우 교원이 장학사로 혹은 그 반대로 이동하는 것을 말한다.

전직은 업무가 전혀 다른 분야이므로 공무원이 전직하고자 할 때에는 원칙적으로 전직시험을 거쳐야 한다. 전직에는 최저재임기간을 두고 있다. 이는 전직이 불가피한 경우도 있겠으나 전직의 남용을 방지하기 위해서이다.

2) 겸임 · 파견

겸임이란 본래의 직위를 가지고 있는 공무원을 그 직위를 그대로 갖게 하면서 다른 직위를 겸하게 하는 제도이다. 이는 직위 및 직무내용이 유사하고 담당직담당직담당지장이 없다고 인정당지장경우에 한 사람의 공무원에게 둘 이상의 직위를 부여하는 것으로, 일종의 잠정적인 결원보충방법이라고 할 수 있으나 겸임에 따른 이익이 기대되는 경우에는 장기적으로 활용하기도 한다.

파견이란 공무원이 원래의 소속을 바꾸지 않고 일정한 기간 다른 기관에서 근무하게 되는 것을 말한다. 파견근무는 공무원의 전보인사권을 갖는 인사권자가 행하는데 통상 파견되는 기관의 요청이 있어야 한다. 국가기관의 장은 국가적 사업의 수행 또는 그 업무수행과 관련된 행정지원이나 연수 기타 능력개발 등을 위하여 필요한 때에는 소속 공무원을 다른 국가기관 · 공공단체 · 정부투자기관, 국내외 교육기관 · 연구기관 기타 필요한 기관에 일정기간 파견근무하게 할 수 있다.

국가적 사업의 공동수행 또는 전문성이 특히 요구되는 특수업무의 효율적 수행 등을 위하여 필요한 때에는 국가기관외의 기관 · 단체의 임직원을 파견받아 근무하게 할 수 있다. 파견기간은 2년 이내로 규정되어 있다. 다만 파견사유가 소멸하거나 파견목적이 달성될 가망이 없는 경우에는 그 공무원을 본래의 소속기관에 복귀시켜야 한다.

3) 승진 · 강임

승진이란 하위 계급에서 상위 계급으로 임용하는 것을 말한다. 따라서 승진이 되면 책임의 증대, 보수의 증가, 위신이나 지위가 높아지게 된다. 승진의 범위는 일반직 공무원이 승진할 수 있는 한계, 신규채용과의 관계, 승진에서 재직자 간의 경쟁을 들 수 있다. 또한 승진의 기준을 정할 때 고려해야 할 것은 경력 위주로 할 것인지, 실적 위주로 할 것인가가 문제된다. 경력 위주로 하게 되면 객관성을 유지할 수 있고 정실 임용의 불평이 없게 되며, 행정의 안정성을 기할 수 있으나 유능한 인재를 등용할 수 없고, 행정의 침체성을 가져올 수 있다. 반면, 승진 기준을 실적 위주로 하게 되면, 위와 반대의 장·단점을 가져오게 된다. 따라서 승진의 기준으로 경력과 실적을 함께 고려해 적용하는 것이 일반적이다(김두식 외, 2006: 399).

강임이란 상위직 공무원이 하위직 공무원으로 이동하는 것을 말한다. 강임이 되면, 그에 따라 의무와 보수도 낮아지게 된다. 임용권자는 직제 또는 정원의 변경이나 예산의 감소 등으로 인하여 직위가 폐직되거나 강등되어 과원이 된 때 강임을 받아들임으로써 계속 신분을 유지하고 싶은 경우와 본인이 원하는 기관으로 가기 위해 스스로 강임을 동의한 경우에는 소속공무원을 강임할 수 있다. 위와 같은 사유로 강임된 공무원은 상위직급에 결원이 생긴 때에는 승진의 일반적 원칙에 관계없이 우선 임용된다.

4) 전입 · 전출

전입은 인사 관할을 달리하는 입법부·행정부·사법부 사이에 다른 기관 소속 공무원을 이동시켜 받아들이는 것을 말한다. 전입을 위해서는 시험을 거쳐야 하지만 임용 자격 요건 미 시험 과목이 동일할 경우 시험의 일부 또는 전부를 면제할 수 있다(이종수 · 윤영진, 2008: 422).

전출은 전입과 동시에 발생하는 것으로서 다른 기관으로 이동하여 갈 때는 전출이고, 다른 기관에서 이동시켜 받아드릴 때는 전입이 되는 것이다. 같은 행위이므로 국가공무원법에는 전입만 규정하고 있다.

〈표 8-4〉 내부임용의 비교

전보(순환보직)	전직	전입	파견근무
• 동일 직급 · 직렬 내의 보직변경	• 동일직급 · 타 직렬로의 직위의 수평이동	• 인사관리를 달리하는 기관으로 수평이동	
시험 ×	시험 ○		시험 ×
전보의 기준 : 전공분야, 훈련, 근무경력, 전문성, 적성/전보제한 기간 : 1년			

제3절 공무원의 사기와 능력발전

1. 사기

1) 사기의 의의

사기란 "사회적 자부심을 가지고 자발적으로 조직목표에 달성하려는 직무와 관련된 집단적인 근로 의욕"을 의미한다.

사기는 조직의 목표를 달성하기 위하여 열성적으로 헌신하려는 개인과 집단의 태도 및 정신상태라고 할 수 있다. 이러한 사기의 개념 속에는 자기완성, 성취동기, 조직목표, 사회적 가치지향성과 같은 성격이 내포되어 있다.

사기요인에 따라 시기를 높일 수 있는 일반적인 방법으로는 제도환경적 측면과 사회심리적 측면으로 나누어 볼 수 있다. 전자는 신분보장요인, 근무환경, 업무관계, 승진, 보수 등으로, 후자는 성공감, 인정감, 소속감, 안정감 등으로 나누어 볼 수 있다(박해룡 외, 2006: 300-301).

2) 사기의 요인과 사기제고방법

사기요인에 따라 사기를 높일 수 있는 일반적인 방법으로는 제도환경적 측면과 사회심리적 측면으로 나누어 볼 수 있다. 전자는 신분보장요인, 근무환경, 업무관계, 승진, 보수 등으로 나누어 볼 수 있고, 후자는 성공감, 인정감, 소속감, 안정감 등으로 나누어 볼 수 있다(박연호, 1999: 429-430).

위와 같은 사기의 요인에 따라 사기를 제고시키기 위한 방안으로서는 ① 공직에 대한 사회적 평가의 향상, ② 보수의 현실화와 연금제도의 개선, ③ 인간관리의 민주화와 인간관계의 개선, ④ 교육훈련의 적정화, ⑤ 승진, 배치전환, 근무성적평정의 공정성과 객관화, ⑥ 의사소통의 활성화, ⑦ 공무원집단활동의 활성화, ⑧ 제안제도의 적극적 활용, ⑨ 행정환경의 개선 등이 있다.

3) 사기조사

(1) 태도조사

태도조사는 근무조건, 상사 및 동료와의 관계, 개인적 만족감, 작업환경, 보수, 조직과의 일체감 등 직장사기에 관련되는 모든 요소에 대한 직원들의 의견을 구하고 불평과 불만을 분석함으로써 사기저해 원인과 조건을 제거하는 것이다.

(2) 근무관계기록조사

근무관계기록조사는 조직생활 중에 나타나는 여러 가지 조직구성원들의 행동 또는 결과에 대한 기록, 즉 지각, 결근, 조퇴, 생산성, 사고, 고충처리, 근무성적평정, 훈련, 징계 등을 분석하는 것이다.

2. 능력개발

일반적으로 경력개발은 개인 측면에서 볼 때 '한 개인이 일생에 걸쳐 일과 관련하여 얻게 되는 경험을 통해 자신의 직무관련태도, 능력 및 성과를 향상시켜나가는 과정'이며, 조직측면에서는 '개인이 입사부터 퇴직까지 경력경로를 개인과 조직이 함께 계획하고 관리하여 개인욕구와 조직목표를 달성해가는 총체적 과정'이다.

경력개발은 다음의 의미를 가지고 있다. 첫째, 경력개발은 개인과 조직의 공동참여를 중시하는 과정으로서의 활동이다. 둘째, 경력개발은 장기적으로 인적자원을 효율적으로 관리하도록 하는 데 그 목적이 있다. 셋째, 경력경로는 조직의 입장보다는 개인의 입장이 중시되어야 한다. 넷째, 개인적으로는 자아개념의 확대를, 조직의 입장에서는 인적자원개발을 의미한다. 현대행정에 있어서는 공무원들의 능력이 바로 해당 국가 · 사회의 운명을 결정하는 중요한 요인이 되고 있다(독학사, 2009: 115).

3. 능력개발의 수단

능력개발을 위한 수단에는 여러 가지가 있을 수 있다. 그러나 그 중 가장 중요한 수단으로는 교육·훈련, 근무성적평정, 승진·강임, 전직·전보·전입, 겸임·파견 등을 들 수 있다. 그러나 인사이동-승진·강임, 전직·전보·전입, 겸임·파견 등의 내용은 앞서 공무원의 내부임용에서 설명하였기 때문에 중복을 없애기 위해 생략하도록 한다.

1) 교육·훈련

교육훈련이란 공무원의 일반적 소양과 능력을 개발하고 직무수행에 필요한 지식과 기술을 향상시키며, 가치관과 태도를 바람직한 방향으로 변화시키는 제반활동을 의미한다. 이러한 교육훈련은 조직 구성원들의 사기 앙양과 조직 목표달성을 위한 생산성의 향상을 도모하기 때문에 현대 조직사회에서 매우 강조되고 있다.

따라서 종래 우리나라 공무원 교육훈련이 다소 형식적이고 요식적인 절차에 의해 소홀히 운영되어 온 것을 반성하고, 공무원들의 역할과 기능이 국민의 행정 수요에 적절하게 대응하기 위해서 교육훈련의 중요성이 더욱 강조되어야 한다. 특히 공무원들의 전문적 지식과 역할의 능력향상, 공무원들의 올바른 공직관 확립이라는 국가 사회적 요청과 행정윤리적 차원에서의 교육훈련은 그 필요성이 더욱 강조된다(박수영 외, 2006: 340).

〈표 8-5〉 교육훈련방법

현장훈련	㉠ 순환보직	㉡ 실무수습	㉢ 임시대역
현장의 훈련	㉠ 강의 ㉣ 감수성훈련 ㉦ 모의연습	㉡ 토론 ㉤ 분임연구	㉢ 사례연구 ㉥ 역할연기

2) 근무성적평정

근무성적평정이란 공무원이 일정기간 동안에 수행한 근무실적, 잠재적 능력, 가치관 등을 체계적·객관적으로 판정·기록하여 이를 인사행정에 활용하는 절차를 말한다. 근무성적평정제도는 실적주의에 따른 능률주의적 인사행정관의 대두와 함께 인사행정의 객관적 기준의 발견이라는 기술적 요청으로 발달하게 되었다.

근무성적을 파악하는 이유는 ① 구성원들의 능력을 발전시키고, ② 자격과 실적에 따른 공정하고 공평한 대우를 할 수 있으며, ③ 행정의 능률도 향상시킬 수 있기 때문이다. 이러한 평정에는 근무성적 평정, 경력 평정, 훈련성적 평정, 기타 가산점 평정 등이 있다(김두식 외, 2006: 396).

〈표 8-6〉 교육평정방법

평정방법	특 징	장·단점
도표식 평정척도법	• 근무실적, 근무수행 능력, 태도 등을 횡적으로 나열하고 그 밑에 각 요소의 우열의 등급을 표시	• 작성이 간단하고 평정이 용이 • 연쇄화·집중화 폐단 발생
강제배분법	• 성적을 강제로 배분	• 집중화·관대화·연대화 폐단 방지
산출기록법	• 비교적 단순업무의 생산량을 기록하여 비교평가	
인물비교법	• 표준인물과 비교	
probst 평정법	• 평정대상이 가지고 있는 특정의 항목에만 표시를 하여 평정하는 것	• 평정요소의 명확한 제시, 평정의 용이, 평정항목을 만드는 일이 곤란

제 4 절 공무원의 보수와 근무규율

1. 보수와 연금제도

1) 보수

보수란 정부에서 공무원의 근무에 대한 대가로 지급하는 금전적 보상을 말한다. 그것은 공무원의 생계와 이익에 직결되는 문제이기 때문에 공무원의 근무의욕과 행정의 질에 직접적인 영향을 미치는 요인이다.

공무원의 보수는 민간기업의 보수와는 다른 차이점을 보이고 있다. 즉 ① 공무원 보수는 정부예산의 제약으로 경직성을 보이고 있으며, ② 정치적 통제의 대상이 되고 있고, ③ 정부의 사회적·윤리적 의무가 강조되고 있으며, ④ 보수의 단순한 경제적 성격보다는 공공봉사적 성격을 지니고 있다.

(1) 보수수준의 결정요인

공무원의 보수수준 결정에는 먼저 보수의 일반수준을 결정하고(비교성), 다음에 조직의 상대적 관계를 고려하여 차별수준을 결정해야 한다(상대성).

① 일반적 결정요인

㉠ 경제적 요인

여기에는 민간기업의 임금수준, 국민의 세부담능력 내지 소득수준, 물가수준 등이 포함된다.

㉡ 사회윤리적 요인

정부가 모범적 고용주로서 정부에 노동력을 제공하는 공무원에게 생계비를 지급해야 할 사회적·윤리적 의무를 진다. 생계비의 수준은 빈곤수준, 최저생활수준, 건강과 품위유지수준, 안락수준, 문화수준 등으로 나눌 수 있는데, 일반적으로 건강과 품위를 유지하는 수준을 말한다.

ⓒ **정책적 요인**

공무원의 보다 높은 근무의욕을 유도할 수 있는 수단으로 보수를 적극 이용하는 것을 말한다.

ⓓ **부가적 요인**

공무원이 보수 이외에 받는 연금제도, 신분보장, 휴가기간, 근무시간, 후생복지 등을 고려해야 한다.

〈표 8-7〉 보수수준의 결정요인

구분	내용
일반수준의 결정요인	• 경제적 요인 : 일반물가수준, 사기업의 임금수준, 정부의 지불능력, 국민의 조세부담능력 • 사회 · 윤리적 요인 : 빈곤수준, 최저생활수준, 안락수준, 문화수준 • 정책적 요인 : 동기부여, 사기양양의 고려 • 부가적 요인 : 근무조건·환경, 복지후생, 신분보장, 연금, 퇴직수당
상대수준의 결정요인	• 근무내용 · 조건, 능력, 근속연한, 가족 수, 학력 · 경력 등

② 차별수준의 결정요인

차별수준의 결정요인이란 직무의 책임이나 난이도에 따라 보수액의 서열을 결정하는 것이다. 차별적 수준을 결정하는 데는 근무조건, 직무의 성격, 자격, 경험, 근속기간, 근무성적 등을 들 수 있다.

(2) 보수의 체계

① 기본급

기본급이란 근무시간에 대하여 지급되는 고정급 또는 항상적 보수를 말한다. 기본급은 주된 결정기준이 무엇이냐에 따라 생활급, 연령급, 근속급, 자격급, 능력급, 직능급, 직무급, 업적급, 종합결정급으로 분류할 수 있다.

② 부가급(수당)

부가급 또는 수당이란 직무내용 또는 근무환경 및 생활조건 등의 특수성이 고려되어 지급되는 보수의 일부를 말한다. 수당은 보수의 탄력성을 확보시켜 주는 데 의의가 있다. 수당의 종류로는 초과수당, 특수수당, 기타수당으로 대별할 수 있다.

2) 연금제도

(1) 의의

① 개념

공무원 연금제도는 공무원의 퇴직, 질병, 사망과 공무로 인한 부상 등에 대하여 적절한 급여를 지급함으로써 공무원 및 그 유족에게 경제생활의 안정과 복리향상에 기여함을 목적으로 하는 보수 이외의 편익을 말한다. 연금의 성격에 대하여는 은혜설, 생계보상설, 공로보상설, 위자료설, 거취보수설 등이 있으나 거취보수설이 일반적인 견해이다.

② 효용성

공무원 연금은 정부측과 공무원 개인적 측면에서 그 효용성이 있다.

첫째, 공무원들이 안심하고 퇴직할 수 있기 때문에 행정의 능률성을 확보하고, 재직자의 발전을 촉진하며 유능한 인재를 확보할 수 있다.

둘째, 공무원의 채용 및 인사이동에 관한 계획을 수립하는 데 도움을 준다.

셋째, 퇴직 또는 사망시 본인 또는 그 유족의 생계가 보장되기 때문에 안심하고 공직생활을 할 수 있다.

넷째, 퇴직 후의 생활을 보장해 주기 때문에 재직기간중 공무원의 근무능률을 제고할 수 있고 유능한 공직자의 이직을 방지할 수 있다.

(2) 조성방식

① 기금제와 비기금제

기금제는 연금지급에 필요한 재원을 조달하기 위하여 미리 기금을 마련하고, 이 기금과 기금운용 및 투자에서 얻어지는 이자와 사업수단으로 연금지급에 충당하는 제도를 말한다. 비기금제는 연금지급에 소요되는 재원을 기금에 의존하지 않고 국가의 일반세입에서 확보하는 제도를 말한다.

② 기여제와 비기여제

기여제는 연금지급에 충당할 재원을 정부와 공무원이 공동으로 부담하는 제도를 말하며, 비기여제는 재원조성을 정부만이 부담하는 제도이다.

2. 정치적 중립

1) 개념

공무원의 정치적 중립(political neutrality)이란 어느 정당이 집권하든 정권교체의 동요됨 없이 집권당의 정책을 충실하게 집행해야 한다는 공무원의 당파적 중립성을 의미한다. 이는 공무원이 정치에 무관심할 것을 요구하는 것이 아니라, 부당하게 정파적 특수이익과 결탁하여 공평성을 상실하거나 정쟁(政爭)에 개입하지 않는다는 비당파성(非黨派性)을 말한다(강성철 외, 1996: 453).

이와 같이 공무원의 정치적 중립이 인사행정에서 주요한 문제로 대두하게 된 배경은 정치행정이원론 및 실적주의의 출현과 관련이 있다. 즉 미국의 잭슨(Jackson)대통령 이후 도입된 엽관주의의 폐해를 극복하기 위해 실적주의가 대두하게 되었고, 이로써 공무원을 정치적인 횡포로부터 보호하고, 행정은 정치에서 결정한 것을 중립적인 입장에서 집행하는 관리적인 측면만을 담당함으로써 정치로부터 중립적인 입장을 지키게 되었다(이진현, 2009: 15).

2) 필요성

공무원의 정치적 중립은 우리나라의 경우처럼 복수정당제에 입각한 민주정부를 채택하고 실적주의를 인사행정의 원리로 받아들이는 나라에서만 문제가 된다. 국수주의 국가나 일당전제국가에서는 공무원의 정치적 중립성이 논의될 여지가 없다(오석홍, 2004: 273).

우리나라와 같이 민주국가에 있어서 공무원의 정치적 중립이 요구되는 이유를 구체적으로 살펴보면 다음과 같다(김규정, 1998: 699).

첫째, 공무원의 당파성을 떠나 공평무사한 공익을 증진시켜야 한다. 공무원의 가장 기본적인 사명은 공익추구와 공익을 위한 봉사에 있다고 할 수 있다.

둘째, 공무원이 정치적 권력 투쟁에 깊이 관여하게 되면 직업공무원제를 확립할 수 없고, 정권교체마다 대표적인 인사결정이나 이동으로 인하여 행정이 일관성을 잃게 될 뿐만 아니라 정치적 안정성 또한 파괴된다.

셋째, 공무원의 정치적 중립은 행정에 대한 정치적 개입을 줄이므로 행정의 전문성을 높이고 대량 인사이동에 따른 행정 예산의 낭비나 비능률을 제거할 수 있게 한다(민진, 2000: 482-483).

넷째, 정권이 바뀌어도 중립성은 보장되어야 한다. 특히 체제의 확립이 있는 나라나 국가존립을 위협받고 있는 나라는 의회=민주=정당이란 차원에서 정권교체에 따르는 행정부재가 있을 수 있는 바, 이를 배격하여야 한다(신윤균, 1999: 561).

다섯째, 부패와 정관 유착의 방지를 위해 실적주의와 직업공무원제에 의한 공무원의 정치적 중립을 확립하고, 자격과 능력에 따른 채용, 승진 그리고 신분보장을 통해서 공무원이 정권교체와 상관없이 국민에게 봉사하도록 해야 한다.

여섯째, 행정의 지속적인 도모를 위해서는 관료사회가 정치적 중립을 지키지 못하여 정치에 편승될 경우에 행정도 불안정하게 된다. 그러나 정권의 교체에 관계없이 관료사회가 정치적 중립을 지키게 되면 민생과 사회안정을 책임지는 행정은 지속적 안정을 도모할 수 있게 된다.

일곱째, 정치체제의 균형 발전을 위해서도 공무원의 정치적 중립은 필요하다. 특히 정치체제의 불균형 성장을 보이고 있는 발전도상국에서는 공무원에 의한 정치개입을 막지 않으면 민주적 정치과정의 정당한 기초를 더욱 약화시키고 정부관료제의 전횡을 불러올 염려가 있다.

마지막으로 전문적, 중립적 세력이 필요하다. 정당정치를 통한 정권교체를 전제로 하는 정치체제 하에서는 집권정치세력의 변동에도 불구하고 정부업무를 전문적이고 계속적으로 수행할 중립적 세력의 존재를 필요로 한다. 공무원집단을 이러한 중립적 세력으로 보전하기 위해서도 공무원의 정치적 중립은 필요하다.

3) 관련 법규

우리나라는 국가공무원법상(제65조) 다음과 같이 공무원의 정치적 중립에 관하여 규정하고 있다.

(1) 공무원은 정당 기타 정치단체의 구성에 관여하거나 이에 가입할 수 없다.

(2) 공무원은 선거에 있어서 특정정당 또는 특정인의 지지나 반대를 하기 위하여 다음의 행위를 하여서는 아니된다.

① 투표를 하거나 하지 아니하도록 권유운동을 하는 것이다.
② 서명운동을 기도, 주재하거나 권유하는 것이다.
③ 문서 또는 도서를 공공시설 등에 게시하거나 게시하게 하는 것이다.
④ 기부금을 모집 또는 모집하게 하거나 공공자금을 이용 또는 이용하게 하는 것이다.
⑤ 타인으로 하여금 정당 기타 정치단체에 가입하게 하거나 또는 가입하지 아니하도록 권유운동을 하는 것이다.

(3) 공무원은 다른 공무원에게 위의 금지 조항에 위배되는 행위를 하도록 요구하거나 또는 정치적 행위의 보상 또는 보복으로서 이익 또는 불이익을 약속하여서는 안 된다.

3. 공무원단체

공무원단체는 이익집단으로서의 기능을 수행하고, 관리계층과의 원활한 의사소통이 이루어질 수 있도록 한다. 실적제를 강화하고, 올바른 직업윤리의 확립을 통한 부패방지, 자율적 자기 통제의 가능성 제고 등의 긍정적 효과가 발생할 것으로 기대된다. 반면 정부와 공무원의 관계를 특별권력관계로 인식하고 있는 전통적 관점에 따르면, 공익 침해, 국민부담 가중, 실적주의 인사 저해, 관리층의 인사권 제한 등의 비판이 따르고 있다.

우리나라의 경우 「국가공무원법 복무규정」에 따라 '사실상 노무에 종사하는 공무원', 즉 지식경제부 소속의 현업기관과 국립의료원의 작업현장에서 노무에 종사하는 기능직 공무원 및 고용직 공무원은 노동3권(단결권, 단체교섭권 및 단체행동권)이 인정된다. 또한 「교원의 노동조합설립 및 운영 등에 관한 법률」에 따라 교원인 공무원의 단결권 및 단체교섭권은 인정하고 있으나, 단체행동권은 인정되지 않으며, 교원노동조합의 정치활동도 금지되고 있다.

4. 공무원의 근무와 규율

1) 공무원의 행동규범

정부조직에 있어서는 그 구성원인 공무원들에게 민간조직에 있어서의 그 구성원들에게 보다 한층 더 높은 수준의 행동규범을 요구하고 있다. 공무원의 행동규범의 확보수단으로는 ㉠ 헌법적 규제 ㉡ 법령적 규제 ㉢ 자율적 규제의 세 가지를 들 수 있다(최창호, 2006: 256-230).

(1) 헌법적 규제(공무원의 충성)

충성은 공무원에게 요구되는 최고가치적인 행동규범이다.

(2) 법령적 규제(공무원의 법적 의무)

각 나라는 공무원의 행동규범의 준수를 확보하기 위하여 공무원의 의무를 법률로써 규정하고 있다.

(3) 공무원의 자율적 규제(행동강령)

공무원들은 그들의 직업윤리를 확보하고 도덕적·양심적 통제를 통하여 스스로 행동규범을 유지·향상하는 경우가 있다.

2) 공무원의 신분보장과 그 제한

공무원의 신분보장이란 형의 선고나 징계처분 등에 의하지 아니하고는 그 의사에 반하여 불이익처분을 받지 아니하는 것을 말한다. 그러나 공무원의 신분을 보장하는 뜻은 공무원이 그 직분을 보다 충실히 수행하여 국가와 국민에게 헌신적으로 봉사할 수 있게 하려는 데 있는 것이고, 공무원이 나태하거나 무사안일하게 하는데 있는 것이 아님에 유의하여야 한다.

따라서 공무원의 신분보장은 그 필요성과 한계성의 조화 속에서 이루어질 수밖에 없는 것이다. 우리나라 공무원 신분보장에도 ① 당연퇴직 ② 직권면직 ③ 직권휴직 ④ 직위해제 ⑤ 강임 ⑥ 정년 ⑦ 명예퇴직 등에 있어서 일정한 제한규정이 있다.

3) 공무원의 징계와 소청

공무원의 징계는 공무원이 그 의무에 위반했을 때에 그에 대하여 제재하고 교정하는 절차를 말한다. 공무원의 징계는 공무원의 신분보장을 침해하지 아니하는 한도 안에서 행해져야 한다. 따라서 징계에 있어서는 그 사유와 종류 및 절차 등을 법령으로 엄격히 규정하여, 그 징계권이 남용되지 않도록 하여야 한다. 우리나라에 있어서 공무원징계의 사유는 ㉠ 법령위반 ㉡ 직무태만 ㉢ 체면 · 위신손상의 세 가지이다.

징계처분의 종류는 파면, 해임, 정직, 감봉, 견책의 다섯 가지 이다. 공무원이 징계처분이나 강임 · 직권휴직 · 직위해제 · 직권면직 처분을 받고 그 처분에 불복할 때에는 그 처분(설명)서를 받은 날로부터, 그 외의 불이익처분을 받았을 때에는 처분이 있은 것을 안 날로부터 30일 이내에 소청심사위원회에 심사를 청구할 수 있다. 소청심사위원회는 그 심사청구를 접수한 날로부터 60일 이내에 이에 대한 결정을 하여야 한다.

객관식 문제

01 엽관주의에서 나타날 수 있는 병폐와 가장 거리가 먼 것은? (2008. 국가직기출)

① 공무원 임명의 자의성 ② 국민요구에 대한 비대응성
③ 행정의 비능률성 ④ 정책의 비일관성

02 인사행정의 2대 원칙 중 실적주의에 대한 설명으로 틀린 것은?

① 실적주의는 공직에의 임용을 개인의 능력·자격·적성 등에 따라 인사행정을 행하는 인사제도이다
② 실적주의는 공무원의 중립과 부패방지에 기여한다
③ 실적주의는 공무원에 대한 민주적 통제가 강화된다
④ 실적주의는 공직에의 균등한 기회를 보장하며, 공직은 모든 국민에게 개방되며 어떠한 차별도 받지 않는 것을 의미한다.

03 직업공무원제 대한 설명으로 옳지 않은 것은?

① 전통적 관료제의 구성 원리와 부합하는 인사제도이다
② 채용 당시의 직무수행 능력이 장기적인 발전 가능성보다 중요시 된다
③ 행정의 안정성, 계속성, 일관성 유지가 가능하다
④ 계급제, 폐쇄형 공무원제, 일반행정가주의에 바탕을 둔 제도이다

04 채용시험의 구성타당성(construct validity)에 관한 설명으로 옳은 것은?

① 채용시험이 이론적으로 추정된 능력요소를 얼마나 정확하게 측정할 수 있는가.
② 채용시험이 장래의 직무수행에 필요한 능력요소를 얼마나 정확하게 예측할 수 있는가.
③ 채용시험이 특정한 직위의 직무수행에 필요한 능력요소를 어느 정도까지 측정할 수 있는가.
④ 채용시험이 개인 간의 능력 차이를 어느 정도까지 식별할 수 있는가.

05 공무원 인사제도에 대한 설명으로 옳지 않은 것은? (2009. 국가직기출)

① 직업공무원제를 올바르게 수립하기 위해서는 공직에 대한 높은 사회적 평가가 있어야 한다.

② 엽관주의는 민주주의 원칙에 반하는 것으로서 민주주의의 진전과 함께 소멸되고 있다.

③ 직업공무원제란 젊은 인재들을 공직에 적극적으로 유치하기 위하여 만든 것으로 공직에 근무하는 것을 명예롭게 생각하면서 일생 동안 공무원으로 근무하도록 하기 위한 것이다.

④ 우리나라의 공무원인사제도는 기본적으로 계급제의 구조를 가지고 있다.

06 공무원의 보수에 관한 설명 중 옳지 않은 것은? (2001. 행정고시기출)

① 성과급은 동기유발 요인 때문에 도입되었지만 그 효과에 대한 의문도 제기되고 있다.

② 직무급은 직무수행의 결과 또는 실적을 기준으로 결정된다.

③ 보수행정의 합리화 정도가 낮은 국가의 경우 수당의 종류가 많은 편이다.

④ 공무원의 보수표는 직종의 분화에 따라 다원화시키는 것이 바람직하다.

07 계급제와 직위분류제를 비교한 것으로 가장 적절하지 않은 것은? (2014. 경찰승진)

① 계급제는 보통 계급의 수가 적고 계급간의 차별이 심하며 외부로부터의 충원이 힘든 폐쇄형의 충원방식을 취하고 있다.

② 계급제는 널리 일반적 교양·능력을 가진 사람을 채용하여 신분보장과 함께 장기간에 걸쳐 능력이 키워지므로 공무원이 보다 종합적·신축적인 능력을 가질 수 있다.

③ 직위분류제는 시험·채용·전직의 합리적 기준을 제공하여 인사행정의 합리화를 기할 수 있고 '동일직무에 동일보수의 원칙'을 확립함으로써 보수제도의 합리적 기준을 제시할 수 있다.

④ 계급제는 직무를 중요시하며, 직무분석과 직무평가의 중요성을 강조하는 제도이다.

08 **다음 공직분류방식에 대한 설명으로 틀린 것은?**

① 계급제는 인간중심의 분류방식으로 영국·독일·프랑스·한국·일본 등에서 운용되고 있다.
② 계급제는 일반행정가를 양성하며, 폐쇄형 충원방식을 채택하고 있다.
③ 직위분류제는 1909년 미국 시카고시에서 처음 실시되었으며, 직무중심의 분류방법이다.
④ 직위분류제는 행정조직의 전문화와 분업화에 알맞은 전문행정가를 양성하며, 계급제에 비해 공무원의 신분보장에 철저를 기할 수 있다.

09 **다음 중 시보임용에 대한 설명으로 옳지 않은 것은?** (2005. 일반순경)

① 경찰대학 및 간부후보생출신 경위는 시보임용의 면제대상이다.
② 임용권자 및 임용제청권자는 시보임용 경찰공무원이 정규경찰공무원으로 임용함이 부적당하다고 인정되는 경우에는 직권으로 시보임용 경찰공무원을 면직시키거나 면직을 제청할 수 있다.
③ 시보임용은 필기시험의 보완이나 경찰조직의 목적, 임용, 내용 등에 관한 지식을 얻게 하기 위함이다.
④ 휴직, 직위해제, 징계에 의한 정직 또는 감봉처분을 받은 기간은 시보임용기간에 산입하지 아니한다.

정답

01. ② 02. ③ 03. ② 04. ① 05. ② 06. ② 07. ④ 08. ④ 08. ② 09. ②

2번 해설 : ③공무원에 대한 민주적 통제가 강화되는 것은 실적주의에 대한 설명이 아니고 엽관주의에 대한 설명이다.

7번 해설 : ④직위분류제에 대한 설명이다.

8번 해설 : ④계급제는 직위분류제보다 신분보장이 더 잘 이루어지고 있으며, 직위분류제는 신분보장이 미약하다.

9번 해설 : ②임용권자 및 임용제청권자는 시보임용경찰공무원이 정규경찰공무원으로 임용하기에 부적절하다고 인정되는 경우에는 정규임용심사위원회의 심사를 거쳐 당해 시보임용경찰공무원을 면직시키거나 면직을 제청할 수 있다.

연구문제

01 계급제와 직위분류제를 비교해 보고, 어느 것이 바람직한지를 서술하시오.

02 엽관주의와 실적주의를 비교해 보고, 어느 것이 좋은지를 서술하시오.

03 공무원 채용에 대한 개혁방안에 대해서 서술하시오.

제 9 장

예 산

제1절 예산의 기초이론

1. 정부기능과 재무행정

국가·지방자치단체 기타 공공기관이 공공의 수요를 충족하기 위하여 필요한 재원을 경제적·합리적으로 조달·배분하고, 이를 효율적으로 사용하는 모든 관리작용을 재무행정이라 한다. 오늘날 행정기능이 확대됨에 따라, 한정된 가용재원을 정부의 다양한 기능과 활동분야에 어떻게 적정배분하느냐 하는 문제는 중대한 문제로 등장하고 있다. 행정에 있어서 재원은 혈액과 같은 것이므로 행정목표를 추구함에 있어 혈액의 역할을 하는 자금을 조달·배분·지출하고 물품을 구매하는 재무행정이야말로 현대행정의 핵심이 되고 있다(최창호, 2006: 260).

2. 예산의 개념과 성격

예산이란 "정부가 일정 기간 동안에 징수할 수입과 공공서비스 공급을 위해 지출할 경비의 내역 및 규모에 대한 계획"이다. 전자를 세입이라고 하며, 후자를 세출이라고 한다. 이를 문건으로 만들어 발간한 것이 예산서이다.

예산은 '일정기간'의 활동에 관련된 것으로 회계연도(FY: Fiscal Year)라고 불리는 한정된 기간에 국한해서 효력이 있다. 원칙적으로 특정한 한 기간의 세입과 세출은 다른 기간에는 효력이 없다. 이를 회계연도 독립의 원칙이라고 한다. 우리나라의 회계연도는 중앙정부나 지방정부 모두 1월 1일에서 12월 31일까지이다.

정부운영에서 예산이 가지는 독특한 특성은 다음의 다섯 가지로 정리된다(이종수 · 윤영진, 2008: 466).

첫째, 예산은 희소한 공공재원의 배분에 대한 계획이다. 이 과정에서 특정 부문에 지출되면서 다른 부문에 지출하지 못해 발생하는 상실된 기회, 즉 '기회비용'이 우선 고려된다.

둘째, 예산이 결정되는 과정에는 다양한 주체들의 상호작용이 끊임없이 발생한다.

셋째, 예산에는 다양한 형태의 정보들이 집적된다. 예산 운용을 통해 정책이 집행되기 때문에 예산서는 각종 정책과 관련한 정보를 창출하는 도구가 된다.

넷째, 예산은 정부정책 중 가장 보수적인 영역으로 매년 일정한 과정을 거쳐 결정 · 집행된다.

다섯째, 예산은 정부자금 지출의 통로이며 관료들의 집행 책임성을 부여하는 회계 도구이다. 예산과정을 통해 정부 정책의 산출을 평가하고 측정할 수 있다.

〈그림 9-1〉 재무의 기본구조

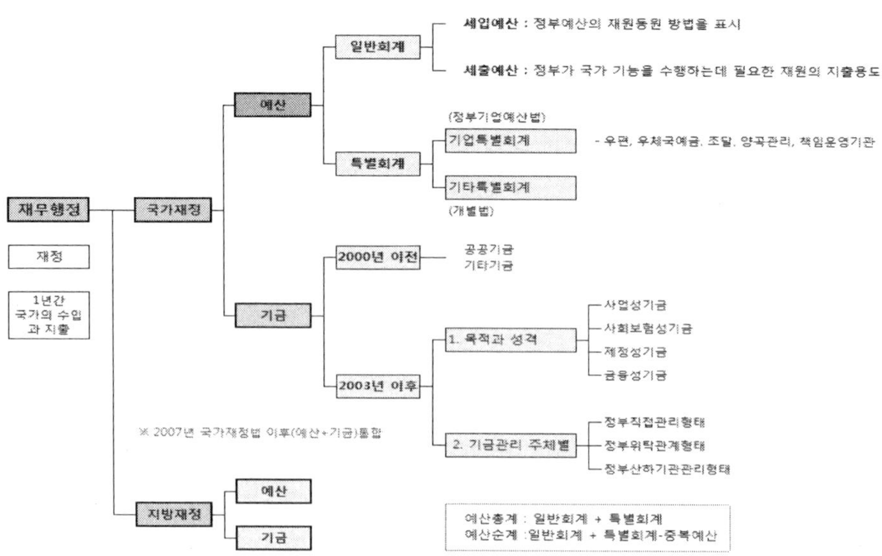

3. 예산의 원칙

1) 전통적 예산원칙(Neumark) : 통제지향

(1) 공개성

정부예산은 국민에게 공개되고 누구나 알 수 있도록 하여야 한다. 우리나라는 「예산개요」 및 「결산개요」를 발간하고 있고, 1960년도부터 「나라의 예산」을 간헐적으로 발간하고 있다(위계점 · 이원희, 2007: 1004).

(2) 명확성

예산은 모든 국민이 이해할 수 있도록 편성되어야 한다. 예산의 내용이 합리적으로 분류 · 표시되어 있을 뿐만 아니라 수입의 유래(원천)와 지출의 용도가 분명하게 나타나 있어야 한다.

(3) 사전의결의 원칙

예산은 집행하기에 앞서 입법부의 의결을 거쳐야 한다.

〈표 9-1〉 준예산, 대통령의 긴급재정경제처분, 예비비

사전의결 필요	사전의결 불필요	사후승인 필요
–예산총칙 –세입 · 세출예산 –계속비 –명시이월 –국고채무부담행위 –이용	–준예산 –긴급재정경제처분 –예비비 지출 –사고이월 –전용	–결산 –계속비 결산(완성연도) –예비비 지출

(4) 정확성(엄밀성)

예산과 결산이 꼭 일치할 수는 없지만, 가능한 한 일치하도록 엄밀성을 유지해야 한다. 즉 예산추계는 가능한 정확해야 한다.

(5) 한정성(한계성)

① 목적 외 사용금지(질적 한정성) : 예산의 각 항이 정한 목적 외에 경비를 사용할 수 없다.(예외: 이용(移用), 전용(轉用))

② 초과지출금지(양적 한정성) : 계상된 금액 이상의 초과지출을 금지한다.(예외: 예비비)

③ 회계연도 독립의 원칙(시기적 한정성) : 회계연도 내에 집행되어야 한다. 그리고 당해 연도 지출은 당해 연도 수입으로 충당해야 한다.(예외: 예산의 이월(移越), 계속비, 국고채무부담행위, 지난(과)년도수입, 지난(과)년도 지출, 조상충용(繰上充用))

(6) 통일성(국고통일의 원칙)

통일성의 원칙은 목적구속금지의 원칙에 해당하며, 직접사용금지의 원칙과 관련된다. 1787년 영구의 통일국고법에서 유래한 원칙이다.(예외: 특별회계, 기금, 목적세, 수입대체경비)

(7) 단일성

국가예산의 전체를 종합적으로 명료하게 밝히기 위해서 예산은 단일로 편성되어야 한다.(예외: 특별회계예산, 기금, 추가경정예산)

(8) 완전성(포괄성, 예산총계주의)

한 회계연도의 모든 수입을 세입으로 하고, 모든 지출을 세출로 한다. 즉 세입·세출은 모두 예산에 편입하여야 한다. 즉 예산총계주의를 말하며, 이는 예산순계주의에 대비된다(위계점·이원희, 2007: 1006). (예외: 기금, 현물출자, 전대차관, 수입대체경비, 차관물자대, 출연금이 지원된 국가연구개발사업의 개발 성과물 사용에 따른 대가)

〈표 9-2〉 예산의 원칙

구분	원칙	내용	예외
입법부 우위의 전통적 예산 원칙	공개성	국민에 대한 재정활동의 공개	국방비, 국정원 예산 등 체제 유지비
	명료성	국회·의회등이 이해 용이	
	완전성	정부의 모든 재정활동이 빠짐없이 포함(예산총계주의 원칙)	순계예산
	단일성	예산과정 밖에서 관리되는 재정이 있어서는 안된다.	특별회계, 기금, 추가경정예산
	사전의결	국회의 사전의결	준예산, 사고이월, 이체, 예비비의 지출
	한정성	비목(목적)외 사용금지, 초과지출 금지, 회계연도 독립의 원칙	이용, 전용, 예비비, 이월, 계속비, 과년도지출·수입
	통일성	특정세입과 특정세출 결부 금지	특별회계, 목적세
	정확성	예산과 결산이 일치	
현대 행정국가론적 예산 원칙	• 행정부 계획의 원칙 • 행정부 책임의 원칙 • 보고의 원칙 • 적절한 수단구비의 원칙	• 다원적 절차의 원칙 • 시기 신축성의 원칙 • 행정부 재량의 원칙 • 상호교류적 예산기구의 원칙	

2) 현대적 예산원칙 : 관리지향

현대행정의 관리지향의 예산형태는 정부기능이 확대 · 강화되어 예산규모가 팽창함에 따라 정부는 사업의 성과에 초점을 두게 되었으며 정부지출의 효율적인 관리가 강조되면서부터 시작되었다. 이에 따라 지출통제보다는 지출된 예산의 성과 및 집행예산의 효율성 확보 방안을 중심으로 예산개혁이 이루어졌다. 즉 예산과목의 구조, 관리 및 업무측정 방법, 인원배치방법 그리고 각종 조직체의 업무 및 활동별 예산안 편성 등의 측면에 초점이 맞추어졌고, 이러한 상황 하에서 발달한 예산형태를 성과예산제도라고 한다(박해룡 외, 2006 : 352).

한편, 스미스(H. D. Smith)는 효율적인 행정관리와 경제 상황의 변동에 적응함으로써 경제적·사회적 문제들을 행정부가 원활하게 수행하도록 행정부 중심의 관리지향의 예산원칙을 다음과 같이 제안하였다.

첫째, 사업계획과 예산편성을 연계하기 위해 행정부 계획이 필요하다(행정부 계획의 원칙).

둘째, 상황변화에 적응할 수 있도록 행정부에게 재량을 부여해야 한다. 총괄(총액)예산제도를 도입하는 것은 이 원칙과 관련되어 있다(행정부 재량의 원칙).

셋째, 행정부는 예산을 합목적적·효과적·경제적·합법적으로 집행할 책임이 있다(행정부 책임의 원칙).

넷째, 예산편성·심의·집행은 재정보고 및 업무보고에 기초해야 한다(보고의 원칙).

다섯째, 중앙예산기관, 예산의 배정, 준비금 제도 등을 구비하여야 한다(예산수단구비의 원칙).

여섯째, 사업의 성격에 따라 예산의 절차를 달리할 필요가 있다. 정부기업과 공기업의 예산절차를 일반행정기관과 달리할 필요가 있다는 것을 의미한다(다원적 절차의 원칙).

일곱째, 사업의 실시 시기를 행정부가 신축적으로 조정(계속비, 이월 등)할 수 있어야 한다(시기의 신축성의 원칙).

여덟째, 중앙예산기관과 각 부처예산기구 간의 의사전달협력체계를 구축하여야 한다(예산기구 상호성의 원칙).

4. 예산의 종류

1) 일반회계

일반회계는 '일반적 세입'으로 '일반적 지출'을 담당하는 회계이다. 일반회계는 중앙정부의 내국세, 관세 등 조세수입과 차관수입, 재화·용역의 판매수입과 같은 세외수입을 가지고 편성한다. 이러한 세입은 정부의 일반행정경비, 방위비, 사회개발비, 지방재정교부금, 채무상환 등에 지출된다. 일반회계는 중앙정부예산의 중심회계이며 정부재정의 근간이다(오석홍, 1999: 733).

2) 특별회계

특별회계란 정부예산의 기본자금, 즉 기본계정인 일반회계와 별도로 계리되는 세입세출예산을 말한다. 특별회계는 국가활동 범위가 확대되고, 특히 정부의 기업적 활동이 증가함에 따라 일반회계에 국가의 모든 세입·세출을 포괄하여 계상하는 것이 특정한 사업이나 자금의 운용실적을 정확히 파악하기 어려울 뿐만 아니라 이를 효과적으로 통제하는 것이 어려워지는 문제가 발생되자 일반회계와 구분되는 특별회계의 운영 필요성이 증대되었다.

특별회계의 설치요건에는 ① 국가에서 특정한 사업을 운영할 때(우편사업, 우체국예금, 양곡관리, 조달, 책임운영기관) ② 특정한 자금을 보유하여 운영할 때(재정융자특별회계-2007년부터 폐지) ③ 기타 특정한 세입으로 특정한 세출에 충당함으로써 일반회계와 구분하여 계리할 필요가 있을 때(교통시설특별회계, 농어촌구조개선특별회계, 국가균형발전특별회계, 에너지 및 지원사업특별회계, 환경개선특별회계, 등기특별회계 등) 등이 있다(위계점·이원희, 2007: 1010).

3) 공공기금

정부는 급증하는 재정 수요에 대응하기 위하여 예산만으로 감당하기 어려운 특정부문의 육성과 장기적인 사업을 원활히 수행하기 위해 국민들의 부담에 의해 조성된 기금으로 집행한다. 기금은 정부출연금, 민간임의출연금, 강제부담금, 외부차입금 등의 재원으로 조성되며, 설치목적에 따라 사업 및 관리기금, 융자성 기금, 적립성 기금 등으로 구분할 수 있다. 사업 및 관리기금은 특정한 목적 사업 수행을 위해 자금을 관리하는 기금(예: 양곡증권정리기금)을 말하며, 융자성 기금은 일정한 자금을 조성하여 특정부문에 융자 기금으로 수행하는 국민투자기금, 국민주택기금 등을 말한다. 적립성 기금은 장래의 지출에 대비해 자금을 적립하고 원금을 증식하는 목적으로 설치한 기금으로서 국민연금기금, 공무원연금기금 등이 해당된다(김두식 외, 2006: 455-457).

4) 통합예산

통합재정이란 한 나라의 정부부문에서 1년 동안 지출하는 재원의 총체적인 규모로서, 현대 국가에서 다양한 형태로 이루어지고 있는 정부부문의 모든 재정활동을 포괄하여 재정이 국민소득 · 통화 · 국제수지에 미치는 효과를 파악하고자 하는 예산분류 체계이다.

1979년 이래 IMF(국제통화기금)의 재정통계편제요람에 따라 도입되었고, 우리나라의 경우 1997년 이후 월별로 작성하고 있다. 통합예산은 정부예산의 규모를 정확히 이해하고, 재정이 국민경제에 미치는 영향을 분석하고자 하는 것이며, 통합예산을 작성하는 가장 큰 이유 중의 하나는 통합재정수지를 관리하기 위한 것으로, 국제통화기금에서는 통합재정수지적자를 GDP의 약 4%수준으로 억제하고 있다(이원희, 2007: 349).

즉 통합재정이란 현행 법정 예산제도를 그대로 유지하면서 이와 병행하여 재정활동을 종합적으로 파악하기 위하여 정부의 모든 재정활동을 세입 · 세출뿐만 아니라 보전재원 상황까지 일목요연하게 구분할 수 있도록 한 순계 개념상의 정부예산 총괄표라 할 수 있다(위계점 · 이원희, 2007: 1014).

5) 공적자금

「공적자금관리 특별법」(2001년 12월 20일 제정)에 따르면, '공적자금'이라 함은 예금보험기금이나 공공자금관리기금과 같은 기금 또는 재산 등에서 금융기관의 구조조정에 지원되는 자금을 말한다. 금융구조조정과 관련하여 정부가 채권 만기시 지급을 보증하는 공적자금은 그 자체로서는 국가채무에 해당되지는 않는다. 그러나 공적자금은 국가가 지급을 보증하고 있는 것으로 그것이 제대로 회수되지 않으면 결국 국가가 채권을 발행하여 상환하여야 하므로, 회수되지 않은 부분은 국가 채무가 된다(위계점 · 이원희, 2007: 1016).

6) 예산의 종류

예산의 종류에는 여러 가지가 있으나 기준에 따라 몇 가지 범주로 나누어 볼 수 있다. 첫째, 예산통일의 원칙을 기준으로 하면, 일반회계예산과 특별회계예산으로 구분할 수 있다. 둘째, 국회의 심의와 승인의 시점을 기준으로 본예산 · 수정예산 · 추가경정예산으로 구분할 수 있다. 셋째, 회계연도 개시일까지 본예산이 국회를 통과하지 못할 때 운영되는 잠정예산 · 가예산 · 준예산 등이 있다. 마지막으로 특정상황에서 행정부에 크게 재량권을 부여하는 신임예산과 예산초과지출의 승인 등이 있다(이목훈 외, 2002: 187).

(1) 일반회계예산과 특별회계예산

일반회계예산은 국가가 고유사무의 수행을 위하여 예산으로 처리하는 회계로서 일반적인 국가 활동에 관한 세입·세출을 포괄하는 예산이다. 일반회계예산은 국가 고유의 기능 수행을 위한 것이어서 그 세출은 주로 국가의 존립과 유지를 위한 기본적 경비로 구성된다. 우리나라 정부예산서는 예산총칙, 세입·세출예산, 계속비, 명시이월비, 국고채무 부담행위 등 5개 부문으로 구성된다.

이에 대하여 특별회계는 국가의 회계 중 특정한 세입으로서 특정한 세출을 충당하는 것을 말하며, 일반회계의 세입·세출과 구분하여 계리하는 회계이다. 특별회계는 ①특정한 사업을 운영할 때, ②특정한 자금을 보유하여 운용할 때, ③특정한 세입으로 특정한 세출에 충당함으로써 일반의 세입세출과 구분하여 계리할 필요가 있을 때 법률에 의하여 설치할 수 있다. 특별회계예산의 형식과 내용은 특례가 인정되지 않는 한 일반회계예산에 준한다(박수영 외, 2006: 376-377).

(2) 본예산·수정예산·추가경정예산

본예산은 일반적으로 규정하고 있는 예산운영절차를 거쳐 편성되고 국회의 승인을 받아 확정된 기본예산으로서 앞서 말한 일반회계예산이 여기에 해당한다. 원칙적으로 모든 세출예산은 본예산에 편성되어 집행되어야 하나, 사전에 수립된 사업계획을 담고 있는 예산이 경제적·사회적 상황변화에 신축적으로 적응하기는 쉽지 않으므로 상황변동에 맞추어 예산에 변경을 가할 수 있도록 수정예산과 추가경정예산제도를 도입한 것이다.

수정예산(예산회계법 제32조)은 본예산이 국회에 제출되어 승인되기 전에 본내용을 일부 수정할 수 있도록 하는 제도이며, 복잡한 각종 서류의 전부 또는 일부를 첨부하지 않아도 되기 때문에 편리한 수정방법이 되고 있다.

추가경정예산(예산회계법 제33조)은 본예산이 국회의 승인을 얻은 후에 생긴 사유로 인해 본예산을 수정할 수 있도록 하는 예산제도로서 본예산과 별도로 성립되나, 성립 후에는 본예산에 통합되어 집행된다(이목훈 외, 2002: 187-188).

(3) 잠정예산 · 가예산 · 준예산

회계연도 개시일까지도 예산이 성립하지 못할 때 활용되는 예산제도이다. 잠정예산은 일정금액(최초 4,5개월분)에 해당되는 예산의 국고지출을 허용하는 제도로서 예산이 성립되면 잠정예산의 유효기간이나 지출잔액의 유무에 관계없이 본예산에 흡수된다.

가예산은 부득이한 사유로 예산이 의결되지 못한 때에 국회에서 1개월 이내의 가예산을 의결하고 그 기간 내에 예산을 의결하는 제도이다. 우리나라의 경우 제1공화국 시기 전쟁시에 이를 사용하였다.

준예산은 예산이 회계연도 개시일까지 의결되지 못한 경우에 ①헌법이나 법률에 의해서 설치된 기관 또는 시설의 유지 · 운영, ②법률상 지출의무의 이행, ③이미 예산으로 승인된 사업의 계속을 위한 경비를 전년도 예산에 준하여 지출하는 제도를 말한다. 제2공화국 이래로 도입하고 있으나, 사용한 적은 한 번도 없다(이원희, 2007: 545-546).

(4) 신임예산과 예산초과지출의 승인

신임예산은 정상적인 예산절차에 대한 예외적인 것으로 행정부의 재량과 예산집행의 신축성이 가장 큰 예산제도이다. 이 예산제도는 전시와 같은 위기가 도래되었을 때 지출금액과 지출시기가 정하여지지 않음은 물론, 군사보안상 지출내역이 상세히 밝혀지지 않은 채 성립되는 예산제도이다. 의회는 총액만을 정해주고 구체적인 용도와 집행시기는 행정부의 자유재량에 맡겨진다.

예산초과지출의 추인은 예산이 과소 적산된 사업을 추진함에 있어 회계연도 마감일이 얼마 남지 않아 추가예산을 국회에서 승인받을 시간적 여유가 없을 때 한도액을 초과하여 지출하는 경우를 말하며, 이 경우 사후에 의회의 추인을 받도록 되어 있다(이목훈 외, 2002: 189).

〈표 9-3〉 잠정예산, 가예산, 준예산의 비교

구 분	기간제한	국회의결	지출항목	채택국가	한국의 채택여부
준예산	무제한	불필요	한정적	한국·독일	1960년 이후 채택
잠정예산	무제한	필요	전반적	영·일·캐	채택 무
가예산	1개월	필요	전반적	프(3·4공)	1960년까지 채택

제 2 절 예산결정이론

예산을 대상으로 하는 결정방식을 정책결정의 이론모형에 근거하여 이해해 볼 수 있는데, 이론모형은 합리성을 기준으로 유형화되어 있다. 이론모형은 분석적·개념적으로 구분되어 몇 가지로 유형화되어 있을 뿐이고 현실의 예산운영에서는 여러 가지의 결정방식이 혼재되어 나타나고 있다. '

1. 총체적 합리주의

총체적 합리주의의 의사결정과 관련된 규범적 원칙들은 다음과 같다. 첫째, 정부가 달성하고자 하는 사회적 목적이나 가치를 명시적으로 정의할 뿐만 아니라 우선순위까지도 결정한다. 둘째, 목표-수단 분석에 의하여 목표를 달성할 수 있는 수단이 무엇인가를 탐색한다. 셋째, 여러 가지 정책대안 중에서 목표에 가장 부합하는 결과를 가져올 최선의 대안을 명시적·의식적으로 선택한다. 넷째, 관리과학적 분석기법을 사용하여 사업수행에 드는 비용을 최소화한다. 마지막으로 이상의 결정 과정에서 모든 요소를 종합적으로 고려한다.

총체적 합리주의는 예산결정시에 신규 사업의 착수와 기존 사업의 과감한 폐지를 결정할 수 있게 함으로써, 전년도 예산에 비하여 다음 연도 예산액의 증감의 폭이 커질 수 있게 한다. 그러므로 과거 예산사업의 대폭적인 개편이나 급진적인 변화를 가져올 수 있는 결정방식인 것이다. 합리주의적 예산결정 방식의 논리는 여러 가지 예산 제도의 개혁에서 적용이 시도된 바 있다. 과학적 분석 기법을 채택한 계획예산제도(PPBS)와 영기준예산제도(ZBB) 등이 그것인데 현실 적용에 어려움이 많아 일부 도입이 포기되거나 적용되더라도 변형된 방식을 취하고 있다(박수영 외, 2006: 386).

2. 점증주의

총체적 합리주의를 비판하는 학자들은 점증주의가 더욱 유용하고 현실적인 결정과정에 더 부합하는 결정방식이라고 주장하고 있다. 기존의 예산사업 대부분이 기득권과 관련이 있어 급진적인 변화는 이해 관련자들의 저항에 부딪쳐 불가능한 경우가 많다는 것이다. 그러므로 전년도 예산을 기준으로 다음 연도 예산액을 결정해가는 점증주의적 결정 방식이 관련자들 사이의 상호조절에 의한 합의를 도출할 수 있기 때문에 정치적 합리성을 갖는다는 것이다.

점증주의적 예산결정은 품목별 예산제도에서 전형적으로 이루어지는 것으로서 전년도에 비해 소폭의 예산변경만을 가하므로 보수적 성격을 띠고 있다고 볼 수 있다. 그러므로 이는 정치·사회적으로 안정된 사회에서나 적용 가능한 결정방식임은 물론 쇄신을 저해하고 안이한 정책결정을 조장한다는 비판을 받고 있다. 또한 상호조절에 의하여 예산이 결정되는 과정에서 사회적 강자의 이익이 과대 대변될 수 있다는 점이 지적되고 있다(박수영 외, 2006: 387).

〈표 9-4〉 합리주의예산과 점증주의 예산의 비교

점증주의(현실적·실증적 접근방법)	합리주의(규범적·이상적 접근방법)
• 협상과 조정 중시 • 한정된 수의 대안안 고려 • 부수적, 정치적, 단편적 현실적 성향 • 전년도 답습적, 기득권 중시 • 정치적 합리성, 이해 관계의 고려 • 목표수단분석 미실시 • 한계적 가치만을 고려 • PBS	• 객관적·절대적 합리성 중시 • 모든 대안과 요소를 포괄적으로 고려 • 이상적, 규범적, 경제적, 총체적 성향 • 규범적, 개혁적 성향 • 경제적 합리성, 기득권 무시 • 목표수단분석 실시 • 비용의 극소화, 목표달성의 극대화 추구 • PPBS, CBS, MBO, ZBB, 일몰법

3. 예산문화론

예산문화론은 예산결정행태의 유형으로 윌다브스키가 각국 간 행정문화에 따른 예산결정의 행태를 다음과 같이 유형화하였다(이원희, 2007: 558).

〈표 9-5〉 예산결정 행태의 유형

	국가의 경제력이 크다	국가의 경제력이 작다
재정의 예측가능성이 높다	점증예산	양입제출예산
재정의 예측가능성이 낮다	추가예산	점증 및 반복예산의 교차

첫째, 점증적 결정은 선진국처럼 국가의 경제력이 크고, 예측가능성이 높은 경우에 발생한다.

둘째, 양입제출적 결정은 미국의 도시정부처럼 국가의 경제력이 작지만, 예측가능성이 높은 경우에 나타난다.

셋째, 추가예산은 경제력은 높으나, 재정력의 예측가능성이 낮은 경우에 발생한다.

넷째, 점증 및 반복예산의 교차의 예산은 후진국의 경우처럼, 경제력도 낮고, 예측가능성도 낮은 경우에 발생한다.

제3 절 예산과정

예산의 과정은 크게 예산편성, 예산심의, 예산집행, 결산 및 회계검사의 네 단계의 과정으로 구분된다.

〈그림 9-2〉 예산과정

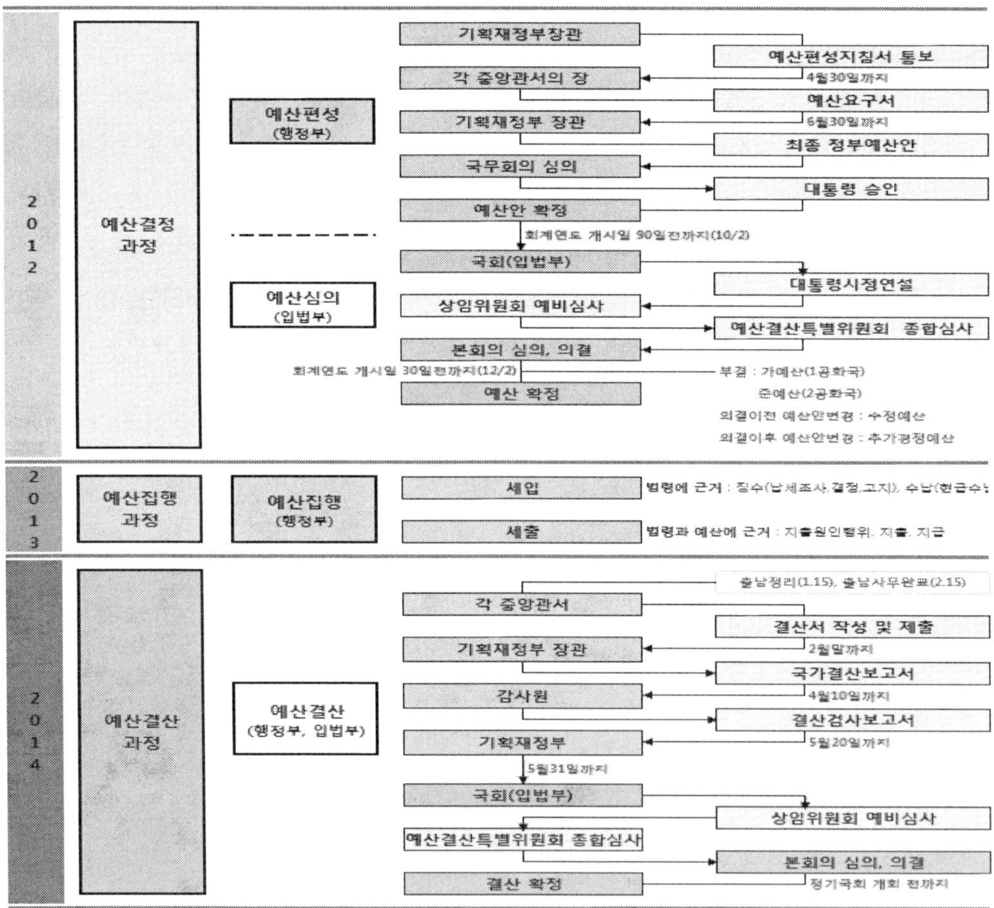

※ 1차연도(예산편성, 예산심의 확정), 2차연도(예산집행), 3차연도(예산결산) - 1년동안 전년도 예산 결산, 당해 예산집행, 내년의 예산편성이 동시진행

1. 예산편성

예산편성은 본질적으로는 행정적이라기보다 입법적인 것이므로, 그 편성권은 당연히 국회에 속하는 것이 원칙일 것이다. 이러한 원칙에 따라 영국은 당초 의회에서 예산을 편성하였다. 그러나 행정기능이 확대·강화된 오늘날에 있어서는 예산이 그 복잡성과 방대성을 더해가고 있어 행정의 내용에 정통한 행정부가 아니면 그 편성이 곤란하게 되어, 미국에서 1921년에 행정부가 예산편성권을 갖도록 하는 행정부예산제도(executive budget system)를 채택한 후, 오늘날에는 세계의 모든 나라에서 행정부예산제도가 보편화되었다.

오늘날 대부분 나라의 의회에 있어서는 행정부가 제안한 총예산액의 극히 일부분을 삭감하는데 그치고 있고, 특히 영국이나 일본의 의회는 행정부가 제안한 예산안을 수정한 일이 거의 없을 정도로 행정부의 예산편성권은 매우 강력하게 되었다(최창호, 2006: 270).

〈그림 9-3〉 예산편성절차

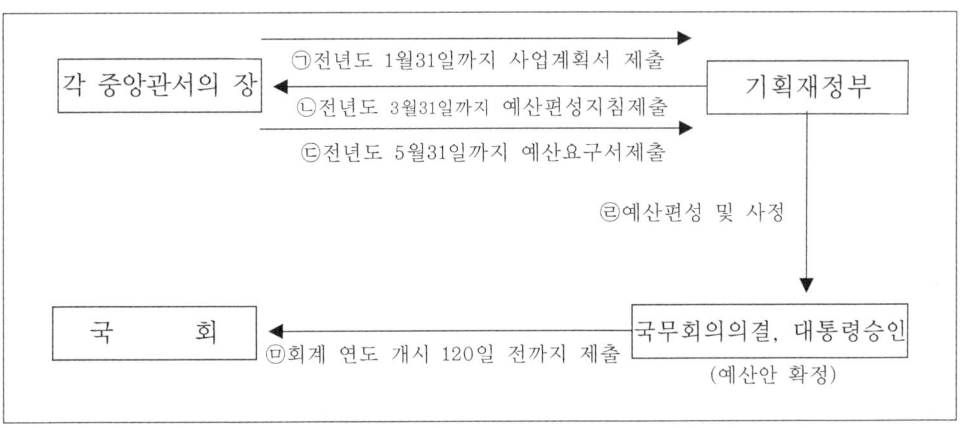

한편 우리나라 예산편성의 문제점으로는 다음과 같다.

① 예산단가의 비현실성: 예산편성기준에 책정되어 있는 예산단가가 비현실적인 것이 많다. 이러한 예산단가의 비현실성으로 인하여 예산의 집행

과정에서 빈번한 전용이나 변태적인 경리 등이 나타나게 된다.

② 예산요구액의 가공성: 예산을 편성함에 있어서 가능한 예산을 많이 확보하여야 한다는 사고방식이 보편화되어 있어, 각 행정관서가 제출하는 예산요구액은 가공적인 금액을 나열하는 경우가 많다. 이러한 가공성은 각 중앙관서의 예산요구서 작성에 시간과 노력의 낭비를 가져올 뿐 아니라, 중앙예산기관으로 하여금 사정을 주로 금액 삭감에만 주력하고 적극적으로 계획지향적인 사정을 할 수 없게 하고 있다. 그 결과 예산이 지극히 불합리하게 편성되고 있는 실정이다.

③ 예산사정의 전년도답습주의: 중앙예산기관이 예산을 사정함에 있어 지난 연도의 예산액을 기준으로 하여 인원의 증가 및 물가상승률 등을 거의 기계적으로 가산하는 경향이 있다. 일단 소액이라도 계상되면 그 성과의 여하에 관계없이 매년 그것이 증액되는 경향이 있는 것이다.

④ 행정분석의 결여와 예산액 배분의 비합리성: 실제 예산편성에 대한 정확한 행정분석이 이루어지는 것이 어려우며, 또한 사업계획의 타당성에 근거하지 않는 무원칙적이고 정치적 권력게임에 치중하는 사정의 경향이 있다.

〈표 9-6〉 예산편성의 문제점과 개선방안

문제점	개선방안
• 예산단가 비현실성 • 예산요구액의 가공성 • 전년도 답습주의와 점증적 예산편성 • 행정분석의 결여와 예산액 배분의 비합리성	• 예산단가 현실화 • 예산사정기간의 적정화 • 결산자료의 환류 • 비용효과 분석 · 정책효과 분석의 활용 • 예산과정의 국민여론 투입강화

2. 예산심의

예산심의는 국민의 대표기관인 의회에 의하여 행해진다는 의미에서 민주주의를 그 이념으로 하는 국가에 있어서는 가장 중요한 예산과정으로 이해되고 있다. 그러나 각국의 예산심의는 정부형태가 대통령제인가 의원내각제인가, 국회구성이 양원제인가 단원제인가, 소규모 위원회제인가 전원위원회제인가에 따라 그 절차가 다르며, 예산의 형식, 예산의 범위, 예산안의 수정 등에서 그 심의양상이 다르다(최창호, 2006: 271).

〈그림 9-4〉 예산심의 절차

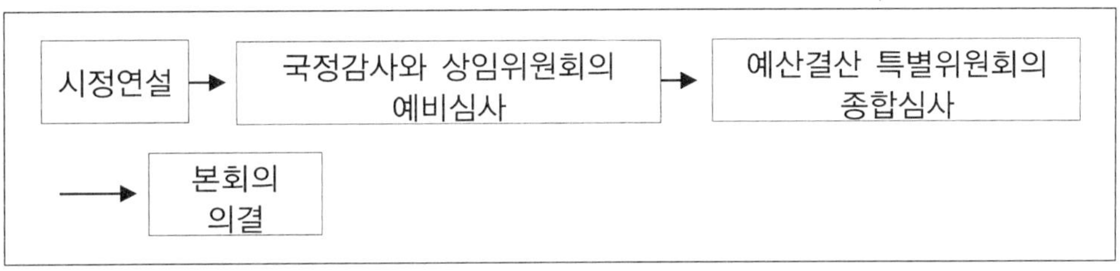

예산심의의 한계로는 전문지식의 부족, 지역구이해에의 관심집중, 예·결산의 특별위원회제, 민중통제의 미약 등을 들 수 있다(최창호·하미승, 2006: 615-616).

① 전문지식의 부족: 국회의원들은 예산에 관한 전문지식이 부족할 뿐만 아니라 소관부처에 관한 지식도 부족하기 때문에 예산심의를 효율적으로 하지 못하고 있다.

② 지역구이해에의 관심집중: 국회의원은 예산심의과정에서 고차원적인 정책문제보다는 출신구의 이해에 얽매여 이에 과다한 노력을 경주하여 왔다. 그러므로 국회의원들은 그들의 사명을 깊이 인식하여 가치관을 재정립하고 숙연한 자세로 예산심의에 임하도록 해야 할 것이다.

③ 예·결산의 특별위원회제: 예산결산위원회가 특별위원회로 되어 있어 그 위원회에 회부된 안건이 국회에서 의결될 때까지만 존속할 뿐 아니라, 예결위원의 안정성이 지극히 낮기 때문에 예산결산위원회의 전문성이 낮다. 따라서 이를 상임위원회로 해야 할 것이다.

④ 민중통제의 미약: 예산심의 과정에 여론이 별로 영향력을 미치지 못하고 있다. 국민들이 예산에 대해서 전문적인 지식을 가지고 있지 못할 뿐만 아니라 깊은 관심도 가지고 있지 않음으로써 그 심의과정에 비판·통제를 행하지 못하고 있는 것이다.

3. 예산집행

예산집행은 국회의 심의를 거쳐 확정된 예산에 따라 행정부가 수입 및 지출을 실행하는 모든 행위를 말한다. 이에는 단순히 예산에 정하여진 금액을 국고에 수납하고 국고로부터 지출하는 행위만이 아니라, 국고채무부담행위와 지출원인행위도 포함된다. 그리고 이에는 예산에 계상된 세입·세출뿐만 아니라 예산이 성립한 후에 일어나는 세입·세출의 실행행위가 모두 포함된다.

예산의 집행에 있어서는 ㉠ 그 예산을 확정한 의회의 의도에 충실하는 재정적 한계의 준수와 ㉡ 예산의 확정 후 시간이 경과함에 따른 경제사정 등 제반여건의 부단한 변동에 적응하여 국가목표를 효율적으로 성취해가는 융통성의 유지라는 상충되는 요구에 대응해 나가야 한다. 재정적 한계준수의 요구에 대응하기 위하여 ㉠ 예산의 배정, ㉡ 예산의 재배정, ㉢ 장부의 기록·보고 및 내부통제 등이 행해진다. 융통성 유지의 요구에 대응하기 위하여 ㉠ 예산의 이용 ㉡ 전용 ㉢ 이체 ㉣ 이월 ㉤ 예비비 ㉥ 계속비 등의 제도가 마련되어 있다(최창호, 2006: 271-273).

〈표 9-7〉 재정통제와 신축성 유지방안

구분	내용
재정통제	• 예산의 배정 • 예산의 재배정 • 지출원인 행위 및 지출 • 기록과 보고 • 정원 보수 등의 통제 • 계약의 통제 • 이 외에 한정성 원칙의 고수, 국고채무부담행위에 대한 통제, 예비비의 사용에 대한 사후승인 등의 방안이 있다.
신축성 유지방안	• 예산의 이용 : 입법과목인 장·관·항간에 상호 융통하는 것 • 예산의 전용 : 행정과목인 세항·목간에 상호 융통하는 것 • 예산의 이체 : 정부조직에 관한 법률의 제정, 개정, 폐지 등으로 직무권한에 변동이 있을 경우 예산집행에 관한 책임소관을 변경시키는 것으로, 재정경제부 장관의 승인을 받아야 한다. • 예산의 이월 : 회계년도 내에 사용하지 못한 예산을 다음 회계년도로 넘겨 사용하는 것으로서 회계년도 독립원칙과 예산 일년주의 원칙에 대한 예외이다. 명시이월과 사고이월이 있다.

신축성 유지방안	• 계속비 : 완성에 수년을 요하는 정부의 공사·제조 및 연구개발사업에서 경비의 총액과 연부액을 정하여 미리 국회의 의결을 얻은 범위 내에서 수년도에 걸쳐 지출할 수 있는 경비를 말한다. • 예비비 : 예측할 수 없는 예산외에 지출, 예산을 초과하는 지출에 충당하기 위한 경비로서 정부는 일반회계에 있어서 예비비로 인정되는 금액을 세입세출예산에 계상할 수 있다. • 긴급배정 : 회계년도 개시 전 예산배정 • 추가경정예산 : 예산성립 후 추가로 편성된 예산 • 준예산 : 예산 불성립시 전년도에 준하여 지출 • 대통령의 재정에 관한 긴급명령권 : 헌법에 규정된 대통령 권한 • 총괄배정예산 : 예산과목을 세분화하지 않고 전체금액만 의결 • 다년도예산 : 회계년도를 2년 이상으로 운영 • 국고채무부담행위 : 법률, 세출예산 계속비 외에 정부가 채무를 부담하는 행위

4. 예산결산

결산은 국가예산의 집행실적을 계수(計數)로 확정하는 활동이다. 결산이 끝나야 예산집행에 관한 정부의 책임이 해제된다. 결산은 예산의 집행이 완결되어야 할 수 있으며, 원칙적으로 수입과 지출을 회계연도 내에 모두 끝내야 하지만 미처 결재되지 않은 거래의 완결을 위해 출납정리기간을 두고 있다. 출납정리기간이 끝나면 각 중앙관서의 장은 회계연도마다 그 소관에 속하는 세입·세출에 관한 결산보고서, 계속비 결산보고서 및 국가의 채무에 관한 계산서를 작성하여 재정경제부장관에게 제출한다. 재정경제부장관은 각 중앙관서의 장이 제출하는 각종 보고서에 기초하여 세입·세출의 총결산을 작성하고 국무회의의 심의를 거쳐 대통령의 승인을 받는다. 감사원은 지식경제부장관으로부터 총결산과 필요한 서류를 송부받아 결산의 합법성과 정확성을 검사하여 확인한다. 감사원에서 결산검사가 끝나면 검사보고서를 지식경제부장관에게 송부한다. 정부는 감사원의 검사를 마친 결산서류를 9월 2일까지 국회에 제출한다. 국회에서는 각 상임위원회와 예산결산특별위원회의 심의를 거쳐 본회의에 보고하여 처리한다(오석홍, 1999: 728).

최근 국가재정법 개정으로 예산결산의 일부 개선이 있었지만, 여전히 다음과 같은 문제점을 안고 있다.

① 결산에 대한 무관심과 형식화: 예산위원회와 결산위원회의 분리 등을 통한 결산에 대한 관심 제고가 필요하다.

② 재정정보로서의 기능 미흡: 과거의 현금주의·단식부기에 의한 결산서는 쓸데없이 복잡하기만 하였고 재정정보로서의 유용성을 상실하였다. 최근 도입된 발생주의·복식부기제도의 내실화가 필요하다.

③ 회계검사기관의 독립성 미흡: 결산의 보조적 수단인 감사원을 대통령 소속에서 의회소속으로 전환하는 방안의 검토가 필요하다.

〈표 9-8〉 예산결산의 문제점·개선방안

문제점	개선방안
• 결산에 대한 무관심과 형식화 • 재정정보로서의 기능 미흡 • 회계검사기관의 독립성 미흡	• 예산위원회와 결산위원회의 분리 등을 통한 결산에 대한 관심 제고 • 발생주의·복식부기제도의 내실화 • 감사원을 대통령 소속에서 의회소속으로 전환하는 방안

객관식 문제

01 **예산의 법형식은 크게 법률주의와 예산주의로 나누어 볼 수 있다. 이에 대한 설명으로 옳지 않은 것은?**

① 미국은 세입법(Revenue Act)을 의회에서 제정한다.
② 한국은 예산 계정을 위한 근거법을 필요조건으로 하고 있지는 않다.
③ 미국은 잠정예산을 제외한 모든 예산에 대하여 대통령이 거부권을 행사할 수 있다.
④ 한국은 예산에 의해 법률을 개폐할 수 없다.

02 **예산제도에 관한 설명으로 옳지 않은 것은?**

① 영기준예산제도(ZBB)는 모든 지출제안서를 영점 기준에서 검토한다.
② 품목별예산제도(LIBS)는 투입 중심의 예산편성으로 인해 사업성과에 대한 이해가 어렵다.
③ 성과주의예산제도는 정부사업과 활동에 대한 국민들의 이해를 증진시킬 수 있는 장점이 있다.
④ 계획예산제도(PPBS)는 상향식 예산 접근으로 재정민주주의의 실현에 적합한 장점이 있다.

03 **예산의 원칙과 그 예외를 연결한 것으로 옳지 않은 것은?**

① 예산 사전의결의 원칙 - 준예산, 긴급재정명령, 선결처분
② 예산 한정성의 원칙 - 계속비, 예산의 이용, 예산의 이월
③ 예산 단일의 원칙 - 특별회계, 추가경정예산, 목적세
④ 예산 공개의 원칙 - 국가 기밀에 속하는 국방비, 외교활동비

04 예산과정에 관한 설명으로 옳지 않은 것은? (2009. 국가직 9급기출)

① 총액예산제도가 실시되면서 총액의 한도 내에서 의원들의 관심이 높은 예산사업을 소규모화하거나 우선순위를 낮게 설정하는 전략이 사용되기도 한다.
② 예산을 행정부가 편성하여 입법부에 제출하는 것이 현대국가의 추세이다.
③ 결산이란 한 회계연도에서 국가의 수입과 지출의 실적을 예정적 계수로서 표시하는 행위이다.
④ 대통령중심제라는 정치체제의 성격이 국회예산심의의 기본특징을 규정한다.

05 예산심의에 대한 설명으로 옳지 않은 것은? (2009.국가직 9급기출)

① 재정민주주의를 실현하는 과정이다.
② 예산결산특별위원회의 예비심사 후, 상임위원회의 종합심사와 본회의 의결을 거쳐 예산안을 확정한다.
③ 예산심의는 사업 및 사업수준에 대한 것과 예산총액에 대한 것으로 나누어 볼 수 있다.
④ 구체적인 정책결정의 기능으로 이해할 수 있다.

정답

01. ③ 02. ④ 03. ③ 04. ③ 05. ②

연구문제

01 현대적 예산의 원칙에 대해 설명하시오.

02 합리주의 예산결정모형과 점증주의 예산결정모형 중 바람직한 것은 어떤 것인지 설명하시오.

03 예산편성과정에 대해 설명하시오.

제3부

행정미래

제 10 장

예산제도 및 예산의 개혁

제1절 예산제도

1. 품목별 예산제도(1920-1930년대)

품목별 예산제도(LIBS: Line Item Budgeting System)는 지출의 대상인 급여·여비·수당·시설비 등으로 표시한 예산을 말한다. 결국 지출대상을 통제하는 방법도 차차 발전되어 결국에는 지출대상을 품목별로 급여·여비·수용비 등으로 세분하여 그 지출대상과 금액을 규정함으로써 행정부의 예산집행에 있어서 유용이나 부정을 방지하는데 크게 기여하였다.

이 예산제도는 가장 전통적인 예산결정방식으로서 영국에서 의회가 국왕의 재정권을 통제하는 것으로부터 비롯되었다. 품목별예산제도의 장점은 회계책임이 명확해진다는 것이며, 단점은 예산의 적극적 역할에 대한 불이해와 집행에 있어서 신축성이 결여된다는 것이다(문영훈, 1998: 494).

2. 성과주의예산제도(1950년대)

성과주의 예산제도(PBS: Performance Budgeting System)는 정부예산을 기능·활동·사업계획에 기초를 두고 편성하는 예산을 말한다. 품목별예산제도에서의 관심은 예산을 수단으로 무엇을 구입하느냐인데 반하여, 성과주의예산제도에서의 관심은 예산을 수단으로 어떤 성과를 보이느냐에 있다(문영훈, 1998: 494).

성과주의 예산편성의 기본 단위는 업무단위이다. 업무 단위는 하나의 사업을 수행하는 과정에서의 활동과 최종 산물(성과 · 실적)로 이루어진다. 이는 사업과 지출 대상의 중간에 위치하는 단위라고 볼 수 있다.

예산액은 업무량(업무측정단위에 표시된 최종산물의 산출량)×단위원가로 계산된다. 예를 들면 다음 표와 같다(위계점 · 이원희, 2007 : 1111-1112).

〈표 10-1〉 예산액의 업무량

사업명	사업목적	측정단위	단가	실적	금액	변화율
범죄예방	범죄율 10%감소	투입시간	30$	2,327시간	69,810$	+26.7%

3. 계획예산제도(1960년대)

계획예산제도(PPBS: Planning Programming Budgeting System)는 장기적인 기획(planning)과 단기적인 예산편성(budgeting)을 유기적으로 연결시킴으로써 합리적인 자원배분을 이룩하려는 제도이다. 기획과 예산을 연철시키는 고리 역할을 하는 것은 프로그래밍(programming)이다.

계획예산제도는 ① 목표를 분명히 정의하고, ② 이를 달성할 사업 계획과 각종 대안을 체계적으로 검토하여 수립하며, ③ 다년간에 걸친 사업재정계획을 수립하는 장기적 시계(time horizon)를 갖고 있다는 점이 특징이다.

계획예산제도의 기본적인 아이디어는 투입 요소 대신에 정부의 목적, 최종 산물, 사업 등과 같은 산출 영역에 관심을 집중함으로써 예산상의 결정이 이루어져야 한다는 것이다.

계획예산제도의 구조적 측면은 '기획→사업계획→예산배정'의 주기를 확립하는 것이다. 여기서 핵심적인 작업은 사업구조를 만드는 것이다.

1) 사업범주

대분류로서의 사업 범주는 조직체의 목표달성을 위한 사업의 집합체를 최상위 수준에서 분류해 놓은 것이다.

2) 하위사업 범주

중분류로서의 하위사업은 사업범주를 더 세분한 사업군이며, 유사한 사업요소를 묶어 놓은 것이다.

3) 사업요소

사업요소는 사업구조의 기본 단위이며, 최종산물을 산출하는 조직체의 활동이다(위계점 · 이원희, 2007: 1113).

4. 영기준 예산제도(1980년대)

영기준 예산(ZBB: Zero Base Budgeting)은 행정기관의 모든 사업 · 활동에 전회계연도 예산을 고려하지 않는 영기준(zero-base)을 적용하여 계속사업 · 신규사업을 막론하고 그 능률성 · 효과성과 사업의 계속 · 축소 · 확대 여부를 새로이 분석 · 평가하고, 사업의 우선순위를 결정하여 이에 따라 예산을 편성하는 예산제도를 말한다. 계획예산제도가 1960년대 초의 미국내의 정치적 · 경제적 낙관주의의 산물로 생겨난 것에 반해, 영기준예산은 1970년대 중반부터 경험하게 된 자원난의 시대에 등장하였다. 영기준예산제도의 강조점은 사업계획이나 기관의 목적에 관심을 두고, 결정항목 작성의 단계에서 이 수단에 따른 시책평가이다(문영훈, 1998: 498).

5. 자본예산

정부지출은 반복적인 경상적 지출과 비반복적인 자본적 지출로 구분되기 때문에, 경상적 지출과 자본적 지출을 구분하자는 것이 자본예산 또는 복식예산이다. 즉 자본예산(capital budget)은 경상예산과 자본예산으로 구분하는 복식예산제도이다. 경상예산은 인건비, 기관유지비, 물건비 등 경상적 지출을 계상하며, 이에 대한 세입원은 경상적 세입인 조세수입으로 충당한다.

반면 자본적 지출은 새로운 투자를 형성하는 지출로서 투자적 지출이며, 이에 대한 세입원은 국공채로 충당한다. 사실 채무는 부정적인 의미를 갖지만, 확대재생산을 위한 투자를 위해 채무를 갖는 것은 정당화될 수 있다. 이에 자본예산제도는 정부의 지출구조를 양분하여 채무를 합리화시키는 것이다(위계점, 2009: 613).

6. 일몰법

일몰법(SSL : Sunset Laws)이란 특정한 사업이나 기관이 일정기간이 지나면 자동적으로 폐지되도록 하는 법률을 말한다. 구체적으로 행정기관의 사업 · 권한 · 조직에 관하여 이미 당초의 목적을 달성하여 현재로서는 불필요하거나 부적절한 것, 당초의 목적을 달성하는데 실패한 것, 상황의 변동 등으로 존재이유가 희박해진 것 등을 의회가 사업시행 후 일정기간이 경과한 시점에서 재검토하고 폐지하는 제도적 장치를 의미한다(문영훈, 1998: 500).

〈표 10-2〉 예산제도의 변천

비교 기준	LIBS (품목별 예산)	PBS (성과중의 예산)	PPBS (계획예산)	MBO (목표관리 예산)	ZBB (영기준 예산)	CBS (자본예산)	SSL (일몰법)
시대	1920~30	1950~60	1965~71	1973~79	1979		
특징	지출의 대상·성질 또는 구입물품 서비스 중심	기능→사업→활동으로 사업을 분류	·계확+예산 ·자원의 합리적 배분	구성원의 참여에 의한 예산 편성	전년도 예산을 기준하지 않음	경상계정과 자본계정으로 분리	국회의 재보증 얻지 못하면 자동폐기
중점	• 재정통제 • 회계책임	• 사업중심 • 관리중심	• 계획중심	• 분권적·상향적 예산	• 자원난 시대에 적합	• 일시적 불균형 예산	• 자원난 시대에 적합
기본 지향	통제지향	관리지향	계획지향	관리지향	의사결정		
취급 범위	투입	투입·산출	투입·산출 효과, 대안	투입·산출 효과성	대안		
직원의 지식	회계이론	관리이론	경제학 기획이론	관리에 관한 상식	관리와 계획		

결정흐름	위로 통합	위로 통합	하향적	상향적	상향적		
중요정보	지출대상(품목)	기관 활동	기관의 목표	사업의 효과성	사업·기관의 목표		
결정행태	점증적 결정	점증적 결정	총체적 결정	분권화와 참여적 결정	총체적·참여적 결정		
예산기관의 역할	재정적 타당성	능률성	정책	사업의 효과성과 효율성	정책 우선순위		
분석초점	지출대상	지출과 성과관계	대안평가 계량분석	최종산출의 경험적 평가	대안분석 예산증감		
장점	• 회계책임명확화 • 재정통제용이	• 예산집행의 신축성 • 장기계획의 수립·실시 용이 • 국민의 정부사업목적 이해 용이	• 계획과 예산편성 일치 • 효과적 수단분석가능 • 국가목표의 구체적, 계속적 파악가능	• 조직구성원의 책임의식과 사기·만족감 향상 • 상하계층간의 의사전달 용이	• 자원의 합리적 배분 • 사업의 효율성 향상 • 재정운영의 탄력성 • 관리수단의 제공	• 국가재정 기본구조의 명확한 판단 가능 • 자본지출에 대한 사정·분석가능	• 입법기관의 행정기관에 대한 감독책임 이행 • 입법기관에 의한 실적감사기능
단점	• 신축성 저해 • 성과측정 곤란 • 지출목적 불분명	• 총괄계정에 부적합 • 회계책임의 불명확 • 기능통합확대 우려	• 경제적·양적 목표설정 곤란 • 목표의 다원성으로 목표규정이 곤란	• 불가시적·질적·행정의 본질적 목표를 경시 할 우려 • 목적이 수단을 정당화할 위험	• 동질적업무의 조직에는 부적합 • 시간과 노력의 과증 • 기득권자의 저항		

제 2 절 예산의 개혁

1. 주민참여예산

최근 거버넌스 시대로 들어오면서 공공지출의 과정에 시민들의 직접 참여가 확대됨으로써 정부독점사항으로 인식되었던 예산분야에 변화가 시작되었다. 그 중 참여예산제도가 대표적으로 정부의 예산지출에 대해 직접 참여하는 방식을 띠고 있으며, 현재 각 지방자치단체들이 많이 도입하여 운영하고 있다. 우리나라의 주민참여예산 관련 법령은 지방재정법 39조를 들 수 있다(나중식, 2004: 457).

1) 의의와 목적

주민참여예산제도란 “예산편성과정에 주민이 직접 참여하여 자신들의 선호와 우선순위를 예산에 반영시키거나 또는 스스로 예산을 결정함으로써 참여와 자기결정이라는 지방자치의 이념을 구현하기 위한 예산참여제도”를 말한다. 이는 예산의 투명한 공개, 주민참여를 통한 예산의 우선순위 결정, 지방자치단체와 주민대표의 협의를 통한 실현가능한 예산안편성, 지방의회의 동의 등의 단계와 절차를 거치면서 지역주민들이 지방자치단체의 예산편성과정에 직접 참여하는 제도이다(나중식, 2004: 457-458).

주민참여예산제도는 지방재정운영에 대한 지역주민의 직접참여제도인 동시에 지방재정운용에 대한 시민적 통제장치로서의 성격을 함께 갖고 있다. 이는 "집행부 주도 또는 관료 중심의 예산편성방식의 한계를 극복하고, 주민과 함께하는 지방재정 운영방식의 도입, 예산편성과정에 시민참여를 확대함으로써 지방재정 운영의 투명성과 공정성 및 효율성 제고, 지방재정에 대한 시민적 통제를 통해 지방예산의 책임성 확보 및 재정민주주의 이념의 구현 등을 목적"으로 한다(곽채기, 2005: 250).

2) 주민참여예산제의 유형

나중식(2004)은 주민참여예산제의 유형을 참여유형에 따라 정부주도형, 민·관 협의형(소극적 협의형, 적극적 협의형), 주민권력형 등 3단계로 구분하고 있다. 여기서

'정부주도형'은 정부가 주도권을 갖는 참여제도로, 시민참여는 제도적 절차에 따라 반응할 뿐 참여의 결과에 대해 유의한 영향력을 가지지는 못하므로 주민참여예산제의 유형에 포함되지 않는 것으로 판단해 배제하였다. 따라서 실질적 주민참여예산제를 민·관 협의형과 주민권력형으로 구분하고 있다.

첫째, '민·관 협의형'은 정부와 시민 간의 상호작용이 이루어지는 참여유형으로 시민과 정부 사이의 쌍방적 의사전달이 이루어지지만 의사전달의 방식은 정부가 일방적으로 정하게 된다. 그러나 그 정도에 따라 다시 '적극적 협의형'과 '소극적 협의형'으로 나눌 수 있다.

다음으로 '주민권력형'은 시민들이 예산결정과정에 적극적으로 참여하여 참여방식과 내용도 시민들이 결정하는 형태를 말한다. 이는 시민이 상당한 주도권을 가지는 참여제도로 주민통제형 참여예산제도라 할 수 있다.

〈표 10-3〉 주민참여예산제의 유형분류

참여 유형 구분	정부주도형	민·관 협의형		주민권력형
		소극적	적극적	
예산결정권한	관료중심	협의에 의한 관료 의사결정		시민중심
의사전달유형	하향적(정보제공형)	쌍방향(협의형)		쌍방향(적극형)
참여도구와 기제	정보공개	민원방, 설명회, 협의회, 공청회		시민예산위원회
참여정도(단계)	형식적 참여단계 (정보제공, 상담, 회유)	주민권력 초기단계 (협동)		주민권력단계 (권한위임, 주민통제)
개념 및 범위	형식적 참여예산단계	주민참여예산제		

자료: 나중식(2004). p.463 참고

3) 주민참여예산제도의 도입현황

우리나라에서는 주민참여예산제도가 다양한 형태로 도입·시행되고 있으며, 지방재정법 39조, 시행령 46조에 근거해서 제정되고 있으며, 많은 지방자치단체에서 2006년 8월 제시된 행정자치부의 표준조례안을 따르고 있다. 2008년 3월 31일 기준으로

246개 지방자치단체 중에서 69개 자치단체가 참여예산제를 조례로 규정하고 있다. 참여예산제도를 도입한 69개의 자치단체 중에서 예산참여 주민위원회를 규정하고 있는 것은 29개 단체이며, 지역회의를 두고 있거나 둘 수 있다고 규정하는 단체는 8개, 예산교육 및 협의회에 관한 규정을 두고 둘 수 있다고 규정하는 단체는 54개이며, 이와 같은 3가지 내용에 대한 규정이 전혀 없는 단체도 3곳 있었다. 자치단체에 따라서 3가지 내용 혹은 2가지 내용을 다 포함하고 있는 단체들도 있다(나중식, 2004: 464).

2. 조세지출예산

최근 몇 년간 경제규모의 확대와 세원투명성 제고 등으로 인하여 국세수입이 증가하였고, 조세지출의 규모도 지속적으로 증가해 왔다. 특히 2008년에는 유가환급금 지원 등 고유가 극복대책의 시행으로 감면규모가 확대되었다. 따라서 조세감면규모 확대에 따라 효율적인 국가재원배분전략 수립을 위해서는 조세지출과 세출예산의 효과적인 연계 방안을 강구할 필요성이 커지게 되었다. 지금까지 조세지출보고서에서 지원분야별로 조세감면 현황을 파악해왔으나 세출예산과 분류기준이 상이하고 다음연도 감면추계가 포함되지 않아 실질적인 재정지출 현황을 파악하는데 한계가 있었다. 이러한 한계를 극복하고, 조세지출과 세출예산의 연계 강화를 위해 조세지출예산제도가 2006년 10월 국가재정법에 법제화되었다(권오봉, 2009: 157-158).

〈표 10-4〉 연도별 조세지출 현황

(단위 : 조원, %)

	2004	2005	2006	2007	2008
국세수입	117.8	127.5	138.0	161.5	167.3
조세지출	18.3	20.0	21.3	23.0	29.6
국세감면비율	13.4	13.6	13.4	12.5	15.0

국세감면비율 = (조세지출) / (국세수입+조세지출)

조세지출예산제도(tax expenditure budget)란 조세지출의 내역과 규모를 기능별-세목별로 분류하여 공표하는 제도를 말한다. 일반적으로 조세지출예산서를 작성하는 목적은 크게 조세제도 정비 측면과 재정의 관리 측면으로 구분할 수 있다.

첫째, 조세제도 정비 측면에서는 조세제도의 투명성, 효율성, 형평성, 단순성을 제고하는 용도로 조세지출예산서가 활용된다. 눈에 잘 보이지 않는 세제상 특혜에 대하여 자세한 내역을 밝힘으로써 민간의 의사결정에 많은 왜곡을 낳는 조항, 특정계층에 지나친 혜택을 주는 조항, 지나치게 세제를 복잡하게 만드는 조항 등을 관리·정비하는 것을 편리하게 해준다. 더 나아가 세율 인하와 특정 조세지출 항목 폐지라는 두 정책대안에 대한 비교평가를 가능하게 한다.

다음으로 재정의 관리측면에서는 조세지출예산 정보의 생성을 통해 한 번 세법으로 정해지면 예산과정상의 평가·심의 대상에서 제외되는 간접적 재정지출인 조세지출을 다시 평가의 장으로 이끌어내는 효과가 있다. 다시 말하면 동일한 또는 유사한 정책목적을 달성하는 조세지출과 직접지출 간의 평가를 통해 재정의 효율적 운용에 기여할 수 있다. 또한 한 국가의 모든 재정자원이 어떻게 사용되고 있는지를 분명하게 함으로써 재정운용의 투명성도 제고될 수 있다(박명호, 2009: 30-31).

3. 성인지예산

성인지예산(gender responsive budget)은 예산이 여성과 남성에게 미칠 영향을 미리 분석한 보고서를 의미한다. 성인지예산제도는 1995년 중국 베이징에서 개최된 유엔 세계여성대회 행동강령에서 채택된 이후 전 세계적으로 확산되었다. 현재 프랑스, 스웨덴, 인도, 파키스탄 등 90여 개 국에서 시행되고 있다.

성인지예산은 2006년 제정된 '국가재정법'에서 2010년 회계연도부터 성인지예산서를 작성토록 규정함에 따라 제도화 되었다. 정부는 본격 제도도입에 앞서 2008년 25개 정부기관, 105개 예산 사업에 대하여 성인지예산 시범사업을 실시하였다. 그리하여 2009년 중 작성 지침 마련, 담당자 교육 등을 거쳐 2010년 성인지 예산서를 작성하여 국회에 제출하였다. 또한 각 정부기관은 기획재정부와 여성부가 협의하여 제시한 기준에 해당하는 사업-여성정책기본계획사업- 등을 대상으로 성인지예산서를 작성하였고, 여성정책기본계획사업, 직업교육훈련 등 성별수혜분석 가능 사업 위주로 29개 정부기관의 195개 예산 사업에 대해 성별영향분석을 실시하였다(권오봉, 2009: 174).

성인지예산제도는 최근의 뉴거버넌스 패러다임 관점에 입각, 과거 행정서비스가 눈에 보이는 문제-산출(output)-직접적인 효과에 대응한 것과 달리 비가시적인 문제-결과(outcome, impact)-간접적인 효과까지 고려하기 때문에 정책수요자의 만족도를 제고하고 나아가 정책품질 향상에 기여할 것으로 예상된다. 또한 성인지예산제도 도입으로 정책 수혜자를 성별로 제한하지 않아 성중립적으로 보이는 사업들을 여성과 남성의 신체적, 사회·경제적인 지위의 차이를 고려한 성인지적 관점에서 분석함으로써 한정된 자원을 효율적으로 활용하고 성불평등 개선에 기여할 것으로 기대된다(권오봉, 2009: 175).

4. 예산총액배분자율편성(top-down)제도

예산총액배분자율편성제도는 2005년도 예산안부터 전면 도입되었다. 동 제도는 예산당국이 거시경제 전망을 통해 재정수입을 추계하고 이에 근거하여 총액한도 및 부처별·부문별 한도를 결정하면 각 지출부서는 한도 내에서 자율적으로 개별사업의 예산을 편성하는 방식으로 하향식이라 할 수 있다. Top-Down 예산제도는 한편으로 정책과 우선순위에 입각한 전략적 재원배분을 가능하게 하고, 다른 한편으로 예산당국과 각 부처 간의 협력과 역할분담을 통한 재원배분의 효율성을 제고시키는 특징이 있다. 이 제도는 여러 면에서 과거의 상향식 제도와 차이가 있다(국회예산정책처, 2007: 272).

〈표 10-5〉 상향식과 하향식 예산편성 제도의 특성 비교

	Bottom-up(상향식) 제도	Top-down(하향식)제도
재원배분순서	지출총액 ↑ 분야별 부처별 예산규모 ↑ 사업별 예산 규모	지출총액 ↑ 분야별 부처별 지출한도 ↑ 사업별 예산규모
편성기간	4개월(6-9월)	9개월(1-9월)
주요특징	- 개별사업위주의 분석 - 단년도 재정운영 - 예산편성을 통한 재정지출 통제 - 예산처 중심의 편성	- 거시적 전략적인 재원 분석 - 중기적 재정운용 - 예산편성과정에서 자율확대 - 사후 성과관리 강화 - 예산처와 각 부처의 합동 편성

종전의 예산편성 방식은 부처별 예산요구를 받아 기획예산처가 조정하는 Bottom-up (점증주의) 방식으로 단년도 예산편성, 예산편성과정에서 과다요구-정보왜곡 등 재정당국과 각 부처 간에 비합리적인 관행유발, 국가적 우선순위에 입각한 거시적 재원분석 곤란 등 예산투입에 치중한 재정운영이 이루어져 왔다(정보통신부, 2005: 1).

반면, Top-down제도는 예산 요구 부처의 부풀리기식 예산요구와 예산당국의 대폭 삭감이라는 악순환의 고리를 끊고 재정의 건전성과 재정지출의 효율성을 달성하고자 하는 데 그 근본 목적이 있다. 즉 예산총액배분자율편성제도의 정착으로 부처별로 우선순위가 높은 사업을 중심으로 자율적인 구조조정이 이루어져 세출예산구조가 핵심사업 위주로 재편됨으로써 재정지출의 효율성을 제고하는 것이다(국회예산정책처, 2007: 275).

객관식 문제

01 **ZBB에 대한 설명 중 옳지 않은 것은?** (2004. 대전9급기출)
① 점증형태로 결실되어 사실상 실패하였다.
② 우선순위 결정을 중요시하고, 기본정책과 장기적 정책도입에 용이하다.
③ 조직구성원의 참여를 중시한다.
④ 예산을 매개단위로 하여 구성원의 다양성을 수용한다.

02 **성과주의 예산제도가 성공적으로 도입· 운영되기 위해 중시되어야 하는 것은?**
① 행정부제출예산제도 ② 합법성 위주의 예산심의
③ 회계검사 기관의 기능 강화 ④ 사업원가의 도출

03 **예산과정에 관한 설명으로 옳지 않은 것은?** (2009. 국가직 9급기출)
① 총액예산제도가 실시되면서 총액의 한도 내에서 의원들의 관심이 높은 예산사업을 소규모화하거나 우선순위를 낮게 설정하는 전략이 사용되기도 한다.
② 예산을 행정부가 편성하여 입법부에 제출하는 것이 현대국가의 추세이다.
③ 결산이란 한 회계연도에서 국가의 수입과 지출의 실적을 예정적 계수로서 표시하는 행위이다.
④ 대통령중심제라는 정치체제의 성격이 국회예산심의의 기본특징을 규정한다.

04 **총액배분 · 자율편성 예산제도에 관한 설명으로 옳지 않은 것은?**
① 주어진 지출한도 내에서 각 부처는 자율적으로 정책과 사업을 구상한다.
② 재원 운용의 분권화를 강조하는 상향식 의사결정구조를 지닌다.
③ 국가 재원의 전략적 배분을 강조하고, 그에 필요한 중앙통제를 인정한다.
④ 영국(Spending Review), 스웨덴(Spring Fiscal Plan), 네덜란드(Coalition Agreement) 등의 예산편성방식을 그 예로 들 수 있다.

05 자본예산의 장점에 대한 설명으로 옳지 않은 것은?

① 자본적 지출의 경우 장기적 재정계획에 따라 일시적인 적자재정이 정당화된다.
② 경상적 지출과 자본적 지출을 분리·계리함으로써 재정의 기본구조를 이해하는 데 도움이 된다.
③ 세출규모의 변동을 장기적 관점에서 조정하는 데 기여한다.
④ 경상적 지출에 대한 심도 있는 분석에 유리하다.

정답

01. ② 02. ④ 03. ③ 04. ② 05. ④

연구문제

01 계획예산제도(PPBS)에 관하여 논하시오.

02 예산총액배분자율편성제도에 대해 설명하시오.

03 우리나라의 주민참여예산이 무엇인지에 대해 알아보고, 장단점에 대해 설명하시오.

제 11 장

행정책임과 행정개혁

제1절 행정책임

1. 행정책임의 의의

책임이라 함은 어떤 개인이나 단체가 맡아서 마땅히 해야 할 임무나 의무를 완수하는 일련의 상태를 의미한다. 그리고 법률에서는 책임을 행위의 결과에 따른 손실이나 제재를 떠맡는 일임을 의미한다(신현기 외, 2008: 366). 이러한 맥락에서 볼 때 행정책임이란 행정인 또는 행정조직이 일정한 행동기준(법령, 공익, 국민의 기대 등)에 따라 행동(또는 활동)할 의무를 전제로 하여, 그 행동결과에 대하여 비판을 받을 상태에 있는 것을 말한다.

이러한 행정책임은 행정조직의 구성원 개개인의 책임을 의미할 때도 있고, 행정조직 자체의 책임을 의미할 경우도 있다. 때로는 행정조직의 주요 구성단위인 행정기관이나 그 보조기관의 책임을 의미할 경우도 있고, 또한 여러 구성원 또는 기관의 공동책임을 의미하는 경우도 있다(최창호 · 하미승, 2007: 183).

다음으로 행정책임이 가지는 특성에 대해 살펴보면, 첫째, 행정상의 일정한 의무를 전제로 하여 발생한다. 둘째, 일정한 재량의 여지가 있는 경우, 즉 행정인의 일정한 자율성 · 계량성에 기인하여 남용된 재량권에 대하여 발생한다. 셋째, 행정책임의 보장을 위해 행정통제가 사용된다. 넷째, 행정책임은 공익적 요구에 충실하여야 하며, 자기가 정하지 않은 어떠한 기준에 따라야 한다는 외연성을 가진다. 마지막으로 행정책임은 공익과 깊은 관계가 있다(신현기 외, 2008: 367).

2. 행정책임의 종류

행정책임의 내용에는 다음과 같이 여러 가지가 있다(최창호·하미승, 2007: 184-185).

첫째, 외재적 책임과 내재적 책임이다. 외재적 책임이란 행정조직 또는 행정인이 대외적으로 입법부, 사법부 또는 국민에 대하여 지는 책임을 말하고, 내재적 책임이란 행정인 또는 행정기관이 행정조직 내부에서 상관 또는 감독기관에 대하여 지는 책임을 말한다.

둘째, 도의적 책임과 법적 책임이다. 도의적 책임은 공식적 지위나 권한과는 직접적인 관계없이 지는 포괄성을 가진 책임이고, 법적 책임은 법률에 의하여 구체적·공식적으로 지는 책임이다.

셋째, 합법성 책임과 재량성 책임이다. 합법성 책임은 행정활동이 법규에 위배되지 않도록 하는 데 관한 책임이고, 재량성 책임은 행정활동이 공익에 위배되지 않도록 하는 데 관한 책임이다.

넷째, 정치적 책임과 직업적 책임이다. 정치적 책임은 행정조직 또는 행정인이 국민의 의사에 충실히 대응하였는가 하는 고도의 가치적 차원에서의 책임이고, 직업적 책임은 행정인이 전문직업인으로서 주어진 직책을 직업윤리에 따라 성실히 수행하였는가 하는 기술적 차원에서의 책임이다.

다섯째, 변명적 책임과 수난적 책임이다. 변명적 책임이란 행정인이 행정을 수행하면서 때로는 잘못하여 문책을 받아야 하는 경우가 발생할 수 있다. 이 경우 그 행위의 외면적 결과가 명령이나 지식 및 기준에 합치된다는 것을 설명하거나 규명하여야 하는 책임을 의미한다. 수난적 책임은 행정인이 행정을 수행하면서 때로는 실수를 하게 되는 경우가 생기기 마련인데, 이러한 경우 자기에게 쏟아지는 비난이나 제재를 스스로 감수하여야 할 일련의 책임을 의미한다(신현기 외, 2008: 371).

마지막으로 회고적 책임과 전망적 책임이다. 회고적 책임이란 행정조직 또는 행정인이 일정한 행동기준에 따라 행동할 의무를 이행하지 않음으로써 그 행동의 결과에 대하여 지는 책임을 말하고, 전망적 책임이란 장차 일정한 행동기준에 따라 행동할 의무를 지고 있는 책임을 말한다.

〈표 11-1〉 행정의 책임

도덕적(윤리적 · 도의적)책임	법적 책임
• 국민의 요구에 대한 대응성 • 타인의 잘못으로 인하여 지는 책임 • 양심에 근거 • 포괄적(광범위)책임	• 공식적 관계중시 • 사회의 계층적 질서를 통해 확보됨 • 법률상의 제재 수반
정치적(민주적)책임	**기능적(직업적 · 목적적)책임**
• 국민의 의사에 부응하는 책임 • 외재적 책임	• 업무윤리에 따라 직책을 수행할 책임 • 내재적 책임

3. 행정책임의 중요성

입법, 사법, 행정이라는 삼권분립이 잘 조화를 이루며 상호견제와 균형이 제대로 유지될 때 민주주의가 제대로 정착 및 발전할 수 있는 것이다. 그러나 오늘날 행정국가가 출현으로 행정조직이 급격히 확대되고 이른바 관료제의 병리가 심화되는 상황 하에서 공무원(관료)들에게 광범위한 행정상의 재량권이 주어지게 되었고, 권력남용의 기회가 더욱 커지게 되었다. 민주주의의 발전과 더불어 국민에 대해 책임 있는 행정을 수행해 나가도록 하는 일은 우리들에게 매우 중요한 과제이다. 따라서 이러한 행정권력의 남용방지와 책임성 있는 행정의 실현을 위하여 행정부 또는 행정기관의 행정에 대한 민주통제(democratic control)가 확보되어야 할 것이다(신현기 외, 2008: 368; 최창호 · 하미승, 2007: 184).

1) 행정책임의 기준

행정책임의 기준은 크게 두 가지의 경우로 나누어 생각할 수 있다. 그 하나는 행정의 기준에 관하여 법령에 규정이 있을 경우이고, 다른 하나는 그러한 규정이 없는 경우이다.

첫째, 행정의 기준에 관하여 법령에 규정이 있는 경우에는 물론 그 규정을 행동의 기준으로 삼아야 한다. 그런데 여기에서 주의할 것은, 법령의 구체적인 절차규정에 따르는 것만을 능사로 삼거나, 또는 이에 만족하는 법규만능주의에 빠져서는 안 된다는 점이다. 법령에 따라 행동할 때에는 항상 그 각 규정의 뒤에 숨어 있는 법령의 목적을 인식하고, 그 목적에 알맞도록 법령의 규정들을 해석하고 적용하여야 하는 것이다(최창호 · 하미승, 2007: 185).

그러나 행정책임의 기준에 관하여 실정법에 규정이 없을 때에는 관습법이나 판례법에서도 그 기준을 발견하도록 노력하여야 한다. 이러한 관습법이나 판례법도 행정에 관한 법원(法源)의 구실을 하는 것이며, 사실 '법령'이라고 할 때에는 실정법령 외에 관습법과 판례법도 포함되는 것으로 해석되어야 하는 경우도 많다.

둘째, 법령에서 행정의 기준을 발견할 수 없는 경우에는 행정의 기준 문제가 매우 복잡해진다. 이 경우의 기준에 관하여는 여러 가지 견해가 있으나, 일반적으로 다음의 세 가지가 지적되고 있다.

① **공익** : 공익은 행정책임을 판단하는 가장 주요한 기준이다. 그러나 공익이란 그 내용이 매우 모호하고 가변적인 것이기 때문에, 행정에 있어서 실질적 운영지침이 되기가 어렵다.

② **수익자집단의 요구** : 행정은 수익자의 이익을 위하여 봉사하는 것이므로, 행정인은 수익자의 요구를 중요한 기준으로 삼아야 한다. 이러한 기준은 행정기관의 편제 자체가 수익자별로 되어 있는 경우(예: 국가보훈처, 부녀국, 청소년국 등)에는 더욱 중요한 의미를 가진다. 그러나 이러한 기준에 따르는 경우에는 행정이 지배적인 수익자집단의 이익에 지나치게 편중되게 수행될 위험성이 있다.

③ **직업윤리 · 기술성** : 행정인은 전문직업인으로서 직업윤리 및 기술적 기준에 따라야 한다. 그러나 직업윤리성이나 기술성은 전문직업인만이 판단할 수 있을 뿐 일반사회인은 이를 이해할 수 없기 때문에, 이러한 기준은 결국 관료적 독선성 · 독점성을 가속시키는 결과가 되기 쉽다는 문제가 있다(최창호 · 하미승, 2007: 186).

제 2 절 행정통제

1. 행정통제의 의의

1) 행정통제의 의의

행정통제란 행정책임을 확보하기 위한 수단으로서 행정목표가 효과적으로 달성되고 행정이 국민의 봉사자로서의 소임을 다할 수 있도록 업무의 수행 과정이나 결과에 대하여 조망·제재·보상이 이루어지는 과정으로 특히 행정통제문제는 행정국가로의 변천으로 행정권력이 비대·강화되고 입법권과 사법권이 상대적으로 약화되는 현상에 직면하게 되면서 그 중요성이 높아지고 있지만, 실제로 행정통제가 약해지고 있으므로 민주행정을 확보하고 시민권을 보호하기 위하여는 행정통제가 강화되어야 한다.

결국 행정통제란 공무원 개인 또는 행정체제의 일탈에 대한 감시와 처벌을 통해 원래의 행정성과를 달성하려는 활동이기에 행정책임과 표리의 관계에 있으며, 행정신뢰성의 확립과 직접적으로 연관되어 있다. 따라서 행정통제는 민주통제와 관리통제가 있으며, 항상 민주통제가 문제시 된다.

2. 행정통제의 필요성

행정통제란 '행정이 국민·입법부·행정수반이 원하는 방향으로 수행되도록 하고, 만일 수행되지 않을 경우 그 원인을 발견하여, 시정조치를 취하는 것'이기에 행정권의 강화나 재량권의 확대, 시민적 정치의식의 결여와 정치·행정문화의 후진성, 행정권의 남용 가능성 확대에 따른 공무원의 부정부패·비윤리적 행위 증가, 행정성과에 대한 평가 등을 위하여 필요하게 되었다.

3. 행정통제의 원칙

행정통제의 원칙을 들을 살펴보면, 합목적성의 원칙, 즉시성의 원칙[1], 적량성의 원칙[2], 적응성의 원칙[3], 융통성의 원칙, 예외성의 원칙[4], 비교성의 원칙, 효용성의 원칙[5], 일치성의 원칙[6] 등이 있다.

4. 행정통제의 과정

1) 통제기준의 설정

통제는 목표와 계획에 실적을 일치시키는 과정으로 조직목표가 통제의 기준으로 설정되는 경우가 많다. 그러나 조직운영 전체를 통제하는 것은 불가능하기에 단시간 내에 전체 상황을 알 수 있는 전략적 통제지점이 선정되어야 하고 전략적 통제지점으로 선정하는 데에는 적시성, 포괄성, 사회적 가치성, 균형성, 경제성 등이 고려되어야 한다.

2) 성과의 측정, 평가 및 보고

실제상의 성과를 설정된 목표 및 기준과 비교하며 그 차이 여부를 확인하고 그 차이 발생원인을 분석하고 보고를 받는다. 보고는 신속·정확해야 하며, 내용이 간결하게 압축되어야 하고, 예외적인 것은 지적되고 설명되어야 하며, 전략적 통제지점을 통해서 이루어져야 한다.

---

1) 계획이 실천단계에 들어가면서 신속히 착수되어야 한다는 것이다.
2) 지나친 통제는 행정의 집행과 직원의 사기를 위축시키기에 지나치거나 못미치는 일이 없도록 하는 것이다.
3) 예측하지 못하는 사태에 대해 신축성과 적응성이 있는 대응이 요구된다.
4) 대규모 조직을 관리자가 전부 통제하는 것은 불가능하기에 통제의 효율성을 위해서 특별히 예외적인 사항만을 통제하는 것이다.
5) 통제에 요구되는 서류, 숫자, 문서는 본래의 기준과 비교되어야 한다.
6) 통제는 피통제자의 권한과 책임에 일치하는 범위 내에서 이루어져야 한다.

3) 시정조치

시정조치는 업무진행과정 중 잘못이 발견되거나 또는 실적이 기준에 미달될 때에 편차가 발견되면 원인을 규명하고 제거하는 것으로 최단시일 내에 행해져야 한다. 가장 궁극적이고 본질적인 통제는 시정조치를 취하는데 있다. 행정개선을 위한 환류기능으로서 시정조치에는 단순히 오차를 시정하는 소극적 환류와 목표자체를 수정하는 적극적 환류가 있다.

〈그림 11-1〉 행정통제의 과정

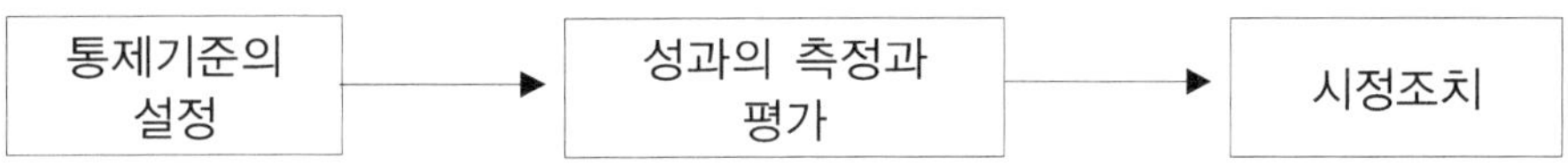

5. 행정통제의 유형

행정통제의 유형은 그 주체와 영향력 행사 방향에 따라 외부통제와 내부통제로 구분된다. 외부통제는 국회나 사법부와 같은 행정구조 외부의 사람이나 기관에 의한 통제이고, 내부통제는 행정조직 구성원에 의한 통제로서 비교적 행정이 단순했던 입법국가 시대에는 외부통제에 중점을 두었지만, 행정이 전문성과 복잡성을 지니게 된 현대행정국가에서는 외부통제만으로 통제의 효과를 제대로 기하기 어려워 내부통제에 큰 비중을 두고 있다.

행정의 민주화를 확보하기 위해서는 행정의 외부통제가 필요하기에 시민에 의하여 선출된 선출직 공무원과 고위공무원을 통해 이루어지는 외재적 통제 혹은 정치적 통제가 있지만 선거제도는 즉각적인 반응이 없기 때문에 완벽하게 작동하기는 어렵다. 반면 능률을 향상시키기 위하여 행정목표의 달성정도를 알아보기 위한 내재적 통제가 있다.

따라서 불가피하게 외부통제에 못지 않게 내부통제의 중요성도 한층 더 고조되고 있다. 특히 우리나라와 같이 행정권 우위가 오랫동안 지속되어 왔고, 국회·법원·국민에 의한 행정의 통제가 제대로 실효를 거두어 본 경험이 없는 나라에서는 내부통제도 물론 필요하겠지만 외부통제의 중요성도 강조되어야 한다.

1) 외부통제

외부통제란 행정의 민주화를 확보하기 위해서 행정의 외부에서 행해지는 통제로서 행정의 내부에서 행해지는 내부통제(행정통제, 관리통제)와는 구별된다. 외부통제의 종류로는 제도적 통제(입법통제, 사법통제, 옴부즈맨제도, 정당 등)와 비제도적 통제(국민의 여론이나 이익집단에 의한 민중통제 등)가 있다.

(1) 입법통제

입법통제는 국민의 대표기관으로서 의회가 행정에 대한 여러 가지 통제권을 갖고 행하는 의회에 의한 통제로서 국가의 통치구조에 따라 다소 차이가 있다. 입법부에는 입법 심의, 공공정책의 결정, 예산심의, 각종 상임위원회의 활동, 국정조사 및 국정감사 활동, 임명동의 및 해임건의, 탄핵, 청원제도 등 행정통제를 위한 제도적 장치가 마련되어 있다.

통제방법으로는 첫째, 입법활동에 의한 통제로서 의회는 법률를 제정·개폐·폐지함으로써 입법에 관한 권한으로 행정을 통제하는 것이다. 즉, 법률에 의해 행정조직을 신설·폐지하고 행정조직이 수행할 공공정책을 결정하며 국민의 기본적 권리·의무에 대한 행정규제는 법률에 근거를 두도록 하고 있다. 둘째, 재정활동에 의한 통제로 의회는 예산의 심의·의결 및 결산에 관한 권한, 기채동의권, 예비비의 설치동의권 및 지출승인권 등의 재량권을 행사함으로써 행정을 통제하는 것이다. 셋째, 인사활동에 의한 통제로 의회는 행정 고급공무원의 임명동의권, 불신임건의, 탄핵소추 등 인사권을 행사함으로써 행정을 통제하는 것이다. 마지막으로 국정감사권 및 국정조사권의 행사, 조약체결비준권 등을 통해 행정을 통제하고 있지만 각국의 실정에 따라 다소 차이는 있다.

그러나 입법통제가 행정부에 대한 적절한 통제권을 가지고 있는 것처럼 보이지만, 실질적으로는 무력화 내지 형식화되어 그 효율성이 제한되고 있는데 먼저, 행정전문화로 의회는 대응할 수 있는 전문적 지식과 능력이 부족할 뿐만 아니라 법적 규제가 어려운 행정재량권의 확대로 효과적인 통제가 어렵다. 둘째, 의회는 국정에 대한 정보나 자료의 입수에 제약이 있고 위원회 운영상의 문제점이나 국정에 대해 의원의 적극적인 관심부족과 시간제약 등으로 행정부에 대한 적절한 통제를 할 수 있는 체제를 갖추고 있지 않다. 셋째, 행정부가 강력한 예산권과 경제권을 행사하고 있기에 의원의 정치활동비가 행정부에 실질적으로 의존하여 왔고, 집권정당의 경우 의원신분 취득을 위한 공천이 행정부의 최고관력자에 의하여 좌우되어 왔으므로 입법통제는 약화될 수 밖에 없는 것이다.

(2) 사법통제

사법통제란 사법부가 국민의 권익이 행정부에 의해 위법 또는 부당하게 침해당한 경우에 법령의 해석을 통하여 이를 구제하거나 행정부의 행정명령이나 처분이 위헌 및 위법한 경우 이를 심사함으로써 사법부가 행정을 통제하는 것을 의미한다. 이러한 사법통제는 행정기관의 부당한 처사에 대한 행정소송제도를 통해서 주로 이루어지고 있다.

사법통제의 한계점을 살펴보면 첫째, 사후적 구제조치로서 일단 국민이 행정인이나 행정기관으로부터 권리침해를 당한 후 법원의 판결에 의하여 구제를 받는 제도이므로 사후제재조치에 불과하다. 둘째, 특히 만약 사건이 대법원까지 올라갔을 때에 피해 당사자인 시민의 입장에서 본다면 많은 시간과 노력 및 경비의 부담을 감수해야 한다는 것이다. 따라서 일반적으로 시민들은 경미한 사건일 경우에는 번거로움 때문에 많이 구제를 포기한다. 셋째, 전문성의 결여로서 법관들은 행정의 복잡화와 전문화에 따른 전문적 지식·기술을 지니지 못하고 있으므로 일반법원의 법관들에 의해 행정의 부당한 재량권행사를 제대로 판결할 수 있느냐 하는 의문으로 행정의 전문성에 대한 제약과 공무원의 부작위에 대한 통제가 곤란하다는 것이다.

(3) 민중통제

민중통제란 시민에 의한 통제로서 선거권의 행사·여론의 형성·이익집단과 정당의 활동에의 참여·시민들의 주민참여 등을 통하여 행정을 통제하는 것으로 주로 간접적이고 비공식적으로 이루어지기에 국민 일반의 정치의식의 수준이 전제가 되어야 하고, 고도의 시민의식이 국민들 가운데 정착되어야 실효성을 거둘 수 있다.

일반적으로 거론되는 민중통제의 방법을 살펴보면 첫째, 투표권의 행사로 유권자들이 공직자를 선출하고 재신임을 묻는 과정에서 행정을 간접적으로 통제하는 것이고 행정수반에 대한 통제와 입법부에 대한 통제도 이루어지고 있다.

둘째, 국민여론으로 여론을 형성하여 정책결정방향에 대한 의견을 제시하고 위법·부당한 행정행위를 시정토록 압력을 가하는 활동으로 오늘날 매스컴이 발달한 대중사회에서는 매스미디어를 통해 국민들의 여론이 형성되고 조장된다. 그러나 효과적인 국민 여론통제를 위해서는 중립적이고 건전한 비판을 할 수 있는 매스미디어의 존재가 필요하고, 언론의 자유가 보장되며, 정부당국이 여론을 정확하게 수용할 수 있는 태도를 갖추고 있어야 한다.

셋째, 이익집단으로서 국민들은 노동조합, 여성단체, 소비자보호단체 등의 각종 이익단체를 통하여 행정에 압력을 행사하는 것으로 일반적으로 사회기능이 고도로 분화된 다원적 사회에 있어서는 이익단체들이 자주성과 독립성을 이루는 가운데서 행정통제에 중요한 역할을 할 수 있지만, 그렇지 못한 경우에는 이익단체가 행정을 통제하는 것이 아니라 오히려 잘못된 행정을 정당화하는 구실밖에 하지 못하는 경우도 많다.

넷째, 정당이란 '국민의 이익을 위하여 책임있는 정치적 주장이나 정책을 추진하고 공직선거의 후보자를 추천 또는 지지함으로써 국민의 정치적 의사형성에의 참여를 목적으로 하는 국민의 자발적 조직'으로서 국민은 이러한 정당을 통하여 행정에 간접적인 통제력을 행사하게 된다. 즉 개인의 의견을 통합하여 이를 정치와 행정과정에 반영시키는 가장 영향력이 큰 단체이다. 그러나 정당을 통한 행정통제도 각국의 정치문화에 따라서 그 효과가 많은 차이를 보이고 있다.

기타 통제방법으로는 주민들이 공청회·심의회·여론조사·반상회·단체교섭·데모·지방자치의 실시로 한층 증가한 각종 주민참여제도 등을 통하여 행정기관의 정책결정에 영향력을 미침으로써 행정을 통제하고 있다. 특히 미국의 월남전에 대한 반전운동, 대도시지역에 있어서 소수인종의 반항운동, 저소득층의 반항운동, 소비자들의 자각운동 등이 중심이 되어 중앙정부나 지방정부의 정책결정에 영향력을 미치고 있으며 전문가 집단으로 조직화된 시민운동단체의 활동과 영향력이 증대하고 있다.

민중통제의 한계점을 살펴보면 첫째, 책임정치수준이 낮은 국가에서는 시민참여를 통한 행정통제의 길이 개방적이지 못하며, 둘째, 국민의 의식수준의 낮은 국가에서는 시민들의 무관심이나 시민들의 방관으로 그 실효성을 거두기가 어렵다는 것이다. 이러한 한계점을 극복하고 민중통제를 확립시키기 위한 요건으로는 사회적 다원성의 확립(타협・협상의 필요성), 사회적 교화의 확립(사회체제의 유지・발전을 위한 가치관의 습득), 민주제도 자체에 대한 기본적인 합의, 시민의 적극적인 행정참여, 엘리트의 순환(장기적 지위유지) 등이 필요하다.

(4) 옴부즈만(Ombudsman) 제도

옴부즈만이란 호민관 또는 행정감찰관이라는 말로서 과거 우리나라의 암행어사와 비슷한 것으로 1809년 스웨덴헌법에 채택된 후 덴마크, 영국, 프랑스, 서독, 미국 등에 보급·발전하여 왔다. 옴부즈만제도란 '공무원의 위법·부당한 행위로 인하여 권리침해를 받은 국민의 권리를 구제하는 제도'로서 전통적인 행정통제방법인 입법부와 사법부에 의한 통제가 약화됨에 따라서 행정부의 무책임한 권력행사에 따른 국민의 권리침해를 방지하기 위한 보완적 통제수단으로서 등장한 것으로 기본 성격은 우리의 진정이나 청원과 비슷하다. 즉, 관료권력에 대한 통제기능을 기동성있게 신속히 수행할 수 있고, 큰 비용부담없이 국민의 권리침해를 구제할 수 있는 기관이 필요했으며, 관에 대한 국민의 피해의식을 줄이고 시민참여의식을 높일 수 있으며 정치발전에 기여할 수 있고, 관료의 독선적인 자세에 대한 잠재적인 견제역할을 기대, 행정운영의 개선이나 행정개혁의 계기를 마련할 수 있기에 도입된 것이다.

옴부즈만제도는 나라마다 다소 차이가 있으므로 스웨덴과 핀란드에서 사용하고 있는 제도의 특색을 살펴보면 첫째, 입법부소속 기관으로 행정부소속의 기관이 아니라 입법부에 의하여 선출되는 입법부소속기관으로서 조사활동에 관한 연차보고서를 입법부에 제출한다.

둘째, 독립성으로 직무수행에 있어서 정치적으로 독립된 조사자로서 헌법기관으로서 일단 어떤 사건에 대한 조사가 시작되면 의회에 의한 간섭을 받지 않는다. 임기는 4년이며 2차 또는 3차에 걸쳐서 연임되는 경우가 많다.

셋째, 옴부즈만은 법원과 달라서 행정부처의 행정결정을 취소·변경할 수 있는 권한은 없으며, 사법부나 행정부에 대한 직접적인 감독권도 없다. 주된 권한은 조사를 하여 사실을 밝혀내는 데 있다. 또한 관계기관이 이에 따른 필요한 시정조치를 하지 않을 경우에는 이를 의회에 보고하고 언론기관을 통하여 사실을 공표하는 등 간접적인 강제수단을 사용하게 되는데, 이와 같은 공개성은 옴부즈만이 지니고 있는 주요한 수단이다. 따라서 옴부즈만을 '이빨없는 집 지키는 개'라고도 한다.

넷째, 자발적 조치로서 국민으로부터 문제의 제기가 없더라도 신문보도 등을 토대로 하여 자신의 발의에 의하여 법원이나 행정기관을 조사할 수 있는 직권을 갖고 있다.

다섯째, 신속한 처리로서 법원의 경우에는 달리 옴부즈만의 사건취급은 직접적이며 비공식적일 뿐만 아니라 신속하고 비용이 적게든다.

그러나 발전도상국에서는 정실임명, 부패 등에 따라 실효를 거두기가 어렵고, 급속한 발전을 위하여 강력한 행정부를 지니고 있으며, 단일정당이 압도적인 영향력을 지니고 있는 경우가 많으므로 옴부즈만제도가 제대로 독립성을 지니기가 어려울 뿐만 아니라 충분한 권한을 가지고 조사하기도 어려운 실정이다.

〈표 11-2〉 행정의 외부통제(민주통제)

공식적 외부통제	입법통제	• 의회는 입법활동, 예산심의 등의 재정통제와 행정에 대한 비판 · 감독과 조사 · 해임건의 · 탄핵소추 · 인사에 대한 동의 등으로 행정부를 통제 • 현대국가에서는 입법사항과 예산권의 행정부임 등으로 그 통제기능이 약화되고 있다
	사법통제	• 행정업무수행상 위법·부당하게 권익을 침해당한 경우 이의구제나 행정명령의 위법, 위헌여부를 심사함으로써 행정통제기능을 담당 • 사후적 성격으로 시간 · 비용의 소요, 전문성 결여, 독립성의 약화가 그 한계이다.
	옴부즈만 제도	• 옴브즈만의 입법통제의 취약성을 보완하기 위해 발전된 것으로 스웨덴에서 처음 채택 • 특징 : 입법부 소속 공무원, 직무수행상의 독립성, 사실조사와 간접통제, 직원에 의한 조사, 신속한 처리와 저렴한 바용, 합법성, 합목적성 문제에 대한 조사·처리, 행정결정을 무효 또는 취소할 수 있는 권한을 가지지 못함.
비공식적 외부통제	국민에 의한 통제 (민중통제)	• 선거권의 행사, 이익집단의 구성 · 활동, 시민단체활동, 여론의 형성 · 작용 등으로 행정을 간접적 · 비공식적으로 통제 • 지방자치제도의 미발달, 참여의식, 정치의식 등의 미약, 폐쇄적 비밀행정 등으로 제약을 받는다

2) 내부통제

현대국가에서는 입법권이나 사법권보다 상대적으로 행정부의 권한의 확대·강화 및 행정의 전문화와 복잡화로 인하여 사법부나 입법부가 가지고 있는 행정통제의 능력은 사실상 한계에 부딪쳐 그 실효성을 거두기가 어렵게 되었다. 따라서 행정부 자신에 의한 자율적인 내부적 행정통제가 요망되고 있는 것이 현대행정이 안고 있는 특징이다. 특히 후진국이나 발전도상국가에서는 행정권이 절대적으로 우월할 뿐만 아니라 외부통제가 많은 제약을 받기 마련이다. 국민으로부터 막강한 권한의 위임을 받은 행정부는 행정부 자신이 스스로 통제해 나가는 자율적인 통제에 기대할 수밖에 없다고 하여도 과언이 아니다

내부통제란 '행정활동이 본래의 기본방침이나 계획대로 수행되고 있는가를 확인·평가하고 필요한 경우 시정조치를 취하는 자율통제의 관리통제'로서 외부통제가 지니고 있는 여러 가지의 제약과 결함을 보완해 줄 수 있다는 측면에서 그 중요성과 의의를 찾을 수 있다.

내부통제의 종류는 통제의 대상과 주체에 따라 구분된다. 먼저 통제대상에 따른 분류해 보면 요소통제로서 인사통제, 물자통제, 예산통제, 회계통제가 있고 둘째, 절차적 통제로서 보고제도, 품의통제, 장부통제가 있다. 셋째, 감찰통제로서 공무원의 직무감찰과 회계검사를 토함한 통제가 있으며, 넷째, 운영통제로서 진행관리와 진행과정에 대한 통제, 심사분석과 진행결과에 대한 통제로 나뉘어 진다.

주체별로 분류해 보면 대통령에 의한 통제, 국무총리에 의한 통제, 감사원에 의한 통제, 재정경제부에 의한 통제, 총무처·조달청에 의한 통제, 자율적 통제고 구분된다.

〈표 11-3〉 행정의 내부통제(행정관리통제)

구분	종류
공식적 내부통제	• 관리통제(내부통제, 자율적 통제) • 행정수반에 의한 통제 • 정책 및 기획 통제 • 중앙 통제 • 감찰 통제
비공식적 내부통제	• 행정인의 자율적 직업윤리에 의한 통제

6. 행정통제의 한계

전근대적인 정치행정 문화속에서는 행정통제가 효과적으로 이루어지기 어렵다. 아무리 제도적인 장치가 잘 마련되었다 하더라도 운영과정에 나타나는 문제점이 적절히 해결되지 못한다면 그 제도는 사실상 제 기능을 발휘하지 못하기에 한국행정의 통제주체와 대상을 중심으로 행정통제의 한계와 문제점을 간단히 살펴본다(이종수, 199).

첫째, 국정최고 책임자의 지시에 따라 이루어지는 정책에 대해서는 통제가 불가능하다.

둘째, 외부통제를 거의 받지 않은 부서(청와대, 안기부, 국방부 등)의 조직, 예산이 증가하는데도 불구하고 그러한 부서에 대한 통제가 효과적으로 이루어지지 않고 있다. 이는 권위주의적 행정문화(소위 끝발있는 부서 혹은 자신이 통제자라는 우월한 지위를 이용)에 기인한다.

셋째, 중요한 정책사안에 대하여 정치적으로 협상이 되고 나면 국민의 여론은 무시되어 버리는 정치풍도도 통제의 효과성을 떨어뜨린다.

넷째, 공무원의 일상적인 부패에 대한 사정기관의 통제의지도 약한 편이다.경찰·구청·세무서 등 단속 및 규제업무에 종사하는 공무원의 경우 이들에 대한 통제는 대개 일회적이거나 정치적 결정에 따르는 경우가 많다. 그래서 이들은 재수없이 걸렸다고 생각하는 비중이 높다. 그래서 사법당국도 이들에게 '국가를 위해 헌신한 공로를 참작해' 또는 '액수가 일정 한도에 미달하기 때문'이라는 명분으로 관용을 베풀고 있는 실정이다. 즉, 신분상의 불이익(파면, 직위해제 등)을 받기 때문에 별도의 형사상의 책임을 묻지 않고 있다. 그래서 부패 공무원에게 실형을 선고하지 않고 집행유예로 풀어 주고 있다.

7. 행정통제의 향상방안

행정통제의 효과를 높이기 위해서는 우선적으로 통제의 대상과 영역이 확대되어야 하며, 또 공무원의 부정을 효과적으로 줄이기 위해서는 단순히 청렴결백을 요구하기 보다는 적절한 적발률과 징계 그리고 부정을 막는 인센티브가 있어야 한다(유종해, 15; 이종수, 201).

① 행정정보 공개제도의 활성화로서 이 제도는 그 자체가 하나의 통제수단이 될 뿐만 아니라 행정책임의 확보와 함께 통제비용을 상당부분 축소할 수 있다는 장점을 가진다. 우리의 경우 중앙정부 차원에서 행정정보공개법을 제정하기 전에 이미 많은 자치단체가 행정정보공개 조례를 제정한 바 있다.

② 행정절차법을 제정하여 정당한 법의 절차를 통해 행정 재량권의 범위와 크기를 축소하도록 한다. 즉, 국민의 일상생활과 밀접한 관련이 있는 법령의 제정 및 폐지하거나 정책·제도·계획을 수립할 때에는 이를 예고하여 투명한 정부정책이 되도록 유도해야 한다. 우리는 1996년 정기국회에서 '행정절차법'을 제정하였다.

③ 내부고발인(whistle-blower)을 보호하기 위한 제도를 마련하고 이들을 통한 내부감시 기능을 활용하도록 한다. 내부고발인이란 조직의 구성원으로서 언론이나 국회 등의 외부인에게 조직 내부의 불법적인 행위를 알리는 사람이다.

④ 정책과정에서 시민참여의 기회를 확대하여 투명하고 열린 행정이 필요하다.

결국 무엇보다도 장기적으로 이러한 시민사회의 자율성 증대를 통해 행정통제력이 향상되어야 할 것이다. 즉, 국가 중심적인 사회체제가 시민사회 중심적인 체제로 이동하여 국가와 사회관계가 재설정되고, 시민의식이 성숙되어야 행정에 대한 외부 통제력이 증대될 것이다.

제 3 절 행정윤리

1. 행정윤리의 의의

일반적으로 윤리란 사람이 지켜야 할 도리를 뜻한다. 사회생활을 하는 사람들이 무엇을 어떻게 해야 할 것인가에 대한 기준을 제공하는 것이 윤리이다. 윤리는 인간 행동의 도덕성, 즉 옳고 그름을 판단하는 준거이다.

행정윤리(Administrative Ethics 또는 Public Service Ethics)는 정부조직에 종사하는 공무원이 마땅히 지켜야 할 도리이다. 이것은 공무원이 조직참여자로서 지켜야 할 직업윤리이다(오석홍, 2001: 196). 이러한 행정윤리는 모든 역할을 보다 바람직하고 공평한 방향으로 인도하는 규범적인 기준으로서 그것은 내재적이고 비공식적이며 상황적인 것이다. 이런 행정윤리의 효과는 특정 개인이나 집단에 영향을 미치는 경우도 있겠지만, 사회전체에 영향을 미치는 경우가 더 많다. 따라서 행정윤리는 보편적인 한 개인에게 요구되는 윤리가 아니라 특수한 직업윤리와 관계되는 개념이며, 행정의 목적 실현과 민주사회에 있어서 공평성을 기하면서 국민에게 봉사하여야 한다는 당연한 행동 기준을 제공한다(신현기 외, 2008: 38).

2. 행정윤리의 확보 방안

공무원들은 외적인 간섭 없이도 스스로 높은 윤리의식을 가지고 행정에 임할 수 있으나 공무원들의 자율에만 맡겨 둘 수 없는 것이 행정윤리의 문제이다. 따라서 정부조직은 공무원들의 윤리수준을 유지·향상시키기 위한 계획적 활동을 수행해야 한다.

공무원의 행정윤리 향상방안에는 크게 세 가지가 있다. 첫째는 공무원들의 자율규제를 촉진하는 방안이다. 자율규제를 촉진하려면 윤리의식이 높은 사람을 채용하고 채용 후에는 공무원들이 정부조직 안에 들어가 조직생활을 하는 동안 행동규범을 심리적으로 수용하여 스스로 실천해가도록 공식적·비공식적 교화활동을 해나가야 한다. 둘째, 외재적 통제의 강화 방안이다. 이것은 공무원의 행동규범이 법령에 의하여 공식화되면 그에 대한 준수의무가 생기게 된다. 이러한 의무의 이행을 보장하기 위해 정부는 감독·평가·통제의 장치를 마련하고 위반자에게 제재를 가한다. 셋째, 정부조직은 공무원의 윤리적 행동을 가능하게 하고, 또 그것을 유도할 수 있도록 여건과 분위기를 마련해야 할 책임이 있다. 또한 정부의 윤리수준과 사회 전반의 윤리수준은 서로 영향을 미치기 때문에 정치윤리와 사회 전반의 윤리수준이 타락한 가운데 공무원들의 윤리수준만 높게 유지한다는 것은 거의 불가능한 일이다. 따라서 사회체제 전체를 바라보는 총체적 관점에서 윤리적 공동체를 발전시켜 공직의 '윤리적 기반'을 구축해야 할 것이다(오석홍, 1999: 203-205).

3. 행정권의 오용과 공무원 부패

공무원은 국민에 대한 봉사자로서 행정 업무를 수행할 때 법률에 규정된 일정한 범위 내에서 권한을 행사해야 하며 일정한 윤리규범에 따라 행동해야 하나 행정업무가 복잡해지고 전문화됨에 따라 공무원들에게 부여된 재량의 범위가 넓어짐에 따라 공무원들이 비윤리적 일탈행위를 할 가능성이 커지게 되었다. 행정윤리를 벗어나는 행정권 오용으로는 다음과 같은 행위가 있다(이종수·윤영진, 2008: 201-202).

① 불공정한 인사 : 행정기관장이 사기업체와 마찬가지로 불공정한 인사를 자행하는 경우

② 무능 : 의도가 아무리 좋더라도 부여된 업무를 적절히 수행하지 못한다면, 공무원은 그 책임을 다하지 못한 것이 됨. 다소의 실책은 불가피하더라도 부주의로 인해 수억 원의 막대한 예산이 낭비되거나, 지나친 비능률은 용납될 수 없음

③ 실책의 은폐 : 일부 공무원들이 자신의 실책을 은폐하려 하거나 입법부 또는 시민과의 협력을 거부한 경우

④ 무사안일 : 일부 공무원들은 부여된 재량권을 행사하지 않고 적극적인 조치를 취하기를 꺼리는 무사안일에 젖어 있음

⑤ 부정행위 : 공무원들이 고속도로 통행료를 착복하고 영수증을 허위 작성한다든가, 또는 공공기금을 횡령하고 계약의 대가로 지불금의 일부를

가로채는 등의 부정행위

⑥ **비윤리적 행위** : 공무원들이 비록 특혜의 대가로 금전을 수수하지는 않더라도, 친구 또는 특정 정파에 호의를 베풀거나 자신의 경제적 이익을 위해 어떤 결정을 내리는 행위

⑦ **법규의 경시** : 공무원들이 법규를 무시하거나 자신의 행위를 정당화하는 방향으로 법규를 해석하는 경우, 경우에 따라서는 예산이나 현실적 어려움 등의 구실을 내세워 법규정대로 시행하기를 거부하기도 하며, 집행을 끝없이 미루는가 하면, 말로는 약속을 하면서도 결코 시행하지 않기도 함

⑧ **입법 의도의 편향된 해석** : 행정기관이 법규를 위반하지 않은 합법적인 테두리 안에서 특정이익을 옹호하는 경우

다음으로 공무원 부패란 "공무원이 자신의 직무와 직·간접적으로 관련된 권력을 부당하게 행사하여 법규나 도덕규범을 위반해 사익을 추구하거나 혹은 공익을 침해한 행위나 혹은 그 결과"라고 할 수 있다. 부패의 개념 정의에서 가장 중요한 것이 바로 공적 이익, 즉 공익이다. 공익은 자신을 위해 취하는 이익이 아니라 다수의 사람들이 공동으로 향유하는 이익을 의미한다. 이러한 관점에서 부패는 '공익'을 배반하는 행위의 하나로 정의될 수 있다.

부패의 개념이 추상적이거나 혹은 다면성을 지니고 있다는 것은 부패가 법규와 도덕을 위반하는 경우를 모두 포괄하여 적용되고 있기 때문이다.

일반적으로 법규에서 규정하고 있는 것은 주로 '범죄'와 관련된 것으로서 형법에 주로 규정되어 있다. 또한 형법 등에 규정되어 있지 않지만 사회적으로 통용되고 받아들여지는 관습이나 풍토에서 어긋나는 경우도 역시 부패로 규정하고 있다.

제 4 절 행정개혁

1. 행정개혁의 개념

개혁이란 사회체제 혹은 정치조직의 개선 혹은 모순의 제가가 그 부분적 변혁에 의해서 가능하다고 보고, 체제의 본질적 요소를 유지하면서, 부분만을 사회적 발전에 적합하도록 변혁하는 것이다. 따라서 개혁은 사회체제 혹은 정치구도 그 자체의 전면적 변혁인 혁명과 구별되며, 사회적 발전을 저지하기 위하여 기존체제를 강화하기 위한 반혁명적 반동과도 구별된다.

정부개혁은 다양한 학자들에 의해 정의되고 있는데, 우선 모셜은 정부개혁을 좀 더 나은 방향으로의 변화라는 규범적 의미를 지닌 것으로서, 행정개혁은 행정부가 변화하는 주위 환경에 효율적으로 대응하기 위해 의식적으로 추구하는 계획적인 변화라고 정의하고 있다. 드롤은 행정개혁을 행정제도를 계획적이고 의도적으로 변화시키는 시각에서 행정개선과 행정개혁의 연속성으로 인식하고 있으며, 레인은 공공부문의 개혁을 능률, 평등, 그리고 절약을 추구하는 정치적 활동이라고 정의하고 있다.

한편 국내학자로 오석홍(1996)에 의하면, 행정개혁은 행정체제를 어떤 하나의 상태에서 그보다 나은 다른 하나의 상태로 변동시키는 것으로 행정개혁은 행정체제의 바람직한 변동을 뜻한다.

따라서 행정개혁은 가치기준의 인도를 받는 계획적 변동이며, 동태적이고 연관적 특성을 지니는 변동이며, 단발적이 아니라 지속적으로 추진되어야 하고, 행정개혁에는 저항이 따르며, 공적 상황 내지 정치적 상황 하에서 이루어지는 것이다(오석홍, 2003).

2. 정부개혁의 단계

행정개혁은 관념적으로 구별할 수 있는 일련의 단계들을 내포하는 행동과정을 통해 이루어진다. 그러나 행정개혁은 다양한 상황의 산물이라고 할 수 있으므로 이러한 과정을 일괄적으로 정의하기는 어렵고, 개혁이 이루어지는 상황과 접근방법에 따라 달라질 수 있다(오석홍, 2003).

1) 인지단계

인지단계는 현실수준이 기대수준에 불일치할 경우, 개혁의 필요성을 확인하고, 그에 대한 합의를 형성하는 단계이다. 그러나 이러한 불일치를 발견하는 것은 단순한 개혁요인의 발생이나 어떤 변화가 존재하는 것만으로는 부족하고, 그러한 객관적 상황을 개혁의 담당자가 주관적으로 인식함으로써 가능하게 된다.

따라서 현상유지적 성향 때문에 경찰이 침체되고 쇠퇴하는 것을 막으려면 개혁의 필요성을 인지하여 개혁의 동기를 유발하기 위한 의식적인 노력이 필요하다. 특히 개혁담당자 또는 책임자의 식견과 상황인식을 위한 능력과 성향은 무엇보다도 중요하며, 이를 보완하기 위한 개혁에 관한 제도적 장치 등이 필요하다고 볼 수 있다.

제도적 장치에는 관리자들에게 개혁의 역할을 공식적으로 부여하는 방법, 연구개발부서를 설치하는 방법, 외부전문가를 통한 개혁의 필요성을 인지시키는 방법, 정기적 조직진단을 실시하는 방법, NGO 등에 의한 각종 제안제도를 설치·운영하는 방법 등이 있다.

2) 입안단계

행정개혁의 두 번째 단계인 입안단계는 현실수준과 기대수준간의 불일치를 해소하기 위하여, 개혁의 목표체계와 개혁실현의 내용 및 전략을 결정하여 개혁실천의 계획을 수립하는 단계이다. 행정개혁의 가장 일반적인 목표는 행정의 결함을 제거하고 행정을 보다 바람직한 상태로 이끌어 가며, 행정능력 제학상시키는 것이라고 할 수 있다. 개혁안의 입안단계에서는 그러한 일반적 목표가 하위목표들에 의해 구체화된다.

개혁의 입안단계에서 고려해야 할 개혁추진의 기본적 전략으로 여러 하위목표와 개혁대상 영역별 긴급성, 예상효과, 저항정도, 중요성 등에 따라 자원배분의 우선순위를 정해 놓아야 하며, 개혁사업의 수용이 용이하도록 하기 위해서는 개혁의 목표와 내용을 결정할 때부터 개혁추구의 동기유발, 장애제거, 개혁의 시행과 정착에 방해가 될 저항의 극복 등에 관한 전략과 방법을 마련해 두어야 한다.

3) 시행단계

시행단계에서는 입안된 개혁안을 행정적 장치를 통해 제도화하고 실현시키는 단계로, 개혁 실현의 행동주체를 선정하여 조직하고, 필요한 지지와 인적·물적 자원을 동원해야 한다. 이를 위해 개혁의 시행은 적응적으로 이루어져야 하며, 개혁의 영향을 받게 될 사람들의 태도를 개혁에 유리하도록 만들고, 개혁에 대한 저항을 극복하는 것도 시행단계의 중요한 과제이다.

4) 평가단계

마지막으로 평가단계에서는 개혁의 진행상황과 성과 등을 분석하고 평가하여, 그 결과를 개혁과정의 적절한 단계에 환류시키거나 새로운 개혁과정을 촉발하는 정보로 제공한다. 평가작업은 개혁이 본래 의도대로 실현되었는가를 확인하는 목적도 지니지만, 평가의 궁극적인 목적은 평가의 결과를 환류시킴으로써 개혁활동을 촉진하고 개선하려는 것이다.

각각의 단계에서 NGO의 역할은 바람직하지 못한 정부개혁에 대해 저항함으로써, 개혁의 내용을 수정하거나, 올바른 개혁을 뒷받침할 수 있을 것이다.

3. 행정개혁에 대한 저항

1) 저항의 개념

저항(resistance)은 자원부족, 잘못된 개혁정책결정, 개혁추진자의 포획과 더불어 개혁의 성공을 저해하는 요인으로, 개혁에 반대하는 적대적 태도와 행동을 말하며, 개혁에는 언제나 일정한 저항이 따르기 마련이다. 이러한 저항은 개혁 그 자체나 개혁을 주장하는 사람들에 대한 공개적인 적대행동으로 표출될 수도 있으며, 간접적이고 완곡한 반발의 형태를 나타내는 경우도 있다. 한편 개혁에 무관심하거나 비협조적인 태도를 보이는 것도 저항의 한 형태라고 볼 수 있다(오석홍, 2003).

2) 저항의 기능

저항은 행정개혁에 있어 역기능과 순기능을 동시에 수행한다. 저항의 역기능적 측면은 저항을 극복하지 못하면 개혁은 처음부터 좌절되거나 왜곡되기 쉬우며, 개혁이 시행되더라도 그 효율성이 떨어진다고 보는 입장이다.

반면 저항은 순기능적 측면으로 저항이 좋지 않거나 불필요한 변동을 거부하고 바람직한 변동만을 선택하게 함으로써 조직의 혼란과 와해를 방지하는 역할을 한다고 보기도 한다. 또한 저항이 있을 것을 예상하는 경우 개혁추진자들은 개혁의 입안과 시행에 보다 신중을 기하게 되므로 견제와 균형을 이룰 수 있다.

저항은 개혁추진자들로 하여금 문제가 심각해지기 전에 시정행동을 할 수 있도록 하며, 저항자들은 감정발산의 기회를 갖게 되어 개혁에 대한 이해가 증진될 수 있으며, 바람직한 변동이라고 표방하고 있지만, 실질적 내용은 바람직하지 못할 경우 저항의 순기능이 정당화될 수 있다. 한편 개혁사업의 주된 내용이 바람직하지만, 부분적으로 부정적 요소를 지니고 있을 경우에도 부정적 부분에 대한 저항이 있다면 개혁도 저항도 모두 바람직한 것으로 이해될 수 있다.

3) 저항의 원인

(1) 저항 야기의 상황적 조건

행정개혁의 촉발 자체를 좌절시키거나 저항을 야기할 수 있는 가장 일반적 장애로는 정치적 불안정, 경제적 빈곤, 사회적 갈등, 문화적 혼란, 행정체제의 능력부족과 제도화된 부패, 관료제의 경직성과 보수적 행정문화, 조직 내의 갈등과 권력투쟁, 현상유지적 집단규범, 법령 등이 있다.

또한 개혁추진자의 신망이 낮고, 불신의 대상인 경우 저항이 유발될 수 있으며, 개혁의 목표와 내용에 문제가 있을 경우에도 저항이 유발될 수 있는데, 즉 개혁안이 개혁의 필요를 충족시킬 수 없을 때, 기존상태 또는 다른 대안보다 못할 때, 과거에 시도하였다가 실패한 것일 때, 그리고 불확실성이 매우 높은 것일 때 저항이 발생할 수 있다.

마지막으로 개혁안이 신념체계와 상충되거나 이익상실 또는 불편야기의 원인으로

될 때도 저항이 발생할 수 있으며, 개혁추진의 방법과 절차에 있어 합의나 신뢰가 없는 경우와 같이 문제가 있는 경우에도 저항이 야기될 수 있다.

(2) 저항의 심리적 원인

개혁의 필요와 그 성과에 대해 의문을 가진 사람들은 개혁에 저항하게 되는데, 개혁과정의 비밀주의와 의사전달의 장애 때문에 개혁의 필요와 목적을 이해하고 수용하는데 필요한 정보가 개혁의 영향을 받을 사람들에게 적절하게 전달되지 않으면 저항이 발생할 수 있다.

또한 개혁이 개인적 이익을 침해한다고 생각할 경우 사람들은 개혁에 대해 저항할 수 있으며, 새로운 상황에 적응해야 하는 심리적 부담, 재학습의 부담 등을 인식하면 저항할 수 있다.

한편 개혁안을 공격적이고 권위주의적 방법으로 밀어붙여, 인정감과 자존심이 손상되었다고 생각될 때, 저항이 야기될 수 있으며, 개혁이 가져올 미지의 상황에 대한 불안감이 저항의 원인으로 작용할 수 있다.

4) 저항의 극복방법

개혁을 성공으로 이끌려면 개혁을 지지하는 요인들을 강화하고 개혁에 저항하는 요인들을 약화시켜야 한다. 이러한 저항의 극복방안으로는 강제적 전략과 규범적 · 사회적 전략, 그리고 공리적 · 기술적 전략으로 구분된다.

첫째, 강제적 방법은 개혁주체가 일방적으로 권력에 의해 제재를 가함으로써 저항을 극복하려는 방법으로 명령, 제재, 긴장조성, 권력구조 개편 등이 있다.

둘째, 규범적 · 사회적 방법은 적절한 상징조건과 사회적 · 심리적 지원을 통하여 자발적인 협력과 개혁의 수용을 유도하려는 방법으로 오늘날 가장 선호하는 방법이다. 예를 들면 개혁추진자의 카리스마 제고와 솔선수범, 의사전달과 참여의 촉진, 사명감 고취와 역할인식 강화, 개혁적응 지원, 개혁 가치와 기존가치의 갈등해소, 교육훈련과 자기계발 등이 여기에 속한다.

셋째, 공리적 · 기술적 방법은 개혁으로 인한 손실을 보상하거나 적절한 인사배치를 함으로써 저항을 극복하려는 방법이다. 그러나 비용이 많이 들고 장기적인 효과를 기대하기 어려우며, 저항에 굴복하는 결과를 가져오는 단점이 있다. 그 예로는 개혁으로 인한 인사이동의 불이익 방지, 경제적 손실의 보상, 개혁의 이익에 대한 홍보, 개혁의 시기조정, 개혁과정의 적응성 제고 등이 있다.

4. 행정개혁의 접근방법

1) 행정개혁의 전략

행정개혁의 전략이란, 경찰개혁의 목표와 그의 구체적 방안인 개혁안의 성공적인 달성을 위한 그 시행에 있어서의 작전을 말한다. 이러한 전략의 변수로는 개혁의 범위와 시기, 개혁자 등을 고려해 볼 수 있다(오석홍, 2003).

(1) 행정개혁의 범위

범위를 구분하는 기준에는 개혁의 대상과 추진방법이 있다. 개혁대상의 세 가지 차원으로는 종합적 · 거시적 차원, 단편적 · 미시적 차원, 중간적 차원 등이 있으며, 추진방법으로는 급진적 방법과 점진적 방법이 있다.

〈표 11-4〉 개혁범위와 개혁방법의 매트릭스

범 위	방 법	
	급진적	점진적
거시적	거시적, 급진적	거시적, 점진적
중간적	중간적, 급진적	중간적, 점진적
미시적	미시적, 급진적	미시적, 점진적

이러한 구분은 그 경계가 다소 불명확하지만, 거시적이라는 것은 국가 전 기관과 조직에 걸친 대규모 개혁을 의미하고, 급진적이라는 것은 짧은 기간에 빠른 속도로 급격하고 많은 변화를 기하는 개혁을 의미한다.

대체로 거시적 차원의 개혁은 중앙정부 차원의 개혁을 주도하는 기관이 존재하고, 개혁의 시기가 유리할 때 이루어지며, 급진적 개혁방법은 장기간에 걸친 개혁으로는 그 성과를 거두기 힘들고 행정여건과 개혁을 뒷받침하는 정치적 리더십에 변동이 있어 개혁이 중단될 우려가 있을 때 선택하게 된다.

(2) 행정개혁의 시기

행정개혁의 성공을 좌우하는 또 다른 주요 변수로 시기의 선택문제가 있는데, 일반적으로 행정개혁의 유리한 시기로는 정치적 안정기, 급격한 정치적 변혁기, 위기의식의 고조기 등을 들 수 있다. 특히 개혁을 위한 유능한 리더십의 존재 유무와 사회적·정치적 여건이 유리한 시기인가 불리한 시기인가에 따라 개혁의 최적전략을 모색하기 위한 매트릭스가 있다.

〈표 11-5〉 개혁의 최적전략을 위한 매트릭스

구분		시기: 유 리	시기: 불 리
리더십	유 리	종합적 전략	점진적 전략
	불 리	점진적 전략	전략 없음

행정개혁의 최적전략을 수립하기 위한 매트릭스를 참조할 때, 정치·사회 환경이 개혁에 유리하고 유능한 리더십이 있는 경우에는 행정전반에 걸쳐 일시에 전면개혁을 시도하는 종합적 전략을 채택하여도 좋으나, 그러한 상황이 불충분하고 시기가 적당하지 않은 경우에는 점진적 전략을 채택하는 것이 좋을 것이다.

(3) 개혁담당자

행정개혁의 담당자와 참여자의 문제는 개혁의 성공과 실패를 좌우하는 주요한 요인으로, 그들의 역할과 영향력에 따라 개혁전략이 달라질 수 있다. 즉 누가 개혁을 주도하며, 그들 개개인의 역할은 어떤 것인가의 문제는 매우 중요하다.

개혁의 담당자는 대개 관료와 정치적 리더십으로 구분할 수 있는데, 대부분의 국가에서 관료들이 개혁을 담당하는 핵심적 권력집단이 되면, 관료 내부에 있어서 상설적인 중앙개혁기구를 설치한다. 이러한 경우, 중앙개혁기구가 개혁을 전담하거나, 혹은 특별위원회나 일시전담반을 편성하게 된다.

한편 개혁주도자로서 정치적 리더십이란 정당 및 정치적 리더십의 자원과 옹호를 말하는 것으로, 한 국가 내에서 정치와 행정의 역학관계에 따라 개혁에 미치는 영향력이 다르다.

2) 행정개혁의 접근방법

행정개혁의 접근방법은 크게 다섯 가지로 구분할 수 있는데, 우선 사업 중심적 접근방법은 정책목표와 내용 및 소요자원에 초점을 두어 행정활동의 목표를 개선하고, 대민서비스의 양과 질을 개선하려는 산출 중심의 접근방법으로 각종 정책분석과 평가, 생산성 측정, 직무검사와 행정책임평가 등은 그 주요 도구들이다.

둘째, 구조적 접근방법은 원칙적으로 행정체제의 구조적 설계를 개선함으로써 행정개혁의 목표를 달성하려는 접근방법으로 분권화의 확대, 통솔범위의 재조정, 권한배분의 수정, 명령계통의 수정 등이 주요 관심사이다.

셋째, 과정적 접근방법은 행정체제 내의 과정 또는 일의 흐름을 개선하려는 접근방법으로 의사결정, 의사전달, 통제 등의 제 과정과 기타 일의 흐름, 그리고 거기에 결부된 기술 등을 개선하려는 것이다.

넷째, 행태적 접근방법은 조직발전(OD: Organization Development)을 가리키는 인간중심적 접근방법으로 조직목표에 개인의 의욕을 결부시킴으로써 조직을 개혁하려는 접근방법이다. 조직발전은 의식적인 개입을 통해 조직전체의 임무수행을 효율화하려는 계획적이고 장기적인 개혁활동으로 진단, 개입, 과정유지 등의 기본요소가 있다.

끝으로 종합적 접근방법은 개방체제 개념에 입각하여 개혁대상의 구성요소들을 보다 포괄적으로 관찰하고, 여러 가지 분화된 접근방법들을 통합하여 해결방안을 제시하는 것이다.

〈표 11-6〉 행정개혁의 접근방법

접근방법	내용
관리 · 기술적 (과정적)	• 개념 : 주로 과학적 관리기법에 근거하여 업무수행과정에 치중하면서 관리기술의 개선에 중점을 둠
	• 행정이 수행되는 과정에 치중 • 과학적 관리기법(관리과학, OR, 체제분석, EDPS) 중시 • 행정성과 도모강조 • 계량화 · 사무관리 기법 강조 (문서양식 처리절차, 사무의 기계화, 직무분석, 봉급책정, 사무실배치) • 행정장비 · 기술 · 수단의 개선 • 한계 ㉠ 기술과 인간성의 갈등관계를 과소평가 ㉡ 계량적 기계모형으로 현실세계를 단순화시켜서 파악함

구조·기구적 (원리접근법)	• 개념 : 전통적 조직이론에서 중시한 것으로 주로 공식구조의 내부구조 개선에 중점을 둔 접근방법으로서 원리전략과 집권 및 분석화의 방법을 사용
	• 공식적 · 합리적 조직에 역점을 두는 전통적인 접근방법 • 기구 · 직제의 간소화와 기능중복의 제거 • 행정사무의 적절한 배분과 권한·책임의 명확화 • 집권화, 분권화의 확대 • 의사소통체제의 개선 • 조직의 제원리 강조(통솔범위 · 명령통일의 원리 · 계층제 · 조정의 원리) • 한계: 인간적 요인이나 동태적 성격과 환경적 요인을 충분히 고려하지 않음
인간관계적 (행태적)	• 개념 : 행정의 가치관 · 신념 · 태도를 인위적으로 변혁시켜 행정개혁을 추진하는 방법으로 종합적 접근방법의 차선책임
	• 조직목표와 개인목표의 통합추구 • 조직발전의 기법을 활용 • 조직구성원의 자발적인 참여를 필요로 함 • 과정: 문제인지→조직진단→ 행동개입 • 개도국 적용 • 한계 : 행태 변동에 장기적 시간소요
종합적	• 개념 : 현대행정에서 가장 타당한 행정개혁방안으로 구조 · 관리기술 · 인간 등의 종합적 영역에 관심을 갖고 이의 상호융합을 시도함

객관식 문제

01 행정책임에 대한 설명 중 타당하지 않은 것은? (2004. 대구9급기출)

① 법치국가에서와 달리 행정국가에서 책임은 별 의미가 없다.
② 행정책임은 행동의 결과에 대해서만 제기되는 것은 아니다.
③ 행정책임의 보장을 위하여 행정통제가 필요하다.
④ 행정책임은 개인적 요구보다 공익적 요구에 충실해야 한다.

02 공무원 부패에 대한 다양한 접근 방법 중 체제론적 접근 방법을 설명하고 있는 것은?

① 특정한 지배적 관습이나 경험적 습성과 같은 요인이 공무원 부패를 조장한다고 보는 접근 방법이다.
② 사회의 법과 제도상의 결함, 부패관리기구와 그 운영상의 문제점 또는 예기치 않았던 부작용들이 공무원 부패를 조장한다고 보는 접근 방법이다.
③ 문화적 특성, 제도상 결함, 구조상 모순 그리고 공무원의 부정적 행태 등 다양한 요인에 의해 공무원 부패가 발생한다고 보는 접근 방법이다.
④ 개인의 성격 및 독특한 습성과 윤리문제를 공무원 부패의 원인으로 접근하는 방법이다.

03 이 제도는 행정이 합법적·합목적적으로 수행되고 있는가를 직권 또는 신청에 의하여 조사하여 규찰하는 행정감찰제도를 말한다. 오늘날 행정권의 확대 및 직권남용에 대한 새로운 방파제로서의 기능을 담당하는 이 제도는 무엇인가?

① 민중통제 ② 옴부즈만 제도
③ 입법통제 ④ 사법통제

04 최근 주요 OECD국가들이 지향하는 정부혁신의 방향과 거리가 먼 것은? (2005국회기출)

① 권한 위임과 융통성 부여 ② 중앙정부의 전략기능 축소
③ 고객지향성 강화 ④ 성과중심으로의 전환

05 우리나라 공공관리혁신의 바람직한 방향으로 볼 수 없는 것은?(2001. 행정고시기출)

① 사회적 규제의 완화 ② 성과관리체제의 도입
③ 공공서비스 질의 향상 ④ 예산의 신축성 확대

정답

01. ① 02. ③ 03. ② 04. ② 05. ①

연구문제

01 행정책임을 높이기 위한 방안으로 어떠한 것이 있는지 서술하시오.

02 행정통제의 유형에 대해 설명하시오.

03 행정개혁에 있어 시민단체의 역할은 무엇인지에 대해 서술하시오.

제 12 장

유비쿼터스정부와 거버넌스

제1절 전자정부와 시민참여

1. 전자정부

1) 개념

전자정부는 전자(electronics)라는 정보기술 요소와 정부라는 사회 요소가 상호작용하는 하나의 사회·기술시스템(socio-technical system)이다(정부혁신지방분권위원회, 2008: 31). 일반적으로 전자정부는 정보시스템과 인터넷 등 전자적인 수단을 통해 행정의 효율성과 투명성을 향상시키고, 대국민 서비스의 품질 개선을 도모하며, 국민의 능동적인 국정참여를 유도하는 효과적인 수단이라 할 수 있다(행정안전부, 2006: 34). 좁게는 행정조직의 정보시스템 구축을 통한 공공조직 구조의 변화, 넓게는 정부조직의 정보시스템 구축을 바탕으로 사회전체의 전자적 생활양식의 정착을 위한 다양한 시도들까지 포함한다(김영미, 2006). 또한 초기 미국의 국가행정평가위원회(NPR, National Performance Review)에서는 '전자정부란 효율적이고 고객대응적인 과정을 통해서 시민들이 정보 및 서비스에 보다 더 폭넓게 그리고 보다 더 적시에 접근하도록 해주는 정부'라고 정의하였다(한국정보사회진흥원, 2007).

종합적으로 전자정부는 정보기술개발을 통해 행정의 효율성, 투명성, 민주성을 증대시키고, 국민의 다양한 정책 참여욕구에 대한 쌍방향적 시민참여의 실현을 추구하는 정부로 정의할 수 있다(서민석, 2009: 18).

세계화, 정보화, 민주화는 세계적으로 행정환경을 급격하게 변화시켰고, 이들 거시 환경 변수들은 상호 의존적인 인과관계 속에서 움직이는 복합적 현상으로서 대부분의 국가들이 과거에 경험하지 못한 새로운 변화들이다. 더 이상 각국의 정부들은 전통적인 권위적 방법에 의해 새로운 과제를 해결하지 못하게 되었고, 정부 · 시장 · 시민사회가 더불어 문제를 협의하고 조정하는 거버넌스라고 불리는 협동적 사회원리에 의해 해결하게 되었다. 또한 급변하는 행정환경에 적극적으로 대응하기 위하여 정보통신기술혁명을 정부혁신에 활용하려는 노력을 기울이게 되었고, 즉 전자정부는 정부업무 프로세스와 공무원의 일하는 방식을 효율화 · 투명화시킴으로써 대민서비스를 향상시키고 광범위한 참여를 유도하는 전략으로 활용되게 된 것이다(정부혁신지방분권위원회, 2008: 30-31).

2) 전자정부의 구성요소

김성태(2003)는 전자정부를 구성하고 있는 요소로 정부(G, Government), 기업(B, Business), 시민(C, Citizen)을 들고 있다. 이 세 요소들의 관계를 중심으로 정부와 기업, 정부와 시민, 정보와 정부라는 세 가지 측면을 고려하고 있다(김성태, 2003: 4-5).

첫째, 정부와 시민의 관계이다. 이 관계의 변화는 전자정부를 통하여 다양하게 나타날 수 있는데, 정부의 입장에서는 시민지향적인 질 높은 행정서비스 제공이 가능해지고, 시민의 입장에서는 행정에 대한 시민의 참여 기회가 확대되고 행정에 대한 시민의 의견반영이 가능해지면서 시민이 필요한 문제 해결 중심의 민주행정 구현이 가능해진다.

둘째, 정부와 기업 간의 관계이다. 정부의 입장에서는 기업의 사업지원을 위한 서비스의 질이 높아지며, 정부의 정책 수행을 위한 권고 및 지침 정책달 등을 위한 정보교류 비용이 감소되며, 규제정책을 수행함에 있어 순응도를 높이면서 규제부담을 감소시킬 수 있다. 기업의 입장에서는 필요한 정보가 다양해지고 선택의 폭이 높아지며, 정부를 대상으로 한 전자챰달이 가능하게 됨으로써 교류비용이 감소하고 정보공유가 가능해진다. 또한 기업의 생산 통제와 재고관리가 개선되어 원가절감이 이루어지고 경쟁력이 향상된다.

셋째, 정부와 정부 간의 관계로서, 정부 부처간, 중앙과 지방 정부 간에는 정보공동활용을 통하여 행정업무의 정확성과 효율성이 증대되고 교류비용이 감소하게 된다. 그룹웨어시스템 등을 바탕으로 원격지와 다양한 시간대에 업무의 공동처리를 위한 의사소통이 원활하게 되고 신속하고 유연한 업무조정과 공동작업이 가능하게 됨으로써 생산성이 높아지고, 정책의 질적 수준도 높아지게 된다.

3) 전자정부의 추진현황

1980년대 후반부터 국가 주요 행정정보의 데이터베이스 구축, 부처·기능별 업무시스템의 전산화, 초고속 정보통신망의 구축, 범정부 전자정부 핵심 기반과 서비스 구축을 위한 전자정부 11대 과제추진[1] 등을 통해 지속적으로 정보화를 추진한 결과, 우리나라의 기능별·부처별 단위업무의 정보화는 고도화 단계에 진입하였으며, 민원·세금·조달·통관 등 일부 영역은 전자적으로 처리되었을 뿐만 아니라, 국민을 위한 온라인 통합 서비스도 일부 제공되기 시작하였다(정부혁신지방분권위원회, 2008: 43). 우리나라는 1990년대까지 행정 및 정부업무 효율성에 초점을 두고 전자정부를 추진하였으며, 2000년 이후 정부 서비스에 대한 국민의 만족도 향상, 2003년 이후부터는 국민 체감도 향상, 국민의 능동적 국정참여 확대, IT 산업발전 유인 등에 초점을 맞추면서 민주사회의 토대를 발전·심화시킴과 동시에 국가경쟁력 향상을 위한 기반 인프라로서의 역할을 담당하게 되었다.

---

1) 프론트 오피스-민원서비스 혁신사업(G4C), 4대 사회보험 정보 연계사업, 홈텍스 서비스(HTS), 종합전자조달시스템(G2B)
백 오피스-국가재정정보시스템(NAFIS), 시·군·구 행정정보화, 교육행정 정보화(NEIS), 전자인사관리시스템(PPSS)
전자정부 기반조성-전자결제 및 전자문서 유통, 전자서명 및 행정전자서명, 통합전산환경 구축

〈표 12-1〉 우리나라 전자정부 추진연혁

시기	단계	구분	주요 추진내용
1978~ 1987	전자 정부 태동기	행정전산화 추진	부처단위로 단위업무 전산화에 치중
1987~ 1996	전자 정부 초창기	행정전산망 구축	주민, 부동산 등 13개 업무 추진 단위업무의 전국단위 온라인화 전산망이용촉진과 보급에 관한 법률 제정(1987)
1996~ 2000	전자 정부 기반 조성기	정보화촉진	초고속 정보통신기반 구축, 인터넷 활성화 전자정부 종합실천계획(1999.9)
2001~ 2002	전자 정부 본격 착수기	전자정부 11대 과제	전자민원, 전자조달 등 11대 과제추진 단위업무간 부분적·제한적 연계 전자정부법 제정(2001.3)
2003~ 2007	전자 정부 성숙기	전자정부 로드맵	로드맵 31대 과제추진 다수 부처사업으로 연계강화 전자정부법 개정(2007.1)

자료: 행정자치부. '차세대 전자정부 추진계획'. 2007.9.

2. 시민참여

1) 개념

시민(Citizen)은 도시에 살고 있는 주민을 의미하지만 그것은 단순한 주민이 아닌 한 도시의 정치사회적 구성원이라는 의미를 포함하고 이에 거주성 이해관계, 공공성이 결합된 개념으로 지방의 주권자, 지방자치단체의 의사결정기관, 권리와 의무의 대상이 되고 있다. 또한 참여(Participation)란 일반적으로 이해당사자들이 자신들에게 영향을 미치는 의사결정과 선택에 영향을 주거나 통제를 공유하는 것을 말하는데, UN

은 이를 정부활동에 영향을 미치거나 혹은 직접 사회적 수요를 준비할 경우에 임명 공무원과는 구별되는 일반대중의 역할에 관한 것으로서 선거권 행사 외의 사회구성원에 의한 일체의 행동이라고 정의하고 있다(이명규, 2005). 따라서 시민참여란 '지역사회의 일반시민이 공적으로 결정권이 부여된 행정기관이나 관료들에게 정책 또는 계획의 형성·결정 및 집행과정에 관하여 영향을 미칠 의도로 권력을 행사하는 행위'로 정의할 수 있다(하해진, 2000).

2) 시민참여의 필요성

시민의 지역사회에 대한 관심이 증대되고, 생활수준이 향상함에 따라 시민참여의 요구가 높아지는 경향이 있다. 따라서 시민들이 지자체의 정책결정과정에 더욱 폭넓게 참여할 수 있는 통로가 마련되어야 하는데, 이러한 통로의 확보는 정책결정과정을 단순하게 열거해놓은 것에 그쳐서는 안 된다. 이명규(2005)의 연구에서는 시민참여가 필요한 이유를 다음과 같이 제시하고 있다.

첫째, 시민참여가 활성화되고 효율적으로 기능한다면 대의정치의 결함보완이 가능하다. 둘째, 시민의 참여를 통하여 다양하고 창의적인 생각들을 지방자치단체 정책에 활용가능하다. 셋째, 지자체 정책의 성공적인 집행을 위해서는 단순한 상호이해의 확대와 협력의 차원을 넘어 시민이 지닌 노동력과 물적 자원이 필요하다.

위와 같은 이유로 지방자치단체는 시민의 참여를 적극적으로 유도하는 프로그램을 다양하게 설치하며, 지역 내의 여러 집단의 요구를 살피고 이들 간의 조화를 모색함에 더욱 노력해야 한다.

3) 시민참여의 단계

아른스타인(Arnstein)은 시민참여 단계를 시민이 정책결정에 미치는 영향력의 정도에 따라 조작(manipulation), 치료(therapy), 정보제공(information), 상담(consultation), 회유(placation), 협동관계(partnership), 권한위임(delegated power), 시민통제(citizen control) 등 여덟단계로 분류하고 있다(강영희, 2009: 9).

〈표 12-2〉 시민참여의 단계

단 계		내 용
비참여의 단계	조작	• 정보수집단계 • 명목적 참여 묵시 • 참여의식고취의 원초단계
	치료	• 자조의식 고취 • 일방적인 행정지도 등의 수단사용
명목적 참여의 단계	정보제공	• 행정이 주민에게 일방적으로 정보제공 참여 의식 자극 • 제공방법은 대량전달수단, 소책자, 포스터
	상담	• 시민의 의사, 태도조사, 근린집회 및 공청회
	회유	• 시민의 저항을 타협으로 완화 • 시민의 일정한 영향력이 인정되나 아직은 맹목적 • 실질적 최종 결정권을 행정이 장악
시민권력의 단계	협동	• 시민과 행정의 협상을 통해서 권력재분배 시작 • 시민은 권한의 부여가 아닌 획득
	권한위임	• 특정계획의 입안 실시의 결정에 주민주도 • 결과책임의 공존, 전권위임도 가능
	시민통제	• 시민위원회 지배 • 행정과 시민관계는 협상관계 • 완전 주민통제 이론적으로 가능

자료: Arnstein(1969)

3. 전자정부에서의 시민참여

과거 오프라인 기반의 전통적 시민참여는 행정비용의 증가, 정책지연, 주민들 간의 갈등, 참여자들의 대표성 등의 한계와 문제점을 내포하고 있다(이승종, 2003; 이달곤, 2004). 또한 폐쇄적인 정책결정과정은 점차 정보통신기술이 발달하고 시민들의 요구가 다양화되어가는 지식사회에서는 부적합한 모델일 수밖에 없다. 이러한 이유로 최근 전통적인 시민참여는 정보통신기술의 발달, 인터넷의 보급·확산으로 인해 새로운 형태의 다양한 참여방법으로 대체되게 되었다. 특히 전자정부에서의 시민참여는 전통적인 시민참여의 문제점과 한계를 해소시켜줄 수 있을 것으로 기대된다.

예컨대, 참여형태에 있어서 전통적인 시민참여가 갖는 한계가 참여주체인 시민이 수동적, 반응적인 형태를 보이는 것이었다면, 전자정부에서의 시민참여는 보다 적극적이고 상호작용적이라고 할 수 있다. 참여의 영향도 전통적인 시민참여보다는 직접적이고 즉각적으로 이루어지며, 참여방법 역시 정보기술을 활용하여 보다 다양하다.

또한 전통적인 시민참여의 근본적인 문제점이라고 할 수 있는 일부 특성 소수만의 참여 행태에서 벗어나 정책결정과정에 광범위한 계층의 사람들이 참여할 수 있는 기회가 제공된다. 이외에도 전자정부에서의 시민참여는 시민들로 하여금 그들의 민주적 권리를 더욱더 쉽게 행사하도록 해주어 정보에 대한 접근, 집단토론, 정책형성 참여 및 정부기능에 대한 검토 등을 더욱 용이하게 해준다. 특히 인터넷은 사회적으로 포괄적이며 비용도 상대적으로 저렴하며, 시공간의 제약을 없애주기 때문에 참여의 질(quality) 확대란 측면에서도 단 한 번의 교환보다는 보다 지속적이고 심도 있는 상호작용이 가능하게 한다(서민석, 2009: 14).

제 2 절 유비쿼터스 정부

유비쿼터스 정부(U-Gov)는 전자정부(E-Gov)에 유비쿼터스 컴퓨팅 기술을 활용하여 정보의 생산, 활용, 서비스의 측면에서 새로운 패러다임을 전개하고 있다. 정보통신기술을 이용하는 측면에서는 공통점이 있지만 행정서비스 전달방법의 측면, 기술적인 측면, 업무방식의 측면에서는 다음과 같은 차이가 있다(박해룡 외, 2006 : 123-124).

첫째, 행정서비스 전달방법의 측면에서 전자정부는 정부간, 정부와 시민·기업간 원활한 의사소통을 통해 신속하고 투명한 서비스 제공을 목표로 하며, 유비쿼터스정부는 지능적인 업무수행과 개인의 수요에 적합인 맞춤형 서비스제공을 목표로 한다.

둘째, 기술적인 측면을 살펴보면, 전자정부는 초고속정보통신망과 네트워크, 인터넷기술이 기반기술이지만, 유비쿼터스정부는 브로드밴드와 무선 & 모바일 네트워크, 센싱, 칩 등이 기반기술이라고 할 수 있다. E-Gov는 컴퓨팅 환경이 PC와 웹 기술 등 일반 인터넷 기술을 활용한 것이라면, U-Gov의 컴퓨팅 환경은 임베디드 기술을 활용하여 사람이 인식할 수 없는 공간 속의 환경이나 사물에 컴퓨터를 내재시켜서 사람이 의식하거나 일을 하기 위해 조작하는 수고를 덜어준다.

셋째, 업무방식의 측면에서는 전자정부는 신속성, 투명성, 효율성, 민주성을, 유비쿼터스정부는 고객지향성, 지능성, 형평성, 실시간성을 추구한다는 점에서 차이가 있다.

제 3 절 거버넌스

1. 거버넌스의 개념

'거버넌스(Governance)'의 등장은 전통적 행정국가가 1970년대 자원난 시대를 맞아 정부실패로 귀결되면서 그 해결방법의 하나로 제시되었다(백현관, 2004). 피에르(Pierre)는 거버넌스의 등장을 촉진했던 환경변화의 7가지 원인을 ① 시장을 향한 이데올로기적 전이, ② 세계화, ③ 신공공관리의 출현, ④ 국가의 실패, ⑤ 사회적 변화와 복잡성의 증가, ⑥ EU, WTO, IMF와 같은 거버넌스의 새로운 근원의 출현, ⑦ 전통적 책임성의 유산 등으로 제시하고 있다. 결국 거버넌스의 개념과 이론이 등장하게 된 주요 배경요소는 세계화, 정보화, 신자유주의의 확산 그리고 국가의 기능변화 등으로 요약할 수 있다(오해섭 외, 2007: 27).

과거의 정부와 달리 현대 정부는 신제도주의 경제학에서 말하는 관리주의적 대안에서와 같이 지역 주민들에게 무언가를 제공하는 것(providing)보다는 가능하도록 한다(enabling)는 의미에서 점차 직접 모든 것을 집행(rowing)하기보다 방향을 잡아가는(steering) 안내자로서의 역할이 커져 가고 있다(최영출 외, 2006: 23-24).

〈표 12-3〉 거버넌스의 대두

정부(rowing)	거버넌스(steering)
국가	국가와 시민사회
공공부문	공공부문, 민간부문, 볼런티어부문
제도	과정
조직 구조	정책, 산출물, 결과
집행, 제공	방향잡기, 가능하도록 함
명령, 통제, 지휘	통솔, 촉진, 협력, 협상
계층, 권한	네트워크, 파트너 십
동질성, 획일	다양성, 분절

자료: Leach & Percy-Smith(2001) 재인용.

거버넌스는 경제학, 문화지리학, 정치학 등 다양한 분야에서 사용되는 학문분야이기 때문에 한 마디로 정의하기란 어려운 일이다. 따라서 아래와 같이 여러 학자들이 정의한 '거버넌스'의 개념을 살펴보며 이해하기로 한다(최영출 외, 2006: 26-28).

첫째, 로드스(Rhodes)는 거버넌스를 '자체 조직화, 상호의존에 기반을 둔 조직 간의 네트워크, 자원의 교환, 게임의 규칙, 국가로부터의 상당한 자율성'을 의미하는 것으로 보았다.

둘째, 존(John)은 '거버넌스는 개인들의 네트워크에 기초를 둔 공공의사결정의 유동적인 패턴이며, 공공의사결정은 계층적으로 조직화된 관료들에 의해 이루어지는 것이 아니라 다양한 지역 차원의 다양한 조직에 속해 있는 중요한 개체들 간의 장기적인 관계에 의해 이루어진다고 보고 있어 거버넌스에서 네트워크와 지속적인 상호작용의 중요성을 강조하고 있다.

셋째, 피에르(Pierre)는 '거버넌스는 정치적으로 네트워크화된 형태만을 의미하는 것이 아니라, 정책들을 조정하고 다양한 맥락에서 공공의 문제를 해결할 수 있는 통치시스템'으로 보았다.

오늘날 지방자치단체가 주민생활지원서비스의 주요 제공자가 되면서, 지역주민들의 다양한 욕구 충족을 위해 재정지출의 대폭적인 증가 추세에 있음에도 불구하고 국민의 서비스에 대한 만족도가 떨어지는 현실에 있다. 이는 민간서비스의 자원(65%)이 공공부문의 자원(35%)보다 더 높게 나타나 공사간 큰 차이를 보이고 있기 때문으로 판단되며, 공공서비스에 대한 만족도를 향상시키기 위하여 지역 내 잠재되어 있는 민간영역의 인적·물적 서비스를 함께 공유할 수 있는 통합적 서비스 제공체계를 마련하는 것이 서비스의 중복 및 누락을 방지하고 자원활용을 효율화할 수 있는 방안으로 대두되면서 거버넌스의 중요성이 더욱 강조되고 있다(행정안전부 주민서비스과, 2008).

2. 거버넌스의 특징

첫째, 거버넌스에서 관련 행위자들의 참여는 매우 중요하다. 거버넌스는 노조, 기업, NGO, 사회공동체 등 다양한 행위자들의 상호절충과 조절, 경쟁에 근거한 경영의 강조

그리고 자율성의 강조와 중앙통제에 대한 거부 등에 초점을 두고 있다(오재일. 2004).

둘째, 거버넌스는 자율성을 가진 조직으로 네트워크화 되어 있다. 사회정치적 거버넌스가 성공적으로 운영되기 위해서는 지역주민들의 평가가 중요하며, 국가주도의 통치방식에서 벗어나 다양한 정치 행위 주체들이 대등한 관계 속에서 스스로 조정, 조절해가는 방식으로 인식의 전환이 중요하다. 이에 거버넌스 행위자들간의 "권력의 균형"이 관건으로 각 행위주체들의 영향력이 매우 중요하다.

셋째, 거버넌스는 상호의존성이라는 특성을 갖고 있다. 상호의존성은 상대방으로 하여금 당사자가 얻을 것이 있다는 것으로 정의 내릴 수 있다. 거버넌스는 중앙과 지방정부, 정치·사회적 단체, NGO 등의 다양한 구성원들로 이루어진 네트워크를 강조한다.

이러한 네트워크를 계속적으로 유지하기 위해선 상호의존성이 중요한데 자금·물자·정보 등 구성원 자신이 갖지 못한 것을 상대방에게서 얻을 수 있음을 확신할 때 상호의존성이 높아진다.

넷째, 자원을 교환하는 것은 물론 목적을 공유하고자 하는 네트워크 참여자들 간에 지속적인 상호작용은 거버넌스의 필수 요건이다. 한편 상호작용이 존재한다는 것은 정부와 사회 그리고 다양한 참여자들 사이에 수직적인 관계가 아닌 수평적 관계를 유지한다는 의미로 해석될 수 있다(오재일. 2004).

마지막으로 거버넌스는 상호간의 신뢰와 우호관계를 유지해야 한다. 참여자들의 상호간 신뢰 및 믿음의 확보가 없다면 실제적인 거버넌스의 작동은 불가능할 것이다. 즉 네트워크에서 상호의존성 및 상호작용이 계속적으로 공정하게 이루어지기 위해서는 파트너 상호간의 신뢰, 존경, 갈등, 권한차별 등의 관계가 중요하다. 파트너 상호간의 신뢰와 믿음이 없이는 네트워크가 유지되지 않을 것이다.

3. 거버넌스의 유형

거버넌스를 구분하는 기준에는 여러 가지가 있겠으나, 본 서에서는 최영출(2006)의 연구에 따라 지역의 수준을 기준으로 구분하여 거버넌스 유형에 대해 알아보도록 한다(최영출 외, 2006: 34-36).

1) 글로벌 거버넌스(global governance)

세계화의 진전과 더불어 국제적인 환경문제, 인권문제, 금융문제 등과 같이 개별 국가차원에서 해결할 수 없는 전세계 수준의 문제의 확산으로 글로벌 거버넌스에 대한 관심이 증대되었다. 초국가 수준에서 국가간 협력과 문제해결을 지향하는 글로벌 거버넌스는 국가간 협력(국제연합, 유럽연합 등)뿐만 아니라 국제경제기구(세계무역기구WTO), 다국적기업(세계은행), 국제적 NGO 등과 같은 다양한 세력들이 구축한 자발적 상호협조 체제이다.

2) 리저널 거버넌스(regional governance)

리저널 거버넌스는 지리적으로 인접해 위치한 국가들 간 또는 공통된 과제에 대해 이해관계를 같이하는 몇몇 국가들 간의 거버넌스 활동을 의미한다. 국가 간 공통문제를 해결하기 위해 상호의존관계를 형성한다는 점에서 글로벌 거버넌스와 큰 차이가 없다. 리저널 거버넌스도 정치, 경제, 사회, 문화, 환경 등 다양한 분야에서 급변하는 세계 정세에 대응하기 위해 국가뿐 아니라 기업, NGO 등 다양한 주체들이 참여하고 네트워크를 형성해 활동을 수행한다.

3) 내셔널 거버넌스(national governance)

내셔널 거버넌스는 중앙정부, 지방자치단체 그리고 국내 NGO 등이 상호연대하여 지역 및 국가 발전을 위해 정책을 형성해 가는 시스템으로 정부와 지역주민, 기업 그리고 NGO 등 다양한 사회 주체가 함께 만들어 가는 것(governance with government)이다.

4) 로컬 거버넌스(local governance)

로컬 거버넌스는 기존의 정부 중심의 통치 방식에서 벗어나 기업, 지역주민, 시민단체 그리고 정부가 함께 지역 발전의 주체로서 교류하고 협력해 나가며, 합의 형성 과정을 통해 지역발전을 이루어가는 체제를 말한다.

5) 사이버 거버넌스(cyber governance)

사이버 거버넌스는 정보통신의 발달로 지리적 영역을 초월한 사이버 공간을 통해 지속적인 상호작용·이슈화·정보교류·문제해결 등을 함께 공유하며 공동체의식을 형성해가는 것을 말한다. 특히 지역 주민들은 다양한 요구를 사이버 거버넌스를 통해 교환하고, 스스로 문제해결 방안을 모색하며, 더 나아가 거버넌스와 연계하여 부족한 정부의 기능을 보완하면서 민주주의 발전에 기여하고 있다.

제 4 절 뉴거버넌스

전통적 행정과는 달리 뉴거버넌스는 정책네트워크의 주요 이해당사자들이 수평적으로 참여하도록 하고 이들 사이의 상호의존에 의해 공동의 목표가 달성될 수 있도록 조정하는 '역량화 기술'을 주요 수단으로 활용한다. 즉 뉴거버넌스는 현대정부 관리의 불확실성을 해소하고 정부와 민간의 상호협력을 통한 상황 대응력을 높이고자 네트워크를 기반으로 효율적인 국정관리를 추구해가는 새로운 행정기술이며 체계이다.

뉴거버넌스 패러다임은 전통적인 행정과 구분되는 다섯 가지 특징을 가지고 있다(Salamon, 2002). 첫째, 공공영역이 사적영역과 엄밀히 구분되어 정부주도적인 관계가 성립되었던 전통적인 모델과는 달리 공적·사적 구분이 모호해지며, 양자 사이의 공조에 의한 정책집행과 공공서비스 전달이 이루어지고 있다. 둘째, 정부의 지시와 통제에 의존하기보다는 '정책네트워크'에 참여하는 이해당사자들과의 협상과 설득이 주요 정책결정스타일로 부각된다. 셋째, 행정과 정책분석에서 이용되는 분석의 단위가 기관(agency)과 프로그램(program)에서 도구(tool)로 바뀐 것이 특징이다. 넷째, 행정조직의 관료적 계층과 서열구조에 의한 정책추진 모델보다 외부 정책이해당사자들과의 '조직적 네트워크'에 의존하는 정책추진 모델이 지배적이다. 다섯째, 관료제의 내적 관리기술보다는 외부 네트워크 이해당사자들의 참여와 책임을 공유하도록 하는 새로운 접근의 '역량화 기술'이 더욱 요구된다(오해섭 외, 2007: 30-31).

뉴 거버넌스는 기존의 거버넌스보다 네트워크(network)를 통한 행정복지서비스의 공급을 강조하며, 신뢰를 기반으로 하면서 로컬거버넌스에 의한 주민 복지증진, 파트너십을 강조한다. 뉴 거버넌스가 적용된 한 사례를 들어 설명해보면, 현재 미국 내에는 공통의 주제를 중심으로 여러 커뮤니티 간에 상호교류·협력하는 시스템이 정착되고 있는데, 일례로 "전국 커뮤니티 구축 네트워크(NCBN: National Community Building Network)"를 들 수 있다. NCBN은 지역사회 구축이라는 목표 하에 결성되어, 도시정부, 비영리단체, 지역사회 리더들이 각 지역사회에 맞는 프로그램을 개발하고 정보를 공유하는 채널로써 활용되고 있다(오해섭 외, 2007: 79-82).

객관식 문제

01 신공공관리론과 거버넌스이론에 관한 다음의 설명 가운데 부적절한 것은?
(2004. 국가직 9급기출)

① 신공공관리론은 수익자부담원칙의 강조, 민간부문 상호간의 경쟁원리를 활용한 공공서비스 제공을 강조한다.
② 신공공관리론은 참여, 형평성, 적실성 등 사회적 문제에 대한 정부의 공적 역할을 중시한다.
③ 뉴거버넌스이론은 정부와 민간부분 간의 협력적 네트워크를 적극 활용할 것을 주장한다.
④ 신공공관리론은 민간위탁, 민영화의 확대, 정부부문 내 경쟁원리의 확대, 규제완화 등을 행정개혁의 방향으로 세시한다.

02 한국정부의 개혁에 영향을 준 신공공관리론(new public management)에 관한 설명으로 옳지 않은 것은?

① 성과를 중시하고 국민이 요구에 신속하게 반응하는 고객지향적인 행정을 추구한다.
② 중앙정부의 감독과 통제의 강화를 통해 일선공무원의 행정 서비스 품질을 향상시키고자 한다.
③ 경쟁원리 또는 민간경영기법의 도입과 같은 시장과 유사한 기제를 활용한다.
④ 정부기능의 민영화와 감축을 통한 작고도 효율적인 정부를 추구한다.

03 전자정부가 구현되었을 때 기대할 수 있는 장점만으로 구성된 것은?

ㄱ. 국민 참여 증진을 통한 민주주의의 발전 ㄴ. 행정의 생산성 향상 ㄷ. 대고객 관계의 인간화 촉진 ㄹ. 행정서비스의 효과적 공급 및 민원인의 비용 절감 ㅁ. 개인정보 및 인권의 보호 강화

① ㄱ, ㄴ, ㄷ
② ㄱ, ㄴ, ㄹ
③ ㄴ, ㄷ, ㄹ
④ ㄴ, ㄹ, ㅁ

04 유비쿼터스 정부(U-Government)에 대한 설명으로 옳지 않은 것은?

① 언제 어디서나 개인화되고 중단 없는 정보·서비스를 제공함으로써 부가적인 가치를 제공하는 정부이다.

② 개인의 관심사, 선호도 등에 따른 실시간 맞춤정보 제공으로 시민참여도가 제고되어 궁극적으로 투명한 정책결정과 행정처리가 가능해진다.

③ 행정서비스가 추구하는 가치는 고객 지향성, 지능성, 실시간성, 형평성 등으로 요약된다.

④ 인터넷 기반 온라인 서비스의 강화에 초점을 맞춘 웹(web) 2.0 시대의 미래형 전자정부이다.

정답

01. ② 02. ② 03. ② 04. ④

연구문제

01 시민참여의 필요성에 대하여 서술하시오.

02 전자정부의 구성요소를 설명하시오.

03 뉴거버넌스 패러다임의 5가지특징을 설명하시오.

제 13 장

공공서비스와 공기업

제1절 공공서비스

1. 공공서비스의 의의

1) 개념

공공서비스는 행정현상의 하나로 인간의 문제를 해결하고 보다 바람직한 환경을 조성하기 위하여 한 사회내의 편익을 배분하게 되는 정부의 활동 혹은 어떤 서비스의 목표를 달성하거나 문제를 해결하기 위한 정부의 노력으로 정의할 수 있다(문신용 · 윤기찬, 2008: 3). 예컨대 실제 정부가 공급하는 유형적 상품(예: 주택, 도로 등)에서 정부보조금을 통해 민간에게 생산되는 무형적 상품(예: 주택, 대중교통 등)에 이르기까지를 모두 포함한다.

따라서 공공서비스는 국민들의 삶의 질을 높이기 위하여 정부가 직접 생산하여 국민들에게 제공하는 재화나 서비스는 물론, 정부가 공급하지만 그 생산은 민간부문, 공기업, 제3섹터 등의 준정부조직 그리고 비영리조직 등이 맡아 국민들에게 제공하는 각종 재화나 서비스 등을 모두 포함하는 개념이다(정승용, 2007: 25).

2) 특성

공공서비스는 다음과 같은 특성을 가지고 있다(한국지방행정연구원, 1994: 6-7). 우선 공공서비스는 비경합성(non-rivalness)을 가진다. 이는 공공소비성(joint consumption)이라고도 하며, 그 서비스를 다수인이 공동으로 소비하는데, 이때에 한 사람의 소비가 다른 사람의 소비량을 감소시키지 않는 것을 의미한다.

둘째, 공공서비스는 비배제성(non-exclusion)을 가진다. 여기에서 비배제성이란 서비스로부터 얻어지는 효용이 어느 특정인에게만 한정되지 않는 것을 의미한다.

셋째, 공공서비스는 막대한 외부효과(externalities)를 가진다. 여기에서 외부효과란 하나의 서비스 공급이 그로 인하여 막대한 다른 파급효과를 불러오는 것을 말한다.

넷째, 공공서비스는 많은 무임승차자(free riders)를 양산한다. 여기에서 무임승차란 서비스를 제공받을 아무런 이유가 없는 자가 공공서비스의 공공재적 성격으로 인하여 그 서비스에 소요되는 비용을 부담하지 않고 서비스의 수혜자가 되는 것을 말한다.

마지막으로 공공서비스는 사회복지(social welfare)적 차원에서 제공되는 경향이 강하다. 즉 그 서비스가 비용부담에 비례하여 공급되기보다는 사회형평성 기준에서 배분되는 경우가 많은 것이다.

3) 유형

Savas(1982)는 공공서비스의 특징인 경합성과 배제성 유무를 기준으로 공공서비스의 유형을 시장재, 요금재, 공유재, 집합재 등 네 가지 형태로 구분하였다(문신용 · 윤기찬, 2008: 8-10).

첫째, 경합성과 배제성을 동시에 가진 서비스를 시장재(private goods)라고 하며, 주로 시장에서 제공되어 공공부문 개입이 최소화되는 부분이다.

둘째, 공유재(common-pool goods)는 경합성은 있지만 배제는 불가능한 서비스이다. 따라서 과소비와 공급비용 귀착문제가 야기된다. 천연자원이나 희귀 동식물 그리고 녹지, 국립공원, 하천, 기타 공공시설 등이 여기에 속한다. 공유재의 문제를 흔히 '공유지의 비극'[2)]이라고 표현하기도 한다.

---

2) 공유지의 비극(共有地의 悲劇)은 목초지, 어장과 같은 공동소유 자산의 활용을 둘러싸고 구성원들이 상호협조와 타협없이 각자 개인 이익의 극대화만 추구할 경우, 공익이 훼손되고 궁극적으로 개개인의 이익 자체가 훼손되는 현상을 가리키는 개념이다(이종수, 2009: 17).

셋째, 요금재(toll goods)는 비경합성은 있지만 배제가 가능한 공공서비스이다. 대가를 지불하지 않는 소비자를 배제할 수 있기 때문에 시장기구를 통해 서비스를 공급할 수 있는 여지가 많다. 전기, 가스, 상하수도, 도로 등과 같은 사회기반시설이 여기에 속한다.

넷째, 집합재(collective goods)는 비경합성과 비배제성의 특징 때문에 항상 과소 공급과 과다 공급의 쟁점을 야기하는 만큼 원칙적으로 공공부문에서 공급해야 할 서비스이다. 이 경우 비용부담에 따라 서비스 혜택을 차별화하거나 혜택으로부터 배제할 수 없으므로 '무임승차'의 문제가 발생한다. 여기에는 국방, 외교, 치안 등의 순수공공재와 복지, 지역개발, 공공의료 등의 준공공재가 속한다.

〈표 13-1〉 공공서비스의 유형

		경합성	
		경합성	비경합성
배제성	배제성	시장재	요금재
	비배제성	공유재	집합재

2. 공공서비스의 전달체계

공공서비스의 전달체계란 지방정부의 수준에서 서비스 제공자들 간 또는 공급자와 그 서비스의 수혜자인 소비자들 간의 조직적 배열을 의미한다. 김성배(2005)의 연구에 따르면, 공공서비스의 전달체계를 세 단계로 구분하였는데, 서비스 공급의 결정→서비스생산→서비스소비가 그것이다. 일반적으로 서비스 공급의 결정은 그 공급을 위한 재원은 어떻게 조달하고 어떠한 서비스에 대해 얼마나 지출할 것인가의 결정 등을 포함한다. 또한 서비스의 기준을 정하거나 서비스가 제대로 전달되고 있는가를 점검하거나 서비스 공급에 대한 책임성을 확보하는 부분들까지도 포함된다.

반면 공공서비스의 생산은 그러한 공공서비스가 어떻게 만들어지는가에 관한 부분으로 생산을 위한 투입요소들을 확보하여 전환과정을 거쳐서 필요한 서비스를 창출해내는 전 과정을 말한다(문신용 · 윤기찬, 2008: 11-12).

3. 공공고객관계관리(PCRM)

최근에는 공공서비스의 효율성 향상과 국민(=고객)의 공공서비스 만족도를 높이기 위하여 공공부문에도 다양한 민간부문의 경영기법이 적극적으로 도입되고 있다. 그 중에서도 민간기업의 고객가치 극대화를 통한 기업가치 혁신을 위한 경영전략인 고객관계관리(CRM: Customer Relationship Management)기법의 도입이 한창이다. 민간영역의 고객관계관리(CRM)를 공공영역에 적용한 것을 공공고객관계관리(PCRM: Public Customer Relationship Management)라 하며, 주민을 고객으로 보고, 고객에게 좀더 차별화된 공공서비스를 제공하는 것을 목적으로 하고 있다(윤화평, 2008: 1).

1) CRM의 의의

우선, PCRM의 개념을 정확히 이해하기 위하여 PCRM의 모태라 할 수 있는 CRM의 개념과 구성요소에 대해 살펴보도록 한다.

CRM은 크게 마케팅기법으로서의 CRM과 경영전략으로서의 CRM으로 나누어 살펴볼 수 있는데, 먼저 마케팅적 관점의 CRM의 특징은 ① 사업자 위주에서 소비자 위주로 인식을 전환하는 것이고, ② 인터넷을 기반으로 한 정보화를 활용하고, ③ 우수고객을 중심으로 고객을 분류 · 차별화하고, ④ 대중마케팅(Mass Marketing)과 상충되는 새로운 마케팅방법으로 이해될 수 있다.

다음으로 경영관리 관점의 CRM의 특징을 분석해 보면, ① 내부고객과 외부고객 모두를 대상으로 하며, ② 고객에게 가치를 부여하는 고객중심 전략으로서, ③ 솔루션이나 기술이상의 고객지향적 사고이며, ④ 고객과의 장기적 관계를 구축하고 이를 바탕으로 경영성과를 개선하는 경영방식이다(윤화평, 2008: 5).

2) PCRM의 의의

공공고객관계관리(PCRM: Public Customer Relationship Management)는 민간의 공공고객관리기법을 도입하여 정책고객을 세분화하고 고객들의 요구에 맞는 홍보서비스를 인터넷을 통해 실시하는 것을 말한다. 이 기법은 정부 각 부처의 각종 정책들을 분야별로 나누고 각 분야에 관심이 있는 일반국민, 전문가 또는 이해당사자들을 대상으로 정확하고 최신의 정보를 가감없이 알려주고 이들로부터 여론을 수렴하여 환류하는 쌍방향 홍보기법이다(오상훈, 2006: 15).

여기서 말하는 쌍방향이란 과거 정부라는 공급자 중심에서 국민이라는 수요자 중심으로 정치·행정환경이 급변하면서 행정활동을 수요자인 고객지향성이라는 전제 하에 환경과의 끊임없는 교류와 상호작용과정으로 인식하는 것을 의미한다(박재연, 2007: 32).

PCRM에선 고객을 정부의 주요서비스 대상인 국민으로 정의하고, 국민은 서비스를 제공받는 정부의 고객인 동시에 투자자나 파트너로 인식하여, 국민 개개인의 필요한 정보를 보다 상세하게 파악하고 이것을 공공서비스에 반영시키는 시스템을 구축하고 있다. 국민과의 접점은 기존의 창구나 전화, 팩스, 전자메일, 웹사이트 등을 통해 이루어진다.

기존의 고객관계관리(CRM)는 수익창출을 최종목표로 하는 기업에서 운영하는 기법이었고, 공공부문에 적용한 공공고객관계관리(PCRM)는 시민들에 대한 서비스 개선과 시민들을 행정참여로 유도하여 고객만족을 향상시키기 위한 솔루션으로 이해해야 한다는 점이 기존의 CRM과의 차이라 하겠다. 또한 정부의 공공고객관계관리는 평등한 국민을 대상으로 행정서비스의 품질제고를 목적으로 하며, 차별과 소외의 최소화, 원활한 커뮤니케이션, 서비스의 자동화, 양질의 행정서비스 제공, 국민참여 극대화를 중심전략으로 삼는다(박재연, 2007: 33).

〈표 13-2〉 CRM과 PCRM의 비교

	CRM	PCRM
목표	이익창출	공익실현
대상	기업에 가치 있는 고객	모든 국민(시민)
대상분류	개별고객특성 및 소비성향별로 구분	주요 이용 주민세분화가 가능하지만 차별할 수는 없음
대상참여범위	기업의 이익실현이 가능한 범위 내에서 참여 허용	모든 국민참여 허용
가치창출과정	신규고객, 우수고객, 평생고객 등을 적극 유치	모든 국민참여 적극유도
주요가치	효율성	효율성, 형평성, 민주성

자료: 윤화평(2008)의 p.6 표 참고

제 2절 공공관리론과 신공공관리론

1. 공공관리론

1) 의의

공공관리론(public management theory)이란 공공조직구조와 관리에 있어서 일어나는 지속적이면서도 새로운 변화를 총칭하는 개념으로 서구의 신보수주의 정권들이 추진한 변화는 이른바, '작지만 강하고 효율적인 정부'를 지향하는 행정개혁의 시도였다. 공공분야에 대한 합리적인 관리방식을 일컫는 것으로. 후드(C. Hood)는 이를 신관리주의(NPM, new public management)이라고 불렀다. 신보수주의 행정개혁은 두 가지 특징을 지킨다(Gamble,1994). 보다 자유롭고, 개방적이고, 경쟁적인 시장경제를 활성화하기 위하여, 복지부문의 감축과 민영화정책에서 보듯이 작은 정부를 추구한다.

2) 공공관리론의 진행

영국의 경우 1979년 대처수상에 의해 시작된 대처주의(Thatcherism)에서 신관리주의 방식들을 찾아 볼수 있는데, 그녀의 신보수주의 정책노선은 기능이 감소된 국가의 역할이라 하겠다. 또는 연방정부의 기능감소를 주창하는 미국의 레이거노믹스(신연방주의)등에서도 역시 신관리주의의 모습을 발견할 수 있다.

2. 신공공관리론

1) 신공공관리론의 의의

신공공관리론(NPM)은 1980년대 영국, 미국, 호주, 뉴질랜드, 캐나다 등 OECD 국가들을 중심으로 정부혁신의 기초로 활용된 것으로, 스미스, 하이예크, 프리드만 등의 자유시장경제학이론과 자본의 세계화에 의한 자본주의 선진국들의 국정운영의 이념으로서 맥을 같이하고 있다. 자본의 세계화를 추진하고 있는 OECD 국가, 세계은행(World Bank), 국제통화기금(IMF) 등이 선봉에 나서서 권고의 형식으로 신공공관리를 개도국과 제3세계에 전파시키고 있다. 그러나 반WTO, 반우루과이라운드, 반세계화 등을 표방하는 시민단체들의 저항도 만만치 않게 일어나고 있다(정우열 외, 2006: 421).

1990년대에 한국에서는 '국민의 정부'가 작고 강한 정부를 표방하면서 유행하게 되어 공공분야에 대한 합리적인 관리를 위해 공공조직 구조와 관리에 일어나는 지속적이고 새로운 변화를 추진하고 있다.

신공공관리론에 대한 합의된 정의는 존재하지 않으며, 학자에 따라 서로 다른 용어를 사용하기도 한다. Pollitt(1993)의 관리주의(managerialism), Osborne과 Gaebler(1998)의 기업가주의(entrepreneurialism), Barzelay(1992)의 탈관료제적 패러다임(post-bureaucratic paradigm), Lan과 Rosenbloom의 시장중심행정(market-based public administration), 그리고 Hood(1991)의 신공공관리(new public management) 등은 동일한 내용(새로운 패러다임)을 지칭하는 서로 다른 용어들이다(http://www.cas.usf.edu/).

신공공관리론은 전통적인 행정학에서 중시된 바 있는 경영관리적 요소에 대한 새로운 강조라는 공통점을 지니고, 경제이론에 기초하여 행정보다는 관리를 중시하여 정부기능의 축소, 공기업 민영화, 계약의 확대, 예산제도 개혁, 경쟁 촉진, 인사제도의 변화 등을 추진하고 있다(Hughes and O'Neill, 2001). 즉 행정의 능률성 증대와 성과를 제고하기 위한 경쟁원리의 도입과 고객주의로 표현되는 시장주의이고, 둘째, 기업가적 정부운영을 강조하는 사명지향적 · 성과지향적 · 탈통제적 관리로 표현되는 신관리주의이다(정정길, 2000).

이러한 공공부문의 개혁은 국가의 문화와 특성, 제도의 기반, 공공부문 고유의 특수성 등을 고려하여 추진하는 것이 중요하다. 이론적인 측면에서 신공공관리론은 아담 스미스, 하이예크가 계승하고, 공공선택론, 주인-대리인론을 중심축으로 하는 신고전경제학파와, 인간의 자주성과 기업가정신을 중시하고, 인간을 통한 생산성을 향상시킬 수 있다는 관리주의의 두 가지 이론적인 축을 기본으로 하고 있다.

그러나 이러한 두 가지의 이론적 축은 서로 상반되는 점이 있다. 먼저, 인간을 보는 측면에서 신고전경제학파는 성악설적인 입장에 있는데, 이들은 관료를 이기적이고, 현상유지적이며, 개혁에 대해서 보수적인 성향을 지니고 있는 자로 이해하고 있다. 따라서 관료는 개혁의 대상이고, 통제되어야 한다는 것이다. 한편, 관리주의는 인간을 성선설적인 입장에서 이해하고 있으며, 인간은 자주적으로 일을 하며, 기업가적인 정신을 가지고 있어 생산성 향상을 위해서 노력한다는 것이다.

2) 특징

신공공관리론은 적어도 Hughes(1998)가 그 특성을 종합한 바와 같이 첫째, 투입위주의 행정이 아니라 산출물 위주의 행정으로 산출물 평가지표 체계 및 그 적용, 그리고 피드백의 강조, 둘째, 조직 · 인사 · 고용조건들의 유연한 관리로서 성과급주의, 계약직, 임시직, 외부에 공직 개방, 공직내외부 공개경쟁 등, 셋째, 조직 및 개인의 명확한 목표설정과 성과지표를 통한 성과측정으로 부서별 성과공시제도, 공무원 개개인의 성과계약체결, 목표의 계량화 등, 넷째, 고위공무원들의 정치적 중립이 아니라 정치적 목표달성에 헌신, 다섯째, 정부의 기능으로서 '노를 젓는 것'이 아니라 '방향을 잡아 주는 것' 등이라고 할 수 있다(정우열 외, 2006: 423).

신공공관리론은 공사조직에 모두 적용될 수 있는 일반 경영원리가 존재한다는 가정을 전제로 하고 있으며 결과지향적 행정, 상업화, 분권화, 민영화, 고객지향적 행정, 민간경영기법의 도입 등의 특징을 갖고 있다.

Osbourne과 Gaebler(1992)는 Reinventing Government에서 노젓기에서 방향잡기로, 단순한 서비스 전달보다는 지역사회의 강화, 독점보다는 경쟁의 장려, 규칙보다는 임무를 중심으로, 투입보다는 결과를 중심으로, 관료제보다는 고객의 필요에 부응, 단순한 지출보다는 자원획득의 강조, 치유보다는 문제의 예방에 투자, 권한의 분화, 공공조직의 창조보다는 시장의 활용을 통한 문제해결 등 신공공관리의 10가지 원리를 제시하였다.

3) 성공조건

행정개혁의 성공적인 추진에 영향을 미치는 요인에 대해서는 학자들마다 그 강조점이 상이하지만 최근 강조되고 있는 쟁점은 제도와 문화의 영향에 관한 것으로 압축된다. 새로운 제도나 개혁이 성공하기 위해서는 제도적 정합성을 확보하고, 문화적 적합성을 가져야 한다는 것이다(Kdnjtpers, 2002). 즉 하나의 제도나 개혁이 성공하기 위해서는 기존에 존재하는 제도들간의 연관성이 확보되어야 하고, 구성원들이 공유하는 이념 및 가치와 부합되어야 한다는 점이다. 이러한 주장을 확대하면 신공공관리론적 행정개혁이 성공하기 위해서는 민간과 공공의 제도적 차이, 기존의 문화적 풍토, 연관되는 제도들간의 정합성 확보, 그리고 제도의 목표가치 등이 고려되어야 할 것이다.

첫째, 민간부문과 공공부문의 제도적 차이에 관한 고려이다. 정부와 시장은 제도적 측면에서 근본적인 차이가 존재하므로 시장원리에 기초한 민간조직에서 성공적으로 적용된 신공공관리론적 개혁이 공공부문에서 성공하기 어렵다는 점이다. 따라서 시장경쟁원리에 기초한 성과중심적 행정개혁의 성공적 도입을 위해서는 공직사회문화와 구조, 그리고 그것을 둘러싸고 있는 정치제도적 환경에 대한 이해와 고려가 필요하다는 것이다.

둘째, 신공공관리론적 개혁이 성공하기 위해서는 우리나라의 행정문화적 특성들이 고려되어야 한다는 점이다. 행정개혁의 내용과 취지가 이상적이라 할지라도 공직자들이 공유하는 가치와 신념에 부합되지 않을 경우 성과를 확보하기 어려울 것이다.

셋째, 신공공관리론적 행정개혁이 성공하기 위해서는 기존의 유관제도들과 연관성을 확보하여야 한다. 제도나 개혁의 요소들간의 상호보완적인 관계 또는 최소한 중립적인 관계를 유지하는 상태로서 제도적·내적 정합성을 확보하는 것이 중요하다(정정길, 2002: 10).

넷째, 신공공관리론적 개혁이 지향하는 목표가치에 대한 문제도 쟁점이 되고 있다. 우리의 현실여건을 고려할 때 신공공관리론에서 강조하는 능률성, 특히 투입중심의 능률성이 중심적인 목표가치가 될 수 있는가 하는 점이다. 더 나아가 능률성이 요청될 경우에도 민주성과 형평성 가치보다 우선시될 수 있느냐 하는 점이다. 즉 신공공관리론적 개혁에서 강조하는 능률성이 민주성과 형평성에 대한 고려 없이 주도적으로 추진될 수 있는 가치인지에 대한 판단이 있어야 할 것이다. 능률성의 추구에 있어서도 투입중심의 능률성에서 벗어나 성과중심의 능률성으로 중점을 옮기는 노력도 필요함을 알 수 있다.

4) 신공공관리론의 비판

신공공관리론이 과연 새로운 행정학적 패러다임으로는 아직 여러 가지 측면에서 비판을 받고 있다. 실천적인 행정개혁전략으로서는 의미가 있다 하더라도 하나의 학문적인 패러다임으로는 여러 가지 측면에서 부족한 점이 적지 않다는 것이다.

먼저, 신공공관리론의 이론적인 기초인 신고전경제학파와 관리주의가 서로 상반되기에 현실적인 개혁방향을 세우고 실천하는 데 있어서도 정책간의 충돌과 실천전략간의 상충현상이 제기될 수 있다.

둘째, 공공행정은 민간부문의 경영과 본질적으로 달라서 민간부문의 경영관리기법을 공공영역에 적용하는 것이 부적합하다는 것이다(Kickert, 1997). 특히, 좋은 정부를 실현하기 위해서 중요한 역할을 담당하고 있는 정부와 사회, 정부와 기업, 그리고 정치와 행정의 관계 등은 민간영역에 존재하지 않고 관료제의 공공성도 민간영역에 존재하지 않는다.

셋째, 누구를 그리고 무엇에 대한 책임성 확보인가에 대한 논란이 제기될 수 있다는 것이다. 공공영역에서는 민주적 책임성을 요구하고 있으며, 관료제의 규칙과 규제는 행정의 책임성을 확보하는 전통적 행정학의 도구였다. 그런데 행정의 효율성 향상의 도구로 기업가적 재량권을 주장하는 신공공관리론적 처방은 정부의 공공책임성 확보에 심대한 문제를 야기할 수 있다.

넷째, 신공공관리론이 행정은 효율과 검약, 정직과 공정, 공고 및 지속 등의 가치를 동시에 추구해야 한다고 Hood(1991)는 주장하고 있으나, 하나의 가치만을 지나치게 선호할 경우 다른 가치들이 희생되어 행정의 성과를 오히려 악화시킬 가능성이 있다.

다섯째, 신공공관리론의 고객중심의 논리가 행정에 있어서 소비자의 만족과 소비자의 주권이라는 점에서 엄격하게 구분되어야 한다(Kelly, 1998). 각 개개인의 국민 내지는 지역주민이 필요한 서비스를 받을 권리가 있으며, 불필요한 서비스는 받지 않을 권리가 있다는 것이다. 일방적으로 정부의 행정서비스 제공이 국민이나 지역주민이 만족하는가에 대한 평가는 소비자라는 입장에서 논의되어야지, 서비스를 제공하는 행정의 입장에서만 논의되어서는 안된다는 것이다.

여섯째, 신공공관리론의 이론적인 보편성에 대한 문제로서 하나의 구체화된 이론적 틀을 가지고 있지 못하기에 정부가 개혁을 추진하고 있는 전략에 불과하다는 것이다. 이러한 개혁전략을 무비판적으로 수용하는 것은 이론적인 지평을 넓히고, 객관적인 수준을 넓히는 그러한 과정이 아니라, 단순히 성공사례를 모방하는 방법론에 불과하다는 것이다(Barzelay, 1993). 따라서 신공공관리론은 행정학의 이론이라기보다는 행정학이 추구해야 할 목표에 불과하다.

마지막으로, 신공공관리론은 행정을 지나치게 관리주의적 입장에서만 고찰하려고 하는 문제점을 갖고 있다. 다시 말해서 행정의 정치성을 간과해서는 사회문제를 제대로 이해하지 못할 뿐만 아니라, 문제 자체를 올바르게 해결할 수도 없다는 것이다. 이러한 점에서 정부를 기업처럼 운영하는 것은 매우 중요하지만, 행정을 정치로부터 분리하여 기업처럼 운영하게 되는 것은 진정한 공공문제를 다루는 데 필요한 매우 어려운 정치적 선택을 의도적으로 무시하고, 좋은 관리를 모든 공공문제를 해결할 수 있는 보편적인 해결책으로 강조하는 오류를 범하게 된다는 것이다(정우열 외, 2006: 425).

제 3 절 공기업론

1. 공기업의 의의

1) 개념과 목적

(1) 공기업의 개념

공기업은 "국가 또는 지방자치단체가 공공복리의 증진을 위해 기업적으로 운영하는 조직"이다. 그러나, 정부에서 일반적으로 결정 또는 승인한 재화·용역을 생산하기 위해 정부주관으로 운영하는 조직이지만 정규적인 정부조직들 보다 큰 자율성을 누린다(윤기찬 외, 2010: 315).

(2) 공기업의 목적

사기업(私企業)과 대조적인 기업 형태이다. 공기업의 목적에 크게 두가지로 구분되어진다.

먼저, 공기업이라 할지라도 다른 사적 기업(私的企業)과 똑같이 이윤추구를 직접 목적으로 한다는 것이다. 둘째, 공기업의 직접적인 목적은 이윤이 아니라 생산이나 서비스에 있다는 것이다. 일반적으로의 두 번째의 목적이 통설(通說)로 되어 있으나, 이 경우에도 목적의 관철을 위해서는 필요한 지출의 제한을 받지 않는 복지사업과는 구별된다. 즉 공기업은 영리를 목적으로 하지 않지만, 필요한 비용은 그 사업의 수입에서 충당하여야 한다는 비용판제(費用辦濟)주의를 택한다.[3)]

2) 특성

공기업은 영리 목적을 직접 추구하는 것은 아니지만, 다음과 같은 특성을 가지고 있다.

---

3) www.100.naver.com

첫째, 국가나 지방자치단체의 재정수입 조달의 수단이 된다.

둘째, 공익성·공공성이 강한 거액의 고정자본이 소요되는 독점적 성질이 강한 사업분야를 주로 담당한다.

셋째, 필요 투자액이 거액이면서도 이익을 기대할 수 없는 분야를 담당한다.

넷째, 사회정책적인 목적의 사업(예를 들면 실업대책 등)도 실시한다. 이러한 기능에 의해 자본주의 기업에 대하여 대량 수요자 또는 원료공급자로서 개별기업의 이윤을 위해 봉사하며, 또 자본주의 기업이 담당할 수 없는 분야를 보완(補完)하여 준다. 즉 공기업은 자본주의 체제를 지키며, 총자본의 총이윤을 위해 봉사하게 된다.

공기업은 한편으로는 공익성을 첫째로 내세울 것을 요구받고, 또 한편으로는 관료주의·비능률을 회피한다는 이유에서 독립된 기업으로서 운영될 것이 요구된다. 그러나 공기업이 복지행정과 구별되는 한, 행정조직으로부터의 재정적 독립이 요구된다. 따라서 공기업에게는 독립채산제가 첫째가 되며, 공익성이나 공공성은 그 제한된 범위 내에서 추구하게 된다. 최근에 이르러 공공성이 강한 수송·우편사업·수도사업 등에서 독립채산제가 강화되고 있는 것은 결코 우연한 일이 아니다. 이러한 공기업의 발전은 종래의 국·공영기업(國公營企業)으로부터의 탈피이며, 기업화와 자주화(自主化)의 과정에서 이룩된 것이라고 볼 수 있다.

3) 공기업의 분류

공기업은 그 분류기준 여하에 따라 여러 가지로 분류할 수 있다(신현기 외, 2008: 339).

(1) 설립목적 기준

복지적 공기업(주택, 의료 등), 공익적 공기업(전신, 전화 등), 경제정책적 공기업(특수은행, 에너지 등) 등이 있다.

(2) 사업내용 기준

운수·통신사업(철도, 해운, 전신, 전화 등), 금융·보험사업(각종 은행, 보험공사 등), 다목적 개발사업(댐 건설, 신도시건설 등), 문화사업(방송, 극장, 박물관 등)으로 나눌 수 있다.

(3) 출자 · 관리주체 기준

국가공기업(전기, 석탄, 조폐 등), 지방공기업(수도 · 공단 등)이 있다.

(4) 독점 여부를 기준

독점공기업(화폐, 우편 등), 비독점사업(석유, 주택 등)으로 나눌 수 있다.

(5) 조직형태 기준

정부기업(철도, 수도 등), 법인체기업(주식회사형, 공사형)으로 나눌 수 있다.

(6) 정부조직법 적용 기준

정부조직법의 적용을 받는 정부부처형 공기업과 정부투자기관관리기본법의 적용을 받는 정부투자기관(주식회사형 공기업과 공사) 등으로 나눌 수 있다. 정부부처형 공기업에는 조달(조달청), 통신(정보통신부), 철도(철도청), 양곡관리(농림부 식량정책심의관) 등이 포함된다.

정부투자기관은 정부에서 전액출자한 공사와 정부에서 50% 이상을 출자한 주식회사형 공기업으로 나누어 볼 수 있다(문영훈, 1998: 241).

2. 우리나라의 공기업

우리나라에서 공기업이 설립되는 이유로는 첫째, 다른 나라의 경우와 마찬가지로 독점기업의 횡포를 방지하기 위하여 철도사업, 통신사업, 전력사업 등을 공기업이 담당하고 있다. 둘째, 공공수요의 충족을 위하여 공기업을 설립하였다. 대표적인 예로 한국수자원공사, 주택공사, 주택은행, 국민은행 등이 있다. 셋째, 재정적 수요의 충족을 위하여 공기업을 설립하였다. 1908년 홍삼전매법의 공포로 시작되어 1921년의 연초전매제도의 개시로 보강된 전매사업은 해방 후에도 계속되었으며, 전매청, 전매공사라는 공기업이 1989년까지 존속하였다. 넷째, 역사적으로 우리나라에 공기업이 많은 이유는 기간산업에 종사하는 대다수의 기업이 해방 전에는 일본인 소유였던 귀속사업체였기 때문이다. 즉 우리나라 공기업의 상당수가 과거의 귀속사업체를 모체로

한 것이다. 마지막으로 우리나라에서 공기업이 설립되는 동기로서 가장 중요한 것은 "경제발전의 촉진"이다. 민간자본의 부족을 보충할 뿐만 아니라, 경험의 부족, 위험에 대한 불안 등으로 사기업이 진출하지 못하는 새로운 분야에의 진출 등을 공기업이 담당하였다(신현기 외, 2008: 337-338).

〈그림 13-1〉 우리나라의 공기업 형태

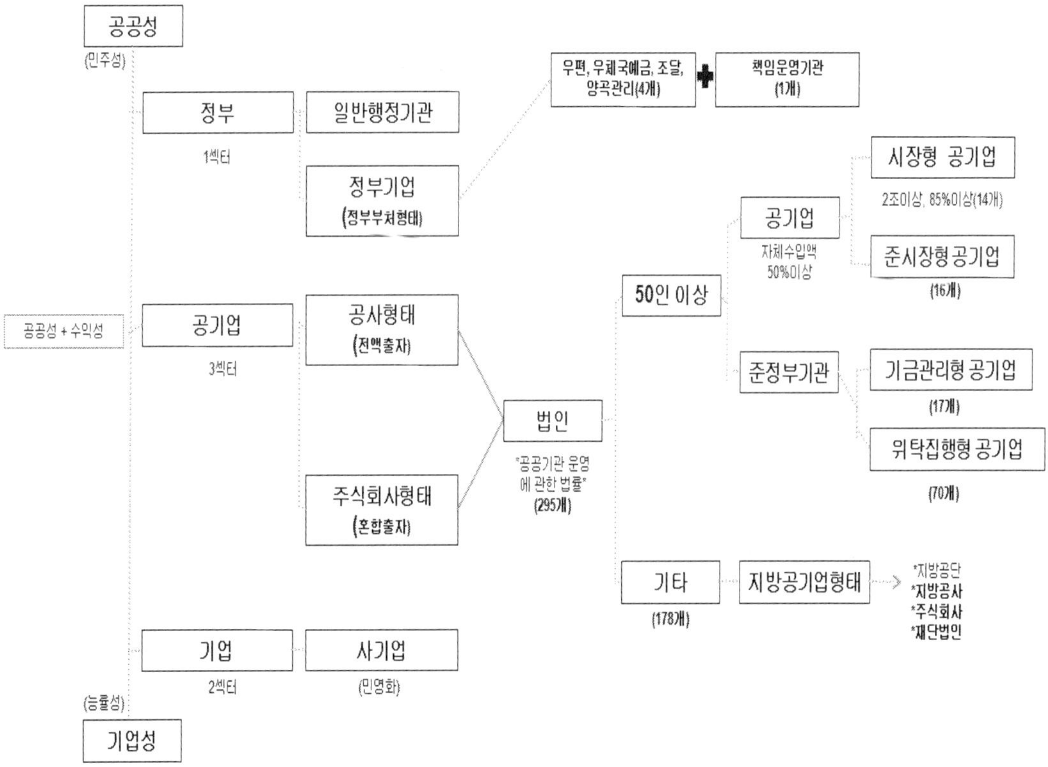

3. 공기업의 민영화

1) 의의

민영화는 공공부문에 속한 자산이나 서비스 기능을 사적인 소유 또는 통제 아래로 이전하는 동시에 규제 완화 등을 통하여 기업경영에 시장의 힘이 작용하도록 여건을 조성하는 것으로, 일반적으로 공기업 혹은 정부소유기업이 민간기업으로 변화되는 것을 의미한다. 협의의 민영화는 정부가 소유하고 있는 정치경제적 통제권이 민간 경영자에게로 재분배되는 것뿐만 아니라 경영자와 민간투자자의 현금 흐름에 대한 소유권이 증진되는 것의 결합이라고 할 수 있다. 또한 민영화의 일반적인 의미는 정부의 지분을 민간에 매각하는 절차로 이해할 수 있으나, 광의로 해석하자면 경영권의 이양이나 정부 또는 공공부문의 경영간섭배제를 모두 포함하는 것으로 정의할 수 있다(이승용, 2007: 9).

공기업의 민영화의 요청은 1970년대의 '자원난 시대'의 여파로 이해할 수 있다. 1970년대에 발생한 정부실패로 인하여 민영화가 시작되었고, 이러한 공기업 민영화의 목적은 두 가지로 나누어 살펴볼 수 있는데, 첫째는 국민에 대한 행정서비스의 질을 제고시키는 것이고 둘째는 적자가 누적되어 있는 공기업에 경영의 합리화를 통해 경쟁력을 제고시키는 것이다(문영훈, 1998: 243).

2) 민영화의 범위

민영화의 범위는 민영화 정도에 따라 완전 민영화와 부분 민영화로 나눌 수 있다. 우선 완전 민영화란 정부가 가지고 있는 공기업의 지분을 모두 매각하는 것을 의미하며, 경영권이 완전히 민간에 이양됨으로써 더 이상 정부가 공기업의 경영에 간섭하지 않는 것을 말한다. 이 경우 정부는 1인에게 지분을 양도할 수도 있으며, 다수의 컨소시엄이나 혹은 종업원에게 매각할 수도 있다. 다만 공기업의 공익성이 지속적으로 유지되어야 하는 상황이라 판단이 된다면, 재규제 전략을 활용해 적극적인 개입을 할 수도 있다.

그 다음으로 부분 민영화는 정부가 전체주식의 50% 이상을 남기고 매각하게 되는 경우로 민영화의 실질적 의미는 감소할 수밖에 없으나, 공기업의 공익성을 추구할 수 있다는 점, 정부의 개입이 다소 이루어진다는 점에서 완전 민영화와의 차이가 있다. 또한 50% 이상의 주식을 매각했다고 할지라도 정부가 개인의 소유한도를 제한하여 대주주의 발생을 방지하거나 혹은 국민주와 같은 분산형 주식매각 방법을 사용하게 되면 민영화의 본질적 의미는 상쇄되기도 한다(이승용, 2007: 11-12).

3) 민영화의 방법

민영화의 방법으로는 보유주식 매각, 계약제도·대여제도, 정부규제 완화 등이 있다(문영훈, 1998: 243-244).

첫째, 보유주식매각이다. 정부보유주식을 민간에 매각함으로써 정부소유지분을 이전하는 방법으로 기업공개로 증권시장을 이용하거나 비공개법인인 경우는 장외시장을 이용하기도 한다. 이 제도는 주로 영국과 프랑스에서 많이 이루어지고 있는데, 매각방법은 주식매각 정도에 따라 완전민영화, 부분적 민영화, 선별적 민영화로 나눌 수 있고, 매수자집단에 따라 국민주, 종업원 지주제, 기업의 매수 및 외국인에 의한 매입 등으로 나눌 수 있다.

둘째, 계약제도와 대여제도이다. 계약제도는 소유권 이전 여부와는 관계없이 재화나 용역에 대한 생산을 일정 기간 사기업이 담당하되 그에 필요한 재원을 정부가 담당하는 제도이다. 주로 미국에서 많이 이루어진다. 그리고 대여제도는 정부가 기업을 소유하되 기업전체를 사기업체제로 전환하여 대여하는 것이다. 언제든지 계약 만료시 갱신 또는 재계약을 할 수 있어 상황변화에 대응하기 좋은 장점이 있으나, 높은 고정납입금(fixed charge) 때문에 사기업에서는 부담이 크다는 단점이 있다.

셋째, 정부규제완화이다. 민영화가 곧 정부규제 완화를 의미하는 것은 아니지만, 정부가 민영화를 시도하면서 계속 시장에 개입하면 오히려 경제의 비효율성을 초래하기 쉽기 때문에 정부규제 완화는 주식매각을 통한 민영화와 병행되어야 한다는 입장이다.

4) 민영화의 추진과정

공기업의 설립 배경은 역사 발전, 즉 사회경제적 환경의 변화에 따라 다소 차이가 있다. 전통적 의미에서 공기업의 설립 동기는 주로 경제발전이나 시장실패(market failure)를 치유하는 데 있었다. 그러나 신공공관리론이 등장하면서부터 시장실패보다는 오히려 정부실패(government failure)의 치유 또는 민간 부문의 경영 효율성 개념을 공공부문에 도입하는 과정에서 '공기업'이 생성되고 있다. 이는 모든 공공부문이 정부의 행정적 가치에서 민간기업의 경영적 가치를 강조하는 방향으로 조직이 변형

(transformation)되어가는 일종의 '조직의 진화(evolution)' 현상이라고 할 수 있다.

공기업을 역사적으로 추적해 보면 대부분이 행정기관형태(department)에서 변형되어 온 것을 알 수 있다. 신공공관리론(new public management)이 대두하면서 대부분의 행정조직이 초기 공익성을 강조하는 기관선택(institutional choice)을 하였다가 점차 수익성을 강조하는 기관으로 발전하고 있는 것이다.

일반적으로 조직이 추구하는 목적이 공익성이 강한지 아니면 수익성이나 기업성이 강한지에 따라 〈그림 13-2〉와 같이 연속성 스펙트럼으로 표시할 수 있다.

〈그림 13-2〉 정부 및 공기업 성격의 연속성(Continuum)

공익성 (공공성) ◀——————▶ 수익성 (기업성)

기관	행정기관		공법집행기관(공기업)		사법집행기관	
유형 (typology)	정부부처기관 (department)	사업소형기관 (agency)	정부투자기관 (government created institution)	정부출자기관 (government invested institution)	민영화된 공기업 (privatized corporation)	사기업 (private enterprise)
정부와의 분리성	약		중		강	
설립법	헌법, 정부조직법		공법		민법	
고객유형	정부기관+개인		공공기관+개인		개인	
인적구성	공무원		준공무원		민간인	
재원조달	예산		세금+수수료+판매수익		판매수익	

자료: 이상철 (2007)

제 4 절 지방공기업

1995년 지방자치제 실시 이후, 지방공기업의 수는 그 이전에 비하여 더욱 급속히 증가하여 왔다. '95년 201개이던 지방공기업의 수는 '07년 367개로 무려 182.6% 증가하였다. 그 중에서도 지방공단의 경우 1995년 7개 이던 것이 2007년 8월말 69개로 985%의 폭발적인 증가가 있었으며, 지방공사의 경우에도 지 1995년 15개이던 것이 2007년에는 43개로 268.8% 증가하였다. 현재 전국적으로 자치단체의 시설물관리, 운영을 위해 지방공단이 설립되어 있는 경우는 모두 69개에 이른다. 지방공단 중에서 시설관리공단이 63개, 환경시설관리공단이 4개, 기타 경륜공단이 2개가 있다. 엄격한 의미에서 부산, 창원경륜공단은 자치단체의 위탁사무, 시설물 관리, 운용이라는 공단 특성보다 경륜사업 및 그 부대사업을 운영하는 레저형 사업의 성격이 강하다.

지방공사의 성장 내용을 살펴보면 지방자치단체 전액 출자인 지방공사의 수는 1995년 5개 이던 것이 2007년 16개로 320.0% 증가하였으며 지하철공사는 1995년 1개 이던 것이 2007년 7개로 증가하였다. 지방개발공사는 지역개발과 관련하여 민과 관의 중간영역에 속하는 사업을 공공성 확보차원에서 지방자치단체가 출자하여 간접적으로 경영하는 일종의 회사이다. 즉, 지방공사의 일종인 개발공사는 지방자치단체가 지역주민의 공공복리를 증진하고 그 행정운영에 협력케 하기 위해 스스로 출자하여 지방자치단체 구역 내에 설립하여 재정적·행정적 원조를 제공하면서 그 경영에 관여하는 법인을 말한다. 따라서 지방개발공사는 ① 지방자치단체와는 별개의 법인격을 가지고 있다는 점, ② 지방자치단체가 설립한 법인인 점, ③ 지방자치단체가 출자·대부·보상·채무보증·손실보상 등의 재정적 원조를 제공함과 아울러 대주주의 자격으로 경영에 직·간접적으로 관여하는 특색을 가지고 있다(행정자치부, 2000).

그러나 지방개발공사가 사업을 추진함에 있어 중앙정부의 법률적 규제와 지방자치단체의 경영에 대한 지나친 간섭으로 인한 사업활성화 및 자율경영이 확보되지 못하는 한계가 노정되고 있다. 특히 중앙정부 및 외부통제가 적실성 있게 이루어지지 못하여 경영자원의 집중화가 어려움에 처해 있으며 한편으로 지방개발공사 내부의 경영환경을 적극적으로 개선하지 못하는 구조적인 한계 봉착하고 있다

〈표 13-3〉 지방공사 설립절차

단 계	내 용	관련법령
설립방침 결정 전	• 대상사업의 성격, 유형 등 내부 검토 • 민간위탁, 직영, 공사, 공단 설립 등 형태별 추진방안 비교 분석	법 §2 법 §49
설립방침 결정단계	• 설립요건 검토 및 형태 결정 • 공기업 설립검토안 마련 • 시도(시군구가 설립하는 경우) 및 지방의회 등 관계기관 의견수렴 • 설립추진 기본방침 결정	–
설립 타당성 검토 단계	• 설립타당성 연구용역 추진 – 설립타당성검토계획 작성 – 설립타당성 검토기준 제시 – 설립타당성 검토기관과 용역계약 체결 및 용역실시 • 설립타당성 검토보고서 확정	법 §49 영 §47
설립심의 단계	• 주민설명회(공청회) 등 주민의견수렴 • 시도와 협의(시군구가 설립하는 경우) • 설립심의위원회 구성(민간위원 과반수) • 심의 검토기준 제시 및 위원회 심의	영 §47
조례제정 단계	• 자치단체장의 설립 결정 • 자치단체 조례제정안 마련 및 의회심의를 거쳐 조례공포	법 §49
설립단계	• 정관 등 제규정 작성, 임원공모 • 임원공모 및 임명	법 §56 법 §58
	• 설립등기(자본금 납입 후 3주일이내) • 설립보고(등기 후 10일이내)	법 §53·§57 영 §78

객관식 문제

01 **다양한 정책수단 가운데, 소비자가 자유롭게 선택할 수 있는 바우처(voucher) 형식을 이용하여 공공서비스를 공급하는 경우들로 구성된 것은?**

ㄱ. 교육과학기술부의 '방과 후 수업'
ㄴ. 법무부의 '보호관찰 사업'
ㄷ. 보건복지가족부의 '기초노령연금 사업'
ㄹ. 국토해양부의 '주택장기임대 사업'

① ㄱ, ㄴ　　② ㄱ, ㄹ
③ ㄴ, ㄷ　　④ ㄷ, ㄹ

02 **이음매 없는 행정서비스(seamless service)'에 관한 설명으로 옳지 않은 것은?**

① 린덴(Linden)의 '이음매 없는 조직'과의 관련성이 높다.
② 전통적 조직에 비하여 조직 내 역할 구분이 비교적 명확하지 않다.
③ BSC(Balanced Score Card)를 비롯한 신공공관리적 성과관리방식과는 지향성에 있어서 차이가 있다.
④ 행정조직의 구성원들은 시민에게 보다 향상된 서비스를 직접 제공한다.

03 **'공유지의 비극'에 대한 설명 중 옳지 않은 것은?** (2005기출)

① 구명보트에 너무 많은 사람이 탑승하여 결국 보트가 가라앉는 '구명보트의 윤리배반현상'과도 관련된다.
② 사적 극대화가 공적 극대화를 파괴하여 구성원 모두가 공멸하는 비극을 말한다.
③ 공공서비스의 유형 중에서 요금재와 관련된 내용이다.
④ 공공재의 기본적인 이론으로 정부의 규제나 개입이 필요하다는 것을 설명하는 이론이다.

04 다음 중 공기업의 설립목적과 거리가 먼 것은?
① 정부 또는 지방자치단체가 재정을 충당해야 하는 경우
② 독점성이 강한 경우
③ 민간자본이 부족한 경우
④ 기업가형 정부로의 정부재창조

05 우리나라 책임운영기관의 예산 및 회계에 관한 설명으로 옳지 않은 것은?
① 책임운영기관의 장에게 기관운영의 자율성을 보장하고, 그 성과에 대하여 책임을 지도록 하고 있다.
② 책임운영기관 특별회계의 예산 및 결산은 소속책임운영기관의 조직별로 구분할 수 있다.
③ 책임운영기관 특별회계는 계정별로 책임운영기관의 장이 운용하고, 기획재정부장관이 이를 통합하여 관리한다.
④ 자체의 수입만으로는 운영이 곤란한 책임운영기관에 대하여는 경상적 성격의 경비를 일반회계 등에 계상하여 책임운영기관 특별회계에 전입할 수 있다.

정답

01. ② **02.** ② **03.** ③ **04.** ② **05.** ③

05. [해설] 책임운영기관 특별회계는 계정별로 중앙행정기관의 장 운용하고, 기획재정부장관이 이를 통합하여 관리한다.

연구문제

01 공공서비스의 개념과 유형에 대하여 논하여라.

02 공공관리론과 신공공관리론에 대하여 살펴보고, 신공공관리론에 대해 비판하시오.

03 우리나라 공기업 운영의 개혁방안에 관하여 서술하시오.

참고문헌

강성철 외. (1996). 『새인사행정론』. 대영문화사.

강신택. (1998). 『사회과학연구의 논리』. 박영사.

강창현. (2001). 「사회복지서비스 공급네트워크에 관한 연구: 서울시 노인지역보호서비스의 정부-시장-NGO간 협력을 중심으로」. 연세대학교 박사학위논문

곽채기. (2005). 주민참여예산제의 기본모형과 운영시스템 설계 방안. 「한국지방재정논집」 10(1): 247-276

곽효문. (1996). 『행정기획론』. 조명문화사.

권기헌. (2011). 『행정학원론』. 학림.

국회예산정책처. (2007). NABO 2007~2011년 국가재정운용계획 분석

권오봉. (2009). 국가재정운용계획, 2009~2013. 기획재정부[편] 174-175

김광웅. (1991). 『한국의 관료제연구』. 대영문화사.

김규정. (1998). 『행정학원론』. 법문사.

김두식 외. (2006). 『행정학원론』. 대영문화사

김번웅 외. (1997). 『한국행정개혁론』. 법문사

김병진. (1989). 『정책학개론』. 박영사

김석준. (2000). 한국 국가재창조와 뉴 거버넌스: 새로운 패러다임 모색. 「한국행정학보」 34(1)

김석준 외. (2000). 『뉴 거버넌스 연구』. 대영문화사

김석준 외. (2002). 『거버넌스의 이해』. 대영문화사

김성태. (2003). 전자정부의 새로운 개념 모형과 전자민주주의 전자거버넌스 구현. 「디지털행정」 25(4): 19-37. 행정자치부정부전산정보관리소

김영미. (2006). 전자정부 로드맵 과제의 성과와 평가를 위한 시론적 접근. 「한국행정학회 동계학술대회」

김중규. (2011). 2012선행정학. 서울: 에드민.

김중양. (2008). 『한국인사행정론』. 법문사.

김철수. (1992). 『헌법』. 법원사.

김판석. (2000). 김대중정부의 정부개혁과정 연구. 『행정논총』, 38(2): 217-252.

노화준. (1991). 『정책평가론』. 법문사.

문신용 · 윤기찬. (2008). 『공공서비스의 통합적 분석 성과분석 평가의 이해』. 삼영사

문신용. (2000). 행정정보화와 조직운영의 혁신방안. 「한국행정연구원 연구보고서」 99-06.
류재현. (2002). 지방정부의 거버넌스형 시장리더십 모색. 「한국지방자치학회보」, 14(3): 43-63.
류지성. (2007). 『정책학』. 대영문화사.
박명호. (2009). 주요국의 조세지출예산제도 운용사례와 시사점. 「재정포럼」, 14(9): 30-52. 한국조세연구원.
박병식 외. (2002). 『한국사회와 행정개혁』. 법문사.
박수영 외. (2006). 『현대사회와 행정』. 대영문화사.
박성복 · 이종렬. (2000). 『정책학 강의』. 대영문화사.
박연호. (2000). 『조직행동론』. 박영사
백승기. (2005). 『정책학원론』. 대영문화사
백완기. (1996). 『행정학』. 박영사
새행정학편집위원회. (2006). 『새행정학 학습』. 대영문화사
서민석. (2009). 「전자정부 수준 분석 및 온라인 주민 참여 요인 분석: 자치단체 온라인 정책참여를 중심으로」. 성균관대 국정관리대학원 석사학위논문
서분복. (2004). 신공공관리론(NPM)의 한국적 적실성에 대한 함의. 「한국지방자치연구」, 5(3): 79-102
신승춘 외. (2011). 현대행정의 이해. 서울: 대영문화사.
신용한. (2012). 『행정학』. 서울: 박문각.
신현기 외. (2008). 『새행정학개론』. 21세기사
오상훈. (2006). 「국방업무의 효율적인 행정 PR기법 연구: 정책고객서비스(PCRM)를 중심으로」. 성균관대 행정대학원 석사학위논문
오석홍. (2004). 『인사행정론』. 박영사
오석홍. (2003). 『행정개혁론』. 박영사
오재일. (2004). 지방분권과 로컬 거버넌스. 「지방행정연구」, 18(1): 3-18. 한국지방행정연구원
유민봉 · 임도빈. (2007). 『인사행정론』. 박영사
유 훈. (1993). 『공기업론』. 법문사
윤기찬 외. (2010). 『쉬운행정학』. 청목출판사
윤태범. (2000). 지방자치단체에서의 목표관리제(MBO)의 전략적 추진과 활용: 결과에서 과정으로. 「한국사회와 행정연구」, 11(1): 137-163
윤성식. (2002). 『정부개혁의 비전과 전략』. 열린 책들
윤영진 · 김태룡. (2001). 『지방정부 개혁』. 대영문화사

이달곤. (2004). 『지방정부론』. 박영사

이명석. (2002). 거버넌스의 개념화: '사회적 조정'으로서의 거버넌스. 「한국행정학보」, 36(4)

이종수 · 윤영진 외. (2012). 새 행정학. 서울: 대영문화사.

이원희. (2007). 『새열린 행정학』. 고시연구사

이영균 · 최종묵. (2004). 변혁적 리더십과 조직몰입의 관계에 관한 연구. 「한국정책과학학회보」 8(2): 1-23

이용규. (1996). 『행정정보체계론』. 박영사

이종수 · 윤영진. (2008). 『새행정학』. 대영문화사

이종수. (2007). 『행정학』. 행정자치부 지방혁신인력개발원

이창원 · 최창현. (2005). 『새조직론』. 대영문화사

위계점. (2009). 『행정학』. 고시연구사

장동희 · 최종연. (2007). 『한국 행정사의 이해』. 대영문화사

전형원 · 공병천 외. (2007). 『정부평가의 이해와 실제』. 대영문화사

정보통신부. (2005). 예산 총액배분자율편성(Top-Down)제도 정착

정부혁신지방분권위원회. (2008). 참여정부의 전자정부.

정우일. (1995). 『행정통제론』. 박영사.

정우열 외. (2006). 『현대행정학』. 삼우사.

정정길. (1997). 『정책학원론』. 대명출판사

정정목. (1996). 『지방자치원론: 공공선택론적 접근』. 법문사

조석준. (1997). 『한국행정조직론』. 법문사

조석현. (2006). 『행정학개론』. 서울: 박문각

최신융 · 강제상 · 김선엽 · 임영제. (2008). 행정기획론. 서울: 박영사.

최창호 · 하미승. (2006). 새 행정학. 서울: 삼영사.

최영출 외. (2006). 『지역경쟁력 강화와 로컬 거버넌스』. 대영문화사

최창호 · 하미승. (2007). 『새행정학』. 삼영사

하상군. (2005). 행정학원론. 서울: 대영문화사.

한국정보사회진흥원. (2007). 2007 정보화통계집

한영수 · 강인호. (2006). 『인사행정론』. 형설출판사

행정안전부. (2008). 민관협력체계 구축 추진방안. 행정안전부 주민서비스과

행정안전부. (2008). 국가정보화전략 및 성과연구. 한국정보사회진흥원

황성돈. (2000). 지식정부의 미래 모습과 정책과제. 「한국행정연구」, 9(1)

황윤원. (1998). 『재무행정론』. 법문사

[외국문헌]

Alexander, E. R. (1995). Approaches to Planning. S.A: Gordon & Breach Suence Publishers.

Allison, Graham T.(1971). Essence of Decision. Boston: Little, Brown and Company.

Almond Gabriel A. and G. Bringham Powell, Jr.(1966). Comparative Politics: A Developmental Approach. Boston: Little, Brown and Company.

Anderson. James E.(1984). Public Policy-Making. New York: Holt, Rinehart and Winston.

Barnard, Chester, I.(1956). The Functions of the Executive. Cambidge. Mass: Harvard Uinv. Press.

Blau, Peter M. and W. Richard Scott. (1962). Formal Organizations: A Comparative Approach. San Francisco: Chandler Publishing Co.

Caiden, G. (1968). Administration Reform, Chicago : Aldine Publishing Co.

Dahl, Robert, and Charles E. Lindblom (1976). Politics, Economics and Welfare. 2nd ed., Chicago: University of Chicago Press.

David Osborne and Ted Gaebler. (2006). 정부혁신의 길. 삼성연구소 역

Dimock, Marshall E. (1982). Business and Government; Issues of Policy. 4th ed., New York: Holt, Reinhart and Winston.

Dror, Yehezkel.(1971). Design for Policy Science. New York: American Elsevie Publishing.

Drucker, Peter F.(1987). Frontiers of Management. New York: Harper & Row.

Dunn, William N.(1994). Public Policy Analysis: An Introduction. Englewood Cliffs: N.J. : Prentice-Hall, Inc.

Etzioni, Amitai.(1964). Modern Organization. Englewood Cliffs: N.J. : Prentice-Hall, Inc.

Fayol, Henri (1918). Administration industrial et General. Paris: Dunod., et Appenddice Tableau.

Frederickson, H. George (1980). New Public Adminisatration. Alamaba: University of Alabama Press.

Gaus, John M. (1947). Reflections of Public Administration. Ala.: University of Alabama Press.

Goodnow, Frank J. (1990). Politics and Administration. New York: Macmillan.

Gulick, Luther H. (1990). Reflections on Public Administration, Past and Present. Public Administration Review, 50(6).

Henry, Nicholas (1992). Public Administration and Public Affairs. Englewood Cilffs: Prentice-Hall.

Herzberg, F., Mausner, B. & Snyderman, B. (1959). The Motivation to Work. N.Y.:Wiley.

Katz, Daniel and Robert L. Kahn (1978). The Social Psychology of Organizations. 2nd ed. New York: John Wiley and Sons.

Lasswell, Harold D.(1971). A Pre-View of Policy Science. New York: American Elsvier Publishing Co.

Maslow, Abraham H. (1954). Motivation and Personality. New York: Harper and Brothers.

Mayo, Elton (1933). The Human Problems of an Industrial Civilization. New York: Macmillan.

Nakamura, Robert T. and Frank Smallwood.(1980). The Politics of Policy Implementation. New York: St. Martin's Press.

Osborne, David and Peter Plastrik.(1997). Banishing Bureaucracy : The Five Strategies for Reinventing Government. Reading Mass : Addison-Wesley.

Rhodes, R.(2000). The Governance Narrative: Key Findings and Lessons from the ESRC's Whitehall Programme. Public Administration, 78(2).

Riggs, Fred W. (1964). Administration in Developing Countries: The Theory of Prismatic Society. Boston: Houghton Mifflin.

Sharkansky, Ira (1982). Public Administration: Agencies, Policies, and Politics. San Francisco: W. H. Freeman.

Simon, A. Herbert.(1997). The New Science of Management Decision. Prentice-Hall, Inc.

Taylor, Frederick W. (1932). The Principles of Scientific Management. New York: W. W. Norton.

Waldo, Dwight (1980). The Enterprise of Public Administration: A Summary View. Novato, Calif. : Chander and Sharp Publishers.

Webber, Ross A. (1979). Management: Basic Element of Managing Organization. revised edition, Homewood, Ⅲ.: Irwin.

Wildavsky, Aaron.(1988). The New Politics of Budgetary Process. Glenview, Ⅲ: Scott, Foresman and Company.

찾아보기

(ㄱ)

(ㅇ)

저자 소개

허원구(許元九)

■ 저자약력

- 영남대학교 법정대학 법학과 졸업(법학사)
- 영남대학교 대학원 행정학과 졸업(행정학석사)
- 대구대학교 대학원 행정학과 졸업(행정학박사)
- 전) 경상북도 공무원교육원 외래교수
  대구광역시 7급 행정직공무원 채용시험 출제위원
  충청북도 7급 행정직공무원 채용시험 출제위원
  2011년 경찰공무원 채용시험 출제위원
  한국치안행정학회 회장
  대구경북행정학회 부회장
  한국복지행정학회 부회장
  대한지방자치학회 이사
- 현) 한국치안행정학회 고문
  대구과학대학교 경찰행정과 교수

■ 저서

- 형법 총 · 각론, 청목출판사, 2010.
- 경찰행정법 제대로 알기, 한올출판사, 2009.
- 경비지도사를 위한 실전법학개론, 홍익출판사, 2008.
- 조사방법론 강의, 삼영사, 2007.
- 현대행정학, 삼우사, 2006.
- 객관식 행정학요점, 웅보출판사, 2002.
- 행정학개론, 홍익출판사, 2002.
- 21세기 행정학, 삼우사, 2002.
- 조사방법론 강의, 삼영사, 2002.
- 지방자치의 이해, 중문출판사, 1999.
- 문제중심 신행정학, 학문사, 1996.

■ 논문

- 사이버범죄에 대한 인식유형분석 및 경찰의 정책대응 방안(2012).
- 인터넷상 사이버모욕죄에 관한 연구(2009).
- 고객지향적 치안서비스 제고를 위한 여성경찰관의 역할(2007).
- 경찰의 집회·시위에 대한 효율적 관리방안에 관한 연구(2006).
- 경찰관직무집행법상 불심검문의 효율성 제고 방안(2005).
- 고령화사회의 노인역할 프로그램에 관한 연구(2004).
- 시민경찰학교 운영에 대한 평가(2004).
- 지역주민 복지향상을 위한 시민경찰학교의 운영 현황에 관한 연구(2003).
- 경찰공무원의 복지개선을 위한 보수체계에 관한 연구(2000).
- 수정복지국가이론에 대한 비판(1999).
- 지방행정의 정보시스템 발전단계에 관한 연구 등(1997).

최인규(崔仁圭)

■ 저자약력

경기대학교 법정대학 지역개발학과 졸업(행정학사)
영남대학교 대학원 행정학과 졸업(행정학 석사)
영남대학교 대학원 행정학과 졸업(행정학 박사)
현) 대구외국어대학교 보건사회복지학과 조교수
사) 한국정부학회 총무이사
사) 대한지방자치학회 총무이사
사) 한국정책학회 이사

■ 저서

- 알기쉬운 행정학 용어사전, 진영사(2013)
- 조사방법론의 이해, 삼영사(2011)
- 통계기법의 활용(SPSS), 대명출판사(2011)
- 쉬운 도시안전과 테러리즘, 청목출판사(2011)
- 쉬운사무자동화, 청목출판사(2011)

■ 논문

- 새마을운동의 방향성에 대한 탐색적 연구(2013)
- 교정복지정책의 결정과정에 있어서 정책갈등에 관한 연구(2012)
- 노후소득보장정책 결정과정의 동태성 분석(2012)
- An Analysis of the Priorities in Senior Industry by Using Fuzzy AHP(2011)
- ACF를 활용한 공공기관 입지선정과정의 정책갈등 분석(2011)
- 지방의료원의 경쟁력평가를 위한 종합적 모형개발(2009)
- DEA를 이용한 여성복지서비스의 효율성 평가: 여성인력개발센터를 중심으로(2009)
- 경찰조직의 학습구축이 조직유효성에 미치는 영향관계분석(2008)
- 지방개발공사의 행정대집행 권한과 실익에 관한 연구(2008)